国家科学技术学术著作出版基金资助出版

智能车辆可拓控制技术及应用

陈无畏　汪洪波　赵林峰　王慧然　著

科学出版社

北　京

内 容 简 介

本书主要介绍智能车辆中的可拓控制技术及其应用方面的研究内容，包括可拓控制理论基础、智能车辆高级辅助驾驶系统可拓控制、车辆底盘集成系统可拓控制、分布式驱动电动车辆稳定性可拓控制等。全书内容翔实、全面，理论与实践并重，既有理论水平和学术价值，又对工程实践有指导意义。

本书适用于车辆工程、机械工程、计算机科学与技术、控制科学与工程、仪器科学与技术等领域的研究人员、工程技术人员以及高等院校相关专业的教师，也适用于对智能车辆或者对控制技术与应用感兴趣的人员，同时还可以作为上述相关专业的高年级本科生和研究生的参考书。

图书在版编目(CIP)数据

智能车辆可拓控制技术及应用 / 陈无畏等著. —北京：科学出版社，2023.2

ISBN 978-7-03-073195-1

Ⅰ.①智… Ⅱ.①陈… Ⅲ.①智能控制-汽车-操纵稳定性-研究 Ⅳ.①U46

中国版本图书馆CIP数据核字(2022)第172707号

责任编辑：裴 育 陈 婕 赵微微 / 责任校对：任苗苗
责任印制：吴兆东 / 封面设计：蓝正设计

科学出版社 出版
北京东黄城根北街 16 号
邮政编码：100717
http://www.sciencep.com
北京中石油彩色印刷有限责任公司 印刷
科学出版社发行 各地新华书店经销
*
2023 年 2 月第 一 版 开本：720×1000 1/16
2023 年 2 月第一次印刷 印张：22
字数：430 000
定价：158.00 元
(如有印装质量问题，我社负责调换)

前　　言

可拓学是由中国学者蔡文研究员等于 1983 年提出的一个原创性横断学科,是数学、哲学与工程学交叉的新兴学科。该学科用形式化的模型探讨事物拓展的可能性以及开拓创新的规律与方法,并用于解决矛盾问题,即在现有条件下无法实现的人们要达到的目标。

可拓学的理论基础是由基元理论、可拓集理论和可拓逻辑等所构成的可拓论。基于可拓学,人们可以从新的角度认识、分析并解决现实世界中的矛盾问题,形成可拓创新方法。将可拓论和可拓创新方法应用于控制领域就称为可拓控制方法,它为解决控制领域中存在的矛盾问题提供了一条新的途径。

可拓控制以可拓学的状态关联度为核心,从信息转化的角度来研究控制问题,其目的在于使目前各领域的有关控制系统通过可拓变换的处理对原来不可控区域实现可控。也就是说,在多个领域的控制系统中,其控制范围是受到特定限制的,超过所限定的范围,运行状态会变为不可控的,甚至会发生危险事故。通过可拓控制把系统的不可控状态变为可控状态,可从控制的范围、深度和广度上提高控制系统的水平,发挥控制的潜力和优势,防止危险事故的发生,并在产品质量和性能的提升、能源和材料的节省等方面起到明显的促进作用。

可拓控制和传统控制最大的区别在于:传统控制解决的是系统的控制品质问题;可拓控制解决的是系统的控制论域问题,即解决不可控制与需要控制这一对矛盾问题,使不可控变成可控。

可拓控制是一种新型的智能控制方法。可拓控制器具有不需要建立精确的数学模型,且实时性好等优点。当前,国际上各种先进的控制理论与控制方法基本上都是以提高系统的控制品质为目标而建立的,由于快速性、稳定性和可靠性是度量系统控制水平的主要因素,故现行的控制方法都是围绕这些因素的提高而进行的。可拓控制很好地扩展了系统的控制论域,扩大了系统的控制范围,使系统有更强的控制能力,进一步提高了控制的安全性和可靠性。

近年来,快速发展的车辆电子化、智能化、电动化、网联化使得智能车辆系统搭载了计算机、控制、机械、通信、微电子、传感器、数学等领域的高新技术,其控制系统是由传感器、被控对象、控制器和作动器等组成的高精度的复杂系统。进行控制系统设计时,需要考虑在诸多复杂情况和不确定因素下如何通过系统的可拓控制设计来维持系统稳定性或控制论域,以确保安全、可靠地完成控制任务。

本书总结了合肥工业大学车辆系统动力学与控制研究所多年来在车辆系统可

拓控制技术方面的部分学术研究成果，以智能车辆和多个电控子系统为研究对象，以可拓控制技术为核心内容，主要内容涉及智能车辆高级辅助驾驶系统可拓控制、车辆底盘集成系统可拓控制、分布式驱动电动车辆稳定性可拓控制等方面的理论研究和实际应用。

与本书内容相关的研究得到了国家自然科学基金面上项目"车辆横向运动中的人机共享控制方法与关键技术研究"（51375131）、"汽车横向辅助驾驶系统深度感知与人机协同控制研究"（51675151），国家自然科学基金联合基金重点支持项目"智能汽车多状态系统动力学行为建模与协同控制研究"（U1564201），安徽省科技重大专项项目"智能电动多用途乘用车研发"（17030901060）等的大力支持；书中部分内容采用了合肥工业大学汪洪波、王慧然、魏振亚、梁修天、高振刚、谈东奎等的博士学位论文和许凯、胡振国、夏志、林澍、丁雨康、陈利、崔伟等的硕士学位论文的研究成果，并得到了课题组全体老师的大力支持，在此表示衷心感谢。

本书由合肥工业大学陈无畏教授、汪洪波与赵林峰副教授，合肥学院王慧然博士撰写，由陈无畏教授统稿。本书在撰写过程中引用了一些国内外期刊、文献资料，用以充实书中内容，在此向有关参考文献的作者表示感谢。

由于作者水平有限，书中难免存在不妥之处，恳请读者批评指正。

作 者

2022 年 10 月于合肥

目 录

前言

第1章 绪论 ·· 1

1.1 可拓学研究概述 ····································· 1

1.2 可拓学的未来发展 ·································· 4

1.3 可拓控制简介 ····································· 6

    1.3.1 可拓控制与传统控制的区别 ················· 6

    1.3.2 可拓控制的概念及其系统基本结构 ··········· 8

    1.3.3 可拓控制器基本特征 ······················ 11

1.4 可拓控制在车辆工程上的应用 ···················· 11

    1.4.1 底盘电控集成系统可拓控制 ················· 12

    1.4.2 电动助力转向系统可拓控制 ················· 14

    1.4.3 主动悬架系统可拓控制 ···················· 14

    1.4.4 差动助力转向系统可拓控制 ················· 15

    1.4.5 智能车辆辅助驾驶中的可拓控制 ············· 17

    1.4.6 车路协同自动驾驶中的可拓控制 ············· 18

1.5 本书的结构体系与特色 ·························· 19

参考文献 ··· 20

第2章 可拓控制理论基础 ····························· 22

2.1 可拓集合关联函数构造 ·························· 22

    2.1.1 可拓集中初等关联函数的构造 ··············· 22

    2.1.2 可拓集中离散型关联函数的构造 ············· 24

2.2 可拓控制的物元模型及其控制算法 ··············· 26

    2.2.1 可拓控制的物元模型 ······················ 26

    2.2.2 可拓控制算法 ···························· 27

    2.2.3 实现物元变换算法的可拓控制器模型 ········· 28

    2.2.4 控制算法实现 ···························· 29

2.3 几种常用的可拓控制方法 ······················ 31

    2.3.1 基于滑模控制的可拓控制 ·················· 31

    2.3.2 基于灰色预测的可拓控制 ·················· 35

    2.3.3 可拓自适应混杂控制 ······················ 38

参考文献 ··· 44

第 3 章　智能车辆高级辅助驾驶系统可拓控制·······················47
　3.1　基于相邻车道安全态势划分的换道决策·······················47
　　3.1.1　换道决策系统的结构·······························47
　　3.1.2　关联车辆分类·································48
　　3.1.3　相邻车道安全态势划分·························51
　　3.1.4　换道决策准则·································57
　　3.1.5　仿真结果分析·································58
　　3.1.6　自动驾驶车辆平台及实验研究·····················64
　3.2　基于驾驶员状态监督和可拓决策的车道偏离辅助系统·············66
　　3.2.1　系统控制结构设计·······························66
　　3.2.2　车道偏离可拓决策·······························67
　　3.2.3　驾驶员状态监督控制器设计·······················72
　　3.2.4　基于驾驶员状态监督和可拓决策的驾驶模式·············81
　　3.2.5　仿真分析与硬件在环实验·························82
　3.3　基于改进人工势场法的车道偏离辅助可拓控制·················86
　　3.3.1　车道偏离辅助系统控制结构·······················87
　　3.3.2　车道偏离辅助控制器设计·························89
　　3.3.3　滑模变结构控制器设计·························92
　　3.3.4　车道偏离辅助系统启动的阈值·····················96
　　3.3.5　仿真结果分析·································99
　3.4　基于主动转向和差动制动可拓协同控制的路径跟踪·············101
　　3.4.1　路径跟踪系统总体结构·························102
　　3.4.2　车-路模型·································102
　　3.4.3　协同控制层设计·······························106
　　3.4.4　执行层设计·································110
　　3.4.5　仿真结果分析·································115
　　3.4.6　硬件在环实验·································119
　3.5　基于可拓控制的人机协同纵向避撞·······················121
　　3.5.1　系统建模·····································121
　　3.5.2　控制系统结构·································125
　　3.5.3　控制器设计·································126
　　3.5.4　仿真结果分析·································131
　　3.5.5　硬件在环实验·································134
　3.6　弯道工况下自适应巡航可拓控制·························136
　　3.6.1　控制系统设计·································136
　　3.6.2　系统建模·····································137

　　　3.6.3 性能指标与代价函数 ··· 140
　　　3.6.4 用于权重计算的可拓控制 ··· 143
　　　3.6.5 仿真结果分析 ··· 148
　参考文献 ··· 153
第 4 章　车辆底盘集成系统可拓控制 ·· 156
　4.1　汽车主动悬架系统 H_∞ 可拓控制及优化 ······························ 156
　　　4.1.1 整车悬架系统建模 ··· 156
　　　4.1.2 主动悬架 H_∞ 可拓控制器设计 ································· 157
　　　4.1.3 仿真结果分析 ··· 159
　　　4.1.4 可拓控制系数优化与分析 ··· 163
　4.2　EPS 多模式可拓模糊切换控制 ··· 168
　　　4.2.1 系统动力学建模 ··· 168
　　　4.2.2 多模式切换控制策略设计 ··· 170
　　　4.2.3 可拓模糊切换控制器设计 ··· 173
　　　4.2.4 仿真结果分析 ··· 174
　　　4.2.5 台架实验及结果分析 ··· 178
　4.3　基于功能分配的悬架和转向系统可拓控制及稳定性分析 ········· 180
　　　4.3.1 基于功能分配的悬架和转向集成系统可拓控制 ·············· 180
　　　4.3.2 仿真结果分析 ··· 183
　　　4.3.3 实验结果分析 ··· 184
　　　4.3.4 悬架和转向集成控制系统稳定性分析 ·························· 186
　4.4　基于可拓滑模的线控转向控制 ··· 189
　　　4.4.1 车辆模型建立 ··· 189
　　　4.4.2 前轮转角控制策略设计 ··· 193
　　　4.4.3 仿真与硬件在环实验及结果分析 ································· 197
　4.5　差动转向系统及整车稳定性控制 ··· 202
　　　4.5.1 差动转向系统建模与分析 ··· 202
　　　4.5.2 差动转向控制系统设计 ··· 206
　　　4.5.3 差动转向控制系统仿真及结果分析 ····························· 213
　　　4.5.4 横摆角速度与质心侧偏角联合的整车稳定性控制 ··········· 217
　　　4.5.5 差动转向与整车稳定性协调控制 ································· 220
　　　4.5.6 仿真结果分析 ··· 222
　参考文献 ··· 227
第 5 章　分布式驱动电动车辆稳定性可拓控制 ·································· 229
　5.1　车辆系统动力学建模 ··· 229
　　　5.1.1 车辆模型架构 ··· 230

5.1.2 整车动力学模型 ··· 231
5.1.3 轮毂电机模型 ··· 237
5.1.4 神经网络驾驶员模型 ··· 237
5.1.5 主动前轮转向模型 ··· 239
5.1.6 模型验证 ··· 241
5.2 基于相平面法的主动前轮转向与直接横摆力矩协调控制 ······· 244
5.2.1 协调控制策略设计 ··· 244
5.2.2 可拓域内的控制器设计 ··· 252
5.2.3 非域内的控制器设计 ··· 257
5.2.4 底层转矩分配 ··· 261
5.2.5 驱动转矩自抗扰控制器设计 ···································· 263
5.2.6 仿真结果分析 ··· 266
5.3 基于最小能耗的车辆横摆稳定性灰色预测可拓控制 ············· 269
5.3.1 横摆稳定性控制系统设计 ······································· 270
5.3.2 仿真结果分析 ··· 277
5.3.3 硬件在环实验及结果分析 ······································· 281
5.4 基于动态边界可拓决策的车辆路径跟踪协调控制 ··············· 283
5.4.1 路径跟踪模型 ··· 283
5.4.2 路径跟踪控制系统设计 ··· 285
5.4.3 动态可拓决策设计 ··· 285
5.4.4 控制器设计 ··· 289
5.4.5 转矩分配 ··· 295
5.4.6 仿真结果分析 ··· 296
参考文献 ·· 303

附录 ·· 306
附录 A 差动助力转向系统稳定性可拓协调控制 ················· 306
A.1 动力学模型的建立 ··· 306
A.2 基于横摆力矩可拓协调的控制系统设计 ······················ 307
A.3 仿真计算与分析 ·· 314
附录 B 基于可拓决策和人工势场法的车道偏离辅助驾驶 ········· 317
B.1 控制系统结构 ·· 317
B.2 控制器设计 ··· 318
B.3 仿真计算与分析 ·· 323
B.4 硬件在环实验 ·· 327
附录 C 基于转向和差动制动集成的车道偏离辅助驾驶人机协同控制 ···· 328
C.1 可拓联合控制策略 ··· 328

C.2　差动制动控制 …………………………………………………………… 330

C.3　人机协调控制策略 ……………………………………………………… 333

C.4　仿真计算与分析 ………………………………………………………… 335

C.5　硬件在环实验 …………………………………………………………… 339

第1章 绪 论

1.1 可拓学研究概述

可拓学是由中国学者蔡文研究员等于 1983 年提出的一个原创性横断学科，是数学、哲学与工程学交叉的新兴学科。该学科以形式化的模型，探讨事物拓展的可能性以及开拓创新的规律与方法，并用于解决矛盾问题，即在现有条件下无法实现的人们要达到的目标。

众所周知，现实世界存在很多矛盾问题，例如，用一个普通的秤去称数吨重的大象；根据少量的功能要求构思出复杂的新产品；靠左行驶的公路系统和靠右行驶的公路系统需要连接成一个大系统；等等。这些问题往往在人们的生活和工作中无处不在，那么为了解决这些矛盾问题，可拓学应运而生，它以客观世界中这类矛盾问题为研究对象。

对于矛盾问题，仅靠数量关系的处理是很难解决的。曹冲称象的关键在于一种变换，即把大象换成可称量的多个物体的组合。如果把高于城门的竹竿搬进城门，可采取把竹竿横放的方法，这里的关键是把竹竿高度与城门高度的矛盾转化为竹竿的长度与城门高度的相容关系。由此可见，研究和考虑问题不能仅研究事物之间的数量关系，还需要研究事物、特征和量值这三者之间的关系及其变化规律与形式，才能得到解决矛盾问题的合理可靠的方案。为了能够智能化地处理矛盾问题，必须研究如何用形式化的方法和语言表示矛盾问题及其解决过程，这样便产生了可拓学。

可拓学的研究对象是矛盾问题，基本理论为包括基元理论、可拓集理论和可拓逻辑的可拓论；基于可拓论实际应用的方法体系是可拓创新方法；与各领域的交叉融合就形成了可拓工程，其基本思想是用形式化的方法来处理各领域中的矛盾问题，化不相容为相容。可拓论、可拓创新方法和可拓工程等就构成了可拓学。

人们一般把矛盾问题分为三类：第一类是主观和客观矛盾的问题，简称不相容问题；第二类是主观和主观矛盾的问题，简称对立问题；第三类是自然存在的、没有人为干预的客观矛盾问题。可拓学主要研究第一类和第二类矛盾问题。

可拓学试图建立解决矛盾问题的方法论体系，对人的创造性思维过程进行形式化的探讨，为进行矛盾问题的机械化处理创造了条件。可拓方法体系的进一步完善，必将推动思维科学、决策科学和智能科学的发展，提高这些相关学科的科学性和可操作性。

可拓学把矛盾问题作为学科的研究对象，哲学家也一直在研究矛盾问题，但可拓学与哲学研究矛盾问题的区别在于：哲学用自然语言描述矛盾问题的处理；可拓学希望建立处理矛盾问题的程式，最后用计算机帮助人们来解决。因此，用符号语言来建立矛盾问题的形式化模型，以研究事物的可拓性，建立生成解决矛盾问题的形式化工具，这是可拓学和哲学研究矛盾问题的根本区别。

可拓学试图从事物矛盾转化的形式入手，为人脑的"出点子，想办法"打开一条新的研究途径。它把现实问题概括为相容问题和不相容问题，通过研究物元及其变化规律来寻找求解不相容问题的理论和方法。可拓学的两大理论支柱为：一个是物元及其变化的理论；另一个是可拓集理论及建立于其上的数学工具。可拓集理论是对经典集合论、模糊集合论的进一步开拓。

可拓学的理论基础是可拓论，而可拓论由基元理论、可拓集理论和可拓逻辑所构成，其基本结构框架如图 1.1 所示。

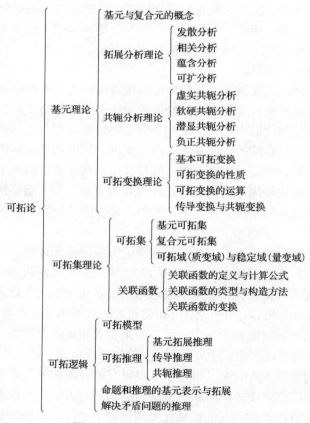

图 1.1　可拓论的基本结构框架

综上，可拓学研究了描述现实世界中的事物和关系、信息和知识及问题的形式化方法；研究了事物拓展的可能性(即拓展性)以及用形式化表示拓展性的方法(即拓展分析方法)；研究了从物质性、动态性、对立性和系统性方面分析物的结构的共轭性，建立了基元的拓展分析理论与方法以及物的共轭分析理论与方法，提出了矛盾问题转化的基本方法，包括化不相容问题为相容问题的可拓策略生成方法、处理对立问题的转换方法和从整体出发考虑处理复杂问题的关键策略与协调方法。

人们利用可拓学从新的角度认识和分析现实世界、解决现实世界中的矛盾问题，由此提出了一种新的方法论，即可拓创新方法。该方法的基本特征有：①形式化、模型化特征；②可拓展、可收敛特征；③可转换、可传导特征；④整体性、综合性特征。

可拓创新方法中常用的方法有[1]：①可拓模型建立方法；②拓展分析方法；③共轭分析方法；④可拓变换方法；⑤可拓集方法；⑥优度评价方法；⑦可拓创意生成方法。

把可拓论与可拓创新方法以及具体的应用领域相结合，拓展了可拓学领域的理论，形成了一批可以操作的方法，如设计、制造、人工智能、控制、检测、管理等领域的应用方法，这些统称为可拓工程方法。这些方法大量应用于工程、信息、经济与管理等多个领域，产生了较好的经济和社会效益。

研究者利用上述可拓工程方法，研制了相应领域的可拓策略生成系统和可拓数据挖掘系统。可拓数据挖掘是可拓学和数据挖掘结合的产物，是基于可拓学的理论和方法，挖掘各个领域的数据库或知识库中所积累的基于变换的知识，包括挖掘数据库中解决矛盾问题的变换所需要的信息和知识。传统数据挖掘和可拓数据挖掘不同之处在于：以往的数据挖掘方法所挖掘的是静态的知识，而可拓数据挖掘方法挖掘的是变换下的知识，即包括动态知识的可拓知识[2]。

下面简要介绍目前研究可拓学较多的几个领域。

1) 与信息科学的交叉融合

可拓学主要研究可拓模型在信息领域中的应用，它用物元、事元和关系元表示信息建立信息和知识的形式化模型，通过可拓变换和可拓推理生成解决矛盾问题的策略。

网络，特别是复杂网络中，存在各种各样的矛盾问题，如信息的需要量和提供量过多的矛盾、大世界和小世界的矛盾等。为解决这些矛盾问题，需要探索新的工具。用可拓学研究网络中的矛盾问题是可取的。通过建立可拓模型，利用可拓推理和可拓变换、传导变换和传导效应，生成解决这些矛盾问题的策略，将使得复杂问题简单化。

解决矛盾问题的策略生成理论和方法是可拓学与信息科学相结合的重要方面，这也成为研究高智能的计算机和各种能处理矛盾问题的智能机器的基础。要使计算机能利用可拓模型处理矛盾问题，生成解决矛盾问题的策略，必须研究带有矛盾前提的逻辑。可拓逻辑研究矛盾问题转化的推理规律，为人工智能领域提高智能水平提供了理论依据。

2）与工程科学的交叉融合

控制领域中存在大量的矛盾问题，如可控与不可控的矛盾，线性与非线性的矛盾，控制中的精准性、鲁棒性和快速响应性的矛盾等，对系统的性能和功能均有影响。这就需要把可拓学的基本理论和方法与控制领域的专业知识相结合，研究处理该领域中矛盾问题的可拓工程理论与方法。对于与本书内容密切相关的可拓控制，可拓控制理论与方法研究近年来备受关注，已取得较多的研究成果和实际应用。

从信息的观点来看，控制过程实质上可以看成信息的转化过程，即使被控信息以尽可能好的方式转化到所要求的范围。可拓集合的建立旨在研究事物的转化关系，描述矛盾双方在一定条件下可相互转换的规律，反映人们在实践中处理问题的辨识思想。用可拓集合来描述和处理控制过程中信息的转化关系，将控制问题的求解纳入一般问题的求解之中，为寻求智能控制知识表达的模型和信息处理的技术探索出了一条新途径。

3）与管理科学的交叉融合

管理可拓工程是从处理矛盾问题的角度去审视管理的过程，利用可拓学可建立一套新的管理工程理论与方法，包括可拓策划、可拓营销、可拓决策等。管理可拓工程理论与方法的成熟，将使可拓论和管理科学的交叉融合更加紧密。

4）与其他学科的交叉融合

随着可拓学研究的深入，必然采用计算机进行创造性思维的研究，这一研究将是思维科学、计算机科学和可拓论的交叉融合，所建立的理论与方法将推动模仿人脑进行创造性思维、延伸人脑的智能机器系统的研制。除此之外，可拓学还可以与其他很多学科进行交叉融合。

无论从可拓学的研究对象考虑，还是从可拓学的过去和未来发展来分析，它都是一门涉及学科众多、应用范围广泛的新型交叉学科，在未来的发展中，它将越来越多地与其他学科进行交叉融合[3]。

1.2　可拓学的未来发展

可拓学在未来可朝着如下几方面发展[3,4]。

1. 把矛盾问题智能化处理发展为成熟的技术

当前，网络和计算机已渗透到人们生活和工作的各个层面，很多领域都涉及矛盾问题的处理，创造能处理矛盾问题的智能机器将成为促进未来科学技术发展的重要工作。计算机智能化和研制智能机器的目的就是让计算机帮助人们处理各种各样的问题，特别是主观愿望和客观环境相矛盾的问题，可拓学将为此提供基本的工具。因此，把可拓论和可拓创新方法应用于计算机和网络智能化的研究将成为今后的前沿工作，这些研究包括：

(1)研制能处理矛盾问题的智能计算机。

(2)研制通用的可拓策略生成平台和在专业领域应用的可拓策略生成软件。

(3)使可拓数据挖掘软件在多个领域得到应用。

(4)利用可拓论和可拓创新方法研究网络智能化的技术。

今后，研制可拓软件并使之商业化将是可拓学应用研究的重要工作。

2. 可拓创新方法在多个领域应用

(1)用形式化方法表述创造性思维的模式，研究设计领域中成熟的产品概念设计方法和解决矛盾问题的可操作方法。

(2)在信息领域中，可拓信息的基本理论与方法的深入研究，将使可拓搜索方法、可拓诊断方法、可拓识别方法等进入多个领域，使可拓创新方法在信息领域得到较广泛的应用。

(3)可拓控制的研究提出了解决控制领域中矛盾问题的新理论与新方法。随着研究的深入，把不可控问题转化为可控问题的可拓控制将为控制领域提供新的控制方式。

(4)网络世界的矛盾问题不计其数，如信息的需要量和提供量过多的矛盾、大世界和小世界的矛盾等，这些矛盾问题可利用网络方法和可拓创新方法相结合的技术去处理。未来，能处理矛盾问题的可拓策略生成平台和网站的研究将成为网络领域新的研究方向。

(5)在管理领域中，以处理矛盾问题为核心的管理可拓工程理论与方法将逐步为管理者所接受和广泛使用。

3. 理论体系更加完善，可拓学发展为成熟的学科

(1)可拓论三个支柱的研究将更加深入发展，从而成为公认的理论体系。可拓集理论的提出丰富了集合论，在可拓集理论的基础上，将产生异于经典数学和模糊数学的可拓数学，作为处理矛盾问题的定量化工具；为了更好地使矛盾问题的解决过程定量化，必将对异于实变函数和隶属函数的关联函数进行全面系统的研究，形成关联函数论；在基元理论的研究方面，将会发展多维基元和复合元的拓展分析理论、共轭分析理论和可拓变换理论，尤其是共轭分析的定量化及传导变换的定量化和可操作方法的研究，使可拓学能为复杂矛盾问题的智能化处理提供更合适的工具；可拓逻辑的研究目前尚未深入，今后人们必会对可拓逻辑体系，特别是可拓推理体系进行全面深入的研究。

（2）由于各个学科领域中研究可拓策略生成系统、可拓数据挖掘软件、产品创新软件和能处理矛盾问题软件的需要，今后必然要研究能处理一般矛盾问题和专业领域中矛盾问题所需要的形式化模型、定量化工具、推理的规则和特有的方法，从而使可拓创新方法发展为更加完整的通用可拓创新方法体系和学科领域中应用的可拓创新方法体系。

（3）由于矛盾问题广泛存在，可拓学的应用必然导致对其理论和方法的深入研究，与各个领域的交叉融合必然发展出多个分支，形成不同领域的可拓工程理论体系和方法体系，从而使可拓学发展为一门成熟的、多分支的学科。

1.3 可拓控制简介

将可拓论和可拓创新方法应用于控制领域去处理控制中的矛盾问题的方法称为可拓控制方法，它为解决控制领域中存在的矛盾问题提供了一条值得探索的途径。

1994 年，华东理工大学王行愚等[5]首先提出了可拓控制的概念、定义和架构。1996 年，清华大学潘东等[6]提出了二层可拓控制器，并对可拓控制的可拓域进行了初步研究。之后，又有很多学者相继发表了多篇有关可拓控制的研究论文。例如华南理工大学何斌等[7]运用可拓控制对自适应控制进行补充，建立了一种新的可拓自适应混杂控制方法。哈尔滨工程大学管凤旭等[8]改进了基本可拓控制器控制算法，并将其应用于旋转式倒立摆系统，验证了可拓控制的有效性。2001 年，台湾学者翁庆昌等[9,10]提出了基于可拓控制的新的设计方法。合肥工业大学的陈无畏等[11]在国内较早开展了将可拓控制应用于汽车工程领域内的研究。随后，他们又发表了针对汽车转向、制动、悬架系统和智能汽车辅助驾驶等方面的研究论文[12-20]，丰富了可拓控制理论与工程应用方面的研究成果。江苏大学的蔡英凤等[21]针对智能车辆在大曲率道路工况下车道保持控制精度低的问题，提出了一个由上层可拓控制器和下层控制器所组成的车道保持控制系统，减小了跟踪误差，提高了大曲率道路工况下的车道保持控制精度和工况适应性。

1.3.1 可拓控制与传统控制的区别

可拓控制和传统控制最大的区别在于：传统控制解决的是系统的控制品质问题；可拓控制解决的是系统的控制论域问题，即解决不可控制与需要控制这一对矛盾问题，使不可控变成可控。

可拓控制以可拓学的状态关联度为核心，从信息转化的角度来研究控制问题，其目的在于使目前各种领域的有关控制系统通过可拓变换的处理对原来不可控的区域实现可控。也就是说，在多个领域的控制系统中，其控制范围是受到特定限制的，超过所限定的范围，运行状态变为不可控的，甚至会发生危险事故。通过可拓控制把系统的不可控状态变为可控状态，从控制的范围、深度和广度上提高控制系统的水平，发挥控制的潜力和优势，可防止危险事故的发生，并在产品质量和性能的提升、能源和材料的节省等方面起到明显的促进作用，节省了资金、能源和材料。

当前，国际上各种先进的控制理论与控制方法，基本上都是为了提高系统的控制品质，而快速性、稳定性和可靠性是度量系统控制水平的主要因素。现行的控制方法一般都是围绕这些因素的提高而进行的，而可拓控制是扩展系统的控制论域，扩大系统的控制范围，使系统有更大的控制能力，进一步提高控制的安全性和可靠性。

可拓控制器是可拓控制系统的核心。早在 20 世纪 90 年代中后期，国内有不少学者就提出并设计可拓控制器，研究特征模式划分和关联度计算与实现问题，以对可拓控制器的结构进行逐步改进。根据控制的复杂程度，控制器可以有多层结构，各层行驶不同的功能。2000 年以来，随着对可拓学理论研究的深入，研究者将基元引入可拓控制，提出可拓控制的基元模型。针对自适应设计仅能处理渐变和量变问题的局限性，探索应用可拓控制对自适应控制的补充，建立可拓自适应混杂控制方法，即运用可拓控制变量处理和控制非渐变或质变的动态系统和未预见的各种突发事件。

以经典控制理论和现代控制理论为代表的传统控制理论在很长一段时期内一直都是解决生产、生活中控制问题的有力工具，并将继续扮演重要角色。其中，经典控制理论主要研究线性定常对象、单输入单输出系统、频域设计和完成镇定任务等。现代控制理论从时域彻底研究了多输入多输出线性系统，特别是一些刻画控制系统本质的基本理论的建立，如可控性、可观性、实现理论、分解理论等。为高水平解决工程实际中所提出的控制问题需要，建立了最优控制、自适应控制、系统建模、系统辨识与估计理论、非线性控制等学科分支。随着时代的发展和科技的进步，工程科学、技术科学对控制也提出了越来越高的要求，传统控制理论和控制方法遇到了许多难以逾越的障碍，如对象的复杂性、系统的高度非线性和不确定性导致系统辨识和建模的困难。而复杂的对象特性和控制任务的要求，使传统的系统控制理论束手无策，定性、逻辑、语言控制等控制手段也面临着数学处理上的困难。因此，基于模拟人的控制行为的智能控制方法成为当代控制理论与应用的主要发展方向，如模糊控制、神经网络控制、专家控制、仿人智能控制等智能控制方法的发展为解决这类控制问题提供了有效的工具。可拓控制方法的提出，不仅在自动控制的底层增加了新的智能手段，而且在其高层的智能推理及决策中能很好地模拟人类概括、学习和解决不相容问题的能力，善于处理矛盾问题、未预见性的问题和不可预料的问题[22]。

将可拓学的可拓分析理论(物元、事元、关系元及复合元理论)结合可拓变换以及可拓控制信息集合中的关联判断来构成底层的可拓控制器，模拟类似于人的分层递阶控制结构的底层；使用可拓的知识表示及可拓推理等理论来构成高层的可拓推理、决策以及相关的知识库和数据库，模拟类似于人的高层智能及中间协调组织层。这样，将可拓控制的智能与类人的智能控制相结合的研究，正是实现新的控制方法的新尝试、新机遇。

可拓控制是结合可拓学和反馈理论的一种新型智能控制方法，其基本思路是从信息转换角度去处理控制问题，即以控制输入信息的合格度(关联度)作为确定控制输出校正量的依据，从而使被控信息转换到合格范围内。可拓控制器具有不要求建立精确的数学模型，且实时性好等优点。

在可拓集合中引入基元来表示控制中的各种信息流，并结合基元的可拓变换方法，用可拓集合来描述和处理控制过程中信息的转化关系，将控制问题的求解纳入一般问题的求解之中，为寻求可拓控制知识表达的模型和信息处理的技术探索一条途径。

1.3.2　可拓控制的概念及其系统基本结构

可拓控制的基本思想是利用可拓集合从信息转化的角度来处理控制问题。可拓控制的基本概念可描述如下[23]。

特征量：描述系统状态的典型变量，可用 C 来表示。

特征状态：由特征量来描述的系统状态，用 S 表示，$S=(C_1, C_2, \cdots, C_n)$。

特征状态关联度：以控制指标所决定的系统特征状态的取值范围为经典域 X，以选定操纵变量下的系统可调节特征状态的取值范围为节域 X_p，建立关于系统特征状态 S 的可拓集合 $\tilde{X}$，则系统调节过程的任一状态与可拓集合 $\tilde{X}$ 的关系用实数 $K_{\tilde{X}}(S)$ 来表示，称其为特征状态关联度，其值域为 $(-\infty, +\infty)$，并有

(1)当 $K_{\tilde{X}}(S) > 0$ 时，表示特征状态 S 符合控制要求的程度。

(2)当 $K_{\tilde{X}}(S) \leqslant -1$ 时，表示在所采用的操纵变量下，无法通过改变操纵变量的值而使特征状态转变到符合控制要求的范围，此时需要变换控制变量或操纵变量。

(3)当 $-1 < K_{\tilde{X}}(S) \leqslant 0$ 时，表示在所采用的操纵变量下，可以通过改变操纵变量的值而使特征状态转变到符合控制要求的范围。

特征模式：由特征量表示的系统运动状态的典型模式，表示为

$$\Phi_i = f_i(C_1, C_2, \cdots, C_n), \ i = 1, 2, \cdots, r$$

式中，Φ_i 为第 i 个特征模式；f_i 为关于 Φ_i 的模式划分；r 为特征模式个数。

测度模式：根据特征状态关联度划分的模式，表示为

$$M_1 = \left\{ S \middle| K_{\tilde{X}}(S) > 0 \right\}$$

$$M_2 = \left\{ S \middle| -1 < K_{\tilde{X}}(S) \leqslant 0 \right\}$$

$$M_{2i} = \left\{ S \middle| \alpha_{i-1} < K_{\tilde{X}}(S) \leqslant \alpha_i, S \in M_2 \right\}$$

$$M_3 = \left\{ S \middle| K_{\tilde{X}}(S) \leqslant -1 \right\}$$

其中，$-1 = \alpha_0 < \cdots < \alpha_{i-1} < \alpha_i < \cdots < \alpha_m = 0$，$i = 1, 2, \cdots, m$。

可见，可拓控制是利用了可拓集理论中关联度的概念作为控制信息转化的标志，即 $K_{\tilde{X}}(S) = 0$ 和 $K_{\tilde{X}}(S) = -1$ 分别指出特征状态符合与不符合控制要求，以及可转变与不可转变为符合控制要求的边界。

可拓控制系统的基本结构如图 1.2 所示。可拓控制系统为上层控制器与下层控制器两层结构，下层控制器行使系统基本的控制功能，上层控制器是对基本控功能的补充和完善，其作用是对可拓控制系统控制过程进行优化以达到良好的控制效果。

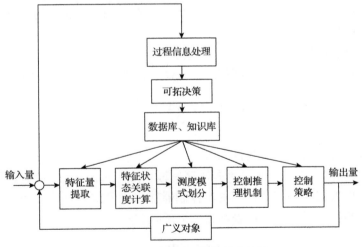

图 1.2　可拓控制系统的基本结构

下层控制器由 5 个部分组成，即特征量提取、特征状态关联度计算、测度模式划分、控制推理机制和控制策略；上层控制器由 4 个部分组成，即过程信息处理、可拓决策、数据库、知识库。过程信息处理是从输出信息中判断系统当前的控制效果，并从其中提取系统所需的有用信息。可拓决策是上层控制器的关键部分，它可以用来修改数据库中的参数以实现改善控制效果的目的。数据库存放来

自被控过程的信息，包括过程给定参数值、过程抽出值以及经过处理后的中间数据等，此外还存放各种经验参数，如测度模式划分的经验参数、经典域、可拓域的范围、测度模式个数及划分等。知识库存放专家领域知识和过程的先验知识，即关联函数形式、测度模式的划分以及控制策略的选择等对控制效果的影响情况，等等。

可拓控制器的工作原理主要包括以下 5 个方面，对应于图 1.2 中主回路的 5 个模块。

1）特征量提取

系统的运动状态可以通过一定的特征信息表现出来，特征量提取就是处理从系统中获得的各种信息，抽取特征并将其归入某一特征模式的过程。

2）特征状态关联度计算

特征状态关联度是通过建立关联函数，并利用系统的当前状态值进行计算而获得的。要建立关联函数，首先必须建立它们的可拓集合，通常采用 n 维关联函数和 n 阶关联函数两种形式。为了确定关联函数中的某些加权系数，需要用到专家知识，并在系统运行过程中通过机器学习在线修正。

3）测度模式划分

测度模式划分是根据系统当前特征状态关联度，将状态归入某一模式的过程。可拓控制的主要任务是对可调状态进行调节，使之回复到合格范围。为此，对可调状态按合格度 K 进一步划分，然后对每类可调状态给予相应的控制策略，以提高控制系统的性能。

4）控制推理机制

控制推理机制为一个从测度模式到控制模式的映射。推理规则表示为

$$\text{If}\,\langle测度模式\rangle,\ \text{Then}\,\langle控制策略\rangle$$

5）控制策略

控制策略可以采用以下两种形式。

（1）将控制器输出信号划分为若干区间段：$[u_{i-1}, u_i](i=1,2,\cdots)$，每段作为一种控制模式，再根据控制算法计算得出控制器输出。模式的个数根据过程复杂程度而定。控制器的实际输出 u 可表示为如下函数关系：

$$u = h_i(K_{\tilde{X}}(S), u_{i-1}, u_i)$$

（2）采用一组具有开、闭环以及多模态功能的控制策略。例如，

$$u_1 = u_{\max}, u_2 = u_{\min}, u_3 = u(t-1), \cdots$$

将可拓控制器与被控系统结合，构成如图 1.3 所示的可拓控制系统。图中，r 为系统输入量，e 为系统误差，y 为系统输出量。特征量的选取需要其能表征运动状态，

控制策略则为针对被控对象特点所采取的各种不同控制方法。

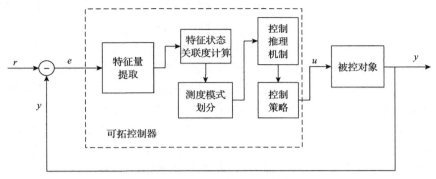

图 1.3 可拓控制器基本结构

1.3.3 可拓控制器基本特征

可拓控制器一般具有以下特征[23]。

(1) 系统的输入是物元或物元集，体现对被控事物、特征和特征量的要求。

(2) 控制模型为物元模型，模型输入是物元，系统对输入的事物、特征和相应的量值都有要求，如此才能满足控制要求。

(3) 输出是物元或物元集，这是由输入物元和控制系统的物元模型来决定的。

(4) 可拓控制的最大优点是将难以控制的问题转化为可以控制的问题，也就是将系统在 $K(S) < -1$ 的状态最终转化为 $K(S) \geqslant 0$ 的状态。

(5) 解决上述控制难题的转化工具是物元变换，通过对物元三要素(事物、特征和特征量值)的变换以及它们的组合变换，变换输入物元、输出物元和控制系统的物元模型，从而达到控制的目的。

1.4 可拓控制在车辆工程上的应用

汽车在经历了一百多年的辉煌之后，正面临一场深刻的变革。当前汽车产业正不断向电动化、网联化、智能化加速演变，这是全球汽车企业与时间赛跑的一场追逐赛。回顾过去，中国汽车工业取得了飞跃式发展，自 2009 年起中国汽车产销量连续 12 年稳居全球第一，在新能源领域更是完成大规模产业化，新能源汽车产销量连续 6 年位居全球第一，并实现产业链上下游有效贯通，电池、电机、电控等核心技术基本实现自主可控。

当前中国和主要发达国家相继提出实现碳达峰、碳中和的发展愿景，国际汽车企业先后提出自身的"碳足迹"计划，这将进一步倒逼汽车企业加速节能减排、电动化及智能化的转型，并在产业政策、产品结构、企业收益中寻找新的平衡点。

汽车和工业车辆、农业车辆、特种车辆等均是典型的多输入多输出、强耦合、非线性复杂动力学系统，常规控制方法受到车辆动力学模型复杂性或控制方法使用条件受限等因素的制约，致使车辆控制性能改善空间有限。可拓控制可以摆脱常规控制的局限性，不受具体控制手段的制约，对原控制区域进行拓展，对全局控制区域进行划分，在不同的范围内根据控制功能的不同实施相对应的控制策略，达到任何一种具体的常规控制方法无法实现的控制效果；同时，可拓控制从信息转换角度处理控制问题，以控制输入信息的关联度作为确定控制输出校正量的依据，能够使得汽车的某些参变量从不可控区域转换成稳定可控区域，从而拓展车辆稳定工作范围。由此可见，可拓控制在车辆动力学的安全稳定控制方面具有广泛的应用范围，但目前在车辆动力学可拓控制的系统性研究方面，国内外相关文献报道甚少。

1.4.1 底盘电控集成系统可拓控制

车辆底盘是一个包括制动、转向、悬架等诸多子系统的复杂动力学系统。悬架作为连接车身和车轮的桥梁，它的作用是把路面作用于车轮上的垂直反力、纵向反力和侧向反力以及由这些反力产生的力矩传递到车身上，以保证车辆的正常行驶，悬架系统性能的好坏直接影响整车行驶平顺性。转向系统遵循驾驶员的输入指令使转向轮偏转，以获得对车辆行驶方向的控制，转向系统性能的好坏影响了车辆的转向灵敏性、轻便性和操纵稳定性。制动系统的作用是使行驶中的车辆减速或停车、使下坡行驶的车辆速度保持稳定和使已经停驶的车辆保持原地不动，故制动系统的制动效能和制动时的方向稳定性直接影响车辆的行车安全性。显然，在不同行驶工况下，各子系统间的运动相互影响、相互作用。为综合改善整车动力学特性，必须深入研究各可控子系统间的相互制约和相互影响的耦合机理。

用于改善车辆动力学特性的制动防抱死、主动前轮转向、电动助力转向、主动悬架、车身稳定控制系统等底盘电控系统，多是为完成某特定功能的制动/驱动、转向和悬架等子系统的单独控制，难以实现信息共享和全局控制，且各子系统由于控制目标的差异和有效工作区域的不同会引起功能重叠，甚至会导致功能冲突和执行器冗余，限制了电控系统功能潜力的发挥，影响了控制系统的功能安全性，导致车辆整体综合性能不能达到最优。

基于此，可采用多个子系统集成工作的分层式协调控制方法，即先针对各子系统进行单独的执行控制器设计，然后再设计上层协调控制器。采用该方法，设计的系统控制器具有很好的可扩展性，系统的可靠性和功能安全性得到了提高。考虑到可拓控制的特点可使系统从原来不可控的区域实现可控，并从控制的范围、深度和广度上发挥系统的工作潜能，故对复杂的分层协调控制系统来说，采用可拓控制的效果会更好。

　　图 1.4 为车辆转向/悬架分层协调可拓控制系统。其中，上层控制器采用可拓协调控制。系统首先根据传感器所采集的参数获得特征量，然后对车辆行驶状态进行划分。不同的行驶状态对应不同的系统运动特征和稳定程度，采用可拓理论中不同的域来对应描述，并在不同的域内采用不同的控制方式[24]。

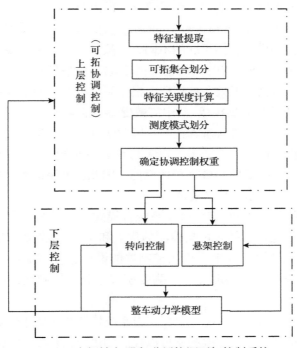

图 1.4　车辆转向/悬架分层协调可拓控制系统

　　图 1.5 中所示可拓集合区域，可分为经典域、可拓域和非域。在此基础上，根据关联函数取值，在不同可拓集合范围内进行控制功能分配，分别设计经典

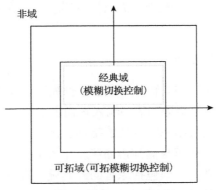

图 1.5　电动助力转向系统可拓集合区域划分

域、可拓域和非域内的对应控制算法，以获得转向/悬架集成系统的可拓协调控制器。

1.4.2　电动助力转向系统可拓控制

转向系统作为车辆的一个重要组成部分，已由当初的纯机械式转向系统发展为现在的电动助力转向(electric power steering, EPS)系统，并得到了非常广泛的应用。EPS 系统的控制模式依据工况的不同，一般分为助力控制模式、回正控制模式及阻尼控制模式等三种。EPS 系统是一个包含离散事件和连续动态过程的复杂动力学系统，具有典型的混杂系统特征。根据系统特性，混杂控制系统同时由离散/逻辑控制器和连续控制器构成，其中离散/逻辑控制器可在上层进行支配和切换控制，连续控制器在下层进行基本控制，以此实现被控对象的最优控制。混杂系统在切换过程中稳定性较差，如果控制性能不佳，会产生电机电流突变、转向盘抖动等现象，这会严重影响 EPS 系统的性能。因此，为保证切换的平滑性和稳定性，进行切换控制研究是十分必要的。

虽然模糊切换控制器可实现 EPS 系统各模式之间较为平滑的切换，但为了取得更好的控制性能，可结合可拓控制的优点和 EPS 混杂系统特征，设计一种可拓模糊切换控制器[25]。其中，可拓控制器的设计过程与前述一样，同样分为特征量提取、特征状态关联度计算、测度模式划分、控制推理机制、控制策略确定等。

测度模式可划分为 M_1、M_2、M_3。当系统特征状态属于经典域时，在测度模式 M_1 下，特征量处于模糊切换控制可以控制的集合，宜采用模糊切换控制策略；当系统特征状态属于可拓域时，测度模式 M_2 是可拓控制策略发挥作用的主要区域，控制器是为了尽可能拓展 EPS 系统切换时的控制性能提升空间；当系统特征状态属于非域时，在测度模式 M_3 下，特征量已经较远地偏离经典域，无法使特征状态转变到符合控制要求的范围，需取控制器输出最大值为当前测度模式控制器输出值。

1.4.3　主动悬架系统可拓控制

主动悬架系统的控制影响车辆的平顺性、操纵稳定性和安全性。H_∞ 控制具有很好的鲁棒性，适用于有模型摄动的多输入多输出系统。为拓展 H_∞ 控制性能，可采用可拓控制来优化主动悬架系统的性能指标。选择主动悬架的车身质心垂直加速度、车身俯仰角加速度和车身侧倾角加速度作为系统状态的特征量，并对这三个性能指标的值域进行划分，即包括原有的经典域、进行优化的可拓域以及控制性能相对较差的非域。将 H_∞ 控制器在不同值域内进行拓展设计，在不同值域内设计对应的局部最优控制器，从而建立全域 H_∞ 可拓控制器，以进一步提升主动悬架系统的控制性能[12]。

考虑到车身在车辆行驶中受到垂直、俯仰及侧倾方向的影响，与 H_∞ 控制器中的测量输出保持一致，H_∞ 可拓控制器同样选取主动悬架系统的输出量为质心垂直加速度、俯仰角速度、侧倾角速度，划分可拓控制器的经典域、可拓域及非域。当特征状态处于经典域时，主动悬架的控制性能处在最佳状态，可采用 H_∞ 控制方法进行控制。当特征状态处在可拓域时，控制性能往往会变差，但是可以通过调节特征状态改变控制输出量，设计控制策略，实现 H_∞ 控制的拓展，进而改善系统控制性能。当特征状态远离经典域，处在非域时，可采用该状态下的最大输出值为控制器输出，在该范围下以尽可能地维持其控制性能。

值域的划分是可拓控制研究中的一个重要问题，即改变控制器中经典域和可拓域边界，会使可拓控制的关联函数值发生变化，进而影响系统的控制性能。为了达到更好的控制效果，重点是要综合考虑经典域和可拓域边界的合理划分。

最后，分别在不同值域内设计不同的控制算法，建立可拓控制器，从而实现对 H_∞ 控制的拓展，达到进一步提升主动悬架系统性能的目的。

1.4.4 差动助力转向系统可拓控制

对于分布式轮毂电机驱动的电动车辆，通过改变电机输出转矩来直接调节车轮驱动转矩，使得其差值作用在转向系统中，为驾驶员转向提供助力，该过程为差动助力转向(differential drive assisted steering, DDAS)。在 DDAS 系统工作过程中，左右转向轮驱动力的改变会引入额外的横摆力矩，对车辆的稳定性产生影响。一方面，在车辆安全行驶状态下，该横摆力矩减小了车辆不足转向量，并间接减小了转向盘转矩。另一方面，助力产生过大的横摆力矩，有可能使车辆迅速变为过度转向，趋于不稳定，发生危险。为保证轮毂电机驱动的电动车辆行驶的稳定性，在趋于失稳时需加入横摆力矩控制，这样不仅可拓展 DDAS 系统的工作范围，还能提高整车稳定性。当助力效果难以维持车辆行驶稳定性时，需取消 DDAS，只对车辆进行横摆力矩控制，最大可能地保证整车稳定性。可见，实现横摆力矩可拓协调控制需要研究两方面内容：一方面为如何确定车辆转向行驶的稳定性边界，划分车辆行驶状态；另一方面为如何确定差动助力矩与横摆力矩之间的关系，共同实现稳定性控制。基于横摆力矩的可拓协调控制系统如图 1.6 所示[13]。

由图 1.6 可见，上层的可拓协调控制器根据传感器所采集的特征参数，获得质心侧偏角和横摆角速度偏差，对车辆行驶状态进行划分。不同的行驶状态对应了车辆不同的稳定程度，在不同的域内(经典域、可拓域、非域)对应设计不同的控制方式。其中，经典域对应安全行驶状态，只有 DDAS 控制器工作。可拓域中车辆即将趋于失稳，而 DDAS 控制器工作所产生的横摆力矩会加剧车辆失稳，需适

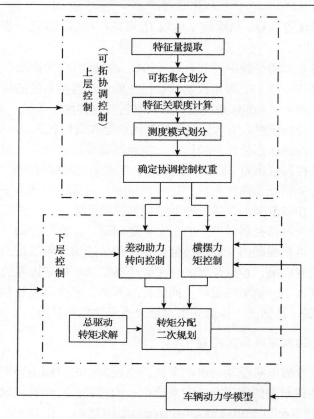

图 1.6　基于横摆力矩的可拓协调控制系统

当减小 DDAS 控制器输出的差动助力矩，并加强对整车横摆力矩的控制，通过确定两控制器输出权重实现共同控制，协调处理差动助力矩和横摆力矩，这样既能保证一定的助力效果，又能维持车辆稳定性。非域中，若继续保持 DDAS，车辆转向将处于失稳状态，难以控制，即在采用可拓域中操纵变量的情况下，无法通过改变量值使特征状态发生转变，此时需要更换操纵量，改变控制系统的工作方式，取消 DDAS 控制，不提供助力效果，通过四轮转矩调节只对整车横摆力矩进行控制。在车辆实际行驶过程时，在非域中，随着车辆特征状态远离可拓域，轮胎附着力达到极限，横摆力矩控制器即将失效，最终导致车辆失稳。所以在非域中横摆力矩控制器的作用效果有限，只能在接近可拓域而不是远离可拓域的范围内尽最大可能地确保整车稳定性，减小不稳定区域。

　　下层控制由 DDAS 控制器和横摆力矩控制器两个控制器构成。其中，DDAS控制采用转向盘转矩直接控制策略，将转向盘转矩信号作为反馈控制量，控制实际转向盘转矩和参考转向盘转矩间偏差，进而实现差动助力；横摆力矩控制主要用于可拓域和非域，以质心侧偏角和横摆角速度为控制量，通过两者的协调控制来保证整车稳定性。

1.4.5　智能车辆辅助驾驶中的可拓控制

智能车辆是一个集环境感知、规划决策、无人驾驶、多等级辅助驾驶等功能于一体的综合性系统；智能车辆技术是当前的研究重点，其发展速度很快，已逐渐实现了从辅助驾驶、主动安全到自主驾驶的最终目标，即具有单一功能的智能化，具有复合功能的智能化，具有有限条件的无人驾驶和全工况下的无人驾驶。

智能车辆的最终目标是替代人，实现无人驾驶。由于高度自动驾驶系统的安全性和有效性，需要经受大量的现场测试和长期的应用挑战，目前大部分汽车企业正在进行的相关智能车辆技术研究，产品开发仍处于辅助驾驶阶段。因此，与智能车辆高级驾驶辅助系统(advanced driving assistance system, ADAS)有关的关键技术成为当前的研究热点[23]。

ADAS 可利用安装于车上的各种传感器，在第一时间收集车内外的环境数据，进行静/动态物体的辨识、探测与跟踪等技术上的处理，从而让驾驶者以最快的时间察觉可能发生的危险并引起注意，或改为提高安全性的主动安全驾驶技术。ADAS 采用的传感器主要有摄像头、激光雷达、毫米波雷达和超声波传感器等感知传感器，以监测车辆运行状态，再通过计算单元、控制系统等进行环境感知、计算决策和控制执行。早期的 ADAS 技术主要以报警为主，当车辆检测到潜在危险时，会发出警报提醒驾驶员注意异常的车辆或道路情况。对于最新的 ADAS 技术，主动式干预很常见，主要有自适应巡航控制系统、主动避撞系统、车道偏离辅助系统、辅助/自动泊车系统、自主代客泊车系统、车联网系统等。

例如，为保障智能车辆的行驶安全，车道偏离辅助系统是当前 ADAS 的研究热点之一。在造成重大交通事故的各种因素中，驾驶员精神不集中或误操作导致的车道偏离是较为严重的一种[26]。车道偏离辅助系统的执行方式主要依靠转向轮转向(由 EPS 系统执行转向和线控主动转向等)，差动制动方式虽有一定的应用但不广泛。

针对车道偏离辅助系统中的决策问题，可设计可拓决策控制器，划分经典域、可拓域和非域以对应不同的车道偏离危险程度，并在不同域中采用不同的控制方法。例如，可以横越车道时间和距车道中心线距离作为特征量来建立二维可拓集合，设计动态边界划分可拓域，在不同域中分别采用自由驾驶模式、辅助驾驶模式和线控主动转向模式；求解出关联函数值，确定可拓域中辅助驾驶模式人和车的控制权重；设计转角控制器，并采用合适的控制策略来跟踪理想转向盘转角；针对不同域表征的车道偏离状态，实现自由驾驶模式、辅助驾驶模式和线控主动转向模式之间的平顺切换。

车道偏离辅助系统控制结构如图 1.7 所示[14]。其中图 1.7(a)为系统控制结构框图，由图可见，上层决策控制由特征量确定、可拓集合划分、可拓域边界设计和驾驶模式划分等几部分组成。根据车道偏离危险程度，在不同的域内采用不同的驾驶模式，来实现不同域中多种驾驶模式的切换控制。图 1.7(b) 为可拓集合区域划分，经典域代表无车道偏离危险，驾驶员继续自由驾驶；可拓域代表车辆有车道偏离风险，驾驶员如果继续自由驾驶可能会发生危险，所以此时采取辅助驾驶控制策略，驾驶员继续操控转向盘，保持驾驶员的操控权，线控主动转向系统对其进行转角补偿，这样既可保证驾驶员的操控权，又可减小车道偏离的危险；非域代表若继续保持驾驶员的优先权进行驾驶，车辆将发生车道偏离危险，此时需要改变策略，及时采取线控主动转向。显然，当处于非域时，采取线控主动转向模式可以及时地避免发生车道偏离危险。然而，随着车辆特征状态远离可拓域，行驶条件变得越来越恶劣，正常的转向控制将难以维持，最终导致控制系统失效。故此，只能在接近可拓域而不是远离可拓域的范围内正常工作，以确保车辆行驶的安全、稳定和可靠。

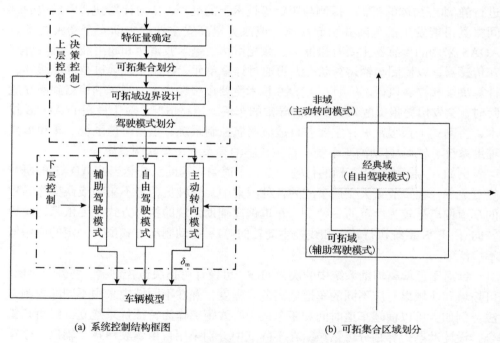

(a) 系统控制结构框图　　　　　　　　(b) 可拓集合区域划分

图 1.7　车道偏离辅助系统控制结构

1.4.6　车路协同自动驾驶中的可拓控制

由上所述，可拓控制方法在单车的自动驾驶智能车辆上取得了较好效果。而随着信息技术、控制技术等的快速发展，自动驾驶出现了单车智能自动驾驶和车路协同自动驾驶两种技术路线。前者主要依靠车辆自身的视觉、毫米波雷达、激光雷达等传感器、计算单元、线控系统进行环境感知、计算决策和控制执行。后者则是在单车智能自动驾驶的基础上，通过车联网将"人-车-路-云"交通参与要素有机地联系在一起，助力自动驾驶车辆在环境感知、计算决策和控制执行等方面的能力升级，加速自动驾驶的应用成熟。车路协同自动驾驶相对于单车智能自动驾驶，不仅是更安全、更舒适、更节能、更环保的驾驶方式，而且还是实现城市智能交通系统的重要途径，也是构建新型智慧城市的核心要素。

车路协同自动驾驶通过信息交互协同、协同感知与协同决策控制，可以极大地拓展单车的感知范围、提升感知的能力，引入高维数据为代表的新的智能要素，实现群体智能。此外，还可以从本质上解决单车智能自动驾驶遇到的技术瓶颈，提升自动驾驶能力，从而更好地保证自动驾驶安全。

车路协同自动驾驶的循序渐进由低到高的发展阶段如下。

阶段 1：信息交互协同，实现车辆与道路的信息交互与共享。

阶段 2：协同感知，在阶段 1 的基础上，发挥路侧的感知定位优势，与车辆进行协同感知定位。

阶段 3：在阶段 1 和阶段 2 的基础上，车辆与道路可实现协同决策与控制功能，能够保证车辆在所有道路环境下都能实现高等级自动驾驶。

其中，阶段 1 可以实现有条件协同决策控制，在自动驾驶专用道、特定封闭园区等环境下实现协同决策控制；阶段 2、3 可以实现完全协同决策控制，在任何时间、任何道路和交通环境下，都可实现车路全面协同感知、协同决策控制功能。

这样，通过协同感知、协同决策、协同控制，可以大大提升车路协同自动驾驶的安全性。要实现车路协同自动驾驶的决策与控制，前述的单个智能车辆的可拓决策与控制、人机协同可拓决策与控制等方法也是完全可以应用到的。

1.5 本书的结构体系与特色

本书是国内系统研究车辆工程领域中可拓控制理论与方法的专著。本书主要内容包括：可拓控制的理论基础、智能车辆高级辅助驾驶系统可拓控制、车辆底盘集成系统可拓控制、分布式驱动电动车辆稳定性可拓控制等。

第 1 章介绍可拓学的基本概念、可拓学的研究概况与未来发展，阐述可拓控制与传统控制的主要不同点，简要介绍可拓控制在车辆工程中的应用情况。在随后的几章中，给出几种可拓控制方法在智能车辆高级辅助驾驶系统、车辆底盘集成系统、分布式驱动电动车辆稳定性可拓控制等方面的动力学建模、可拓控制系统设计、仿真计算、硬件在环实验或实际车辆的道路试验等，其研究内容丰富，研究结果分析透彻、创新性明显。

本书主要有以下特点。

（1）理论与应用并重，突出实际应用，重点是可拓控制的基本理论和应用方法在车辆工程上的具体实现，并给出部分工程应用实例，以便读者更好地对可拓控制的基本理论和应用方法进行掌握和运用。

（2）反映了当前可拓控制理论和方法在车辆工程领域的最新应用和发展，很好地体现了作者多年来在该领域的主要研究成果。书中的内容基本上是作者团队科研成果的总结。作者在可拓控制的理论和实际应用方面深入展开研究，在车辆工程的诸多领域进行了有益的探索和成功的应用，形成了较为丰富的研究成果，并对可拓控制理论与方法进行了一定的拓展，如在可拓决策、可拓协同控制等方面。

（3）可拓控制作为一种处理控制领域矛盾问题的有效方法，其特点是解决控制论域问题，即较好地解决不可控与需要控制这一对矛盾问题。在当前智能车辆和自动驾驶快速发展的时代，改进和提高智能控制系统的功能安全和预期功能安全是从事该领域研究的学者和工程技术人员所面临的重要任务。采用可拓控制理论和应用技术，可在一定条件下让不可控变成可控，使控制范围、控制深度、控制宽度和控制潜能进一步得到扩大。这一特点，在本书中的较多研究成果中得到了很好的验证。

参 考 文 献

[1] 杨春燕. 可拓创新方法. 北京: 科学出版社, 2017.

[2] 蔡文, 杨春燕, 陈文伟, 等. 可拓集与可拓数据挖掘. 北京: 科学出版社, 2008.

[3] 杨春燕, 蔡文. 可拓学. 北京: 科学出版社, 2014.

[4] 蔡文, 石勇. 可拓学的科学意义与未来发展. 哈尔滨工业大学学报, 2006, 38(7): 1079-1086.

[5] 王行愚, 李健. 论可拓控制. 控制理论与应用, 1994, 24(1): 125-128.

[6] 潘东, 金以慧. 可拓控制的探索与研究. 控制理论与应用, 1996, 13(3): 305-311.

[7] 何斌, 朱学锋. 可拓自适应混杂控制研究. 控制理论与应用, 2005, 22(2): 165-170.

[8] 管凤旭, 王科俊. 基于倒立摆系统的可拓控制策略研究. 哈尔滨工业大学学报, 2006, 38(7): 1146-1149.

[9] 翁庆昌, 陈珍源. 非线性系统的自适应可拓控制器设计. 中国工程科学, 2001, 3(7): 54-58.

[10] 陈珍源, 翁庆昌. 基于滑模控制的可拓控制器设计. 中国工程科学, 2001, 3(9): 48-51.

[11] 陈无畏, 汪洪波. 基于功能分配的汽车悬架/转向系统可拓控制及稳定性分析. 机械工程学报, 2013, 49(24): 67-75.

[12] 汪洪波, 孙晓文, 陈无畏. 基于值域博弈的主动悬架 H_∞ 可拓控制. 系统工程理论与实践, 2017, 37(9): 2431-2439.

[13] 陈无畏, 孙晓文, 汪洪波. 汽车差动助力转向系统的可拓协调控制. 中国科学: 技术科学, 2017, 47(3): 324-335.

[14] 陈无畏, 胡振国, 汪洪波, 等. 基于可拓决策和人工势场法的车道偏离辅助系统研究. 机械工程学报, 2018, 54(16): 134-143.

[15] 汪洪波, 夏志, 陈无畏. 考虑人机协调的基于转向和制动可拓联合的车道偏离辅助控制. 机械工程学报, 2019, 55(4): 135-147.

[16] 赵林峰, 陈无畏, 王俊, 等. 基于可拓滑模线控转向控制策略研究. 机械工程学报, 2019, 55(2): 126-134.

[17] Wang H B, Chen L, Zhang W H. Lane-keeping control based on an improved artificial potential method and coordination of steering/braking systems. IET Intelligent Transport Systems, 2019, 13(12): 1832-1842.

[18] Wang H B, Cui W, Xia Z, et al. Vehicle lane keeping system based on TSK fuzzy extension control. Proceedings of the Institution of Mechanical Engineers, Part D: Journal of Automobile Engineering, 2020, 234(2-3): 762-773.

[19] Wang H B, Sun Y D, Tan H L, et al. Stability control of in-wheel motor driven vehicle based on extension pattern recognition. Science Progress, 2020, 103(4): 1-24.

[20] 陈无畏, 王晓, 谈东奎, 等. 基于最小能耗的电动汽车横摆稳定性灰色预测可拓控制研究. 机械工程学报, 2019, 55(2): 156-167.

[21] 蔡英凤, 臧勇, 孙晓强, 等. 基于可拓控制方法的智能车辆车道保持系统研究. 中国公路学报, 2019, 32(6): 43-52.

[22] 叶玮琼. 基于可拓学的仿人控制及应用研究. 广州: 广东工业大学, 2011.

[23] 阳林, 吴黎明, 黄爱华. 可拓控制的物元模型及其控制算法. 系统工程理论与实践, 2000, 24(6): 126-130.

[24] 陈无畏, 汪洪波, 谈东奎, 等. 智能车辆主动安全与控制技术. 北京: 科学出版社, 2018.

[25] 汪洪波, 夏志, 胡振国. EPS 多模式可拓模糊切换控制研究. 合肥工业大学学报(自然科学版), 2018, 41(8): 1084-1092.

[26] 陈无畏, 赵林峰, 杨柳青, 等. 智能车辆容错控制技术及应用. 北京: 科学出版社, 2021.

第 2 章　可拓控制理论基础

2.1　可拓集合关联函数构造

集合是描述人脑思维对客观事物的识别与分类的数学方法。客观事物是复杂的，处于不断运动和变化之中，人脑思维对客观事物的识别和分类并不只有一种模式，而是多种模式的，因此描述这种识别和分类的集合也不应是唯一的，应是多样的。

定义 2.1　设 U 为论域，k 是 U 到实域 I 的一个映射，$T = (T_U, T_k, T_u)$ 为给定的变换，称

$$A(T) = \left\{ (u, y, y') \mid u \in T_U U, y = k(u) \in I, y' = T_k k(T_u u) \in I \right\}$$

为论域 $T_U U$ 上的一个可拓集合，$y = k(u)$ 为 $A(T)$ 的关联函数，$y' = T_k k(T_u u)$ 为 $A(T)$ 的可拓函数。其中，T_U、T_k、T_u 分别为论域 U、关联函数值 $k(u)$ 和元素 u 的变换。

可拓集合描述了事物"是"与"非"的相互转化，它既可用来描述量变的过程(稳定域)，又可用来描述质变的过程(可拓域)。元素的变换(包括事元和物元的变换)、关联函数值的变换和论域的变换，统称为可拓变换[1,2]。

2.1.1　可拓集中初等关联函数的构造

在现实生活中，论域 U 中一个对象关于某特征的量值符合要求的程度往往有满意的区间 $X_0 = [a_0, b_0]$ 和可接受的区间 $X = [a, b]$，显然 $X > X_0$。例如，到商店购买一件衣服，心中有满意的价位区间[200 元, 250 元]，也有一个可接受的价位区间[180 元, 280 元]。进行产品检验时，工件符合要求的直径是[5cm, 5.1cm]，这是满意的区间，但用游标卡尺测量时，可以允许有上下偏差 0.01cm，也就是说，[4.99cm, 5.11cm]是可接受的区间。静态时，对象关于某特征的量值在可接受区间内，表示对象具有某种性质，其程度用 $(0, +\infty)$ 间的实数表征，这些对象构成"正域"；相反，对象关于某特征的量值不在可接受区间内，表示对象不具有该性质，其程度用 $(-\infty, 0)$ 间的实数表征，这些对象构成"负域"；对象关于某特征的量值取 a 或 b 时，对应的对象是临界对象，临界对象对应的关联函数值为零，其全体构成零界。

此时称满意 $X_0 = \langle a_0, b_0 \rangle$ 为标准正域，称区间 $X_+ = \langle a, a_0 \rangle \bigcup \langle b_0, b \rangle$ 为过渡正域。与正域 $X = X_0 \bigcup X_+$ 相仿，负域也有过渡负域和标准负域。例如，水电站的发动机常常在死水位下运转，水位降到某阈值以下时，才无法运转。也就是说，事物从临界到完全不具有某种性质有个过渡过程。

设实数域为 $\mathbf{R}$，记过渡负域为 $X_- = \langle c, a \rangle \bigcup \langle b, d \rangle$，令 $\hat{X} = X \bigcup X_- = \langle c, d \rangle$，则负域的量值所取区间为 $\overline{X} = \mathbf{R} - X$，标准负域的量值所取区间为 $\overline{X_0} = \mathbf{R} - \hat{X}$。于是，论域 U 可被划分为正域、临界和负域，其中正域又分为标准正域和过渡正域，负域又分为标准负域和过渡负域。论域的划分如图 2.1 所示，区间之间的关系如图 2.2 所示。

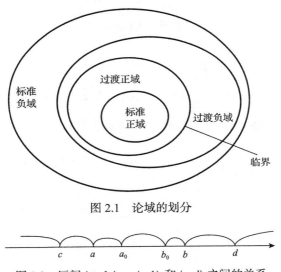

图 2.1　论域的划分

图 2.2　区间 $\langle a_0, b_0 \rangle$、$\langle a, b \rangle$ 和 $\langle c, d \rangle$ 之间的关系

根据实际问题的不同要求，相应的区间套不同，关联函数的构造方法也有所不同。下面仅给出最优点不在区间中点的初等关联函数的构造方法。

（1）若 $x \in X$，即点 x 属于正域，这时关联函数的构造如下：设区间套由标准正域 $X_0 = \langle a_0, b_0 \rangle$ 和正域 $X = \langle a, b \rangle$ 构成，$x_0 \in X_0$，$X_0 \in X$。

① X_0 和 X 无公共端点，则可建立最优点在 x_0 达到的初等关联函数：

$$k(x) = \frac{\rho(x, x_0, X)}{D(x, X_0, X)} \tag{2.1}$$

式中，$\rho(x, x_0, X)$ 为点 x 与区间 X 关于 x_0 的距；$D(x, X_0, X)$ 为点 x 与区间 X_0 和 X 的位值。

② X_0 与 X 有公共端点，则可建立最优点在 x_0 达到的初等关联函数：

$$k(x) = \begin{cases} \dfrac{\rho(x, x_0, X)}{D(x, X_0, X)}, & D(x, X_0, X) \neq 0, x \in X \\ -\rho(x, x_0, X_0) + 1, & D(x, X_0, X) = 0, x \in X_0 \\ 0, & D(x, X_0, X) = 0, x \notin X_0, x \in X \end{cases} \tag{2.2}$$

(2)若 $x \in \mathbf{R} - X$，即点 x 属于负域，这时关联函数的构造如下：设区间套由 $\hat{X} = \langle c, d \rangle$ 和正域 $X = \langle a, b \rangle$ 构成，$x_0 \in X_0$，$X \subset \hat{X}$，当 X 与 $\hat{X}$ 无公共端点时，可建立初等关联函数：

$$k(x) = \frac{\rho(x, x_0, X)}{D(x, X_0, X)} \tag{2.3}$$

当 X 与 $\hat{X}$ 有公共端点时，可建立初等关联函数：

$$k(x) = \begin{cases} \dfrac{\rho(x, x_0, X)}{D(x, X_0, X)}, & D(x, X, \hat{X}) \neq 0, x \in \mathbf{R} - X \\ -\rho(x, x_0, \hat{X}) - 1, & D(x, X, \hat{X}) = 0, x \in \mathbf{R} - X \end{cases} \tag{2.4}$$

(3)若 $x \in \mathbf{R}$，即点 x 属于实数域，则最优点在 x_0 达到的关联函数构造如下：

$$k(x) = \begin{cases} \dfrac{\rho(x, x_0, X)}{D(x, X_0, X)}, & D(x, X_0, X) \neq 0, x \in X \\ -\rho(x, x_0, X_0) + 1, & D(x, X_0, X) = 0, x \in X_0 \\ 0, & D(x, X_0, X) = 0, x \notin X_0, x \in X \\ \dfrac{\rho(x, x_0, X)}{D(x, X, \hat{X})}, & D(x, X, \hat{X}) \neq 0, x \in \mathbf{R} - X \\ -\rho(x, x_0, \hat{X}) - 1, & D(x, X, \hat{X}) = 0, x \in \mathbf{R} - X \end{cases} \tag{2.5}$$

应用初等关联函数应注意的问题有：在使用关联函数公式时，要注意量值的最优值 x_0 是在区间 X_0 的中点还是在中点的左侧或右侧，要严格按上述规则选择相应的公式。不分具体情况套用同一个公式，会导致错误的结论[1]。

2.1.2　可拓集中离散型关联函数的构造

在很多实际问题中，研究对象关于某特征的取值是离散型的，如产品的质量等级可分为优、良、中、差；学生成绩可分为优秀、合格、不合格等。这些属于非数值型离散取值的情况。对于产品的质量等级，也有用 1、2、3、4 级这样的数量值来表达，这属于数值型离散取值的情况。在模糊数学中，通常用[0,1]间的数为它们赋值，作为研究对象关于某特征的隶属函数。在可拓学中，关联函数用于描述研究对象关于某特征符合要求的程度，并规定关联函数的取值范围为

$(-\infty, +\infty)$，因此，离散型关联函数的构造应该根据实际问题对研究对象关于某特征符合要求的程度进行赋值。例如，某公司招聘员工，对招聘条件中的特征"组织能力"，要求必须达到"良好"，"中等"属于临界状态。假设应聘者关于该特征的取值范围为{优秀，良好，中等，一般，较差}，则可建立如下关联函数：

$$k(x)=\begin{cases} 2, & x=优秀 \\ 1, & x=良好 \\ 0, & x=中等 \\ -1, & x=一般 \\ -2, & x=较差 \end{cases}$$

当 $k(x)>0$ 时，认为该应聘者关于特征"组织能力"符合要求；当 $k(x)<0$ 时，认为该应聘者关于特征"组织能力"不符合要求；当 $k(x)=0$ 时，认为该应聘者关于特征"组织能力"处于临界状态。临界情况在实际操作中，有时作为符合要求处理，有时作为不符合要求处理。

再如，某公司对应聘者的"外语水平"的要求是"达到英语四级（425 分）"，显然 425 分是临界条件，一般都把 $x=425$ 作为符合要求，因此关于该特征的关联函数可建立为

$$k(x)=\begin{cases} 1, & x>425 \\ 0, & x=425 \\ -1, & x<425 \end{cases}$$

即当 $k(x)\geqslant 0$ 时，认为该应聘者关于特征"外语水平"符合要求。当然，如果需要，对该特征还可以进行更细的划分，如再考虑"达到英语六级"的情况，有兴趣的读者可自行考虑建立相应的关联函数。当然，此例也可以采用前面介绍的初等关联函数的建立方法，建立更合理、更细化的应聘者符合要求程度的函数[1,2]。

一般地，离散型关联函数的形式为

$$k(x)=\begin{cases} A_1, & x=a_1 \\ A_2, & x=a_2 \\ \vdots \\ A_k, & x=a_k \\ 0, & x=a_0 \\ B_1(<0), & x=b_1 \\ B_2(<0), & x=b_2 \\ \vdots \\ B_l(<0), & x=b_l \end{cases}$$

2.2　可拓控制的物元模型及其控制算法

2.2.1　可拓控制的物元模型

可拓控制的基本概念、结构和原理最早由王行愚等提出，其基本思想是利用可拓集合从信息转化的角度来处理控制问题，基本概念包含特征量、特征状态、特征状态关联度、特征模式、测试模式等。可拓控制的基本概念见 1.3.2 节。可拓控制系统组成部分见 1.3.2 节所述。

从可拓控制的内容来看，它引入了可拓学中的关联函数，并未完全引入可拓学的基本内核，难以回答可拓控制与其他智能控制方法的本质区别与联系。可拓控制应反映可拓学的基本特色。可拓学的特色之一是物元和物元的可拓性。可拓学首先建立了能够把事物的质和量有机结合起来的重要概念——物元，然后以物元作为这门学科的逻辑细胞，这就为描述事物和与该事物相关的实际问题提供了方便，也为建立问题的物元模型以及借助物元变换解决问题奠定了基础。物元的可拓性包括发散性、共轭性、相关性、可扩性，它们是物元变换的依据。

基于以上思想，可拓控制具有 5 个特征，如 1.3.3 节所述。

根据可拓学的特色，通过引入物元的概念，系统的控制问题便可以用物元模型来描述，系统中难以控制的问题便可以通过物元变换的转化工具转化为可控制的问题，由此看来，可拓控制就是一种充分利用可拓学基本理论和特色的控制方法。物元和物元模型使可拓控制在形式上不同于其他的智能控制方法，物元变换使系统中不可控制问题转化为可控制的问题，更使可拓控制本质上不同于其他的智能控制方法。可拓控制的物元模型框图如图 2.3 所示。

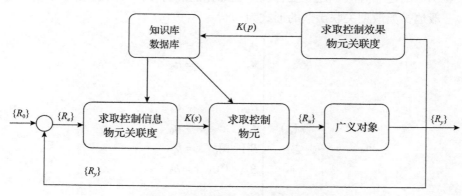

图 2.3　可拓控制的物元模型框图

2.2.2　可拓控制算法

将可拓控制器分为上、下两层结构，即基本可拓控制器和上层可拓控制器，其控制算法相应地可以表述如下。

1. 基本可拓控制器

在控制输出特征平面上取经典域 $R_{0s}=(N,C_{0s},V_{0s})$，其中 $V_{0s}=[a,b]$ 为量值的有界实区间；在控制输出特征平面上取节域为 $R_s=(N,C_s,V_s)$，其中 $V_s=[a',b']$ 为量值的有界实区间。由此得出基本可拓控制器关于控制信息的关联度为 $K(s)=\dfrac{\rho(s,V_{0s})}{d(s,R_{0s},R_s)}$，其中 $\rho(s,V_{0s})$ 为 s 到 V_{0s} 的距，$d(s,R_{0s},R_s)$ 为 s 关于 R_{0s}、R_s 的位值。

基本可拓控制器的输出控制算法如下。

（1）当 $K(s)>0$ 时，输出维持上一时刻的输出物元。

（2）当 $-1<K(s)\leqslant 0$ 时，输出按照物元模型的算法求出输出物元，算法的具体形式需根据对象的具体特点来确定。

（3）当 $K(s)\leqslant -1$ 时，输出为最大控制量值的输出物元，即

$$\begin{cases} R_{u(t)}=R_{u(t-1)}, & K(s)>0 \\ R_{u(t)}=f\left(R_y,K(s)\right), & -1<K(s)\leqslant 0 \\ R_{u(t)}=R_{u,\max}, & K(s)\leqslant -1 \end{cases} \tag{2.6}$$

2. 上层可拓控制器

在控制效果特征平面上取经典域为 $R_{0p}=(N,C_{0p},V_{0p})$，其中 $V_{0p}=[d,e]$ 为量值的有界实区间；在控制效果特征平面上取节域为 $R_p=(N,C_p,V_p)$，其中 $V_p=[d',e']$ 为量值的有界实区间。由此得出上层可拓控制器关于控制效果的关联度为 $K(p)=\dfrac{\rho(p,V_{0p})}{d(p,R_{0p},R_p)}$，其中 $\rho(p,V_{0p})$ 为 p 到 V_{0p} 的距，$d(p,R_{0p},R_p)$ 为 p 关于 R_{0p}、R_p 的位值。

上层可拓控制器的输出控制算法如下：

（1）当 $K(p)>0$ 时，控制效果满足要求，可按原基本可拓控制算法输出。

（2）当 $-1<K(p)\leqslant 0$ 时，控制效果不满足要求，此时可修改各参数，或改进基本可拓控制算法 $R_{u(t)}=f(R_y,K(s))$ 的形式，从而使控制效果满足要求。

（3）当 $K(p)\leqslant -1$ 时，该系统的物元模型 $\{R_m\}$ 不能满足控制要求，需要进行物元变换，特别是事物变换或特征变换，以改变系统的物元模型，即

$$\begin{cases} R_{u(t)} = f\left(R_y, K(s)\right), & K(p) > 0 \\ R_{u(t)} = f'\left(R_y, K(s)\right), & -1 < K(p) \leqslant 0 \\ \{R_{m(t)}\} = T\{R_{m(t-1)}\}, & K(p) \leqslant -1 \end{cases} \tag{2.7}$$

2.2.3　实现物元变换算法的可拓控制器模型

该控制器(图 2.4)类似于文献[3]提供的控制器,分上、下两层结构。下层实现控制系统中输入采集物元向输出控制物元的转化,从而实现基本的控制功能。上层根据反馈的控制效果,搜寻激活可拓系统库的物元集或可拓集,以改善甚至重新制定基层控制器,从而保证良好的智能控制效果。

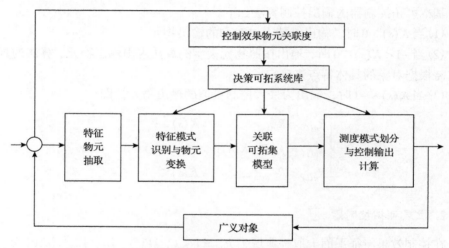

图 2.4　实现物元变换的可拓控制系统结构

特征物元抽取:抽取系统状态的相关特征量,并表示成合适的物元。

特征模式识别与物元变换:在上层控制器提供的特征模式划分基础上,根据上层控制对不同模式提供的不同变换策略进行物元变换运算,目的在于在已抽取的特征物元集基础上,整合出对各控制输出量有明显效果的计算物元,并简化以后的关联度运算。

关联可拓集模型:上层控制器根据每一个控制输出量在相应论域内构造一个可拓集,并用不同论域的可拓关系来表示不同控制输出量的耦合程度,这样多个可拓集构成的一个关联整体就是实现控制算法的核心模式 $E(\tilde{A})$,其输出为对应每个控制输出量的关联度。

测度模式划分与控制输出计算:根据上层控制器提供的测度模式划分(不同的

输出控制变量提供不同的测度模式），由已获知的关联度计算控制器输出量。

控制效果物元关联度：上层控制器部分。用于采集下层控制器的控制效果数据，在物元表示和计算其关联度后，作为决策信息提供给决策可拓系统库。

决策可拓系统库：上层控制器的核心部分。类似于文献[4]的可拓专家系统，可完全取代文献[3]的可拓决策、知识库、数据库部分，对下层控制的主要环节提供模式决策与初始化参数，是整个控制器的智能大脑所在[5]。

2.2.4　控制算法实现

1. 特征物元采集

设系统对象的特征状态为 S，则 $S = (C_1, C_2, \cdots, C_n)$。可以用多个物元来表示特征状态，这里直接用一个 n 维动态物元来表示，即表示为

$$R = \begin{bmatrix} S & C_1 & V_1(t) \\ & C_2 & V_2(t) \\ & \vdots & \vdots \\ & C_n & V_n(t) \end{bmatrix}$$

2. 物元变换

在不同的测度模式基础上，变换包括两步。

第 1 步：为了简化其后的关联度计算而对物元 R 进行整合，通过置换变换、聚分变换与增删变化，把物元 R 整合成几个对控制效果作用较明显的特征量 $C_1, C_2, \cdots, C_m (m < n)$（一般取变换后特征量个数等于输出控制量的个数），即

$$T'R = R' = \begin{bmatrix} S' & C_1' & V_1'(t) \\ & \vdots & \vdots \\ & C_m' & V_m'(t) \end{bmatrix}$$

第 2 步：由于各特征元对控制效果的影响也不尽相同，还要通过物元的扩缩变换对不同的特征元加以不同的权值，即

$$T''R = R'' = \begin{bmatrix} S'' & C_1' & \alpha_1 \cdot V_1'(t) \\ & \vdots & \vdots \\ & C_m' & \alpha_m \cdot V_m'(t) \end{bmatrix}$$

因而，总的变换公式为 $T = T''T'$。

3. $E(\tilde{A})$ 模型及算法

为了实现多输入多输出控制，应该用针对 $E(\tilde{A})$ 的关联度计算取代针对简单的

单个可拓集的计算。假设本控制是一个两输出变量控制系统(此时经过前端的物元变化后一般也只剩两个输入特征物元或一个二维特征物元),则根据应输出控制量个数至少有两个论域,设为论域 U、V。

为了实现算法控制,在上层控制器的参与下选定两个物元可拓集 R_u、R_v 以及对应的关联度 $K_u(u)$、$K_v(v)$,还需确定表现论域 U、V 的二元可拓关系的关联度 $K(u,v)$。因而,整个模型如图 2.5 所示,即有

$$R_u = \begin{bmatrix} m & B_1 & W_1(T) \\ & B_2 & W_2(T) \end{bmatrix} = T_{su}R'' = \begin{bmatrix} S''' & T_{su}(C_1') & K_u(\alpha_1 \cdot V_1'(t)) + K_{uv}(K_v(\alpha_2 \cdot V_2'(t))) \\ & T_{su}(C_2') & K_v(\alpha_2 \cdot V_2'(t)) + K_{uv}(K_u(\alpha_1 \cdot V_1'(t))) \end{bmatrix}$$

式中,$K_{uv}(\cdot)$ 由两个输出控制变量的耦合程度决定。

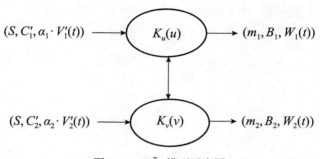

图 2.5　$E(\tilde{A})$ 模型示意图

4. 控制变量输出

在不同的测度模式基础上,根据所获知的关联度,计算输出控制量。设控制量为 u、v,则有

$$u = \beta_u(K_u(\alpha_1 \cdot V_1'(t)) + K_{uv}(K_v(\alpha_2 \cdot V_2'(t))))$$

$$v = \beta_v(K_v(\alpha_2 \cdot V_2'(t)) + K_{uv}(K_u(\alpha_1 \cdot V_1'(t))))$$

式中,β_u、β_v 为根据系统时延的调整系数。

5. 上层可拓控制器部分

在上层控制部分中,先从过程输出信息中判断控制效果,以便决策可拓系统库做出控制优化或拓展出新的控制模式。步骤如下:

(1)根据所要求的控制效果,在目标物元的基础上设计目标可拓集。

(2)求取被控物元(控制量对应的状态物元或其分解差)与目标可拓集的关联度。

(3)考虑关联度及微积分设计控制效果物元。

决策可拓系统库是整个控制器的智能核心，它不但决定被控量从可拓域向经典域转化的控制能力，还决定在一定范围非域的被控量进入可拓域或经典域的可拓智能。可拓控制器基本采用文献[3]中的可拓专家系统来实现，如图 2.6 所示。

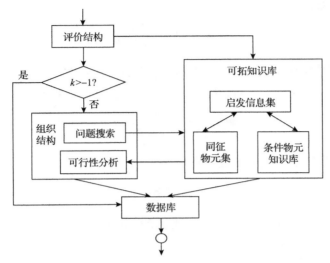

图 2.6　基于可拓专家系统结构的可拓控制器

图中，k 表示综合关联度。可拓知识库存放系统的领域知识，包括三部分：同征物元集、条件物元知识库和启发信息集；数据库存放系统运行过程中所需要的和产生的所有信息；组织结构实现对系统组织的功能，通过问题搜索和可行性分析两个步骤来完成；评价结构对系统组织的结果进行评价[5,6]。

2.3　几种常用的可拓控制方法

自可拓集理论被提出[7,8]后，可拓工程方法成为实际工程应用中的一种极其重要的数值分析工具。近年来，该方法已成功地应用在最佳化处理、模式识别、系统辨识、分类器、决策与控制的分析设计上[9-13]。可拓控制器不要求建立精确的数学模型，且实时性好，近年来逐渐受到了学者的关注[14-16]。下面介绍几种常用于车辆工程中的可拓控制方法。

2.3.1　基于滑模控制的可拓控制

滑模控制是一种鲁棒控制方法，尤其是在模式的不确定性因素及外在的干扰状况下，可借指定的滑动面和迫使状态轨迹在面上的滑动达到抗干扰和满足低灵敏度要求[17,18]。这里可将滑模控制的设计策略植入可拓控制中，提出滑模可拓控制器的结构。

1. 系统描述

将滑模控制的设计方法引入可拓集，用以构建可拓控制器。

设 n 阶动态系统为

$$x^{(n)} = f(x) + g(x)u \tag{2.8}$$

式中，$u \in \mathbf{R}$ 为控制输入；f 和 g 为未知的非线性连续函数，但已知其可能边界值为 $|f| \leqslant F, 0 \leqslant \underline{g} \leqslant g \leqslant \overline{g}$；$x = [x, \dot{x}, \cdots, x^{(n-1)}]^{\mathrm{T}}$ 为状态向量。控制目标时希望提供适当的控制输入 u，使得误差向量 $e = x - x_{\mathrm{d}}$ 最小，其中 $x_{\mathrm{d}} = [x_{\mathrm{d}}, \dot{x}_{\mathrm{d}}, \cdots, x_{\mathrm{d}}^{(n-1)}]^{\mathrm{T}}$ 为期望的目标状态向量。

根据滑模控制原理，定义滑动面为

$$S = e^{(n-1)} + a_1 e^{(n-2)} + \cdots + a_{n-1} e \tag{2.9}$$

式中，$a_1, \cdots, a_{n-1}$ 均为正的常数。为保证状态轨迹逼近预设的滑动面($S=0$)，所设计的控制输入 u 必须满足条件：

$$S\dot{S} \leqslant -\eta |S|$$

式中，η 为正常数。根据式(2.9)可得

$$\dot{S} = e^{(n)} + a_1 e^{(n-1)} + \cdots + a_{n-1}\dot{e} = f + gu - x_{\mathrm{d}}^{(n)} + a_1 e^{(n-1)} + \cdots + a_{n-1}\dot{e} \tag{2.10}$$

定义

$$\hat{g} = \sqrt{\overline{g}\underline{g}}, \quad \breve{g} = \sqrt{\frac{\overline{g}}{\underline{g}}}$$

由 $0 \leqslant \underline{g} \leqslant g \leqslant \overline{g}$，可得 $\breve{g}^{-1} \leqslant \dfrac{\hat{g}}{g} \leqslant \breve{g}$。

一般滑模控制器的控制量由两部分组成，即等效控制 u_{eq} 和撞击控制 u_{h}。此处，定义控制规律为

$$u = u_{\mathrm{eq}} + u_{\mathrm{h}} = \breve{g}^{-1}\hat{u} - \breve{g}^{-1}G\mathrm{sgn}(S) \tag{2.11}$$

式中，G 为增益参数。

$$\hat{u} = x_{\mathrm{d}}^{(n)} - a_1 e^{(n-1)} - \cdots - a_{n-1}\dot{e} \tag{2.12}$$

由式(2.11)和式(2.12)可得

$$\dot{S} = f + (g\hat{g}^{-1} - 1)\hat{u} - g\hat{g}^{-1}G\,\mathrm{sgn}(S) \tag{2.13}$$

为满足滑动条件，G 的最佳值 G^* 可选为

$$G^* = \eta g^{-1}\hat{g} + \left| g^{-1}\hat{g}f + (1 - g^{-1}\hat{g})\hat{u} \right| \tag{2.14}$$

由于式中有未知的 f 和 g 函数，该式无法实现。但可根据系统的可能边界获得其上边界值：

$$\bar{G} = (\eta + F)\hat{g} + \left| (1 - \breve{g}) \right| \left| \hat{u} \right| \tag{2.15}$$

由于 $\bar{G}$ 值太大，在实际应用中难以实现，而当状态轨迹越过滑动面时会引起严重的抖动现象，需适当地动态调整 G。采用可拓集概念并植入待调参数以确定 G 值，以期能很好地估算出近似理想的 G 值。

2. 可拓控制器设计

设可拓控制规律为

$$u = \begin{cases} u_{\mathrm{h}}, & S \in E_{\mathrm{R}} \\ u_{\mathrm{eq}} + u_{\mathrm{h}}, & S \notin E_{\mathrm{R}} \end{cases} \tag{2.16}$$

式中，E_{R} 为可拓区。

依据可拓理论的基本概念，可分别在合格区和可拓区设计适宜的控制规律。式 (2.16) 表示状态轨迹在合格区时采用撞击控制与等效控制，而状态轨迹落在可拓区时采用撞击控制，以期将状态轨迹拉回至合格区。在合理设计 G^* 值时，还要确保系统的稳定性要求。可拓控制器内 G^* 参数需要很好地自适应调节，使状态轨迹从可拓区移入合格区。设存在常数 G_{E} 及最佳 G^*，可使得 $\varepsilon = G_{\mathrm{E}} - G^*$ 为最小。针对每个误差变量，定义如图 2.7 所示的可拓关联函数。

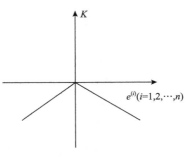

图 2.7 可拓关联函数

假定 G 为

$$G = \xi^{\mathrm{T}} K$$

式中，$\xi = [c_1, c_2, \cdots, c_n]^{\mathrm{T}}$ 为植入的一组参数；$K = [k_1, k_2, \cdots, k_n]^{\mathrm{T}}$ 为误差状态相对应

的可拓关联函数权重值，即 $k_i = \dfrac{K(e^{(i)})}{\sum\limits_i K(e^{(i)})}, i = 1, 2, \cdots, n$。

定义

$$G_E = \xi^{*T} K$$

$$\overline{\xi} = \xi - \xi^*$$

设李雅普诺夫函数为

$$V = \frac{1}{2}\left(S^2 + \frac{1}{\gamma}\xi^T\xi\right)$$

则

$$
\begin{aligned}
\dot{V} &= \dot{S}S + \frac{1}{\gamma}\xi^T\dot{\overline{\xi}} \\
&= S\left[f + (g\hat{g}^{-1} - 1)\hat{u} - g\hat{g}^{-1}G\,\mathrm{sgn}(S)\right] + \frac{1}{\gamma}\xi'\overline{\xi} \\
&= S\left[f + (g\hat{g}^{-1} - 1)\hat{u}\right] - g\hat{g}^{-1}G\,|S| + \frac{1}{\gamma}\xi^T\dot{\overline{\xi}} + g\hat{g}^{-1}G^*\,|S| \\
&\quad - g\hat{g}^{-1}G^*\,|S| + g\hat{g}^{-1}G_E\,|S| - g\hat{g}^{-1}G_E\,|S| \\
&\leqslant -\eta\,|S| - \breve{g}^{-1}\varepsilon\,|S| - \breve{g}^{-1}(\xi - \xi^*)K\,|S| + \frac{1}{\gamma}\xi^T\dot{\overline{\xi}} \\
&\leqslant -\left[\eta + \breve{g}^{-1}\varepsilon\,|S| + \frac{1}{\gamma}\xi^T(\dot{\overline{\xi}} - \gamma\breve{g}^{-1}K\,|S|)\right]
\end{aligned}
\tag{2.17}
$$

依式 (2.17) 来选择

$$\dot{\overline{\xi}} = \breve{g}^{-1}\gamma K\,|S| \tag{2.18}$$

使得

$$\dot{V} \leqslant -(\eta + \breve{g}^{-1}\varepsilon)\,|S| < 0$$

表明系统为稳定的可拓控制系统。为了在合格区降低撞击控制所造成的抖动现象，修正撞击控制为

$$u_h = -\hat{g}^{-1}G\,\mathrm{sat}(S)$$

式中，$\mathrm{sat}(S)$ 为饱和函数。

所提出的可拓控制器的设计流程总结如下：

(1)定义适当的滑动面 S。

(2)根据式(2.11)、式(2.12)、$G = \xi^{\mathrm{T}} K$，建立等效控制和撞击控制。

(3)根据 S 值决定可拓区与合格区，并定义可拓关联函数。

(4)依式(2.18)来调整撞击控制的增益参数。

(5)可拓控制器的设计完成[19]。

2.3.2　基于灰色预测的可拓控制

由于控制系统固有的滞后性，可拓控制也和其他控制方法一样，难以实现精准的控制效果。灰色预测方法利用反映系统过去不同时刻行为的若干数据，根据新陈代谢原理建立灰色模型，用所建的模型寻找系统的发展规律，来预测系统未来的行为。由于预测的提前性、贫数据建模的实时性以及新陈代谢方法的自适应性，灰色预测方法在工业控制中的应用越来越广泛[20-25]。灰色预测控制是一种将灰色预测结果与给定参考值进行比较，采用适当的控制方法(如比例-积分-微分(proportional integral derivative, PID)控制[20,21]、模糊控制[22,23]、神经控制等)对以后可能出现的偏差提前进行控制[24,25]的复合控制方法。

因此，讨论灰色预测方法与可拓控制方法结合的可能性是很有意义的，基于灰色预测的可拓控制方法是一种能够改善控制效果的有效方法。

1. 灰色预测控制简介

灰色预测控制系统的结构如图 2.8 所示。图中，GM(1,1)为灰色模型(grey model, GM)。

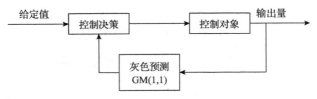

图 2.8　灰色预测控制系统结构

灰色模型建模与预测原理简介如下。

对原始数据 $x^{(0)} = \left\{ x^{(0)}(1), x^{(0)}(2), \cdots, x^{(0)}(n) \right\}$ 构造累加数据列，以弱化原始数据随机性：

$$x^{(1)} = \left\{ x^{(1)}(1), x^{(1)}(2), \cdots, x^{(1)}(n) \right\}$$

式中，$x^{(1)}(i) = \sum_{k=1}^{i} x^{(0)}(k), i = 1, 2, \cdots, n$。

灰色微分方程 GM(1, 1) 为

$$x^0(i) + az^{(1)}(i) = b, \quad i = 1, 2, \cdots, n$$

式中，$z^{(1)}(i) = 0.5(x^{(1)}(i) + x^{(1)}(i-1))$。

对 GM(1,1) 的白化方程为

$$\frac{\mathrm{d}x^{(1)}}{\mathrm{d}t} + ax^{(1)} = b$$

按最小二乘准则来辨识参数 a、b，得

$$[a, b]^{\mathrm{T}} = (B^{\mathrm{T}}B)^{-1}B^{\mathrm{T}}y_N$$

式中，

$$B = \begin{bmatrix} -z^{(1)}(2) & 1 \\ -z^{(1)}(3) & 1 \\ \vdots & \vdots \\ -z^{(1)}(n) & 1 \end{bmatrix}, \quad y_N = \begin{bmatrix} x^{(0)}(2) \\ x^{(0)}(3) \\ \vdots \\ x^{(0)}(n) \end{bmatrix}$$

因此，白化方程的解为

$$\hat{x}^{(1)}(i+1) = \exp(-at)x^{(0)}(1) + \frac{(1 - \exp(-at))b}{a}$$

累减，即可得 $x^{(0)}$ 的预测值：

$$\hat{x}^{(0)}(i+1) = \hat{x}^{(1)}(i+1) - \hat{x}^{(1)}(i)$$

将该预测值与给定值比较，对得到的偏差采取相应的控制决策。

2. 基于灰色预测的可拓控制器设计

基于灰色预测的可拓控制系统结构如图 2.9 所示。

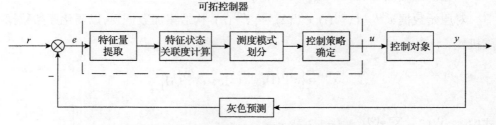

图 2.9 基于灰色预测的可拓控制系统结构

　　虚线框内为可拓控制器。控制对象的输出变量经灰色预测后与参考值比较，再经特征量提取、特征状态关联度计算、测度模式划分和控制策略确定等环节，得到控制量作用于控制对象。

　　1) 特征量提取

　　能够描述控制系统运动状态的典型变量称为特征量，选择参考输入量 r 与灰色预测输出量的偏差 e 及其微分 $\dot{e}$ 作为特征量。

　　2) 特征状态关联度计算

　　为计算关联度，先建立描述控制系统特征状态的可拓集合，即确立特征量的经典域和可拓域。设偏差 e 及其微分 $\dot{e}$ 的正常范围（即经典域）分别为 $[-e_{gm}, e_{gm}]$ 和 $[-\dot{e}_{gm}, \dot{e}_{gm}]$，偏差和偏差微分的最大允许范围（即可拓域）分别为 $[-e_m, e_m]$ 和 $[-\dot{e}_m, \dot{e}_m]$，则关于特征状态的可拓集合如图 2.10 所示。

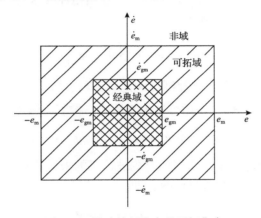

图 2.10　描述特征状态的可拓集合

　　设 $e\text{-}\dot{e}$ 特征平面的原点为 $S_0(0,0)$，定义 $M_0 = (e_{gm}^2 + \dot{e}_{gm}^2)^{1/2}$ 和 $M_{-1} = (e_m^2 + \dot{e}_m^2)^{1/2}$，则 $e\text{-}\dot{e}$ 平面上任意一点 $S(e, \dot{e})$ 的关联度为

$$K(S) = \begin{cases} 1 - |SS_0| M_0, & S \in R_{gy} \\ (M_0 - |SS_0|)/(M_{-1} - M_0), & S \notin R_{gy} \end{cases} \tag{2.19}$$

式中，$|SS_0| = (k_1 e^2 + k_2 \dot{e}^2)^{1/2}$，$k_1$、$k_2$ 为加权系数；R_{gy} 为图 2.9 所示的经典域。

　　3) 测度模式划分

　　根据某点的关联度大小，即可进行测度模式的划分。测度模式分为以下三种，分别对应于经典域、可拓域和非域。

　　(1) 测度模式 $M_1 = \{S \mid K(S) > 0\}$，表示特征状态属于经典域。此时特征量处于控制指标要求的范围内，且 $K(S)$ 越大，越容易控制。

(2)测度模式 $M_2 = \{S \mid -1 < K(S) \leqslant 0\}$，表示系统特征状态处于可拓域。此模式下的特征量虽然不符合控制要求，但可以通过改变控制变量的值而使特征状态转变到符合控制要求的范围。$K(S)$ 反映在控制变量选定的情况下控制转变的难易程度，$K(S)$ 越小，则所需要控制量就越大，即实现上述转变越困难。

(3)测度模式 $M_3 = \{S \mid K(S) \leqslant -1\}$，表示在选定的控制量下，系统的特征状态较大地偏离经典域，处于非域。此时无法通过改变控制变量的值使特征状态转变到符合控制要求的范围，需要变换控制变量。

4)控制策略确定

识别出系统当前状态的测度模式后，可给出相应的控制策略。推理规则为

$$\text{If } \langle \text{测度模式 } M_n \rangle, \text{ Then } \langle \text{控制策略 } D_n \rangle \ (n=1, 2, 3)$$

(1)对于测度模式 M_1，由于特征量处于控制指标要求的范围内，故可采用经典 PID 控制策略，即控制器输出：

$$u(t) = k_p e + k_i e \int \mathrm{d}t + k_d \frac{\mathrm{d}e}{\mathrm{d}t}$$

式中，k_p、k_i、k_d 分别为 PID 控制器的比例系数、积分系数和微分系数。

(2)对于测度模式 M_2，采用可拓控制策略。控制器输出为

$$u(t) = y(t) / k_c + k_e K(S)(-\mathrm{sgn}(e)) + \varepsilon$$

式中，k_c 为控制器增益；$y(t)$ 为当前时刻被控量的采样值；k_e 为当前测度模式的控制系数；$\mathrm{sgn}(e)$ 为偏差的符号函数，即

$$\mathrm{sgn}(e) = \begin{cases} 1, & e > 0 \\ 0, & e = 0 \\ -1, & e < 0 \end{cases}$$

ε 为小范围修正量，可表示为

$$\varepsilon = \begin{cases} ae + be \int \mathrm{d}t + c\dot{e}, & |e| \leqslant \tau \\ 0, & |e| > \tau \end{cases}$$

式中，a、b、c 为常数；τ 为小正数，取为系统的稳态误差。

(3)对测度模式 M_3，控制器输出取最大值 U_m [26]。

2.3.3　可拓自适应混杂控制

1. 可拓自适应混杂控制的控制结构

自适应控制善于处理控制中量变和渐变的情形，可拓控制善于处理质变和非

渐变的情形，将二者结合起来发挥各自的优势，这就产生了可拓自适应混杂控制。图 2.11 给出了可拓自适应混杂控制的一种方案。图中，自适应控制器(adaptive controller, AC)和可拓控制器(extension controller, EC)两部分构成一个简单的可拓自适应混杂控制单元。每当运行条件变化使自适应控制器的性能下降到某一限度时，运行监控器(executive monitor, EM)将调整系统工作状态，使自适应控制处于学习状态，此时 EC 将保证系统的正常运行。该系统共有三种运行状态：EC 单独运行，EC 和 AC 同时运行，AC 单独运行。EM 负责它们之间运行的切换。在 EC 和 AC 同时运行的情形下，EC 的控制作用往往会影响 AC 的控制作用。

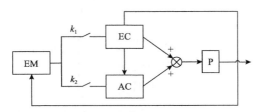

图 2.11　可拓自适应混杂控制系统

P-动态系统

复杂的自适应混杂控制系统则是若干个可拓自适应混杂控制单元串联和并联的结果。

2. 可拓控制系统的设计

可拓控制系统的结构如图 2.12 所示，其中广义对象是包括执行机构、被控对象及检测装置在内的等效模型，其余模块是可拓控制器的主要环节。这里主要介绍可拓控制的五个主要环节。

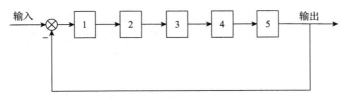

图 2.12　可拓控制系统的结构

1-关联度计算，2-可拓分析，3-可拓变换，4-优度评价，5-广义对象

1)确立控制问题的可拓模型

确立控制问题的可拓模型关键是确立控制问题的核问题，包括控制目标和控制条件，并用基元(包括物元、事元和关系元)表示控制目标和控制条件。

例如，在船舶控制问题中，假设控制目标和控制条件分别为

$$R = \begin{bmatrix} 船舶A & 船速 & v_1 \\ & 航向 & v_2 \\ & 期望航向角 & v_3 \end{bmatrix} = \begin{bmatrix} A & c_1 & v_1 \\ & c_2 & v_2 \\ & c_3 & v_3 \end{bmatrix}$$

$$r = r_1 \wedge r_2$$

式中，

$$r_1 = \begin{bmatrix} 船舶A & 负载 & v_4 \\ & 吃水量 & v_5 \\ & 实际横向倾角 & v_6 \end{bmatrix} = \begin{bmatrix} A & c_4 & v_4 \\ & c_5 & v_5 \\ & c_6 & v_6 \end{bmatrix}$$

$$r_2 = \begin{bmatrix} 航海条件 & 天气情况 & v_7 \\ & 海风级别 & v_8 \\ & 海水温度 & v_9 \end{bmatrix} = \begin{bmatrix} B & c_7 & v_7 \\ & c_8 & v_8 \\ & c_9 & v_9 \end{bmatrix}$$

也就是说，控制问题 P 就是要在条件 r 下，实现目标 R。从基于特征模式的控制方法看，这时特征状态的集合为

$$S = \{c_1, c_2, c_3, c_4, c_5, c_6, c_7, c_8, c_9\}$$

2）关联度计算

根据控制问题的可拓模型建立可拓集合[8,27]，计算问题的关联度（即关联函数值），分三种情形。

（1）$K(P) > 0$，说明控制问题为相容问题，这时通过常规的自适应控制方法可使控制问题达到期望的控制目标，这个阶段是自适应控制阶段。

（2）$-1 \leqslant K(P) < 0$，说明控制问题为不相容问题，只采用常规的自适应控制方法无法使不相容的控制问题转化为相容的控制问题。但通过增加一定的可拓控制辅助手段，可使不相容的控制问题转化为相容的控制问题，然后再采用常规的自适应控制就能达到理想的控制，这个阶段是"自适应控制+可拓控制"的阶段。

（3）$K(P) \leqslant -1$，说明控制问题为不相容问题，而且自适应控制方法完全失效，这个阶段又分两种情况：一种是采用可拓控制手段（包括一些人工手段）可使不相容的控制问题转化为相容控制问题的情形；另一种是完全不可控的情形，采用可拓控制手段（包括人工手段）都无法使不相容的控制问题转化为相容的控制问题。

3）可拓分析

根据问题关联度的分类情况，利用可拓方法中拓展规则、共轭规则和传导规则[28,29]，对控制问题的目标基元和条件基元进行可拓分析，为可拓变换的选择建

立依据。

4) 可拓变换

根据步骤 3) 的可拓分析，确立基本变换的类型及其组合方式，通过对目标基元和条件基元的变换，制定把不相容的控制问题转化为相容控制问题的控制策略。

5) 优度评价

每一个控制策略的优劣是不同的，体现在控制效果方面也有差异，在具体实施控制策略之前，需要根据一定的衡量条件对其优劣程度进行评价，以确保实际实施的每一个控制策略都能发挥实效。优度评价的基本算法如下：

(1) 确定待评价的策略集。

(2) 确定衡量条件集。

(3) 确定不同衡量条件的权系数。

(4) 首次评价。利用非满足不可的条件去评价策略集中的每一个控制策略，舍去不满足此条件的策略。

(5) 建立关联函数，计算每一个控制策略的合格度。

(6) 计算规范合格度。

(7) 计算每一个控制策略的优度。

3. 自适应控制系统的设计

基于可拓集合的自适应控制系统的结构如图 2.13 所示。

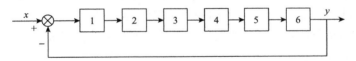

图 2.13　基于可拓集合的自适应控制系统的结构

1-特征量提取，2-特征值识别，3-特征状态关联度计算，4-测度模式划分，5-控制器输出，6-广义对象

简单起见，考虑单变量系统，设 x 为系统的给定值，y 为广义对象的输出。于是系统的误差为 $e = x - y$，误差变化率为 $\dot{e} = \mathrm{d}e/\mathrm{d}t$。根据先验数据，确定输出变量关于 e 和 $\dot{e}$ 的经典域元和节域元，分别为

$$R_{0y} = \begin{bmatrix} y & e & [-e_{0m}, e_{0m}] \\ & \dot{e} & [-\dot{e}_{0m}, \dot{e}_{0m}] \end{bmatrix}$$

$$R_{y} = \begin{bmatrix} y & e & [-e_{m}, e_{m}] \\ & \dot{e} & [-\dot{e}_{m}, \dot{e}_{m}] \end{bmatrix}$$

建立输出变量关于 e 和 $\dot{e}$ 的可拓集合，确定测度模式的划分：

$$M_1 = \left\{ S \mid K_{\tilde{X}}(S) > 0 \right\} = \left\{ S \mid e \in [-e_{0\mathrm{m}}, e_{0\mathrm{m}}], \dot{e} \in [-\dot{e}_{0\mathrm{m}}, \dot{e}_{0\mathrm{m}}] \right\}$$

$$M_2 = \left\{ S \mid -1 < K_{\tilde{X}}(S) \leqslant 0 \right\} = \left\{ S \mid e \notin [-e_{0\mathrm{m}}, e_{0\mathrm{m}}], \dot{e} \notin [-\dot{e}_{0\mathrm{m}}, \dot{e}_{0\mathrm{m}}], e \in [-e_{\mathrm{m}}, e_{\mathrm{m}}], \dot{e} \in [-\dot{e}_{\mathrm{m}}, \dot{e}_{\mathrm{m}}] \right\}$$

$$M_{2i} = \left\{ S \mid a_{i-1} < K_{\tilde{X}}(S) \leqslant a_i \right\}, \quad i = 1, \cdots, m, \quad -1 = a_0 < \cdots < a_{i-1} \leqslant a_i \leqslant \cdots \leqslant a_m = 0$$

$$M_3 = \left\{ S \mid K_{\tilde{X}}(S) \leqslant -1 \right\} = \left\{ S \mid e \notin [-e_{\mathrm{m}}, e_{\mathrm{m}}], \dot{e} \notin [-\dot{e}_{0\mathrm{m}}, \dot{e}_{0\mathrm{m}}] \right\}$$

则 $M_1 \bigcup M_2$ 为自适应控制的特征状态 S 的可控范围，相应的控制器输出计算如下[30]：

$$u(t) = \begin{cases} u(t-1), & K_{\tilde{X}}(S) > 0 \\ -K_{\tilde{X}}(S) u_M \, \mathrm{sgn}(e) + \varepsilon, & -1 < K_{\tilde{X}}(S) \leqslant 0 \end{cases}$$

$$\varepsilon = \begin{cases} K_{\mathrm{I}} \displaystyle\int_0^t e \mathrm{d}t, & |e| \leqslant \delta \\ 0, & \text{其他} \end{cases}$$

式中，$u_M > 0$ 为控制器输出的幅值；ε 为小范围的修正量；K_{I} 为常数；δ 为小正数。

这里要注意的是，特征区域 $M_1 \bigcup M_2$ 对应控制问题为相容问题的情形，即

$$M_1 \bigcup M_2 = \{ S \mid K(P) > 0 \}$$

基于可拓集合的测度模式只依赖于控制特征量的先验经典域和节域，不需要任何预先提供的数学模型，无须知道控制系统的结构信息，没有由于预定模型或结构隐含错误而导致的问题，能很好地应用于那些了解尚不充分的控制系统，具体可参见文献[3]、文献[19]、文献[30]。

4. 智能控制开关设计

如何设计监控器中的智能控制开关，确定合理的控制开关函数是建立混杂自适应控制系统的关键问题，这里可利用可拓集合的关联函数来建立控制开关函数。简单起见，仍考虑控制问题可由单变量划分的情形。假设 f 是控制问题划分所考虑的控制特征，$[a,b]$ 是自适应控制关于控制特征 f 的控制范围，$[c,a]$ 和 $[b,d]$ 是自适应控制关于控制特征 f 的预警范围或危险范围（$[a,b] \subset [c,d]$），即"自适应控制+可拓控制"的控制范围，建立关联函数 $k(v)$ [27]，使

$$k(v) = \begin{cases} -\rho(v, [a,b]), & v \in [a,b] \\ \rho(v, [a,b]) / [\rho(v, [c,d]) - \rho(v, [a,b])], & v \notin [a,b] \end{cases}$$

式中，

$$\rho(v,[a,b]) = |v - 0.5(a+b)| - 0.5(b-a) , \quad \rho(v,[c,d]) = |v - 0.5(c+d)| - 0.5(d-c)$$

关联函数 $k(v)$ 的取值具有如下性质：$k(v) > 0$ 当且仅当 $v \in [a,b]$；$k(v) \in (-1,0]$ 当且仅当 $v \in [c,a] \bigcup [b,d]$；$k(v) \leqslant -1$ 当且仅当 $v \notin [c,d]$；$k(v) = 0$ 当且仅当 $v=a$ 或 $v=b$；$k(v) = -1$ 当且仅当 $v=c$ 或 $v=d$。

$k(v)$ 取值表明：控制策略的转换在区间套 $[a,b] \subset [c,d]$ 的端点进行。

对于任意 $v \in (-\infty, +\infty)$，本节的控制开关函数定义为

$$K = \begin{cases} \text{自适应控制,} & K(P) > 0 \\ \text{可拓自适应混杂控制,} & -1 < K(P) \leqslant 0 \\ \text{可拓控制,} & K(P) \leqslant -1 \end{cases}$$

式中，$K(P) = k(v)$。

基于先验数据所确定的一个区间套 $[a,b] \subset [c,d]$，很容易建立以上控制开关函数。利用这种方法所建立的控制开关函数，比起模糊数学和灰色数学相应的控制形式要简单很多，无需复杂的转换计算，也无需大量采样样本的统计计算，而且含义也比较直观。

例如，若 θ 是海上船舶的横向倾角（单位为度），$[a,b] = [-4,4]$，$[c,d] = [-8,8]$，则以上控制开关函数表明：

（1）当船舶的横向倾角不超过 4°时（$k(v) > 0$），是常规自适应控制范围，可用自适应控制实现船舶航行的稳定性。

（2）当船舶的横向倾角在 4°～8°时（$k(v) \in (-1,0]$），是可拓自适应混杂控制预警范围，说明海浪海风比较大，可用可拓自适应混杂控制实现船舶航行的稳定性；在采用自适应控制（即使用自适应驾驶仪自动调整船舶航向、航速和横向倾角）的同时，需要启动可拓控制器，增加一定的可拓控制手段。

这里，目标是提高船舶航行的稳定性，即

$$G = \begin{bmatrix} \text{提高} & \text{支配对象} & \text{航行的稳定性} \\ & \text{接收对象} & \text{船舶} \end{bmatrix}$$

根据可拓分析方法，进行发散性思维，考虑 G 的下位蕴含策略，可采用三种不同的可拓变换。

① 当船舶的横向倾角在 4°～6°时，如果船舶上有备用发动机，可启动备用发动机增大船舶行驶的航行速度（记为 T_1），即

$$T_1 = (\text{启用} \quad \text{支配对象} \quad \text{备用发动机}) \wedge \begin{bmatrix} \text{增大} & \text{支配对象} & \text{航行速度} \\ & \text{接收对象} & \text{航舶} \end{bmatrix}$$

根据快而稳的原则，当船舶航行的速度加快时，容许的横向倾角可放大 4°～6°。

②　当船舶的横向倾角在 6°～7°时，通过起重设备将甲板上一定的货物搬进船舱（记为 T_2），固定船舱里的货物，避免货物朝一侧大幅度倾斜（记为 T_3），即

$$T_2 = \begin{bmatrix} 搬 & 支配对象 & \begin{bmatrix} 货物 & 原位置 & 甲板上 \\ & 目标位置 & 船舱 \end{bmatrix} \\ & 工具 & 起重机设备 \\ & 施工人员 & 船员 \end{bmatrix}$$

$$T_3 = \begin{bmatrix} 搬 & 支配对象 & \begin{bmatrix} 货物 & 原位置 & 甲板上 \\ & 目标位置 & 船舱 \end{bmatrix} \\ & 工具 & 起重机设备 \\ & 施工人员 & 船员 \end{bmatrix}$$

这样可使船舶容许的横向倾角放大到 6°～7°。

③　当船舶的横向倾角在 7°～8°时，将一节或若干节密封船舱注水（记为 T_4），即

$$T_4 = \begin{bmatrix} 注水 & 支配对象 & \begin{bmatrix} 船舱 & 密封性 & 良好 \\ & 数量 & 一节或多节 \end{bmatrix} \end{bmatrix}$$

这样，可使船舶容许的横向倾角放大到 7°～8°。

这些可拓变换中任一个都可使船舶的重心下移或避免船舶朝一向倾斜，从而达到提高船舶航行稳定性的目的。这些变换总体上使得船舶容许的横向倾角放大了一倍，这对于应对突发的海风海浪，挽救船舶，保障船员和旅客的生命，具有重要意义。

(3)当船舶的横向倾角超过 8°时（$k(v) \leqslant -1$），自适应控制完全失效，只能采用一些补救性措施，如发送求救信号或弃船逃生等。

在线实时控制时，自适应可拓控制发挥得比较好，主要还是在 $k(v) \in (-1,0]$ 这一阶段。当 $k(v) \leqslant -1$ 时，一般只能采用离线控制甚至人工控制的方法。

引入可拓变换后，要进行精细的自适应可拓控制，控制器的结构必须重新调整，重新确定测度模式的划分，重新确定控制器输出算法，通过一定的仿真学习过程，这种处理是可以实现的[16]。

参 考 文 献

[1] 杨春燕, 蔡文. 可拓集中关联函数的研究进展. 广东工业大学学报, 2012, 29(2): 7-14.

[2] 杨春燕, 张拥军, 蔡文. 可拓集合及其应用研究. 数学的实践与认识, 2002, 32(2): 301-308.

[3] 潘东, 金以慧. 可拓控制的探索与研究. 控制理论与应用, 1996, 13(3): 305-311.

[4] 李健, 王行愚. 一种新型的专家系统——可拓专家系统. 华东工学院学报, 1993, 19(5): 617-623.

[5] 张吉文, 余永权. 物元模型可拓控制的控制算法实现. 广东自动化与信息工程, 2000, (3): 5-7, 47.

[6] 阳林, 吴黎明, 黄爱华. 可拓控制的物元模型及其控制算法. 系统工程理论与实践, 2000, 24(6): 126-130.

[7] Cai W. The extension set and non-compatible problems. Journal of Science Exploration, 1983, 1: 81-93.

[8] 蔡文, 杨春燕, 林传初. 可拓工程方法. 北京: 科学出版社, 1997.

[9] 张光宇. 土地资源优化配置的物元模型. 系统工程理论与实践, 1998, 18(1): 108-112.

[10] 李志林. 物元模型在股市预测中的应用. 系统工程理论与实践, 1998, 18(1): 121-124, 130.

[11] 刘小明, 王灏, 李颖宏, 等. 基于可拓决策理论的城市交通状态识别研究. 武汉理工大学学报(交通科学与工程版), 2011, 35(2): 337-340.

[12] 徐圆, 朱群雄. 可拓理论在流程工业中的应用. 控制工程, 2008, 15(3): 283-286.

[13] 徐顺喜, 王行愚. 连续生产综合自动化系统功能集成的可拓控制模型. 系统工程理论与实践, 1998, 2: 110-113.

[14] 管凤旭, 王科俊. 基于倒立摆系统的可拓控制策略研究. 哈尔滨工业大学学报, 2006, 38(7): 1146-1149.

[15] 王明东, 刘宪林, 于继来. 同步发电机可拓励磁控制器. 电机与控制学报, 2008, 12(1): 1-4.

[16] 何斌, 朱学锋. 可拓自适应混杂控制. 控制理论与应用, 2005, 22(2): 165-170.

[17] Chen J Y. Fuzzy sliding mode controller design: Indirect adaptive approach. Cybernetics and Systems: An International Journal, 1999, 30(1): 9-27.

[18] Chen J Y. Design of adaptive fuzzy sliding mode control for nonlinear systems. International Journal of Uncertainty, Fuzziness and Knowledge-Based Systems, 1999, 7(5): 463-474.

[19] 陈珍源, 翁庆昌. 基于滑模控制的可拓控制器设计. 中国工程科学, 2001, 3(9): 48-51.

[20] Chian C D, King T L, Tsai C M, et al. Optimal design for power system dynamic stabilizer by grey prediction PID control. Proceedings of IEEE International Conference Industrial Technology, Thailand, 2002.

[21] 吴裕高, 朱学峰, 史步海. 基于灰色预测的大时滞过程的控制研究. 控制工程, 2007, 14(3): 278-280, 289.

[22] 邹健, 杨莹春, 诸静. 基于灰色模型的预测模糊策略及其应用研究. 中国电机工程学报, 2002, 22(9): 12-14.

[23] Huang Y P, Huang C H. Real valued genetic algorithms for fuzzy grey prediction system. Fuzzy Sets and Systems, 1997, 87(3): 265-276.

[24] 姜波, 陈绵云, 汪秉文, 等. 不确定滞后系统的灰色预测神经元控制. 系统工程与电子技术, 2004, 26(5): 644-646.

[25] 彭道刚, 杨平, 张浩, 等. 灰色预测神经网络 PID 控制研究. 控制工程, 2006, 13 (4): 344-347.

[26] 王明东, 刘宪林, 于继来. 基于灰色预测的可拓控制方法. 控制工程, 2011, 18 (1): 75-77.

[27] 蔡文. 物元模型及其应用. 北京: 科学技术文献出版社, 1994.

[28] 蔡文. 可拓集合和不相容问题. 科学探索学报, 1983, 3 (1): 83-97.

[29] Cai W. Extension theory and its application. Chinese Science Bulletin, 1999, 44 (17): 673-682.

[30] 李士勇. 模糊控制/神经控制和智能控制论. 哈尔滨: 哈尔滨工业大学出版社, 1996.

第3章 智能车辆高级辅助驾驶系统可拓控制

自动驾驶技术是指人类驾驶员在长期驾驶实践中对"环境感知—决策与规划—控制与执行"过程的理解、学习和记忆的物化。当前在汽车产品上得到较多应用的是对应于 L1～L3 级别的 ADAS，它可利用安装于车上的各种传感器，在非常短的时间内收集车内外的环境数据，进行静、动态物体的辨识、侦测与追踪等技术上的处理，从而让驾驶员在最短的时间内察觉可能发生的危险，以引起注意和提高安全性。

据统计，车道偏离导致的交通事故一般占交通事故总量的 30%左右。为了保障驾驶安全、降低重大交通事故发生率，需要进一步对车道偏离辅助系统进行研究[1]。在 ADAS 中，换道决策与换道路径规划、车道偏离辅助、路径跟踪与控制执行等是当前研究的热点。下面先讨论与换道决策有关的问题。

3.1 基于相邻车道安全态势划分的换道决策[2]

3.1.1 换道决策系统的结构

在换道决策中，自车周围的交通状态考虑不足和换道决策方法的适应性差是引发安全问题的主要原因。车辆在行驶过程中，左右相邻车道为自车换道的候选目标车道，确保车辆换道时的行驶安全，需对相邻车道的安全态势进行全面分析。相邻车道的安全态势除与自车当前车道上车辆、相邻车道上车辆相关外，还与相邻第 2 车道上的车辆紧密相关。此外，在对关联车辆的横向运动状态进行分析时，关联车辆除进行车道保持和换道外，还有可能出现车道偏离的情况。引起车辆发生车道偏离的原因难以判断，可能是驾驶员失误、驾驶员的驾驶习惯、车辆正在等待换道等[3-6]。具有车道偏离意图的车辆的横向运动状态可能会随时发生变化，在对相邻车道安全态势进行分析时不能忽略关联车辆车道偏离意图的影响。

为此，本节在对关联车辆横向运动状态进行精确预测，以及考虑自车相邻第 2 车道上车辆影响的基础上，提出基于相邻车道安全态势划分的换道决策方法，以提高车辆换道安全性和有效性。换道决策系统的结构如图 3.1 所示，首先根据自车与周围车辆相对运动状态，对关联车辆进行分类，将周围车辆分为仅需考虑其纵向运动状态的关联车辆和纵横运动状态都需要考虑的关联车辆；其次将车辆的横向运动行为分为车道保持、车道偏离、左换道和右换道四种，设计深度神经网络和基于左、右换道差异的横向偏差状态判断标准来对关联车辆的横向运动行为进行判断,并利用实际数据进行神经网络模型训练。考虑关联车辆换道和车道偏离行为对自车换道安全性的影响,设计自车相邻车道的安全态势划分方法。然后,根据左右相邻车道的安全等级,设计换道决策准则。最后,车辆基于换道准则进行换道决策。

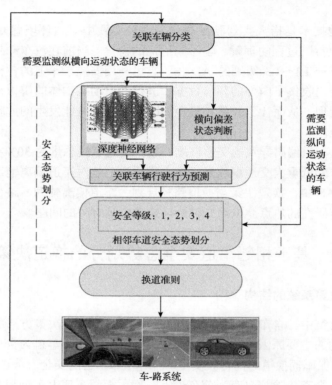

图 3.1　换道决策系统的结构

3.1.2　关联车辆分类

在复杂多变的交通环境下,自车周围存在着众多车辆,只有部分车辆的纵向运动和横向运动会对自车的运动状态产生影响。在周围众多车辆中,需明确将对自车运动状态产生影响的关联车辆,不仅可减少换道控制系统对非关联车辆的不必要预测处理,还可进一步提高换道决策的有效性。

如图 3.2 所示,在自车为避开前车准备换道时,若自车所在车道的相邻车道无换道空间,此时车辆无法进行换道,则无须考虑周围车辆的横向运动意图。若自车所在车道的相邻车道有换道空间(以车道 2 有换道空间为例),自车需考虑车 3 的横向运动意图,若车 3 向车道 2 进行换道,则自车无须向车道 2 进行换道。此外,若车 7 与自车之间的纵向距离较短,车 7 的横向运动会对自车换道产生影响，若车 7 向车道 2 进行换道，自车换道过程中可能会与车 7 发生碰撞。此时，自车需考虑车 7 的横向运动意图。同理，若车 1 与自车之间的纵向距离较短，自车也需考虑车 1 的横向运动意图。

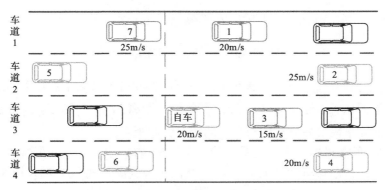

图 3.2　自车与周围车辆相对位置状态示意图

基于上述分析可知：

(1)车辆的运动行为不仅受自车车道上车辆和相邻车道上车辆运动状态的影响，还受相邻第二车道上车辆的运动状态的影响。

(2)在不同车-路状态下，自车可根据车-车纵向运动状态确定需要考虑横向运动意图的车辆。

以自车的车尾为边界，将道路上车辆分为前方车辆和后方车辆，根据车-车相对运动状态进行关联车辆提取。用 (i, j_n) 对周围车辆进行标注，$i=1,2,-2,3,-3$，分别表示自车当前车道、相邻左车道、相邻右车道、相邻左侧第二车道以及相邻右侧第二车道；$j=f$ 或 r，$j=f$ 时 (i, f_n) 表示 i 车道上自车前方第 n 辆车，$j=r$ 时 (i, r_n) 表示 i 车道上自车后方第 n 辆车。i 可以由车辆之间横向位置关系确定，如式(3.1)所示(定义自车与左侧车道上他车之间的横向距离为正)：

$$i = \begin{cases} 1, & -\dfrac{1}{2}d_1 \leqslant \Delta e \leqslant \dfrac{1}{2}d_1 \\[2mm] 2, & \dfrac{1}{2}d_1 < \Delta e \leqslant \dfrac{3}{2}d_1 \\[2mm] -2, & -\dfrac{3}{2}d_1 \leqslant \Delta e < -\dfrac{1}{2}d_1 \\[2mm] 3, & \dfrac{3}{2}d_1 < \Delta e \leqslant \dfrac{5}{2}d_1 \\[2mm] -3, & -\dfrac{5}{2}d_1 \leqslant \Delta e < -\dfrac{3}{2}d_1 \end{cases} \tag{3.1}$$

式中，Δe 为自车与他车之间的横向距离；d_1 为车道宽度。

由车-车之间相对纵向位置关系可知，各车道上自车前方车辆和后方车辆中在纵向上距离自车最近的车辆分别满足式(3.2)和式(3.3)：

$$\Delta y_{(i,f_m)} = \min(\Delta y_{(i,f_1)}, \Delta y_{(i,f_2)}, \Delta y_{(i,f_3)}, \cdots, \Delta y_{(i,f_n)}) \tag{3.2}$$

$$\Delta y_{(i,r_m)} = \min(\Delta y_{(i,r_1)}, \Delta y_{(i,r_2)}, \Delta y_{(i,r_3)}, \cdots, \Delta y_{(i,r_n)}) \tag{3.3}$$

式中，$\Delta y_{(i,f_m)}$ 和 $\Delta y_{(i,r_m)}$ 分别为各车道上自车前方和自车后面车辆在纵向上距离自车最近的车辆 (i,f_m) 与 (i,r_m) 与自车之间的纵向距离；$\Delta y_{(i,f_n)}$ 和 $\Delta y_{(i,r_n)}$ 分别为各车道上自车前方车辆及后方车辆与自车的相对纵向距离。

根据车-车之间相对运动关系，若自车与车辆 (i,f_m)、(i,r_m) 在纵向上存在安全行驶空间，自车与车辆 (i,f_m)、(i,r_m) 之间需分别满足式(3.4)和式(3.5)：

$$\begin{cases} T_{\text{ttcf}} \geqslant T_{s1}, & v - v_{f_m} > 1.5\text{m/s} \\ \Delta y_{f_m} \geqslant v T_{s2}, & v - v_{f_m} \leqslant 1.5\text{m/s} \\ \Delta y_{f_m} - S_s = a_{f_m} T_{\text{ttcf}}^2 / 2 + (v - v_{f_m}) T_{\text{ttcf}} \end{cases} \tag{3.4}$$

$$\begin{cases} T_{\text{ttcr}} \geqslant T_{s1}, & v_{r_m} - v > 1.5\text{m/s} \\ \Delta y_{r_m} \geqslant v T_{s2}, & v_{r_m} - v \leqslant 1.5\text{m/s} \\ \Delta y_{r_m} - S_s = a_{r_m} T_{\text{ttcr}}^2 / 2 + (v_{r_m} - v) T_{\text{ttcr}} \end{cases} \tag{3.5}$$

式中，v、v_{f_m} 和 v_{r_m} 分别为自车速度、前方车辆速度和后方车辆速度；T_{s1} 和 T_{s2} 为安全时距；S_s 为缓冲距离；a_{f_m} 和 a_{r_m} 分别为前方车辆和后方车辆的加速度。

基于上述分析，得出如下关联车辆的分类准则。

(1)自车所在车道上距离自车最近的前方车辆、相邻车道上距离自车最近的前方车辆和后方车辆(即满足式(3.6)的车辆)为需要考虑纵向运动状态的关联车辆。

$$(i,j_n) \in \{(p,q_m) \mid p = \pm 2, q = f,r\} \bigcup \{(1,f_m)\} \tag{3.6}$$

(2)若相邻车道上存在自车需要的换道空间，则自车所在车道上距离自车最近的前方车辆、相邻第二车道上距离自车最近的前方车辆和后方车辆(即式(3.7)或式(3.8)成立时满足式(3.9)的车辆，式(3.7)成立时满足式(3.10)的车辆和式(3.8)成立时满足式(3.11)的车辆)为需考虑纵横向综合运动状态的关联车辆。

$$\Gamma_4(2,f_m) = 1 \vee \Gamma_5(2,r_m) = 1 \tag{3.7}$$

$$\Gamma_4(-2,f_m)=1 \vee \Gamma_5(-2,r_m)=1 \tag{3.8}$$

$$(i,j_n)\in\left\{(1,f_m)\right\} \tag{3.9}$$

$$\begin{cases} (i,j_n)\in Q_1\bigcup Q_2 \\ Q_1=\left\{(3,f_m)\,\middle|\,\Gamma_4(3,f_m)=0\right\} \\ Q_2=\left\{(3,r_m)\,\middle|\,\Gamma_5(3,r_m)=0\right\} \end{cases} \tag{3.10}$$

$$\begin{cases} (i,j_n)\in Q_3\bigcup Q_4 \\ Q_3=\left\{(-3,f_m)\,\middle|\,\Gamma_4(-3,f_m)=0\right\} \\ Q_4=\left\{(-3,r_m)\,\middle|\,\Gamma_5(-3,r_m)=0\right\} \end{cases} \tag{3.11}$$

式中，$\Gamma_p(i,j_n)=0,1\ (p=4,5)$ 分别表示车辆 (i,j_n) 满足式(3.4)和不满足式(3.5)。

3.1.3　相邻车道安全态势划分

1. 他车行驶行为预测

虽然现在不少学者利用长短期记忆神经网络来预测他车在未来一段时间内的行驶轨迹，以判断车辆的未来行驶行为，但是这种方法非常耗时，且对处理设备的硬件有着较高的要求。在不同行驶状态下，各车-路状态参数也有所不同。因此，可利用深度神经网络来进行多分类输出预测，以判断他车在未来时刻的行驶行为。如图 3.3 所示，将他车的未来行驶行为分为车道保持、车道偏离、左换道和右换道四个类别。考虑到左、右换道的差异难以用神经网络来区分，设计如图 3.4 所示的车辆行驶行为预测方法。首先将车辆行驶行为分为车道保持、车道偏离和换道三个类别，通过神经网络来判断车-路状态参数所属类别，定义 $B_h=0,1,2$，其分别表示车辆处于车道保持、车道偏离和换道状态。

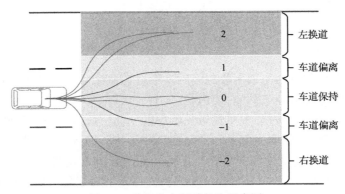

图 3.3　他车未来行驶行为示意图

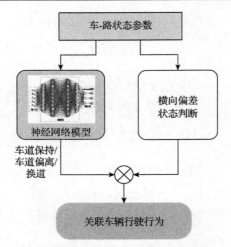

图 3.4 车辆行驶行为预测方法的结构

由于左、右换道过程中的车辆横向偏差状态有着明显差异，定义如式(3.12)所示的判断方法，利用对关联车辆横向偏差的判断实现对车辆横向行驶方向的区分。

$$
O_{\mathrm{R}} = \begin{cases} \mathrm{L}, & \dfrac{y(k-i)-y(k-i-1)}{\Delta t} \geqslant 0 \\[3mm] \mathrm{R}, & \dfrac{y(k-i)-y(k-i-1)}{\Delta t} < 0 \end{cases}, \ i=0,1,2 \tag{3.12}
$$

式中，O_{R} 为车辆所处位置的方向；L 和 R 分别表示左和右；$y(k-i)$ 和 Δt 分别为 $k-i$ 时刻的车辆横向偏差和采样时间。

最后根据 B_{h} 和 O_{R} 实现对关联车辆行驶行为的进一步识别，识别准则如式(3.13)所示：

$$
\ln(i, j_n) = \begin{cases} 0, & B_{\mathrm{h}}=0 \\ 1, & B_{\mathrm{h}}=1 \\ 2, & B_{\mathrm{h}}=2 \wedge O_{\mathrm{R}}=\mathrm{L} \\ -2, & B_{\mathrm{h}}=2 \wedge O_{\mathrm{R}}=\mathrm{R} \end{cases} \tag{3.13}
$$

$\ln(i, j_n)$ 为车辆行驶行为识别函数，0、1、2 和 -2 分别表示车辆处于车道保持状态、车道偏离状态、左换道状态和右换道状态。

根据车辆横向运动过程中车辆运动状态的变化，选取车速、偏航角、横摆角速度、距离当前车道的侧向偏差和道路曲率作为特征输入量设计用于预测他车未来时刻行驶行为的深度神经网络模型结构。所设计的深度神经网络(deep neural network，DNN)模型结构如图 3.5 所示，它含有 4 个隐藏层，神经元数依次为 8、10、10 和 8。在由激光雷达、毫米波雷达和相机构成的感知系统中，可得到车速、偏航角和道路曲率信息，他车距离当前车道的侧向偏差可通过笛卡儿坐标系向 Frenet 坐标系的转换来获取。利用当前时刻和过去时刻的车辆坐标可计算横摆角速度，如式 (3.14) 所示：

$$\omega = \frac{\mathrm{d}}{\mathrm{d}t}\left(\frac{y(k)-y(k-1)}{x(k)-x(k-1)} - \frac{y(k-1)-y(k-2)}{x(k-1)-x(k-2)}\right) \tag{3.14}$$

式中，$x(k-i)$ 和 $y(k-i)$ $(i=0,1,2)$ 分别为 $k-i$ 时刻的车辆横、纵坐标。

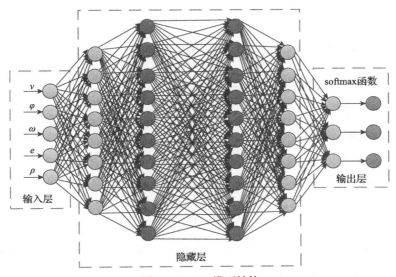

图 3.5　DNN 模型结构

在综合分析各个激活函数的特性之后，选用 ReLU 作为所设计神经网络输入层和隐藏层的激活函数[7]，其表达式如下：

$$f(x) = \max(0, x) \tag{3.15}$$

由于所设计的 DNN 模型被用来预测车辆 3 个类别行驶行为的概率，所以其输出层需要 3 个神经元。DNN 分类模型要求输出层 3 个神经元输出值为 0～1，且所有输出值之和为 1。这里，可使用 softmax 函数作为输出层神经元的激活函数[8]，则第 n 个神经元的激活函数定义为

$$a_n^L = \frac{\mathrm{e}^{z_n^L}}{\sum_{j=1}^{M} \mathrm{e}^{z_j^L}} \tag{3.16}$$

式中，M 为第 L 层神经元的数目，选用对数似然函数作为代价函数，进而可利用

反向传播(back propagation, BP)算法对整个神经网络的参数进行优化，将已知的目标输出数据表示为集合 $Y = \{y_1, y_2, \cdots, y_s\}$，$y_i \in a_0^{5 \times 1}(a_0 \in \{0,1\})$，则最终代价函数为

$$J(W,b) = -\sum_n y_n \ln a_n^L \tag{3.17}$$

若某一训练样本的输出为第 k 类，则有 $y_k = 1$，$y_j = 0$ $(j \neq k)$，因此式(3.17)可写成

$$J(W,b) = -\ln a_k^L \tag{3.18}$$

则输出层代价函数 $J(W,b)$ 关于 W_k^L 和 b_k^L 的导数分别为

$$\frac{\partial J(W,b)}{\partial W_k^L} = \frac{\partial J(W,b)}{\partial z_k^L} \frac{\partial z_k^L}{\partial W_k^L} = (a_k^L - 1)a_j^{L-1} \tag{3.19}$$

$$\frac{\partial J(W,b)}{\partial b_k^L} = a_k^L - 1 \tag{3.20}$$

根据前向传播算法，可得

$$z^L = W^L a^{L-1} + b^L \tag{3.21}$$

式中，z^L 为第 L 层未激活的输出；b^L 为偏置项。基于链式求导法则，求得第 L 层的 W^L 和 b^L 的偏导数分别为

$$\frac{\partial J(W,b)}{\partial W^L} = \frac{\partial J(W,b)}{\partial z^L} \frac{\partial z^L}{\partial W^L} = \delta^L (a^{L-1})^{\mathrm{T}} \tag{3.22}$$

$$\frac{\partial J(W,b)}{\partial b^L} = \frac{\partial J(W,b)}{\partial z^L} \frac{\partial z^L}{\partial b} = \delta^L \tag{3.23}$$

式中，

$$\delta^L = \left(\frac{\partial z^{L+1}}{\partial z^L}\right)^{\mathrm{T}} \frac{\partial J(W,b)}{\partial z^{L+1}} = (W^{L+1})\delta^{L+1} \odot f'(z^L)$$

重复上述 BP 算法，直至计算出代价函数关于所有网络参数的偏导数。在进行 DNN 训练过程中，使用动量随机梯度下降法。动量算法积累了之前梯度指数衰减的移动平均，并且继续沿该方向移动。与随机梯度下降法相比，动量随机梯度下降法引入速度 v 以提高收敛速度，能在一定程度上减缓陷入局部极值的现象。

动量随机梯度下降法每一次迭代的更新规则如下：

$$v \leftarrow \alpha v - \varepsilon \sum_{i=0}^{s_m} \nabla_\theta J(x_i, y_i) \tag{3.24}$$

$$\theta \leftarrow \theta + v \tag{3.25}$$

式中，α 为动量参数；ε 为学习率；(x_i, y_i) 为小批量训练数据中的一对学习样本；s_m 为小批量样本数；θ 为需要更新的网络参数。

　　训练 DNN 预测器需要大量的样本数据，且样本数据需包含所要预测的四个类别场景。因此，本节对四个场景下五个不同驾驶员驾驶的车辆状态量 $x = (v, \varphi, \omega, e, \rho)$ 进行样本数据采集，所获得的不同场景下的样本数如表 3.1 所示，共 40933 个样本数据。在样本采集过程中，对每个样本所属的车辆行驶行为类别进行记录，得到与车辆状态量对应的车辆行驶行为集合 $Y = \{y_1, y_2, \cdots, y_s\}$。将获得的样本分为两部分，每个驾驶员在每个场景下所获得样本的 90% 用于训练，剩余的 10% 用于测试。图 3.6 给出了 DNN 的训练方案结构。

表 3.1　不同场景下采集的样本数

场景	驾驶员 1	驾驶员 2	驾驶员 3	驾驶员 4	驾驶员 5
车道保持	2980	3470	3112	2511	2907
车道偏离	2173	2292	2763	2756	2090
左换道	1260	1194	1237	1276	1767
右换道	1885	1140	972	1267	1881

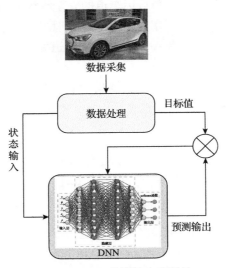

图 3.6　DNN 的训练方案结构

2. 安全态势划分

自车相邻车道的安全态势会随着交通状态的变化而变化。基于关联车辆的提取与分类以及需要考虑横向运动意图的车辆与自车之间的相对运动状态，将自车左侧交通状态归纳为五种，如式(3.26)~式(3.30)所示：

$$\Gamma_7 = 0 \tag{3.26}$$

$$\Gamma_7 = 1 \land Q_1 = \varnothing \land Q_2 = \varnothing \tag{3.27}$$

$$\Gamma_7 = 1 \land Q_1 \neq \varnothing \land Q_2 = \varnothing \tag{3.28}$$

$$\Gamma_7 = 1 \land Q_1 = \varnothing \land Q_2 \neq \varnothing \tag{3.29}$$

$$\Gamma_7 = 1 \land Q_1 \neq \varnothing \land Q_2 \neq \varnothing \tag{3.30}$$

式(3.26)表示自车相邻车道没有换道行驶空间；式(3.27)表示相邻车道有换道行驶空间，且相邻第二车道没有需要考虑横向运动的车辆；式(3.28)表示相邻车道有换道行驶空间，且相邻第二车道上自车前方车辆需要考虑横向运动；式(3.29)表示相邻车道有换道行驶空间，且相邻第二车道上自车后方车辆需要考虑横向运动；式(3.30)表示相邻车道有换道行驶空间，且相邻第二车道上自车前、后方车辆均需考虑横向运动的车辆。

根据车辆的纵横向运动状态，对目标车道进行安全态势评估。关联车辆的车道保持状态、车道偏离状态和换道状态对相邻车道的影响依次递增。若左侧相邻车道无换道空间，则目标车道的安全等级 D_L 记为 1；若左侧相邻车道有换道空间且有关联车辆向目标车道换道，则目标车道的安全等级 D_L 记为 2；若左侧相邻车道有换道空间且有关联车辆处于车道偏离状态，则目标车道的安全等级 D_L 记为 3；若左侧相邻车道有换道空间且无关联车辆处于车道偏离状态，则目标车道的安全等级 D_L 记为 4。

对式(3.26)~式(3.30)表示的 5 个场景中的目标车道进行的安全态势评估分别如式(3.31)~式(3.35)所示：

$$D_L = 0 \tag{3.31}$$

$$D_L = \begin{cases} 4, & \ln(1, f_m) \neq 1, 2 \\ 3, & \ln(1, f_m) = 1 \\ 2, & \ln(1, f_m) = 2 \end{cases} \tag{3.32}$$

$$D_L = \begin{cases} 4, & \ln(1, f_m) \neq 1, 2 \land \ln(3, f_m) \neq 1, -2 \\ 3, & \ln(1, f_m) \neq 2 \land \ln(3, f_m) \neq -2 \land (\ln(1, f_m) = 1 \lor \ln(3, f_m) = 1) \\ 2, & \ln(1, f_m) = 2 \lor \ln(3, f_m) = -2 \end{cases} \tag{3.33}$$

$$D_L = \begin{cases} 4, & \ln(1,f_m) \neq 1,2 \wedge \ln(3,r_m) \neq 1,-2 \\ 3, & \ln(1,f_m) \neq 2 \wedge \ln(3,f_m) \neq -2 \wedge (\ln(1,f_m)=1 \vee \ln(3,f_m)=1) \\ 2, & \ln(1,f_m)=2 \vee \ln(3,r_m)=-2 \end{cases} \quad (3.34)$$

$$D_L = \begin{cases} 4, & \ln(1,f_m) \neq 1,2 \wedge \ln(3,q_m) \neq 1,-2 \\ 3, & \ln(1,f_m) \neq 2 \wedge \ln(3,q_m) \neq -2 \wedge (\ln(1,f_m)=1 \vee \ln(3,f_m)=1 \vee \ln(3,r_m)=1) \\ 2, & \ln(1,f_m)=2 \vee \ln(3,f_m)=-2 \vee \ln(3,r_m)=-2 \end{cases}$$

$$(3.35)$$

式中，D_L 为自车相邻左车道安全等级。

同理，基于上述评估策略，对自车相邻右车道进行安全态势评估可得到不同交通场景下自车相邻右车道的安全等级 D_R。

3.1.4　换道决策准则

换道决策的目标是判断自车在当前车-路环境下能否进行换道以及确定目标车道。根据 3.1.3 节得出的自车左右相邻车道的安全态势 D_L 和 D_R，设计如图 3.7 所示的换道决策准则。

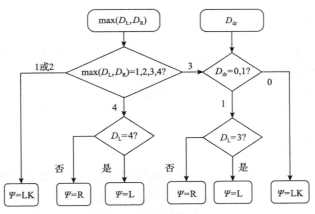

图 3.7　换道决策准则

图 3.7 中，Ψ=L、R 和 LK 分别表示左换道、右换道和车道保持。D_{dr} 与驾驶风格相关，由驾驶员设定，D_{dr}=0,1 分别表示平稳型驾驶员和激进型驾驶员。如图 3.7 所示，若自车相邻车道的最高安全等级为 4，且 D_L 为 4，则车辆向左换道，否则向右换道。若自车相邻车道的最高安全等级为 3，则对 D_{dr} 和 D_L 进行判断，若 D_{dr}=1 且 D_L=3，则车辆向左换道；若 $D_L \neq 3$，则车辆向右换道；若 D_{dr}=0，则车辆不换道。若自车相邻车道的最高安全等级为 1 或 2，则车辆不换道。具体的决策准则如式(3.36)所示：

$$\Psi = \begin{cases} \text{L,} & \max(D_{\text{L}}, D_{\text{R}}) = 4 \wedge D_{\text{L}} = 4 \\ \text{R,} & \max(D_{\text{L}}, D_{\text{R}}) = 4 \wedge D_{\text{L}} \neq 4 \\ \text{L,} & \max(D_{\text{L}}, D_{\text{R}}) = 3 \wedge D_{\text{dr}} = 1 \wedge D_{\text{L}} = 3 \\ \text{R,} & \max(D_{\text{L}}, D_{\text{R}}) = 3 \wedge D_{\text{dr}} = 1 \wedge D_{\text{L}} \neq 3 \\ \text{LK,} & \max(D_{\text{L}}, D_{\text{R}}) = 3 \wedge D_{\text{dr}} = 0 \\ \text{LK,} & \max(D_{\text{L}}, D_{\text{R}}) = 1 或 2 \end{cases} \tag{3.36}$$

考虑我国交通法规将左侧车道作为超车道，在所设计的换道准则中，对于左右相邻车道安全等级相同的交通状态，左侧车道的优先级高于右侧车道。为保证整个换道过程中的自车安全性，车辆对目标车道的安全态势监测一直处于激活状态。此外，当自车左后侧或者右后侧到原车道的距离 $|d_{\text{w}i}| \geqslant d_1/2$（$i=1$ 表示左后侧，$i=\text{r}$ 表示右后侧）时，则认为车辆完成换道，此时相邻车道的安全等级设定为 0。$|d_{\text{w}i}|$ 可由式(3.37)求得

$$|d_{\text{w}i}| = |e_y| - \frac{l_{\text{r}}}{2}\sin\varphi - \frac{d_{\text{v}}}{2}\cos\varphi \tag{3.37}$$

式中，l_{r} 为质心到后轴的距离；φ 为自车相对于原车道中心线的偏航角。

3.1.5　仿真结果分析

为验证所提出换道决策算法的有效性，在不同车辆状态和不同行驶环境下，对训练后的神经网络模型进行测试，同时进行换道决策的仿真实验。仿真实验使用 Simulink 和 CarSim 联合仿真平台，车辆模型在 CarSim 环境中设置，换道决策模型在 Simulink 中搭建。

1. 神经网络模型测试

为对所提出的基于 DNN 的关联车辆行驶行为预测方法进行验证，采用预测精度（prediction accuracy, PA）、错误预测率（false prediction rate, FPR）和正确预测率（correct prediction rate, CPR）作为评价指标。其定义分别如下：

$$\text{PA} = \frac{正确预测样本数}{总样本数} \tag{3.38}$$

$$\text{FPR} = \frac{错误预测某一场景样本数}{某一场景未发生的样本数} \tag{3.39}$$

$$\text{CPR} = \frac{正确预测某一场景样本数}{某一场景发生的样本数} \tag{3.40}$$

DNN 模型对关联车辆行驶行为的识别结果和工作特征曲线分别如表 3.2 和图 3.8 所示。在图 3.8 中，曲线下面积越大则表明算法对该行为动作具有更好的识别性能。从表 3.2 和图 3.8 可以看出，所设计基于 DNN 模型的关联车辆行驶行为预测方法对车道保持行驶行为的识别性能最高，对换道行为的识别性能次之，对车道偏离的识别性能相对较低。这是因为与车道偏离相比，车道保持和换道的动作特征更加明显，预测精度也更高。

表 3.2 DNN 模型对关联车辆行驶行为的识别结果

	FPR/%	CPR/%	PA/%
车道保持	3.26	96.41	—
车道偏离	7.65	88.78	—
左换道	4.39	92.73	—
右换道	4.78	91.05	—
总场景	—	—	93.42

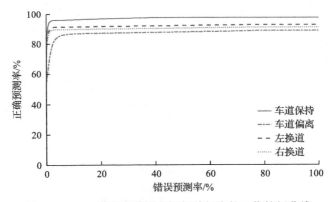

图 3.8 DNN 模型对关联车辆行驶行为的工作特征曲线

2. 换道决策仿真实验

工况 1 在 CarSim 中设定初始时刻局部交通状态如图 3.9 所示。自车与前车（车 1）的安全跟车距离设定为 25m；车 7 被设定为两种行驶状态：

(1)以 108km/h 的车速沿当前车道行驶；

(2)行驶至车 6 前方距离 25m 处向车道 2 换道。

车 7 在不换道状态下的自车换道仿真结果如图 3.10 所示，自车从初始位置开始沿当前车道向前行驶时，自车与车 6 和 5 之间均没有换道空间，车道 2 和车道 4 的安全等级为 1。在自车行驶至车 6 前方 25m 时，自车与车 2 和车 6 分别满足式(3.4)和式(3.5)，且车 7 处于车道保持状态，车道 2 和车道 4 的安全等级为 4

和 1。此时，自车与车 1 的碰撞时距大于 9s，自车无须减速，以当前车速向车道 2 进行换道。当 $|d_{wi}| \geqslant d_1/2$ 时，自车对原车道的相邻车道的安全态势检测结束，车道 2 和 4 的安全等级回到 0。由图 3.10(a) 和 (c) 可知，自车在换道过程中与车 1、车 2 和车 6 之间均保持着一定的安全空间，表明自车安全完成了换道。

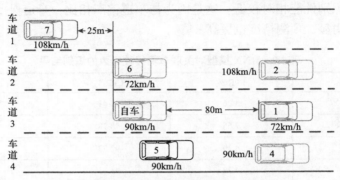

图 3.9　初始时刻局部交通状态（工况 1）

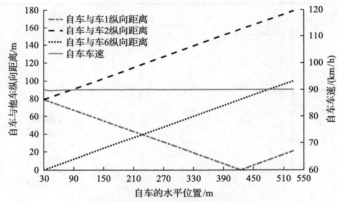

(a) 自车与他车相对纵向距离和自车车速

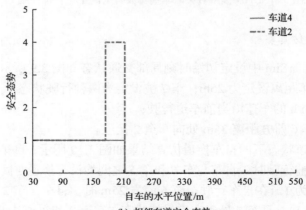

(b) 相邻车道安全态势

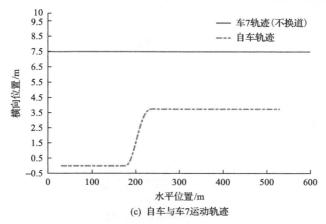

(c) 自车与车7运动轨迹

图 3.10 车 7 在不换道状态下的自车换道仿真结果

车 7 在换道状态下所设计的换道决策方法和随机模型预测控制(stochastic model predictive control, SMPC)方法[9]的对比仿真结果如图 3.11 所示。初始时刻,车道 2 和车道 4 的安全等级为 1。在自车行驶至车 6 前方 25m 时,由于此时车 7 处于换道状态,对于所设计的换道决策方法,车道 2 的安全等级为 2,自车此时不换道,继续沿当前车道向前行驶,在自车与车 1 的纵向距离减小到 45m 时开始减速,在达到 25m 的安全跟车距离时车速降到 72km/h。在车 7 完成换道后,由于此时没有换道空间,车道 2 的安全等级变为 1,直到车 7 行驶至自车前方 25m 时,车道 2 的安全等级变为 4,自车向车道 2 换道,当 $|d_{wi}| \geqslant d_1/2$ 时,自车完成换道,车道 2 和车道 4 的安全等级变为 0,同时自车的速度开始逐渐增加直至达到 90km/h 的目标车速。由图 3.11 可知,在所设计的换道决策方法的作用下,自车安全地完成了换道。但是,对于 SMPC 方法,由于其没有考虑相邻第二车道上关联车辆的运

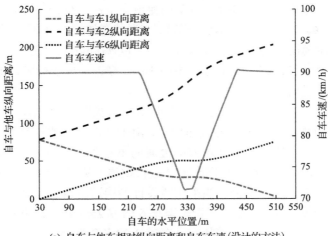

(a) 自车与他车相对纵向距离和自车车速(设计的方法)

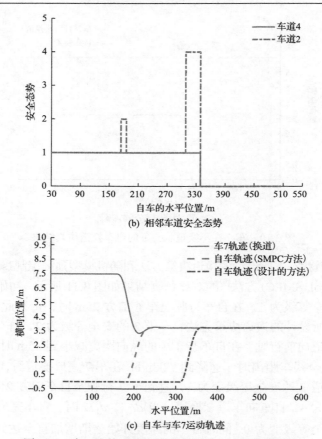

(b) 相邻车道安全态势

(c) 自车与车7运动轨迹

图 3.11   车7在换道状态下两种换道方法的仿真对比

动状态，自车在行驶至车 6 前方 25m 时开始换道，从图 3.11 (c) 可以看出，自车与车 7 在换道过程中发生了碰撞，自车的换道安全性未得到保证。

　　工况 2   在 CarSim 中设定初始时刻局部交通状态如图 3.12 所示。自车与前车 (车 1) 的安全跟车距离设定为 25m 且 $D_{dr}=0$。车 7 以 72km/h 的车速行驶，在 5s 后执行向右偏离车道动作，在距离车道 1 中心 1m 处靠近车道线行驶，随后在 6.5s 时快速地向车道 2 进行换道。

　　在上述交通状态下，两种方法的对比仿真结果如图 3.13 所示。在自车行驶至车 6 前方 25m 处时，在 SMPC 方法作用下，由于其没有考虑相邻第二车道上关联车辆的运动，自车行驶至车 6 前方 25m 处时向车道 2 进行换道，车 7 在自车换道过程中改变其运动状态，快速地向车道 2 进行换道，从图 3.13 (c) 可看出，自车在换道过程中与车 7 发生了碰撞。当采用所设计的换道决策方法时，初始时刻，车道 2 和 4 的安全等级为 1，在自车行驶至车 6 前方 25m 处时，虽然车道 2 有换道空间，但此时车 7 处于偏离车道状态，车道 2 的安全等级变为 3，车道 4 的安全等级仍为 1，此时相邻车道无换道空间，自车沿当前车道继续向前行驶，在自车与车 1 相距 45m 时开始减速，在减速跟车过程中，自车行驶至车 5 前方 25m 处时，车道 4 由于具有换道空间，其安全等级从 1 变为 4，自车向车道 4 变道，在车辆完成换道后，自车车速开始增加。从图 3.13(a)和(c)可以看出，在所设计的换道决策方法的作用下，自车安全地完成了换道。

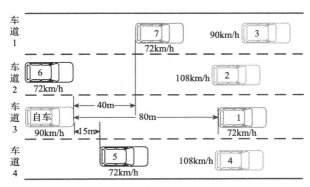

图 3.12　初始时刻局部交通状态(工况 2)

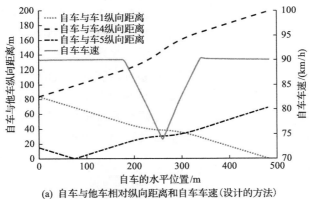

(a) 自车与他车相对纵向距离和自车车速(设计的方法)

(b) 相邻车道安全态势

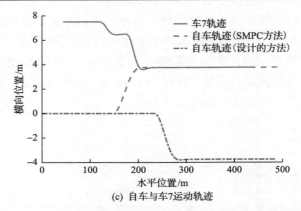

(c) 自车与车7运动轨迹

图 3.13　车 7 在车道偏离和换道状态下两种换道方法的仿真对比

3.1.6　自动驾驶车辆平台及实验研究

1. 自动驾驶车辆平台搭建

图 3.14 为自行搭建的自动驾驶实车实验平台[2,10]。在该车顶上安装了三个激光雷达，中间一个，左右两边各一个。在车辆的车顶前后安装全球定位系统(global positioning system, GPS)定位模块。在车辆挡风玻璃的上方中间位置布置一个前视摄像头。在车辆前保险杠处安装一个 77GHz 的毫米波雷达。工控机布置在后备箱，用于计算和算法实现。车辆通过环境感知系统可实现对周围交通环境的实时动态感知。此外，测试车辆上原有的转向系统和制动系统被替换为自行开发的自动转向系统和主动制动系统。自动换道和路径跟踪系统根据感知到的环境信息，计算理想转向盘转角和期望速度，控制车辆自动转向、加速和制动。

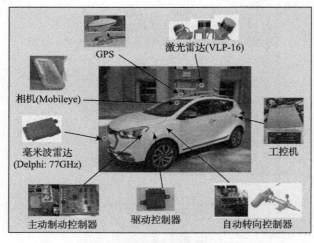

图 3.14　自动驾驶实车实验平台

2. 实车测试

如图 3.15 所示，实验场地为某一封闭道路，实验道路为单向三车道。初始时刻，自车行驶在最右侧车道，除自车外，还有三辆车作为交通参与者，其与自车之间的相对位置如图 3.16 所示。在自车相邻车道有换道空间时，相邻第二车道上有车辆向相邻左侧车道换道。

图 3.15　实车实验场景

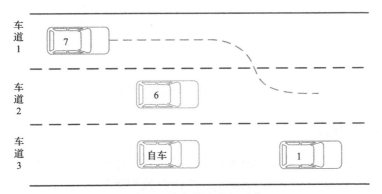

图 3.16　自车与他车的相对位置

实验结果如图 3.17 所示。初始时刻，自车与车 6 之间没有换道空间，车道 2 的安全态势等级为 1。随着自车的车速提高，在自车行驶至车 6 前方 25m 处时，虽然车道 2 有换道空间，但此时车 7 处于向右换道状态，车道 2 的安全等级变为 2，自车沿当前车道继续向前行驶，在车 7 行驶至自车相邻车道时，车道 2 的安全等级变为 1。自车与车 1 相距 33m 时开始减速，在车速降到 30km/h 后，自车与车 1 相距 25m。车 7 行驶至自车前方 25m 处时，车道 2 具有换道空间，其安全等级从 1 变为 4，自车向车道 2 安全地完成了换道(图 3.17(b)和(c))。从图 3.17 的分析可知，所提出的基于相邻车道安全态势划分的换道决策方法在实车实验中体现出了良好的安全性。

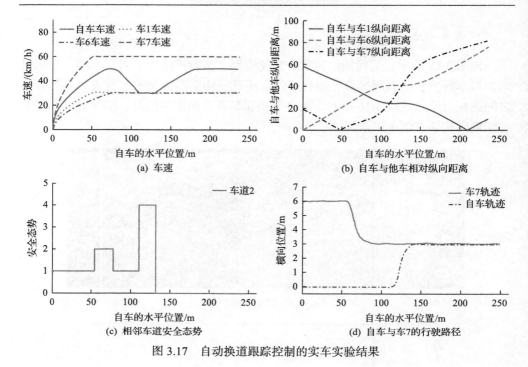

图 3.17　自动换道跟踪控制的实车实验结果

3.2　基于驾驶员状态监督和可拓决策的车道偏离辅助系统

3.2.1　系统控制结构设计

　　车道偏离辅助系统可分为决策和执行两部分，其中决策算法的研究主要集中在横越车道时间(time to lane crossing, TLC)阈值和距车道中心线距离(distance to lane center, DLC)阈值上，其中多为基于单独 TLC 阈值或者单独 DLC 阈值。针对车道偏离辅助系统中的决策问题，可采用可拓决策方法：以横越车道时间和距离车道中心线距离作为特征量建立二维可拓集合，设计动态边界划分可拓域，求解出关联函数，确定可拓域中辅助驾驶模式下人和车的控制权重。

　　本节所设计的车道偏离辅助系统控制结构分为上下两层，如图 3.18 所示。上层为驾驶模式决策，包括车道偏离可拓决策器和驾驶员状态监督控制器。图中，δ_{d} 为驾驶员模型输出的转向盘转角，并作为自由驾驶模式的输入；δ_{m} 为转角控制器的输出，并作为主动转向模式的输入；δ_{a} 为辅助驾驶模式的输入。驾驶员状态监督控制器用于监督驾驶员是否处于正常驾驶状态，如果驾驶员处于无操作或者误操作状态，系统立即进入辅助驾驶模式，如果驾驶员正常驾驶，则由车道偏离可拓决策器来继续进行决策。车道偏离可拓决策器根据车辆距车道中心线距离和横越车道时间来判断车辆行驶危险程度，根据不同的危险程度确定进入自由驾驶模式、辅助驾驶模式或主动转向模式。下层为驾驶模式设计，包括辅助驾驶模式、自由驾驶模式、主动转向模式。自由驾驶模式控制器由驾驶员模型代替，主动转向模式则设计了基于 TLC 势场法的转角控制器，辅助驾驶模式控制器采用可拓决策中的关联函数来确定驾驶员控制和自动转向控制的权重。

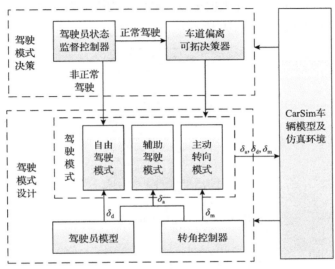

图 3.18　车道偏离辅助系统控制结构

　　完善的车道偏离辅助系统不仅能减轻驾驶员的负担，而且能提高行车安全性[11,12]。为此，在车道偏离辅助系统的设计中有两个问题至关重要：何时介入和如何介入。介入过早会影响驾驶员的正常驾驶，降低驾驶员接受度；介入过晚可能会导致车道偏离程度较大，增加隐患或危险，降低行车安全性。为实现辅助系统的适时介入，本节设计了基于驾驶员状态监督和可拓决策的驾驶模式决策器。

3.2.2　车道偏离可拓决策

　　车道偏离辅助系统的决策问题中就存在着矛盾的内容，驾驶员操作可能会导致危险发生，而机器操纵又会影响驾驶员的驾驶感觉，所以如何在这两者中做出取舍，就是可拓决策擅长解决的问题。本节选择可拓决策方法进行车道偏离的决策。车辆在道路上行驶，最直观地判断车辆行驶安全性的参数就是车辆在道路上的位置，即车辆距车道中心线距离，这个距离还有一种时间表达方式——横越车道时间。现在大多车道偏离决策方法的研究只是考虑单独一个参数，车辆距车道中心线距离或者横越车道时间，但是使用单独任一个参数都是有局限性的，为了关联二者进行车道偏离决策，可建立起可拓决策器。

1. 车道偏离可拓决策结构

车道偏离可拓决策结构设计如图 3.19 所示，根据车辆在道路上的行驶状态确定特征量为横越车道时间和车辆距车道中心线距离，根据传感器所采集的特征参数，计算出横越车道时间，将车辆行驶中的车道偏离状态划分成不同的域来代表不同的车道偏离危险程度，并根据车道偏离危险程度，在不同域内选择不同的驾驶模式，可拓域的划分如图 3.20 所示。

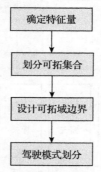

图 3.19　车道偏离可拓决策结构

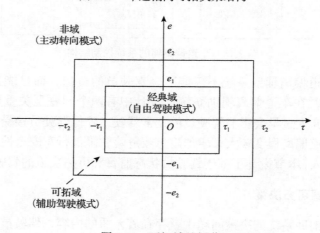

图 3.20　可拓域的划分

图 3.20 中，τ 是横越车道时间的倒数；e 是车辆至车道中心线距离；τ_1、$-\tau_1$ 和 e_1、$-e_1$ 是经典域边界；τ_2、$-\tau_2$ 和 e_2、$-e_2$ 是可拓域边界。在经典域中，车辆无车道偏离的危险，此状态下，驾驶员可以保持当前驾驶状态；在可拓域中，若驾驶员保持当前的驾驶状态，车辆可能会发生偏离车道的危险，此时为在减小车道偏离危险的前提下，保证驾驶员的操控权，采用辅助驾驶控制策略，主动转向系统进行转角补偿控制；在非域中，采取主动转向模式，改变车辆的行驶状态。

主动转向模式比驾驶员减少了反应时间和机构响应时间，因此当处于非域时，采取主动转向策略可以及时地避免车道偏离危险的发生。

2. 可拓决策控制器设计

利用车道偏离状态的可拓集合将车辆的车道偏离状态划分成经典域、可拓域、非域，不同区域内对应着不同的车道偏离状态及相应的控制策略，以实现不同驾驶模式的切换控制。

可拓决策控制器由如下过程建立。

1) 确定特征量

为了使可拓集中经典域、可拓域的边界与车辆的车道偏离危险边界相对应，考虑到需采用横越跨道时间 t_{LC} 来建立跨道时间势场设计转角控制器、t_{LC} 可以表征车道偏离状态，以及 t_{LC} 与车道偏离危险程度的关系，故选择 t_{LC} 的倒数 τ 作为主特征量，并选取车辆距车道中心线距离 e 作为辅特征量，组成特征状态 $S(\tau, e)$。

2) 划分可拓集合

对于给定的域 U 和性质 P，可拓集合的形成过程也就是对元素 $u \in U$ 与性质 P 之间关系的分类过程，这种识别过程可以根据不同的要求而有所不同，也可以理解为，在识别过程中加入了不同的规则，并且由于不同的标准，也就得到了不同的概念集。可拓集合的定义描述如下：假设存在一域 U，若对于 U 中的任意一个元素 u，都有一个实数 $K(u) \in (-\infty, \infty)$ 与之相对应，则称 $\tilde{A} = \{(u, y) | u \in U, y = K(u) \in (-\infty, \infty)\}$ 为域 U 上的一个可拓集，其中 $y = K(u)$ 为 A 的关联函数，$K(u)$ 为关于 $\tilde{A}$ 的关联度。

本节选择 τ 为横坐标，e 为纵坐标，作二维可拓集图，并将其划分成三个不同的域，以代表车道偏离危险程度的变化。

在经典域和可拓域中，驾驶员均具有优先权，只是当横越车道时间处于可拓域时有辅助系统介入，因此该边界不会对驾驶员的接受度造成较大影响，参考文献[10]中 τ_1 取为 0.25。而在非域中驾驶员不具有操控车辆的权力，此边界对驾驶员的接受度和行车安全性影响较大，本节设计动态横越车道时间阈值作为此动态边界。

在某些极限工况下，如低附着路面时，为了保证车辆拥有足够的横向稳定裕度，避免车辆失稳，可根据不同的路况设定容许的侧向加速度限值[13]。当车辆处于正常行驶工况时，侧向加速度应不超过 0.4g。为了保证车辆的稳定性并具有一定的舒适性，在路面限制的基础上应考虑车辆的稳定性和舒适性约束。综上所述，本节取侧向加速度极限值 $a_{ymax} = 0.5\mu g$，其中 μ 为路面附着系数。

图 3.21 中，v 为车速，假定车辆以极限侧向加速度运动；v_{yt} 为车辆在 t 时刻的侧向速度；φ_t 为车辆在 t 时刻的偏航角；车辆行驶到与车道线平行所用的时间 t_1 为

$$t_1 = \frac{v_{yt}}{a_{y\max}} \tag{3.41}$$

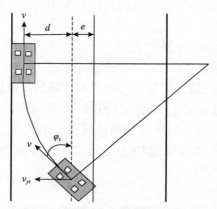

图 3.21　动态横越车道时间阈值模型

当需要进行驾驶操作时，驾驶员并不能立即操作，而是要经过驾驶员反应时间 t' 才进行操作，而执行机构也需要经过响应时间 t'' 才能实现有效执行动作[14]。

理想情况下驾驶员操作实现车道偏离纠正的最短时间为

$$T_{\min} = t_1 + t' + t'' \tag{3.42}$$

综上，当 $t_{LC} \leqslant T_{\min}$ 时，认为驾驶员即使及时操作也已无法避免车道偏离的危险，但是车道偏离辅助系统操作响应快，仍可以实现纠偏。因此，以 $T_{\min}$ 作为动态跨道时间阈值 T_{th}，即

$$T_{th} = T_{\min} \tag{3.43}$$

取 τ_2 为 $1/T_{th}$，由此确定特征量 τ 的经典域边界和可拓域边界。

车辆距车道中心线的偏差 e 对 τ 起辅助作用，防止 τ 出现极值导致系统切换不稳定，频繁在多个模式间切换，参考文献[10]，e_1 取 0.3m，e_2 取 0.75m。

3）设计可拓域边界

这里采用状态特征量为横越车道时间的倒数 τ 和车辆距车道中心线距离 e，传统的可拓决策方法选取状态特征量为某个参数的偏差和其偏差微分，这两种方法并不相同，所以需要重新寻找一种方法来求出可拓距和关联函数，二维可拓集合如图 3.22 所示。

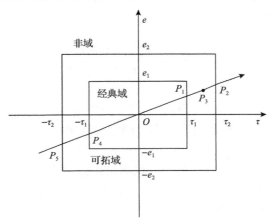

图 3.22　二维可拓集合

在图 3.22 所示的二维可拓集合中，$(0,0)$ 为特征状态的最优点，即车辆位于车道上最安全的状态。假设可拓域中存在一点 P_3，连接 $(0,0)$ 与 P_3 点，则线段 $\overline{OP_3}$ 为 P_3 趋近最优点 $(0,0)$ 的最短距离，这条线段所在直线与经典域边界的交点为 P_1、P_4，与可拓域边界的交点为 P_2、P_5，在确定 P_3 距离原点最短的前提条件下，根据这些交点即可确定 P_3 到经典域、可拓域的最近距离。可将此条直线从二维可拓集合中剥离出来，看成一个一维集合或一维坐标轴，在一维坐标轴上我们都知道，点到区间的距离也就是该点到靠近它的区间边界点的差值[15]，因此 P_3 到经典域、可拓域的可拓距就可以在一维坐标轴上求取，也就是将 $\overline{OP_3}$ 这条直线转化为一维坐标轴，如图 3.23 所示。此时欲求 P_3 点与经典域或可拓域的可拓距，可根据 P_1 和 P_4、P_2 和 P_5 在直线上所确定的区间进行求解。

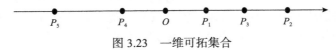

图 3.23　一维可拓集合

由此可确定 P_3 点到经典域的可拓距为 $\rho\left(P_3,\langle P_4,P_1\rangle\right)$，到可拓域的可拓距为 $\rho\left(P_3,\langle P_5,P_2\rangle\right)$。同理，当 P_3 点在其他位置时，最终可得 P_3 点与划定区间的可拓距为(以区间 $\langle P_4,P_1\rangle$ 为例)

$$\rho\left(P_3,\langle P_4,P_1\rangle\right)=\begin{cases}\left|\overline{P_3P_4}\right|, & P_3\in\langle-\infty,P_4\rangle\\ -\left|\overline{P_3P_4}\right|, & P_3\in\langle P_4,O\rangle\\ -\left|\overline{P_3P_1}\right|, & P_3\in\langle O,P_1\rangle\\ \left|\overline{P_3P_1}\right|, & P_3\in\langle P_1,+\infty\rangle\end{cases} \tag{3.44}$$

然后可确定关联函数为

$$K(S) = \frac{\rho\left(P_3, \langle P_5, P_2 \rangle\right)}{D\left(P_3, \langle P_4, P_1 \rangle, \langle P_4, P_1 \rangle\right)} \tag{3.45}$$

式中，$D\left(P_3, \langle P_4, P_1 \rangle, \langle P_4, P_1 \rangle\right) = \rho\left(P_3, \langle P_5, P_2 \rangle\right) - \rho\left(P_3, \langle P_4, P_1 \rangle\right)$。

将式(3.45)应用到可拓集合中，即可确定关联函数。

4) 驾驶模式划分

根据关联函数值，本节车道偏离辅助系统工作模式可划分如下：

(1) 当 $K(S) \geqslant 1$ 时，特征状态 $S(\tau, e)$ 处在经典域中，此时车辆不会偏离车道，车辆保持驾驶员自由驾驶模式。

(2) 当 $0 \leqslant K(S) < 1$ 时，特征状态 $S(\tau, e)$ 处于可拓域中，车辆有车道偏离风险但还处于驾驶员可控的状态，此时采用辅助驾驶模式，控制系统辅助驾驶员进行车道偏离纠正。

(3) 当 $K(S) < 0$ 时，特征状态 $S(\tau, e)$ 处于非域中，车辆有车道偏离危险，驾驶员操作已无法使车辆回归中心线，此时进入线控主动转向模式。

3.2.3　驾驶员状态监督控制器设计

1. 驾驶员状态监督控制器结构

驾驶车辆是一个非常复杂的过程，驾驶员对车辆的操纵行为会受到很多因素的影响，有内部的，也有外部的。驾驶员不仅要意识到自己的操作，还要注意周围的车辆或者行人等其他环境。因此，驾驶车辆是一种需要谨慎而且专心的行为，但驾驶员偶尔会被外界或者自身的原因打扰而导致注意力分散，造成无操作或者误操作，从而造成安全事故。所以，辅助驾驶系统要保障驾驶安全性，监督驾驶员状态至关重要。传统的驾驶员状态监督方法有对驾驶员转矩设定阈值，若驾驶员转矩小于阈值，则认为驾驶处于非正常状态，但这种方法由于考虑的因素较少而限制较多[16]。针对驾驶员状态的监督，这里提出一种基于高斯混合隐马尔可夫模型(Gaussian mixed-hidden Mavkov model, GM-HMM)的驾驶员状态监督方法。首先在驾驶模拟实验台上对正常驾驶状态和非正常驾驶状态进行样本采集，采用滤波法对驾驶状态参数进行特征提取，最后选择转向盘转角、转向盘转角速度和车辆横摆角速度三个特征参数。对采集的数据进行处理和训练，然后建立高斯混合隐马尔可夫驾驶员状态辨识模型，对驾驶员状态进行实时监督。

驾驶员状态监督控制器结构如图 3.24 所示，由车辆模型获取车辆状态参数时间序列，经过数据处理之后得到分段的状态参数序列，提取本节所需的特征量序列进行 GM-HMM 评估。学习样本通过实验获得，经过 GM-HMM 学习，将特征量序列与学习后的模型进行似然评估，辨识出此时的驾驶员状态。

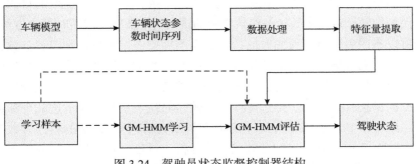

图 3.24　驾驶员状态监督控制器结构

2. 样本采集与特征参数提取

1)样本采集

考虑到驾驶员在驾车过程中的驾驶状态可能是集中注意力的正常操作，可能是注意力分散的无操作，还可能是驾驶员意识模糊的误操作，因此将驾驶员的驾驶状态分为正常操作状态、误操作状态和无操作状态三种。

如图 3.25 所示为驾驶模拟实验台，在该驾驶模拟实验台上模拟驾驶过程。在正常驾驶过程中，正常操作状态、误操作状态和无操作状态的发生是没有先后顺序的，可能是某一突发事件导致误操作和无操作发生。因此，在实验过程中对驾驶员隐瞒实验目的，其间故意制造外部因素影响驾驶员的行为，以造成无操作和误操作。按照这三种划分模式，让 5 名驾驶员在实验台上分别进行驾驶操作，共收集到 400 组离线样本，其中正常操作 200 组、误操作 100 组、无操作 100 组。

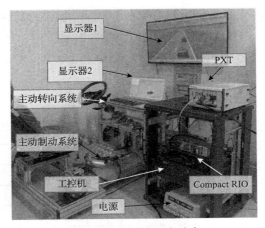

图 3.25　驾驶模拟实验台

2）特征参数提取

考虑到车辆行驶状态参数较多，模型较为复杂，特征参数提取的目的是，有效减小模型的复杂度，降低状态参数空间的维度，使模型在使用时更为方便高效。滤波法可以参照参数自身所固有的特性，而不需要进行参数识别或者参数分类就可以评估参数的好坏。经典的滤波算法可以通过两步来实现，第一步是依照某种标准为参数打分，按照分数高低给参数进行排名，特征参数往往是选择几个参数来组成特征量集合，第二步是选择得分比较高的几个参数，表示这几个参数的代表性强。这里在 Super Decisions（超级决策）软件上进行滤波法的特征参数提取。依照 Super Decisions 软件上的参数代表性分析，对各个参数进行打分排序，得分越高的参数越可以用来辨别驾驶员的三种驾驶状态。本节选取了 6 个车辆状态参数，各参数的得分情况如表 3.3 所示。

表 3.3　状态参数得分情况

排序	状态参数	得分
1	转向盘转角	0.92
2	转向盘转角速度	0.90
3	横摆角速度	0.87
4	侧向加速度	0.86
5	纵向加速度	0.61
6	车速	0.53

由表 3.3 看出，转向盘转角、转向盘转角速度、横摆角速度以及侧向加速度可以非常清楚地表征正常驾驶状态、无操作状态和误操作状态三种不同的驾驶员状态。所以先选择上述 4 个车辆状态参数作为特征参数。车辆状态参数往往是有相关性的，为了防止相关性较高而导致特征参数重复，对上述 4 个车辆状态参数进行相关性分析。分别用 A、B、C 及 D 来代表转向盘转角、转向盘转角速度、侧向加速度和横摆角速度，如表 3.4 所示。

表 3.4　相关性分析

	A	B	C	D
A	1.00	−0.157	−0.073	−0.036
B	−0.157	1.00	−0.243	−0.105
C	−0.073	−0.243	1.00	0.88
D	−0.036	−0.105	0.88	1.00

由表 3.4 可知，只有横摆角速度 D 和侧向加速度 C 二者的相关性很大（0.88），转向盘转角 A 和转向盘转角速度 B 之间的相关性都很小，几乎可以认为是无相关性。整体评估各车辆状态参数的得分和它们的相关性，最后选择驾驶员状态辨识特征参数为转向盘转角、转向盘转角速度和横摆角速度。这三个特征参数还可以分成 7 类特征参数子集，如表 3.5 所示。

表 3.5　特征参数子集

特征参数子集	特征参数
Part A	转向盘转角
Part B	转向盘转角速度
Part C	转向盘转角速度、转向盘转角
Part D	横摆角速度
Part E	横摆角速度、转向盘转角
Part F	转向盘转角速度、横摆角速度
Part G	转向盘转角速度、横摆角速度、转向盘转角

进行驾驶员状态辨识，不能只靠某一瞬间的数据来判断，而是要参照某一段时间长度内的数据来进行识别，这一段时间长度通常称为时间窗。驾驶员状态辨识模型选取的时间窗格大小没有明确要求，一般应考虑到驾驶员驾驶状态变化和数据采集频率（10Hz），在此选择 5 种不同大小的时间窗，即 4.0s、3.5s、3.0s、2.5s 和 2.0s。

3. 高斯混合隐马尔可夫建模

驾驶员在驾车过程中会有不同的状态，例如，注意力集中在驾驶上，或者精神恍惚状态，或者精神分散状态。这些状态通过人可以很清楚地观察到，但是对机器来说，它却不是一个明显的状态，因为没有一个状态量来表征它，但是它可以通过一系列参数来描述，如驾驶员眼球动态、驾驶员头部动态、驾驶员对转向盘或者制动器的操纵等。这种不能被直接观察却可以通过参数描述的状态称为隐状态，而隐马尔可夫模型（hidden Markov model, HMM）正是解决这类隐状态辨识问题有效且高效的理论方法，如图 3.26 所示[17]。

针对任意一个状态序列 Q，其任意一个时刻所处的状态表示为 q，那么在 t 时刻 Q 所处的状态为 q_t。如果 Q 在某一时刻所处的状态仅由其前一时刻的状态确定，即 q_t 仅由 q_{t-1} 确定，那么此类随机过程就是马尔可夫过程。

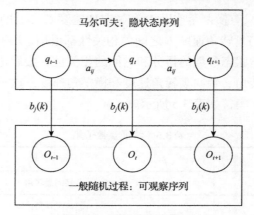

图 3.26　隐马尔可夫模型

马尔可夫过程中的状态序列 Q 一般是不可以被直接观测的，每一个隐态的状态序列 Q 将产生可观察序列 $O = \{O_1, O_2, \cdots, O_m\}$，定义隐状态 q_t 产生可观察量 $O_k(1 \leqslant k \leqslant m)$ 的概率为观察概率 $b_{ik}(1 \leqslant i \leqslant n)$。可以得到观察概率矩阵 B：

$$B = \begin{bmatrix} b_{11} & b_{12} & \cdots & b_{1m} \\ b_{21} & b_{22} & \cdots & b_{2m} \\ \vdots & \vdots & & \vdots \\ b_{n1} & b_{n2} & \cdots & b_{nm} \end{bmatrix} \tag{3.46}$$

那么单一的 HMM 则能够用式 (3.47) 表示：

$$\lambda = (n, m, \pi_i, \mathcal{A}, \mathcal{B}) \tag{3.47}$$

式中，n 为隐状态序列的数目，每一个隐状态序列的集合组成 $O = \{O_1, O_2, \cdots, O_n\}$，隐状态，顾名思义，一般状态是隐性的，无法被直接观察出来，就像本节所说的驾驶员驾驶状态；m 为隐状态序列产生的观察值的数目，每一个可观察序列的集合组成 $O = \{O_1, O_2, \cdots, O_m\}$，观察值是待研究系统中能够直接被观察并评估的参数，就像本节研究中的车辆状态参数；π_i 为初始状态概率矢量，即系统最初的时候状态空间的概率分布；$\mathcal{A}$ 为状态转移概率矩阵，其中 $\mathcal{A} = \{a_{ij}\}$，其含义是隐状态序列之间（驾驶员状态与驾驶员状态之间）相互转移的概率；$\mathcal{B}$ 是观察值概率矩阵，其中 $\mathcal{B} = \{b_{ik}\}$，表示隐状态产生的可观察值的概率。若 n 和 m 确定，可直接使用 $\lambda = (\pi_i, \mathcal{A}, \mathcal{B})$ 来表示 HMM。

在实际生活中，很少会出现离散性质的问题，大多问题中的观测序列都是随时间而连续变化的，此类情况就需要以连续的观测概率密度函数替代离散的观察值概率矩阵 $\mathcal{B}$，在研究中经常采用一系列混合的高斯分布概率密度函数，也就是

GM-HMM，这个混合模型适用于 HMM 的连续问题求解。在 GM-HMM 中，观察值概率矩阵拟合成高斯分布概率密度函数，即

$$
\begin{cases}
b_j(O) = \sum_{m=1}^{M} C_{jm} N(O, \mu_{jm}, U_{jm}) \\
N(O, \mu_{jm}, U_{jm}) = \dfrac{1}{2\pi |U_{jm}|^{1/2}} \exp\left[\dfrac{-1}{2|U_{jm}|} (O - \mu_{jm})(O - \mu_{jm})^{\mathrm{T}} \right] \\
1 \leqslant j \leqslant N
\end{cases}
\tag{3.48}
$$

式中，$N(O, \mu_{jm}, U_{jm})$ 为高维概率密度函数；当系统状态为 O_j 时，μ_{jm} 为密度函数的均值矢量，U_{jm} 为其协方差矩阵，C_{jm} 为混合权重。

1）GM-HMM 辨识准确率分析

辨识准确率 $p = (S_{at}/S_{as})$，其中 S_{at} 为正确辨识出驾驶员状态的样本数目，S_{as} 为进行状态辨识的样本总数目。按照辨识准确率的定义，由 GM-HMM 对采集到的测试样本逐个进行离线辨识，分别在不同时间窗和不同特征参数集合的情况下进行样本测试，最后在高斯混合度 $M=4$ 时计算出 GM-HMM 辨识准确率，结果如表 3.6 所示。

表 3.6　基于 GM-HMM 的驾驶员状态监督

时间窗/s	准确率/%						
	Part A	Part B	Part C	Part D	Part E	Part F	Part G
4.0	31.2	76.5	64.5	33.5	33.5	77.3	68.8
3.5	34.5	71.1	69.3	35.4	36.1	75.4	71.2
3.0	36.7	77.2	62.4	37.6	34.3	76.5	75.6
2.5	34.6	80.6	68.7	36.8	38.4	78.9	76.3
2.0	41.2	73.4	71.2	42.3	40.5	83.5	79.8

由表 3.6 分析影响模型准确率的因素，可以看出时间窗长短对 GM-HMM 辨识准确率只有很小的影响，五种不同时间窗长度的辨识准确率很接近，大小误差都在 11 个百分点（含）以内。但不同特征参数集合时模型辨识准确率差异很大。当特征参数集合为 Part B 时，准确率为 71.1%～80.6%；当特征参数集合为 Part C 时，准确率为 62.4%～71.2%；当特征参数集合为 Part F 时，准确率为 75.4%～83.5%；当特征参数集合为 Part G 时，准确率为 68.8%～79.8%。这些辨识准确率都大于 60%。而当特征参数组合为 Part A 时准确率为 31.2%～41.2%；当特征参数集合为 Part D 时，准确率为 33.5%～42.3%；当特征参数集合为 Part E 时准确率为 33.5%～

40.5%。这些特征参数集合的辨识准确率较低。

可以看出 Part B、Part C、Part F 和 Part G 这 4 个特征参数集合中都包括转向盘转角速度这个特征参数。此结果其实较为合理,转向盘转角速度的确是在驾车过程中最能反映驾驶员意图和状态的特征参数。

2)接受者操作特性曲线分析

接受者操作特性(receiver operating characteristic, ROC)曲线常用来评估分类模型的分类效果,它有三个评价指标,分别是假正类率(false positive rate, FPR)、真正类率(true positive rate, TPR)和准确率(precision, P)[10]。结果如表 3.7 所示,由结果可以看出该模型的接受者操作特性较好,其假正类率分布在 0.29 左右,而真正类率分布则接近 0.9,符合较低的假正类率时拥有较高的真正类率。不同时间窗长短下模型辨识准确率依然没有太大变化,且真正类率和假正类率也比较接近。

表 3.7 真假正类率及辨识准确率(Part F, $M=4$)

时间窗/s	FPR	TPR	P/%
4.0	0.283	0.898	61.2
3.5	0.295	0.871	62.8
3.0	0.294	0.874	62.5
2.5	0.289	0.862	64.3
2.0	0.283	0.846	64.9

增大混合度,会使得模型在进行驾驶状态学习和计算时能够更精细地划分,越接近真实的驾驶过程,辨识出来的效果相对越好。混合度 $M=4$ 时模型的准确率在 61%~65%,并不能达到驾驶员状态辨识的预期效果,为了提高 GM-HMM的驾驶员状态辨识准确率,以混合度 $M=6$ 和 $M=8$ 对驾驶员状态再次进行辨识结果分析,辨识结果如表 3.8~表 3.10 所示。

表 3.8 不同混合度时模型的准确率

时间窗/s	准确率/%		
	$M=4$	$M=6$	$M=8$
4.0	77.3	83.2	84.6
3.5	75.4	81.6	88.4
3.0	76.5	85.2	87.6
2.5	78.9	83.2	88.9
2.0	83.5	84.1	89.1

表 3.9　真假正类率及辨识准确率($M=6$)

时间窗/s	FPR	TPR	P/%
4.0	0.212	0.937	68.6
3.5	0.259	0.956	69.7
3.0	0.259	0.963	71.3
2.5	0.274	0.942	72.5
2.0	0.227	0.927	74.1

表 3.10　真假正类率及辨识准确率($M=8$)

时间窗/s	FPR	TPR	P/%
4.0	0.181	0.976	72.7
3.5	0.149	0.981	78.9
3.0	0.196	0.980	74.9
2.5	0.212	1.00	75.4
2.0	0.149	0.997	74.5

先看准确率，当混合度 $M=4$ 时，准确率为 75.4%～83.5%；当混合度 $M=6$ 时，准确率为 81.6%～85.2%；当混合度 $M=8$ 时，准确率为 84.6%～89.1%，当混合度 $M=8$ 时准确率最高。再看 ROC，当混合度 $M=4$ 时，假正类率为 0.29 左右，真正类率为 0.87 左右；当混合度 $M=6$ 时，假正类率为 0.25 左右，真正类率为 0.95 左右；当混合度 $M=8$ 时，假正类率为 0.18 左右，真正类率为 0.98 左右；均能够实现低假正类率、高真正类率，且混合度 $M=8$ 时效果最好。但是混合度的增大会导致模型自由度增加，且计算量太大会导致运行较慢实时性降低，就会很难应用在实际问题的解决中。由结果可以看出当混合度为 8 时已经可以取得期望的辨识效果，因此本节取高斯混合度 M 为 8。

4. 驾驶员监督验证

在模型辨识准确率分析中，用测试样本对 GM-HMM 进行了测试，测试结果颇为理想，看出 GM-HMM 可以进行准确的辨识。假定每 0.1s 取一个点，将每一点的辨识结果分为两个：一个是初步辨识结果，另一个是最终辨识结果。每一点的辨识结果与之前三个点的初步辨识结果进行对比，如果初步辨识结果相同，即连续四个点初步辨识结果相同，则采用此初步辨识结果为该点的最终辨识结果。若不同，则延续之前一点的最终辨识结果。

驾驶工况 1　驾驶员在虚拟道路上正常行驶，前 6s 驾驶员行驶在车道中心位置，随时间转动转向盘进行微调，6～12s 驾驶员进行换道操作，12～16s 驾驶员在另一车道内行驶，16～22s 驾驶员再换回开始时的车道，22～25s 驾驶员正常驾驶。这段时间驾驶员一直集中精力在驾驶上，始终处于正常驾驶状态。

监督结果如图 3.27 所示，图中纵坐标表示驾驶状态的监督结果，其中 1 表示驾驶员正常驾驶状态，–1 表示驾驶员误操作状态，0 表示驾驶员无操作。从图 3.27 可以看出，纵坐标一直是 1，代表一直处于正常驾驶状态，驾驶员状态监督结果与实际情况相符。

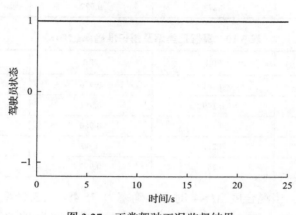

图 3.27　正常驾驶工况监督结果

驾驶工况 2　驾驶员先在虚拟道路上正常行驶，前 6s 驾驶员行驶在车道中心位置，随时间转动转向盘进行微调，6～10s 驾驶员受外界环境干扰停止操作，10～16s 驾驶员恢复注意力正常驾驶，16～22s 驾驶员意识恍惚，错误操作转向盘一直维持在 10°，22～25s 正常驾驶。这段时间里驾驶员不仅有正常驾驶状态，还有受到干扰后的无操作状态以及意识恍惚时的误操作状态。驾驶工况 2 可用来测试 GM-HMM 对驾驶员多驾驶状态的监督效果。

最终监督结果如图 3.28 所示。由图 3.28 可见，0～6.03s 纵坐标处于 1，代表此时是驾驶员正常驾驶状态，6.03～10.05s 纵坐标为 0，处于驾驶员无操作状态，10.05～16.04s 为正常驾驶状态，16.04～22.03s 纵坐标为–1，处于驾驶员误操作状态，22.03～25s 为正常驾驶状态。可以看出每个驾驶员状态监督都有 0.03～0.05s 的延迟，这是由于在进行驾驶员状态监督时进行了滤波处理，虽然避免了数据突变导致的状态监督错误，却造成了 0.03s 左右的延迟，不过相对于监督准确率的提高对安全性的提升效果，这个监督结果还是可以接受的。

通过上述分析，可以看出基于 GM-HMM 原理建立的驾驶员状态监督模型在各种驾驶状态下的辨识效果较好，可以作为本节车道偏离辅助系统的驾驶员状态监督方法使用。

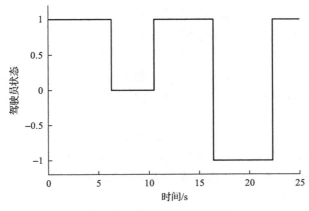

图 3.28 复杂工况监督结果

3.2.4 基于驾驶员状态监督和可拓决策的驾驶模式

驾驶模式决策如图 3.29 所示。车道偏离系统驾驶模式决策由驾驶员状态监督控制器和可拓决策中的关联函数共同决定。系统处于驾驶员自由驾驶模式时，驾驶员状态监督控制器工作，实时监督驾驶员状态。若驾驶员处于非正常驾驶状态（误操作状态或者无操作状态），系统直接进入辅助驾驶模式。若驾驶员处于正常驾驶状态或者系统处于非自由驾驶模式时，模式切换由可拓决策中的关联函数决定，策略如下。

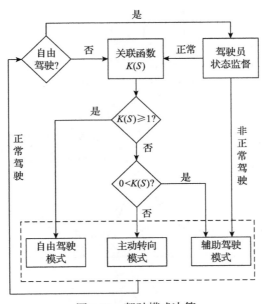

图 3.29 驾驶模式决策

（1）当 $K(S) \geqslant 1$ 时：特征状态当 $S(\tau, e)$ 处在经典域中，此时车辆无车道偏离风险，车辆处于驾驶员自由驾驶模式下。

（2）当 $0 < K(S) < 1$ 时：特征状态 $S(\tau, e)$ 处于可拓域中，此时车辆有车道偏离风险但还处于驾驶员可控的状态，为了避免增加车道偏离危险，采用辅助驾驶模式，控制系统辅助驾驶员进行车道偏离纠正，驾驶员和主动转向系统协调控制操纵车辆。

（3）当 $K(S) \leqslant 0$ 时：特征状态 $S(\tau, e)$ 处于非域中，横越车道时间很小，距车道中心线距离较大，车辆有车道偏离危险，驾驶员需要经反应时间后才能操作，还有机构响应时间，此时只凭借驾驶员操作已无法避免车道偏离危险的发生，系统进入主动转向模式。

3.2.5 仿真分析与硬件在环实验

1. 仿真分析

工况 1 纵向车速取 20m/s，直线路径跟踪时目标车道中心线方程为 $y = 0$，车道宽度为 3.5m，路面附着系数 $\mu = 0.8$，在 4～8s 驾驶员精神不集中，误操作并保持转向盘转角为 5°，8s 后驾驶员恢复正常驾驶操作。仿真结果如图 3.30 所示。

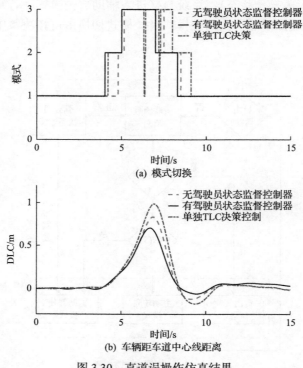

(a) 模式切换

(b) 车辆距车道中心线距离

图 3.30　直道误操作仿真结果

图 3.30(a)中，纵坐标 1 表示自由驾驶模式，2 表示辅助驾驶模式，3 表示主动转向模式。由图 3.30(a)可以看出，驾驶员状态监督控制器于 4.02s 辨识出驾驶员处于误操作状态，于是有驾驶员状态监督控制器的车道偏离辅助系统(以下简称有监督系统)在 4.02s 进入辅助驾驶模式，在 5.0s 进入主动转向模式，共启动主动转向模式 1 次，模式切换 4 次，且回归自由驾驶模式的时间较早。无驾驶员状态监督控制器的车道偏离系统(以下简称无监督系统)在 4.6s 进入辅助驾驶模式，在 5.05s 进入主动转向模式，共启动线控转向模式 1 次，切换 4 次。单独 TLC 决策在 4.18s 进入辅助驾驶模式，在 5.05s 进入主动转向模式，共启动线控转向模式 3 次，切换 12 次。有监督系统模式切换次数最少，且有监督系统比无监督系统进入辅助驾驶模式提前了 0.58s，主动转向模式持续时间比无监督系统减少了 0.07s。综合稳定性与有效性，有监督系统在驾驶模式决策上的表现较好。其中无监督系统比单独 TLC 决策启动更晚的原因是无监督系统的可拓决策设计了动态跨道时间阈值，其为了减小对驾驶员的影响而延迟了进入辅助驾驶模式的时间，其实此时为驾驶员误操作状态，不必考虑辅助系统对驾驶员的影响，反映了有监督系统的优越性。由图 3.30(b)可以看出，4s 之后车辆逐渐偏离车道中心线，三种方法都可以使车辆回归车道中心线。有监督系统 DLC 最大幅值为 0.68m，无监督系统 DLC 最大幅值为 0.76m，单独 TLC 决策控制的 DLC 最大幅值为 0.98m。有监督系统比无监督系统更早进入辅助驾驶模式，其回归车道中心线的时间也较早。综上分析，有监督系统在直道误操作工况下比无监督和单独 TLC 决策控制效果更好。

工况 2　车速和道路参数与工况 1 保持一致，在 4~8s 驾驶员精神不集中，不操作转向盘，8s 后驾驶员恢复正常驾驶操作。仿真结果如图 3.31 所示。

由图 3.31(a)可以看出，驾驶员状态监督控制器于 4.05s 辨识出驾驶员处于无操作状态，于是有监督系统在 4.05s 进入辅助驾驶模式，未启动线控转向模式，执行模式切换 2 次。无监督系统在 4.8s 进入辅助驾驶模式，在 5.07s 进入主动转向模式，启动线控转向模式一次，切换 4 次。单独 TLC 决策于 5.0s 进入辅助驾驶模式，于 5.15s 进入主动转向模式，启动线控转向模式一次，切换 6 次。有监督

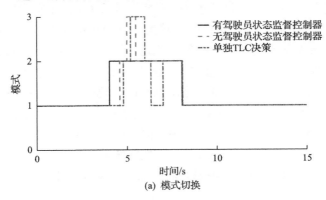

(a) 模式切换

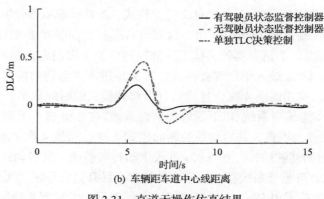

(b) 车辆距车道中心线距离

图 3.31　直道无操作仿真结果

系统模式切换次数最少，且有监督系统比无监督系统进入辅助驾驶模式提前了0.75s。由于无操作导致的车道偏离较小，有监督系统进入辅助驾驶模式较早，系统不需要进入主动转向模式，而其他两种决策都启动了一次，综合稳定性与有效性，有监督系统在驾驶模式决策上的表现较好。由图 3.31(b) 可以看出，有监督系统 DLC 最大幅值为 0.21m，无监督系统 DLC 最大幅值为 0.37m，单独 TLC 决策控制的 DLC 最大幅值为 0.45m。有监督系统比无监督系统更早进入辅助驾驶模式，其回归车道中心线的时间较早且 DLC 幅值也较小。

2. 硬件在环实验

该硬件在环驾驶模拟实验台如图 3.25 所示，主要由主动转向系统机械结构及控制器、主动制动系统结构及控制器、伺服电机控制系统、NI-PXI、Compact RIO 以及上位机等组成，其结构框架如图 3.32 所示。其中，Compact RIO 中含有一个型号为 Kintex-770T 的现场可编辑门阵列(field programmable gate array, FPGA)模块。根据车辆参数设定好的 CarSim 车辆模型在 PXI 里面运行，设计的换道和路径跟踪控制算法在使用 FPGA 处理模块的 Compact RIO 里面运行。上位机用于模型搭建和界面显示设置。NI-PXI 向伺服电机控制器发送从 CarSim 车辆模型里获取的转向阻力矩信号，PXI 数据采集系统接收转角传感器和轮缸压力传感器信号，并将其发送给 CarSim 车辆模型，从而控制车辆运动硬件部分主要包括数据采集部分、转向模块、路感模拟模块以及一些必要的连接部分。其中数据采集部分采用高性能的模拟和数字 I/O 设备，CAN 总线接口以及许多硬件等主要由数据采集卡、CAN 卡以及接口系统等组成，在驾驶员在环实验过程中起到承上启下的作用，实现硬件与实时控制系统之间的信息交互。其中数据采集卡主要用于进行模拟信号和数字信号的采集与发送，在驾驶员在环过程中模拟信号主要包括伺服电机控制器的控制信号。数字信号主要是进行一些逻辑判断，如控制设备的开关等。CAN 卡主要用于采集转向盘转角信号、转角方向信号以及发送主动转向请求信号和转向角等。

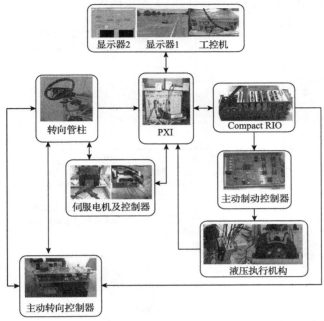

图 3.32　硬件在环驾驶模拟实验台结构框图

分别以 10m/s、20m/s、30m/s 对直道工况 1 和工况 2 设计虚拟环境进行驾驶员硬件在环实验，实验结果与仿真结果对比如表 3.11 所示。可见 DLC 最大幅值和 DLC 标准差相差并不大，硬件在环实验结果与仿真结果基本相同，进一步验证了本节所述方法的有效性。

表 3.11　硬件在环实验与仿真结果对比

车速/(m/s)	实验/仿真结果	工况 1		工况 2	
		实验	仿真	实验	仿真
10	DLC 最大幅值/m	0.66	0.64	0.96	0.94
	DLC 标准差/m	0.27	0.21	0.31	0.22
20	DLC 最大幅值/m	0.69	0.68	0.98	0.97
	DLC 标准差/m	0.31	0.21	0.34	0.23
30	DLC 最大幅值/m	0.74	0.71	1.15	1.11
	DLC 标准差/m	0.35	0.22	0.38	0.27

图 3.33 给出了直道工况 1 的硬件在环实验的模式切换、车辆偏航角和 DLC 的实验结果，有监督系统在 4.12s 识别出驾驶员处于误操作模式后启动辅助驾驶

模式，主动转向模式在 5.00s 启动，整个过程只启动了一次，DLC 最大幅值为 0.83m，未超出车道线之外，且最后回归了车道线中心。

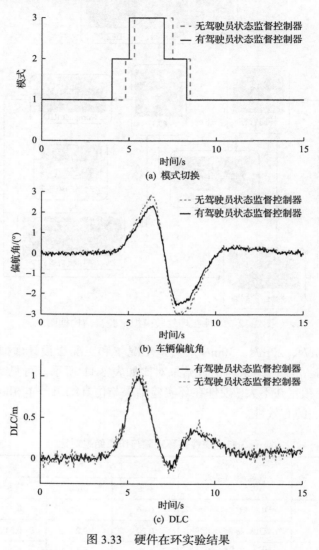

图 3.33　硬件在环实验结果

3.3　基于改进人工势场法的车道偏离辅助可拓控制

3.1 节设计了基于相邻车道安全态势划分的换道决策方法。在车辆进行换道决策准备换道后，便开始执行换道动作。车辆在避让换道行驶过程中，交通环境是实时变化的，无法有效地应对障碍车辆运动状态的变化，自车可能会与障碍车辆发生碰撞，这是由车辆的换道性能不足而引起的预期安全问题。无论在何种换道环境下，换道车辆都有一个安全行驶区域，安全行驶区域的边界为换道车辆的位置安全边界；不同换道环境下反映车辆换道运动状态的状态参数也具有一个合理的安全边界。明确车辆换道行驶时的安全边界，设计合理的换道控制方法，可使车辆安全、稳定地应对不同换道环境，进一步提升应对时变换道环境的鲁棒性。

　　3.2 节开展了基于驾驶员状态监督可拓决策的车道偏离辅助驾驶研究。以 TLC 和 DLC 为特征量建立可拓集合，设计动态 TLC 阈值将其划分为代表无车道偏离风险的经典域、有车道偏离风险的可拓域和即将发生车道偏离危险的非域，并将计算关联函数进行模式划分，经典域内采用自由驾驶模式，可拓域内采用辅助驾驶模式，非域内采用自动转向模式。然后考虑到驾驶员状态对车道偏离有直接影响，设计了基于 GM-HMM 的驾驶员状态监督控制器，划分出正常驾驶、误操作和无操作三种驾驶员状态，设计了基于驾驶员状态监督和可拓决策的驾驶模式切换决策，取得了较好的效果。

　　车道偏离辅助系统可分为决策和执行两部分。其中决策和驾驶模式确定后，就是车道偏离辅助系统的横向运动控制执行系统的研究。依据图 3.29 中的三种驾驶模式，可设计不同驾驶模式的控制器。针对主动转向模式，可设计一种基于可拓决策和 TLC 势场法的转角控制器[1]。自由驾驶模式采用驾驶员单独输入。辅助驾驶模式为驾驶员和主动转向控制器协同输入，控制权重则可由车道偏离可拓决策中的关联函数来确定。

　　本节在文献[1]应用可拓决策和人工势场法的车道偏离辅助控制的研究基础上，对人工势场法进一步加以改进，设计滑模变结构控制器，用于车道偏离辅助控制，亦取得了较好的效果。

3.3.1　车道偏离辅助系统控制结构

　　在设计车道保持辅助控制系统时，可将侧向距离偏差和航向角偏差作为评价指标来评价横向运动控制器设计的好坏。这两个偏差，再加上一定的前视预瞄信息就可以大致表示出车-路相对位置关系，如图 3.34 所示。

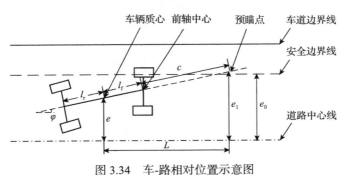

图 3.34　车-路相对位置示意图

一般状态下，车道保持过程中角度偏差相对较小，因此，由图中几何关系，可将角度偏差近似表达为

$$\varphi \approx (e_1 - e) / L \tag{3.49}$$

式中，e 为车身质心处到道路中心线的距离；e_1 为预瞄点处到道路中心线的距离；L 为预瞄点到车身质心处的横向距离。

e_0 为保证车辆始终在道路边界线内行驶的安全边界，其计算表达式为

$$e_0 = (d_1 - d_v) / 2 \tag{3.50}$$

式中，d_1 是车道宽度；d_v 是车身宽度。

设计的车道偏离辅助系统控制流程图如图 3.35 所示。由图可见，该系统分为上、中、下三层。上层先根据车辆状态信息和道路信息确立了引入速度影响因子和横摆角变化速率调节因子的改进人工势场函数，并对改进的势场函数进行可拓控制，然后将此势场函数输入到所设计的横向滑模控制器中，得到理想前轮转角；中层主要通过上层得到的车辆状态参数经模糊决策判断是否启动车道保持辅助控

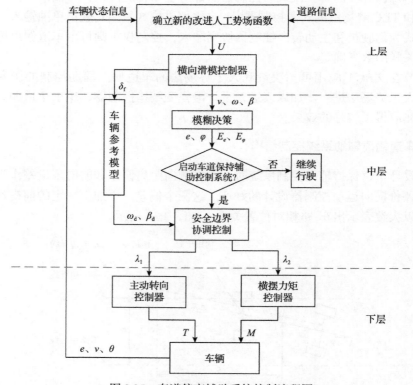

图 3.35　车道偏离辅助系统控制流程图

制系统，若启动，则将期望前轮转角发送给车辆二自由度参考模型，经模型计算得到横摆角速度和质心侧偏角的理想值，并由此绘制车辆行驶的安全边界，将此边界划分为稳定区、过渡区和不稳定区，再由当前车辆运动的状态参数决策出主动转向控制和附加横摆力矩控制的控制比重；下层分别基于 BP 神经网络 PID 控制和滑模控制设计主动转向控制器和横摆力矩控制器，并将中层决策出的主动转向和横摆力矩控制权重分别发送给两个控制器，最后通过转向助力矩和附加横摆力矩控制车辆进行横向运动。

3.3.2　车道偏离辅助控制器设计

1. 确立改进人工势场函数影响因子

由人工势场法理论可知，将引力场和斥力场组成的合势场所产生的势场力融入车辆动力学模型中，便可以将人工势场法应用到车辆偏离辅助控制过程中。传统的人工势场法应用于车道偏离辅助时，仅考虑目标点(道路中心线)对被控对象(车辆)的引力作用和障碍物(道路边界线)对被控对象的斥力作用。然而，在实际应用中，总的势场函数受多个因素的影响，除了受到车辆在道路中的位置因素的影响外，还受到自身状态参数因素的作用。不同的车辆运动状态和位置信息对应车辆当时所具有的不同势能，势能越大，表征车辆的危险程度越高。

在势场中，车辆不断地进行着复杂的运动变化，车辆行驶的车速对势场函数的大小有着重要影响。由经验很容易知道，在车辆跟随车道线行驶的过程中，或者进行避障或制动时，车辆以低速和高速两种不同速度行驶时，所需要的势场力是不一样的。车速越高，车身状态越不稳定，发生车道偏离的可能性越大，车辆越危险，反之亦然。因此，车辆与道路安全边界线之间的相对速度作为一个重要因素被考虑到势场函数中来，使车道偏离辅助的势场环境更加完善，由于车道安全边界线是静止的，相对速度就可以看成是车辆自身的纵向速度，这里认为，车辆在车道偏离辅助控制的过程中，侧向速度相较于纵向速度可以忽略不计，因此，车辆的纵向速度即可近似为车辆车速。又因为，车辆在势场函数中被简化为一个质点，其受到的合势场力作用在质心处，当车身质心即将逾越车道线时，车身早已跨越过车道线而使车辆处于十分危险的环境中。所以，将道路边界线作为斥力场是不合适的，需要设置道路安全边界，以确保当车辆质心接触安全边界线时，车身仍在车道线内，道路安全边界的设置见图 3.34。

势场函数除了受到车辆行驶车速的影响外，还要考虑车辆横摆角的变化速率对其行驶和操纵稳定性的影响。当车辆在低速工况下行驶时，车身状态相对稳定，车辆能进行安全平稳的转向；随着车速的进一步增大，车辆自身的稳定性呈下降趋势，可能发生失稳而导致危险状况的发生。因此，当车辆的稳定性进一步下降时，就必须通过调节人工势场函数来降低横摆角的变化速率，从而维持车辆的行驶和操纵稳定性。

由上述人工势场函数影响因素的分析和介绍，可将改进后的人工势场函数的影响因子确立为道路中心线对车辆的引力作用、道路安全边界线对车辆的斥力作用、车辆行驶的车速对势场函数的影响作用以及车辆自身的横摆角变化速率对势场函数的调节作用。

最终，将车辆总的势场函数写成对称的二次函数形式，可用式(3.51)表示：

$$U_{imp} = U_{att} + U_{rep} + U_v + U_\theta \tag{3.51}$$

式中，U_{att} 是道路中心线对车辆的引力场函数，可表示为

$$U_{att} = c_1 e_1^2 = c_1 \left[e + (l_f + c)\sin\varphi \right] \tag{3.52}$$

式中，c 为前轴中心处到预瞄点的距离；c_1 为引力场函数增益；l_f 为车辆质心到前轴中心线的距离。

U_{rep} 是道路安全边界线对车辆的斥力场函数，可表示为

$$U_{rep} = c_2 \left(\frac{1}{e_0 - e} - \frac{1}{e_0} \right)^2 e^n \tag{3.53}$$

式中，e_0 为道路安全边界线到道路中心线的距离；e^n 为调节因子，n 一般取 2；c_2 为斥力场函数增益。

U_v 代表车辆与道路边界线相对速度对势场函数的影响，可表示为

$$U_v = c_3 v_x^2 e^n \tag{3.54}$$

式中，c_3 为速度场增益。

U_θ 是为了降低车辆的横摆角的变化速率，提高车身稳定性而引入的势场函数，可表示为

$$U_\theta = c_4 \left[\theta(k+1) - \theta(k) \right]^2 e^n \tag{3.55}$$

式中，$\theta(k+1)$ 和 $\theta(k)$ 分别代表 $k+1$ 时刻和 k 时刻的横摆角；c_4 为横摆角速度场增益。

2. 改进人工势场函数的可拓控制

根据确立的改进人工势场函数的影响因子，采用可拓控制对其速度因子和横摆角因子进行权重决策，判定它们对势场函数的影响比重。

由于车辆低速行驶时，车身状态相对稳定，车辆在由道路中心线、安全边界

线和速度影响下的合力场中能够进行平稳的车道保持和转向，此时不需要考虑横摆角因子对势场函数的影响；随着车速和横摆角速度的进一步增大，车辆的稳定性下降，需要引入横摆角因子来降低横摆角的变化速率，从而维持车辆的稳定性；当车辆在极限速度下行驶或遭遇紧急状况发生急转时，车辆将失去稳定性，此时需要加大对横摆角变化速率的控制作用，以维持车辆的行驶和操纵稳定性。根据这一理论，通过可拓控制对相对速度项和横摆角因子调节项对势场函数的影响作用进行权重确定。

改进的人工势场可拓控制流程如图 3.36 所示[18]。

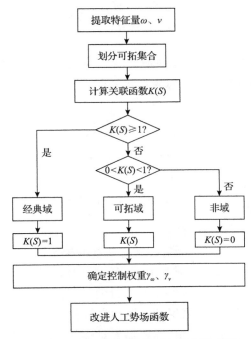

图 3.36　改进的人工势场可拓控制流程图

改进人工势场可拓控制器的建立分为以下几步。

1）提取特征量

为了研究速度影响项和横摆角因子调节项对人工势场函数的调节作用，选取车速和横摆角速度作为描述系统状态的特征量。

2）划分可拓集合

根据特征量所组成的二维空间进行域的划分，即包括车辆在低速下仅考虑车速对势场函数影响的经典域，引入了横摆角调节因子对系统进行优化的可拓域和控制效果相对较差、需要加大横摆角因子调节作用的非域，并在不同的域内对横向控制器进行可拓设计，找到相应的局部最优控制器，从而构建全域改进的人工势场可拓控制器，以进一步提升车道偏离辅助控制系统的性能。

3）计算关联函数值

设 ω-v 特征平面的原点为 $S_0(0,0)$，v_1、v_2 分别表示车辆以较低、较高速度行驶，令 $M_0=\sqrt{\omega_1^2+v_1^2}$，$M_1=\sqrt{\omega_2^2+v_2^2}$，则 ω-v 特征平面上存在一点 $S(\omega_i,v_i)$，设计关联函数为

$$K(S)=\begin{cases}\dfrac{M_0}{|SS_0|}, & S\in R_{\mathrm{gy}} \\[3mm] \dfrac{|SS_0|-M_0}{M_1-M_0}, & S\notin R_{\mathrm{gy}}\end{cases} \tag{3.56}$$

式中，$|SS_0|=\sqrt{\omega_i^2+v_i^2}$；$R_{\mathrm{gy}}$ 为经典域。ω_1、ω_2 分别为车辆在稳定状态下和极限状态下的最大横摆角速度，其计算表达式分别为

$$\begin{cases}\omega_1=\dfrac{v_x\delta_{\mathrm{f}}}{L(1+Kv_x^2)} \\[3mm] \omega_2=0.85\mu g/v_x\end{cases} \tag{3.57}$$

式中，$K=\dfrac{m}{L^2}\left(\dfrac{b}{v_x^2}+\dfrac{ma}{k_{\mathrm{r}}L}\right)$ 表示稳定性因素；v_x 为纵向车速。

4）特征状态和控制权重的确定

根据关联函数值 $K(S)$，判断特征状态所在的控制域。当 $K(S)\geqslant1$ 时，特征量处于经典域内，车辆相对稳定，速度在势场函数中所占权重 $\gamma_v=1$，横摆角速度在势场函数中所占权重 $\gamma_\omega=0$；当 $0<K(S)<1$ 时，特征量处于可拓域内，车辆稳定性下降，需要考虑横摆角速度来保证车辆稳定行驶，$\gamma_v=K(S)$，$\gamma_\omega=1-K(S)$；当 $K(S)\leqslant0$ 时，特征量处于非域中，需要加大对横摆角速度的控制，$\gamma_v=0$，$\gamma_\omega=1$。

最终，改进的人工势场函数可用式（3.58）来表示：

$$U_{\mathrm{ext}}=U_{\mathrm{att}}+U_{\mathrm{rep}}+\gamma_v U_v+\gamma_\omega U_\theta \tag{3.58}$$

3.3.3　滑模变结构控制器设计

车道偏离辅助系统所用控制器的设计十分重要，直接影响车道偏离的控制效果。车道偏离辅助系统控制不仅要实现车道跟随，还要保证车辆在转向过程中的稳定性控制，这就使得车道偏离辅助控制的过程是一个复杂而又困难的过程。滑模变结构控制可以对滑动模态进行设计，并且与对象参数和扰动无关，这就使得变结构控制具有快速响应、对参数变化及扰动不灵敏、无需系统在线辨识、物理

实现简单等优点[19]。与其他控制策略相比，滑模变结构控制的策略具有不固定的结构，可根据目标状态来动态变化，也就是系统运动在事先设定的滑动模态轨迹上，因此又被称为滑动模态控制 (sliding mode control, SMC)[20]。

如果描述系统为：$\dot{x} = f(x)$，$x \in \mathbf{R}^n$，存在动态切换面 $s(x) = s(x_1, x_2, \cdots, x_n) = 0$，将状态空间分成 $s > 0$ 和 $s < 0$ 两部分，如图 3.37 所示。由图可以看出，在切换面 $s(x) = s(x_1, x_2, \cdots x_n) = 0$ 上点的运动情况可以有三种，分别为 A 类点（通常点）、B 类点（起始点）和 C 类点（终止点）。在进行滑模变结构控制时，对图 3.37 切换面上三种类型的点运动情况进行分析，当切换面上某一区域内所有的运动点都变为终止点时，若有其他区域的运动点靠近该区域，就会被吸附到该区域内运动，直到全部运动点都在终止点区域内运动，此时便定义在切换面 $s = 0$ 上全部的运动点（终止点）为"滑动模态"区。

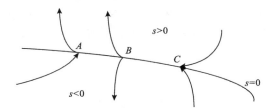

图 3.37　滑模切换面点的分布情况

不是所有系统的初始运动点都能运动到滑模切换面 $s = 0$ 的附近区域，运动点需要满足一定的条件，即 $s < 0$ 区域的点可以增大到 $s = 0$ 区域，并且 $s > 0$ 区域的点可以减小到 $s = 0$ 区域。

综上可得，滑动模态可以实现的充分条件为 $s\dot{s} \leq 0$，这样系统内任意点都会向切换面 $s = 0$ 接近。

通常式 (3.59) 可以写成李雅普诺夫函数型的到达条件，其函数式是正定的，导数是半正定的。

$$V_{\mathrm{L}}(x) = \frac{ss^{\mathrm{T}}}{2}, \quad \dot{V}_{\mathrm{L}}(x) \leq 0 \tag{3.59}$$

设控制系统为

$$\dot{x} = f(x, u, t), \quad x \in \mathbf{R}^n, \ u \in \mathbf{R}^m, \ t \in \mathbf{R} \tag{3.60}$$

切换函数为 $s(t, x)$，$s \in \mathbf{R}^m$。控制函数为

$$u(t, x) = \begin{cases} u^+(t, x), & s(t, x) > 0 \\ u^-(t, x), & s(t, x) < 0 \end{cases} \tag{3.61}$$

式中，

$$u^+(t,x) \neq u^-(t,x)$$

除此之外，滑模变结构控制成立还需要满足以下三个条件：

(1)要使滑动模态存在，首先要使式(3.59)成立。

(2)不在终止点区域运动的点抵达该区域的时间不能太长，否则无法使控制达到预期的效果。

(3)滑模运动的最终到达区域要渐近稳定。

要设计一个滑模变结构控制器，首先要找到一个切换面 $s(x)=0$，得到被控制系统的特性，然后计算出控制函数 $u(t,x)$，使系统的任意初始值最终都可以到达切换面 $s(x)=0$，并沿着切换面 $s(x)=0$，得到所期望的特性。

这里采用滑模控制策略来进一步改进车辆的横向运动控制系统。

常用的车辆二自由度线性参考模型，主要包括沿 y 轴的转向运动和绕 z 轴的横摆运动两方面，简化后的参考模型如图 3.38 所示。

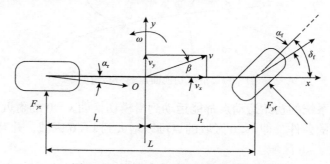

图 3.38　线性二自由度车辆参考模型

如图 3.38 所示，车辆沿 y 轴方向受到外力的合力和车身绕质心 O 点的转矩可表示为

$$\sum F_y = F_{yf} \cos \delta_f + F_{yr} \tag{3.62}$$

$$\sum M_z = F_{yf} l_f - F_{yr} l_r \tag{3.63}$$

由于车辆前轮转角 δ_f 较小时，轮胎处在线性区域，那么轮胎侧所受侧向力与其侧偏角呈正比例关系，则有

$$\sum F_y = k_f \alpha_f + k_r \alpha_r \tag{3.64}$$

$$\sum M_z = k_f \alpha_f l_f - k_r \alpha_r l_r \tag{3.65}$$

式中，k_f 为车辆前轮侧偏刚度；k_r 为车辆后轮侧偏刚度；α_f 为车辆前轮侧偏角；α_r 为车辆后轮侧偏角；l_f 为车身质心到前轴中心线的距离；l_r 为车身质心到后轴

中心线的距离。

由图 3.38 所示，车辆二自由度模型的动力学方程如式(3.66)所示：

$$\begin{cases} (k_f + k_r)\beta + \dfrac{1}{v_x}(l_f k_f - l_r k_r)\omega - k_f \delta_f = m(\dot{v}_y + v_x \omega) \\ (l_f k_f - l_r k_r)\beta + \dfrac{1}{v_x}(l_f^{\,2} k_f + l_r^{\,2} k_r)\omega - l_f k_f \delta_f = I_z \dot{\omega} \end{cases} \tag{3.66}$$

式中，m 为整车质量；v_x 为纵向车速；v_y 为侧向车速；ω 为车辆横摆角速度；β 为质心侧偏角；δ_f 为前轮转角；I_z 为车辆绕 z 轴的转动惯量。

根据式(3.66)所示的车辆二自由度模型，将其简化为如下矩阵形式：

$$M\dot{A} = F_1(A) + F_2 \tag{3.67}$$

$$M = \begin{bmatrix} I_z & 0 \\ 0 & mv_x \end{bmatrix}, \quad A = \begin{bmatrix} \omega \\ \beta \end{bmatrix}, \quad F_1 = \begin{bmatrix} \dfrac{l_f^{\,2} k_f + l_r^{\,2} k_r}{v_x}\omega + (l_f k_f - l_r k_r)\beta \\[2mm] \dfrac{l_f k_f - l_r k_r - mv_x^2}{v_x}\omega + (k_f + k_r)\beta \end{bmatrix}, \quad F_2 = \begin{bmatrix} -k_f \delta_f \\ -l_f k_f \delta_f \end{bmatrix}$$

式中，F_2 是由外部输入来决定的，这里暂不考虑驾驶员的操纵，所以可将人工势场函数控制项 G 作为外部输入代入到二自由度模型中，整理后可得

$$F_2 = G = \begin{bmatrix} \dfrac{\partial U}{\partial e}\cos\varphi \\[2mm] a\dfrac{\partial U}{\partial e}\cos\varphi \end{bmatrix} \tag{3.68}$$

$$\frac{\partial U}{\partial e}\cos\varphi = -k_f \delta_f \tag{3.69}$$

其中，势场函数对位置偏差求偏导后为势场作用力，力的作用点在前轴中心点处，方向指向车道中心线。

因此，可得前轮转角如式(3.70)所示：

$$\delta_f = -\frac{1}{k_f}\frac{\partial U}{\partial e}\cos\varphi \tag{3.70}$$

设计滑模控制器来控制车辆横向运动，取滑模面和趋近律分别为

$$s_1 = e + k_1\varphi \tag{3.71}$$

$$\dot{s}_1 = -\varepsilon\,\mathrm{sgn}(s_1) \tag{3.72}$$

联立式 (3.70) 和式 (3.71)、式 (3.72)，可得采用滑模控制后的前轮转角为

$$\delta_{f1} = -\frac{\dot{U}^2}{k_f k_1 \ddot{U}}(v_x \sin\varphi + v_y \cos\varphi + \varepsilon\, \text{sgn}(s_1)) \tag{3.73}$$

李雅普诺夫函数为 $V = \frac{1}{2}s^2$，对其进行稳定性分析，即

$$\dot{s} = \dot{e} + k_1\dot{\varphi} = \dot{e} + k_1 k_f \delta_{f1}\frac{\ddot{U}}{\dot{U}^2} = \dot{e} + k_1 k_f \frac{\ddot{U}}{\dot{U}^2}\left(-\frac{\dot{U}^2 \varepsilon\, \text{sgn}(s)}{k_1 k_f \ddot{U}}\right) = -\varepsilon\, \text{sgn}(s) \tag{3.74}$$

则

$$s\dot{s} = -s\varepsilon\, \text{sgn}(s) \leqslant 0 \tag{3.75}$$

综上可得，$s\dot{s} \leqslant 0$ 满足李雅普诺夫函数的到达条件为

$$\dot{V} \leqslant 0, \quad V = \frac{1}{2}s^2 \geqslant 0 \tag{3.76}$$

3.3.4　车道偏离辅助系统启动的阈值

通常情况下，当距离偏差和角度偏差大于零时，即认为车辆发生车道偏离，车道偏离辅助系统启动。但是这样会使控制器频繁动作，造成系统的抖动和不稳定，因此通过分别设置距离偏差和角度偏差的阈值来解决系统不稳定的问题。当距离偏差和角度偏差中任何一个大于阈值时，启动车道保持系统；当二者都小于所设定的阈值时，不启动车道保持系统。

阈值的设置和选择对车道保持效果和系统的稳定性至关重要。阈值设置过大，车辆偏离车道，并使系统失稳；阈值设置过小，系统频繁操作，带来抖动，因此，决策出合适的判定阈值至关重要。这里采用模糊决策分别计算车道保持系统的距离偏差阈值和角度偏差阈值。

1. 距离偏差阈值

选择车速和质心侧偏角作为模糊控制器的输入变量，根据模糊控制规则对输入变量进行模糊化，设置车速和质心侧偏角的基本论域分别为 [0,100]，[0,3]，选择三角形隶属度函数，将基本论域分别分为 4 个等级和 3 个等级，如图 3.39(a) 和 (b) 所示。距离偏差阈值 E_e 作为输出变量，其基本论域为 [0,0.05]，选择三角形隶属度函数，将基本论域分为 4 个等级，如图 3.39(c) 所示。表 3.12 所示为距离偏差阈值的模糊控制规则。

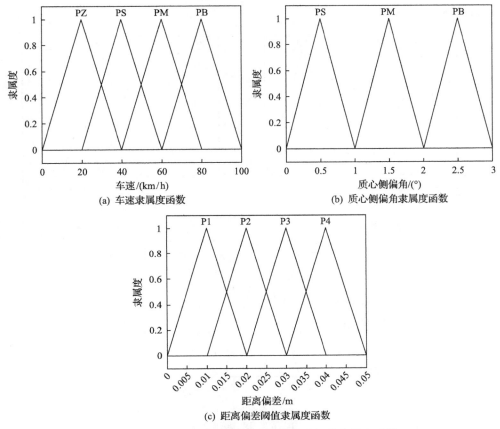

图 3.39　车速、质心侧偏角和距离偏差阈值隶属度函数

表 3.12　距离偏差阈值的模糊控制规则

E_e		v			
		PZ	PS	PM	PB
β	PS	P1	P1	P2	P3
	PM	P1	P2	P3	P4
	PB	P2	P3	P4	P4

2. 角度偏差阈值

选择车速和横摆角速度作为模糊控制器输入变量，根据模糊控制规则对输入变量进行模糊化，设置车速和横摆角速度基本论域分别为[0,100]，[0,10]，选择三角形和梯形隶属度函数，将基本论域分为 4 个等级，如图 3.40(a)和(b)所示。角度偏差阈值 E_φ 作为输出变量，其基本论域为[0,2.5]，选择三角形隶属度函数，将基本论域分为 4 个等级，如图 3.40(c)所示。表 3.13 所示为角度偏差阈值的模糊

控制规则。

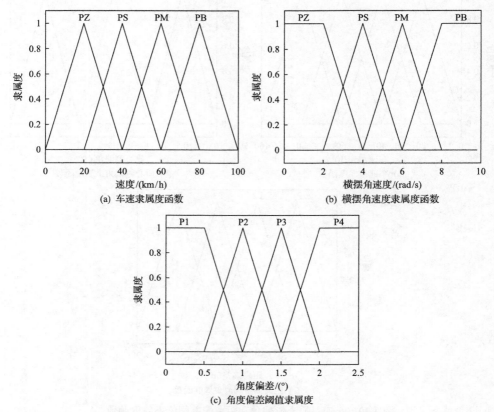

(a) 车速隶属度函数

(b) 横摆角速度隶属度函数

(c) 角度偏差阈值隶属度

图 3.40　车速、横摆角速度和角度偏差阈值隶属度函数

表 3.13　角度偏差阈值的模糊控制规则

E_φ		v			
		PZ	PS	PM	PB
ω	PZ	P1	P1	P2	P2
	PS	P1	P2	P2	P3
	PM	P2	P2	P3	P4
	PB	P2	P3	P4	P4

最后采用重心法解模糊，其计算表达式如式 (3.77) 所示：

$$p = \frac{\sum_{i=1}^{45} A_i u_i}{\sum_{i=1}^{45} u_i} \tag{3.77}$$

式中，A_i 为模糊集合离散元素；u_i 为该元素的隶属函数；p 为模糊推理的最终输出值。

3.3.5　仿真结果分析

在 CarSim 中设置整车参数和道路环境信息，在 MATLAB/Simulink 中搭建车辆车道保持控制算法模块，进行 CarSim/Simulink 联合仿真。仿真所用部分参数如表 3.14 所示，选取既有直线工况又有曲线工况的蛇形道路，路面附着系数设置为 0.85。

表 3.14　仿真参数

参数	数值
整车质量 m	1274kg
前轮侧偏刚度 k_f	88700N/rad
后轮侧偏刚度 k_r	11000N/rad
车道宽度 d_l	3.75m
车身宽度 d_v	1.75m
质心到前轴的距离 l_f	1.23m
质心到后轴的距离 l_r	1.32m
车辆绕 z 轴的转动惯量 I_z	1750kg·m²

设置仿真车速分别为 20km/h、50km/h 和 80km/h，在不同车速下，所设计的基于改进人工势场的可拓滑模控制算法的侧向距离偏差和角度偏差如图 3.41 所示。从图中可以看出，随着车速的增大，车辆的侧向距离偏差和角度偏差都进一步增大，说明车辆偏离车道和发生失稳的风险进一步加大，验证了同时考虑车速和横摆角的变化对提升车道保持性能和维持系统稳定性的重要性。

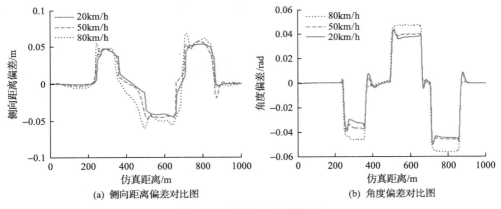

图 3.41　不同车速仿真结果

　　为进一步证明所设计的基于改进人工势场的可拓滑模控制器对维持车道保持和提升系统稳定性的优越性，分别对比了在车速为 20km/h、50km/h 和 80km/h 的工况下，采用仅加入相对速度的改进人工势场(简称为方法一)、本节所设计的同时考虑相对速度和系统稳定性的改进人工势场可拓控制(简称为方法二)以及改进人工势场可拓滑模控制(简称为方法三)三种不同控制方法得到的侧向距离偏差和角度偏差，仿真结果如图 3.42～图 3.44 所示。对仿真结果进行分析可得，在蛇形曲线工况下，在车速为 20km/h、50km/h 和 80km/h 时，三种控制策略都可以达到良好的车道保持效果；本节所设计的可拓滑模控制策略相较于仅加入速度的改进人工势场法和基于改进人工势场的可拓控制策略，能更好地降低侧向距离偏差和角度偏差，从而使横向控制效果达到最优。对比结果如表 3.15 所示。

　　由上述不同车速下的仿真结果分析可知，采用同时考虑相对速度和系统稳定性的改进人工势场可拓控制以及在其基础上的改进人工势场可拓滑模控制，在一定程度上提升了车道保持系统的总体性能；基于改进人工势场的可拓滑模控制进一步提升了车道保持的效果和系统稳定性，从而验证了所设计的横向控制器的有效性和优越性。

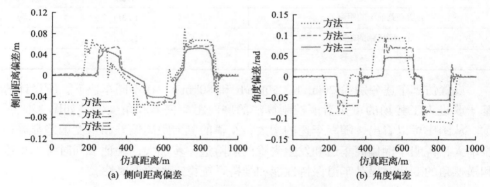

图 3.42　车速 20km/h 仿真结果

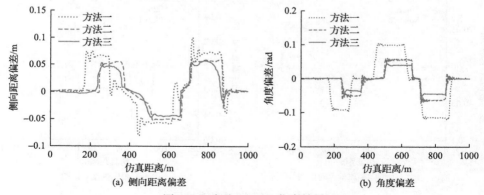

图 3.43　车速 50km/h 仿真结果

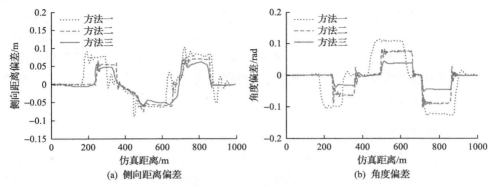

图 3.44　车速 80km/h 仿真结果

表 3.15　三种控制策略结果对比

车速/(km/h)	控制策略	侧向距离偏差		角度偏差	
		峰值/m	降幅/%	峰值/rad	降幅/%
20	方法一	0.09	—	0.11	—
	方法二	0.06	33.3	0.06	45.5
	方法三	0.055	8.3	0.045	25.0
50	方法一	0.11	—	0.12	—
	方法二	0.07	36.4	0.07	41.7
	方法三	0.06	14.3	0.048	31.4
80	方法一	0.12	—	0.13	—
	方法二	0.08	33.3	0.09	13.3
	方法三	0.07	12.5	0.05	44.4

3.4　基于主动转向和差动制动可拓协同控制的路径跟踪

控制执行机构作为自动驾驶汽车换道和路径跟踪的一部分,对行驶安全性有着至关重要的影响。当车辆紧急换道时,需跟踪大曲率路径,所需的转向执行器输入较大,对横摆角速度的要求较高,并且轮胎的横向力呈现出高度非线性。在这种情况下,由于横摆角速度的限制和轮胎力的非线性,转向系统的执行功能不能满足大曲率路径的跟踪要求,从而出现转向系统执行功能不足的情况。自动转向控制一般可分为转矩控制和转角控制。转矩控制基于转向系统给转向机构施加一个额外的转向力,以实现辅助控制;转角控制则需要通过转向系统控制车轮转至期望的角度来实现辅助控制。虽然目前的转向控制方法可以改善大曲率路径的跟踪效果,但由于转向系统的执行功能不足,路径跟踪精度的提高程度受到限制,这是典型的由执行功能不足而引起的预期功能安全问题[21,22]。对于转向系统的执行功能不足问题，将控制执行中的预期功能安全和基于主动转向和差动制动的可拓协同控制相结合是一个有效的解决方案。与转向控制相比，差动制动控制(将期望的制动压力分配到两侧车轮进行差动制动，使得车辆横摆响应跟踪期望值并实现车道偏离辅助控制)可以产生不受轮胎侧向力约束的附加横摆力矩，可用于补偿转向系统的功能不足[2]。

3.4.1　路径跟踪系统总体结构

本节提出了一种基于主动转向和差动制动的可拓协同控制方法用于换道路径跟踪，利用差动制动对主动转向的补偿作用来减少转向系统执行功能不足对路径跟踪的不利影响，同时保持车辆的行驶稳定性。所提出的控制方法总体结构如图 3.45 所示[23]，其采用由协同控制层和执行层组成的分层结构。在协同控制层中，设计考虑转向系统执行功能不足、轮胎力特性和车辆行驶稳定性的可拓控制器来确定主动转向和差动制动的权重系数，并构建模型预测控制器来计算理想的车辆前轮转角和附加横摆力矩。在执行层中，设计考虑外部干扰的自抗扰转角跟踪控制器跟踪理想的前轮转角，并使用制动力分配模块确定受控车轮的轮缸压力。

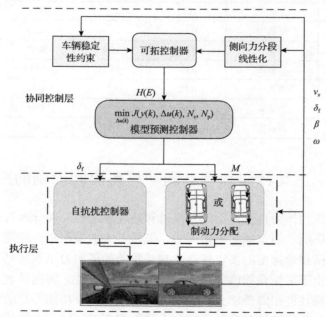

图 3.45　基于主动转向和差动制动可拓协同控制的路径跟踪系统总体结构

3.4.2　车-路模型

根据车辆相对于道路的运动关系并结合车辆二自由度模型，可得[2]

$$\dot{s} = \frac{1}{1-\rho e}(v_x \cos\varphi - v_y \sin\varphi) \tag{3.78}$$

$$\dot{e} = v_x \sin\varphi + v_y \cos\varphi \tag{3.79}$$

$$\dot{\varphi} = \omega - \rho\dot{s} \tag{3.80}$$

$$\ddot{e} = \frac{1}{m}(2F_{yf} + 2F_{yr}) + v_x\omega - v_x^2\rho \tag{3.81}$$

$$\frac{1}{m}(2F_{yf} + 2F_{yr}) = \dot{v}_y + v_x\omega \tag{3.82}$$

$$I_z\dot{\omega} = 2F_{yf}l_f - 2F_{yr}l_r + M \tag{3.83}$$

$$\alpha_f = \frac{v_y + l_f\omega}{v_x} - \delta_f \tag{3.84}$$

$$\alpha_r = \frac{v_y - l_r\omega}{v_x} \tag{3.85}$$

如图 3.46 所示，v_x、v_y 分别为车辆坐标系下的车辆纵向速度与侧向速度；δ_f 为前轮转角；m 为整车质量；I_z 为整车绕铅垂轴的转动惯量；l_f 和 l_r 分别为质心到前轴和后轴的距离；ρ 为道路曲率；M 为差动制动产生的横摆力矩。

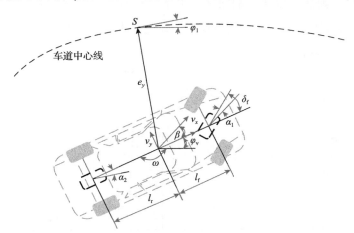

图 3.46　车-路模型参考示意图

假定车身质心侧偏角 β、角度偏差 $\varphi(\varphi_v - \varphi_1)$ 和侧向速度 v_y 在较小范围内变化，则有 $v_y/v_x = \tan\beta \approx \beta$，$\sin\varphi = \varphi$，$\cos\varphi = 1$，式(3.78)、式(3.79)和式(3.80)

可线性化为

$$\dot{s} = v_x \tag{3.86}$$

$$\dot{e} = v_x e + v_x \beta \tag{3.87}$$

$$\dot{\varphi} = \omega - \rho v_x \tag{3.88}$$

为解决轮胎力的非线性给实时优化带来的问题，利用分段仿射(piece wise offine, PWA)方法对魔术轮胎模型[24]进行分段线性化处理，则轮胎模型可写成如式(3.89)所示的分段函数：

$$F_{yj} = \begin{cases} k_{j3}\alpha_j + b_{j3}, & \alpha_j < -\alpha_{j2} \\ -k_{j2}\alpha_j + b_{j2}, & -\alpha_{j2} \leqslant \alpha_j \leqslant -\alpha_{j1} \\ -k_{j1}\alpha_j, & -\alpha_{j1} < \alpha_j < \alpha_{j1} \\ -k_{j2}\alpha_j - b_{j2}, & \alpha_{j1} \leqslant \alpha_j \leqslant \alpha_{j2} \\ k_{j3}\alpha_j - b_{j3}, & \alpha_{j2} < \alpha_j \end{cases} \tag{3.89}$$

式中，$j = f, r$，$j = f$ 表示前轮，$j = r$ 表示后轮。

如图 3.47 所示，轮胎侧向力被划分为三个区域，分别为线性区域、近饱和区域和饱和区域。当 $-\alpha_{j1} < \alpha < \alpha_{j1}$ 时，则认为轮胎在线性区域工作；当 $-\alpha_{j2} \leqslant \alpha \leqslant -\alpha_{j1}$ 和 $\alpha_{j1} \leqslant \alpha \leqslant \alpha_{j2}$ 时，则认为轮胎在近饱和区域工作；当 $\alpha_j < -\alpha_{j2}$ 和 $\alpha_{j2} < \alpha_j$ 时，则认为轮胎在饱和区域工作。$k_{ji}(i \in \{1,2,3\})$、b_{j2} 和 b_{j3} 为模型参数，α_{j1} 和 α_{j2} 为分隔点。采用试凑法来确定式(3.89)中的参数。

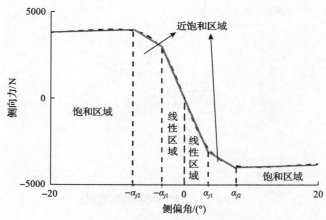

图 3.47　轮胎侧向力分段线性化

分段线性化后轮胎模型可写成如下形式：

$$\begin{cases} F_{yf}(\alpha_f) = k_{fi}\alpha_f + b_{fi} \\ F_{yr}(\alpha_r) = k_{ri}\alpha_r + b_{ri} \end{cases} \tag{3.90}$$

式中，k_{fi}、k_{ri}、b_{fi} 和 b_{ri} 分别为拟合后曲线的相关参数；i 为轮胎所处的不同区域的序号。

将式(3.84)和式(3.85)代入式(3.90)中，根据式(3.81)～式(3.83)可得

$$\ddot{e} = \frac{a_1}{m}\beta + \left(\frac{a_2}{mv_x} + v_x\right)\omega - \frac{2k_{fi}}{m}\delta_f + \frac{2b_1}{m} - v_x^2\rho \tag{3.91}$$

$$\dot{\beta} = \frac{a_1}{mv_x}\beta + \left(\frac{a_2}{mv_x^2} - 1\right)\omega - \frac{2k_{fi}}{mv_x}\delta_f + \frac{2b_1}{mv_x} \tag{3.92}$$

$$\dot{\omega} = \frac{a_2}{I_z}\beta + \frac{a_3}{I_z}\omega - \frac{2k_{fi}l_f}{I_z}\delta_f + \frac{2b_2}{I_z} + \frac{M}{I_z} \tag{3.93}$$

式中，

$$a_1 = 2k_{fi} + 2k_{ri}, \quad a_2 = 2k_{fi}l_f - 2k_{ri}l_r, \quad a_3 = 2k_{fi}l_f^2 + 2k_{ri}l_r^2$$

$$b_1 = b_{fi}l_f + b_{ri}l_r, \quad b_2 = b_{fi}l_f - b_{ri}l_r$$

联立式(3.86)～式(3.88)与式(3.91)～式(3.93)，得到考虑附加横摆力矩的车-路模型为

$$\begin{cases} \dot{x}_v = Ax_v + Bu + Cq \\ y_v = Dx_v \end{cases} \tag{3.94}$$

式中，

$$A = \begin{bmatrix} v_x & 0 & 0 & v_x & 0 \\ 0 & 0 & 0 & 0 & 1 \\ 0 & 0 & 0 & 0 & 0 \\ 0 & 0 & 0 & \dfrac{a_1}{mv_x} & \dfrac{a_2}{mv_x^2} - 1 \\ 0 & 0 & 0 & \dfrac{a_2}{I_z} & \dfrac{a_3}{I_z v_x} \end{bmatrix}; \quad B = \begin{bmatrix} 0 & 0 & 0 & -\dfrac{k_{fi}}{mv_x} & -\dfrac{k_{fi}l_f}{I_z} \\ 0 & 0 & 0 & 0 & \dfrac{1}{I_z} \end{bmatrix}^T; \quad x_v = \begin{bmatrix} e \\ \varphi \\ s \\ \beta \\ \omega \end{bmatrix}$$

$$u = \begin{bmatrix} \delta_f \\ M \end{bmatrix}; \quad C = \mathrm{diag}\begin{bmatrix} 0 & -v_x & v_x & \dfrac{b_1}{mv_x} & \dfrac{b_2}{I_z} \end{bmatrix}^T$$

$$q = \begin{bmatrix} 0 & \rho & 1 & 1 & 1 \end{bmatrix}^{\mathrm{T}} ; \quad D = \mathrm{diag} \begin{bmatrix} 1 & 1 & 0 & 0 & 0 \end{bmatrix}$$

3.4.3　协同控制层设计

1. 考虑转向系统执行功能不足的可拓控制器

可拓控制的中心思想是以输入信息的相关性为基础来确定控制量[25]。本节设计考虑转向系统执行功能不足的可拓控制器，来确定差动制动系统的干预时间和差动制动与主动转向的控制权重。设计可拓控制器的关键是选择特征变量、计算相关度、划分可拓控制域并确定相应的控制算法。

所设计的可拓控制器的目的是，通过主动转向和差动制动的协同控制来改善转向系统的执行功能不足，在确保车辆稳定性的同时提高路径跟踪的精度。理想情况下，被跟踪路径的曲率越大，车辆的轮胎侧偏角就越大。通过利用车辆获得的路径信息，可以获得预测时域内预测点处的车辆前后轮胎侧偏角。理想的横摆角速度与路径曲率之间的关系表示如下：

$$\omega_{\mathrm{d}}(k + N_1) = \rho(k + N_1)v_x \tag{3.95}$$

此外，当车辆稳定行驶时，理想的车辆质心侧偏角和横摆角速度表示如下：

$$\begin{cases} \omega_{\mathrm{d}} = \dfrac{v_x / L}{1 + K v_x^2} \delta \\ \beta_{\mathrm{d}} = \dfrac{l_{\mathrm{r}} / L + m l_{\mathrm{f}} v_x^2 / (L k_{\mathrm{ri}})}{1 + K v_x^2} \delta_{\mathrm{f}} \end{cases} \tag{3.96}$$

式中，稳定性系数 $K = m(k_{\mathrm{fi}} l_{\mathrm{f}} - k_{\mathrm{ri}} l_{\mathrm{r}}) / (L^2 k_{\mathrm{fi}} k_{\mathrm{ri}})$。

当车辆跟踪较小曲率的路径时，较小的路径曲率会导致较小的轮胎侧偏角，轮胎在线性区域内工作。在这种状态下，由于主动转向系统的执行功能可以满足路径跟踪的要求，仅通过转向控制可以实现精确的路径跟踪。但是，当车辆跟踪较大曲率的期望路径时，轮胎在近饱和区域或者饱和区域内工作。在此种状态下，转向系统的执行功能不足会导致预期功能安全问题的发生，仅通过转向控制难以实现精确的路径跟踪。考虑到差动制动可以快速产生有效的附加横摆力矩，通过主动转向和差动制动的协同控制可以克服转向系统的执行功能不足，提高车辆的横向机动性。但是差动制动会降低车速并增加乘客的不舒适感，因此差动制动不能用于长时间的干预控制。为了在提高路径跟踪精度的同时保证乘客的舒适度，将差动制动系统设计为仅在车辆将从小曲率路径进入大曲率路径并且预测轮胎在近饱和区域或饱和区域工作时激活。

对于车辆稳定性约束，Cairano 等[26]已经验证了使用车辆的前后轮胎侧偏角来表征车辆稳定性状态的有效性。$|\alpha_f| \leqslant \alpha_{fs}$ 且 $|\alpha_r| \leqslant \alpha_{rs}$ 是保证车辆稳定性的充分必要条件。在前轮转角 $\delta_f = 0\text{rad}$ 且转矩 $M = 0\text{N·m}$ 条件下产生的轮胎侧偏角的相平面如图 3.48 所示。在原点具有稳定平衡的情况下，两个不稳定的平衡点出现在相平面中，进一步表明采用轮胎侧偏角来判断车辆稳定性是合理的。

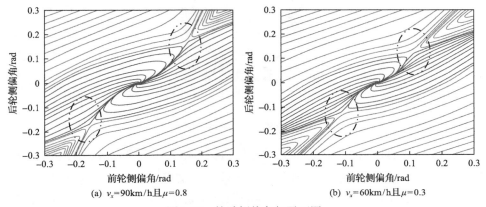

图 3.48　轮胎侧偏角相平面图

基于以上分析可知：

(1)在理想状态下，车辆跟踪不同曲率路径时的前、后轮胎侧偏角可以通过计算得到。

(2)轮胎侧偏角不仅可以反映轮胎侧向力的状态，而且可以描述车辆的稳定性。

因此，可选择车辆的前、后轮胎侧偏角作为特征变量来构造控制平面 α_f-α_r。如图 3.49 所示，控制平面分为三个部分：经典域、可拓域和非域。根据轮胎侧向力的分段仿射模型，经典域与可拓域之间的前后轮胎侧偏角的临界值分别设置为 $\pm\alpha_{f1}$ 和 $\pm\alpha_{r1}$。基于车辆稳定性判断条件，可拓域与非域之间的前、后轮胎侧偏角的临界值分别设置为 $\pm\alpha_{fs}$ 和 $\pm\alpha_{rs}$。在平面 α_f-α_r 中，设定原点为 $P_0(0,0)$，并令 $L_1 = \sqrt{\alpha_{f1}^2 + \alpha_{r1}^2}$，$L_2 = \sqrt{\alpha_{fs}^2 + \alpha_{rs}^2}$。对于平面 α_f-α_r 中任意一预测点 $P(\alpha_{fp}, \alpha_{rp})$，关联函数的计算式被定义如下：

$$E(P) = \begin{cases} \dfrac{|PP_0|}{L_1} - 1, & P \in X \\[3mm] \dfrac{|PP_0| - L_1}{L_2 - L_1}, & P \notin X \end{cases} \tag{3.97}$$

式中，X 表示图 3.49 中的可拓域。

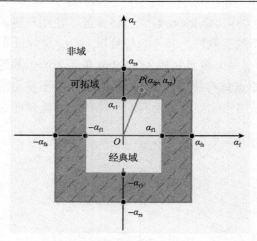

图 3.49　控制域划分图

可拓控制器通过判断预测特征状态 $P(\alpha_{\mathrm{fp}}, \alpha_{\mathrm{rp}})$ 在平面 α_{f}-α_{r} 中的位置来确定主动转向控制和差动制动控制的权重系数。定义可拓控制器的输出为 $H(E) = (\lambda_\delta, \lambda_M)$，$\lambda_\delta$ 和 λ_M 分别是主动转向控制和差动制动控制的权重系数。如图 3.50 所示，控制模式决策如下。

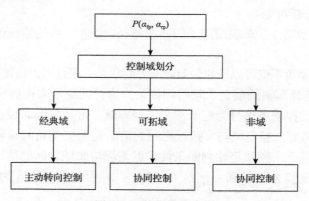

图 3.50　控制模式决策

（1）如果 $P(\alpha_{\mathrm{fp}}, \alpha_{\mathrm{rp}}) \to -1 \leqslant E(P) < 0$，则预测点处的车辆特征状态位于经典域。此时，仅依靠主动转向控制能够保证路径跟踪的精度，预期功能安全问题不会出现。因此，在经典域中采用主动转向控制。

（2）如果 $P(\alpha_{\mathrm{fp}}, \alpha_{\mathrm{rp}}) \to 0 \leqslant E(P) < 1$ 且 $\rho(k + N_1) - \rho(k) > s_\rho$，则预测点处的车辆特征状态位于可拓域。此时，仅依靠主动转向控制难以实现精确的路径跟踪，转向系统的执行功能不足可能会引起预期功能安全问题。因此，在可拓域中采用主动转向和差动制动的协同控制。

（3）如果 $P(\alpha_{\text{fp}},\alpha_{\text{rp}}) \to 1 \leqslant E(P) < 2$ 且 $\rho(k+N_1)-\rho(k) > s_\rho$，则预测点处的车辆特征状态位于非域。特征状态已严重偏离经典域，控制系统输出差动制动系统权重系数的最大值，在确保车辆稳定性的同时尽可能实现精确的路径跟踪。

基于上述分析，可拓控制器的输出表示如下：

$$
H(E) = \begin{cases}
[1 \quad 0], & -1 \leqslant E(P) < 0 \\
[1 - \varpi E(P) \quad \varpi E(P)], & 0 \leqslant E(P) < 1 \\
[1 - \varpi E(P)_{\max} \quad \varpi E(P)_{\max}], & 1 \leqslant E(P) < 2
\end{cases} \tag{3.98}
$$

式中，ϖ 是比例系数。

本节所提出的控制方法以主动转向为主要执行方式来实现路径跟踪，因此增加比例系数以控制差动制动系统的干预强度。

2. 模型预测控制器设计

将式（3.94）所示的车-路模型用于模型预测控制算法中进行路径跟踪，对车-路模型进行离散化后获得的连续时间模型表示如下：

$$
\begin{cases}
x_{\text{v}}(k+1) = A_{\text{d}} x_{\text{v}}(k) + B_{\text{d}} u(k) + C_{\text{d}} q(k) \\
y_{\text{v}}(k) = D_{\text{d}} x_{\text{v}}(k)
\end{cases} \tag{3.99}
$$

式中，$A_{\text{d}} = \exp(AT_{\text{s}})$，$B_{\text{d}} = \int_0^{T_{\text{s}}} \exp(A\tau)\mathrm{d}s \cdot B$，$C_{\text{d}} = \int_0^{T_{\text{s}}} \exp(A\tau)\mathrm{d}s \cdot C$，$T_{\text{s}}$ 是采样时间。

根据 k 时刻的当前车辆状态，可以预测第 $k+N$ 时刻的相对车-路状态，其表示为

$$
\begin{cases}
x_{\text{v}}(k+N|k) = x_{\text{v}}(k+N-1|k) + A_{\text{d}}\Delta x_{\text{v}}(k+N-1|k) \\
\qquad\qquad + B_{\text{d}}\Delta u(k+N-1) + C_{\text{d}}\Delta q(k+N-1) \\
y_{\text{v}}(k+N|k) = D_{\text{d}}\Delta x_{\text{v}}(k+N|k) + y_{\text{v}}(k+N-1|k)
\end{cases} \tag{3.100}
$$

式中，$N=1,2,\cdots,N_{\text{c}},\cdots,N_{\text{p}}$，$N_{\text{c}}$ 为控制时域，N_{p} 为预测时域。

为了实现路径跟踪，实际跟踪误差和实际偏航角误差应接近零。此外，控制变量应在每个步长内平稳变化。基于上述控制目标，设计如式（3.101）所示的目标函数：

$$
J(y(k),\Delta u(k),N_{\text{c}},N_{\text{p}}) = \sum_{i=1}^{N_{\text{p}}} \left\| y(k+i|k) - y_{\text{ref}}(k+i|k) \right\|_Q^2 + \sum_{i=1}^{N_{\text{c}}-1} \left\| \Delta u(k+i|k) \right\|_R^2
$$

$$
\tag{3.101}
$$

通过最小化目标函数式(3.101)便可实现路径跟踪。式中，$y_{ref}(k+i|k)$ 为参考状态矩阵，Q 和 R 为权重矩阵；R 由主动转向控制和差动制动控制的权重系数构成，可拓控制器输出主动转向控制和差动制动控制的权重系数矩阵($H(E)$)。

因此，R 定义为

$$R=\eta\begin{bmatrix} \lambda_{\delta} & 0 \\ 0 & \lambda_{M} \end{bmatrix} \tag{3.102}$$

式中，η 为调节系数。

在路径跟踪过程中，为保证车辆的行驶稳定性，车辆的前、后轮胎侧偏角需满足以下约束条件：

$$\begin{cases} |\alpha_{f}(i)| \leqslant \alpha_{fs} \\ |\alpha_{r}(i)| \leqslant \alpha_{rs} \end{cases}, \quad i=0,1,\cdots,N_{c} \tag{3.103}$$

此外，考虑到机械设计和物理限制对主动转向系统转向范围的影响，前轮转角还需满足以下约束：

$$|\delta_{f}(i)| \leqslant \delta_{f\max}, \quad i=0,1,\cdots,N_{c}-1 \tag{3.104}$$

考虑到差动制动系统对附加横摆力矩的限制，需满足

$$|M(i)| \leqslant M_{\max}, \quad i=0,1,\cdots,N_{c}-1 \tag{3.105}$$

因此，可以通过解决以下有限时域内最优控制问题来获得最优控制输入 δ 和 M，即

$$\min_{\Delta u(k)} J(y(k),\Delta u(k),N_{c},N_{p}) + \sum_{k=1}^{N_{c}-1}\varsigma_{fsl}\alpha_{fsl}(k+i|k) + \sum_{k=1}^{N_{c}-1}\varsigma_{rsl}\alpha_{rsl}(k+i|k) \tag{3.106}$$

约束条件为式(3.100)、式(3.104)、式(3.105)以及式(3.107)

$$\begin{cases} |\alpha_{f}(i)| \leqslant \alpha_{fs}(i) + \varsigma_{fsl}\alpha_{fsl}(i) \\ |\alpha_{r}(i)| \leqslant \alpha_{rs}(i) + \varsigma_{rsl}\alpha_{rsl}(i) \end{cases}, \quad i=0,1,\cdots,N_{c} \tag{3.107}$$

非负松弛变量 α_{fsl} 和 α_{rsl} 取代车辆稳定性硬约束(3.103)，惩罚违反约束的情况，从而确保优化问题式(3.106)始终都有可行解。权重 ς_{fsl} 和 ς_{rsl} 被设置得相对较大，在这种情况下，即使松弛变量相对较小，松弛变量项对优化函数依然有效。

3.4.4　执行层设计

1. 自抗扰转角控制器

主动转向控制的目标是计算转向电机的输出转矩以跟踪由模型预测控制器确

定的理想前轮转角。自动驾驶车辆在路径跟踪过程中，转向系统会受到外部干扰的影响。因此，有必要对转向电机的输出转矩进行合理的控制，以克服系统的外部干扰。

转向电机的角度 θ_{m} 与其输出转矩 T_{a} 之间的关系如式(3.108)所示[27]：

$$J_{\mathrm{eq}}\ddot{\theta}_{\mathrm{m}} + B_{\mathrm{eq}}\dot{\theta}_{\mathrm{m}} + K_{\mathrm{eq}}\theta_{\mathrm{m}} = T_{\mathrm{a}} - \frac{T_{\mathrm{r}}}{N_{\mathrm{s}}} \tag{3.108}$$

式中，

$$J_{\mathrm{eq}} = J_{\mathrm{m}} + \frac{m_{\mathrm{r}}r_{\mathrm{p}}^2}{N_{\mathrm{s}}^2}, \quad B_{\mathrm{eq}} = c_{\mathrm{m}} + \frac{c_{\mathrm{r}}r_{\mathrm{p}}^2}{N_{\mathrm{s}}^2}, \quad K_{\mathrm{eq}} = \frac{k_{\mathrm{ra}}r_{\mathrm{p}}^2}{N_{\mathrm{s}}^2}$$

J_{m} 是转向电机的转动惯量；m_{r} 和 r_{p} 分别是齿条的质量和转向小齿轮的半径；N_{s} 是转向电机齿轮比；c_{m} 是转向电机的阻尼系数；c_{r} 和 k_{ra} 分别是齿条的当量阻尼和当量刚度；T_{r} 是路面反作用扭矩，可以根据轮胎模型计算出的回正力矩来进行估算[28]。

根据模型预测控制器计算出的期望前轮角 δ_{fd}，转向电机的期望转角可表示为 $\theta_{\mathrm{md}} = Ni_{\mathrm{sw}}\delta_{\mathrm{fd}}$，其中 i_{sw} 是前轮到转向柱的传动比。考虑到自抗扰控制(active disturbance rejection control, ADRC)中的扩展状态观察器(extended state observer, ESO)可以动态估计外部干扰的总和，并可以通过反馈补偿实现反馈抑制和目标跟踪。为减少路面干扰对转向系统的影响，本节设计以转向电机角度 θ_{md} 为输入、辅助转矩 T_{a} 为输出的自抗扰控制器，其结构如图 3.51 所示。

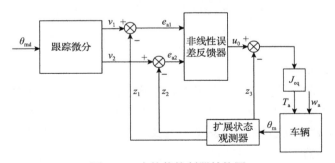

图 3.51 自抗扰控制器结构图

根据式(3.108)，可得到如式(3.109)所示的二阶系统：

$$\begin{cases} \dot{x}_1 = x_2 \\ \dot{x}_2 = f(x_1, x_2, T_{\mathrm{r}}) + \dfrac{1}{J_{\mathrm{eq}}}T_{\mathrm{a}} \\ y = x_1 \end{cases} \tag{3.109}$$

式中,

$$x_1 = \theta_{\mathrm{m}}, \quad f(x_1, x_2, T_{\mathrm{r}}) = -\frac{B_{\mathrm{eq}}}{J_{\mathrm{eq}}}\dot{\theta}_{\mathrm{m}} - \frac{K_{\mathrm{eq}}}{J_{\mathrm{eq}}}\theta_{\mathrm{m}} - \frac{T_{\mathrm{r}}}{J_{\mathrm{eq}}N_{\mathrm{s}}}$$

基于自抗扰控制的一般原理,设计了一种用于控制上述二阶系统的二阶主动干扰抑制控制算法。二阶自抗扰控制算法由微分跟踪器、扩展状态观测器和非线性误差反馈三部分组成。如图 3.51 所示,v_1 为 θ_{md} 的跟踪信号;v_2 为 θ_{md} 的微分信号;z_1 为受控对象输出的转向电机转角 y 的估计信号;z_2 为转向电机转角 y 的微分估计信号;$e_{\mathrm{a}1}$ 和 $e_{\mathrm{a}2}$ 分别为转角误差及其微分;w_{a} 为外部扰动。

为使状态变量可以快速地跟踪上系统输入,使用 fhan 函数构造微分跟踪器,其微分方程的离散化表达式如式(3.110)所示:

$$\begin{cases} f_{\mathrm{h}} = \mathrm{fhan}(v_1(k) - v_0, v_2(k), r_{\mathrm{f}}, h) \\ v_1(k+1) = v_1(k) + hv_2(k) \\ v_2(k+1) = v_2(k) + hf_{\mathrm{h}} \end{cases} \tag{3.110}$$

式中,

$$f_{\mathrm{h}} = \begin{cases} -a_{\mathrm{f}}/h, & |a| \leqslant r_{\mathrm{f}}h \\ -r\mathrm{sgn}(a), & |a| > r_{\mathrm{f}}h \end{cases}$$

$$a_{\mathrm{f}} = \begin{cases} x_2 + \sqrt{(r^2h^2 + 8r|v_1 + hv_2|)}, & |v_1 + hv_2| > r_{\mathrm{f}}h^2 \\ x_2 + (v_1 + hv_2)/h, & |v_1 + hv_2| \leqslant r_{\mathrm{f}}h^2 \end{cases}$$

r_{f} 为速度因子;h 为控制参数。

微分跟踪器的目的是解决超调和响应速度之间的矛盾,并获取用于 ADRC 中状态误差反馈的跟踪信号 θ_{md} 的微分信号。为估计包含路面干扰在内的外部总扰动,将 $f(x_1, x_2, T_{\mathrm{r}})$ 扩展到系统状态 x_3,将式(3.109)扩展到三阶状态观测器,得到的扩展状态控制器如式(3.111)所示。

$$\begin{cases} e_{\mathrm{r}0} = z_1(k) - y(k) \\ z_1(k+1) = z_1(k) + h(z_2(k) - \beta_1 e_{\mathrm{r}0}) \\ z_2(k+1) = z_2(k) + h\left[z_3(k) - \beta_2 \mathrm{Fal}(e_{\mathrm{r}0}, \eta_1, \Delta_1) + \frac{1}{J_{\mathrm{eq}}}T_{\mathrm{a}}(k) \right] \\ z_3(k+1) = z_3(k) - h\beta_3 \mathrm{Fal}(e_{\mathrm{r}0}, \eta_2, \Delta_2) \end{cases} \tag{3.111}$$

选择合适的观测因子 β_1、β_2、β_3 和非线性函数 Fal($\cdot$)，则扩展状态观测器就能实现 z_1 对 x_1 的估计、z_2 对 x_2 的估计、z_3 对总干扰的估计。η_1 和 η_2 是函数 Fal($\cdot$) 中的非线性因子，Δ_1 和 Δ_2 是函数 Fal($\cdot$) 中的控制参数，选择的 Fal($\cdot$) 函数[29]如式 (3.112) 所示：

$$\text{Fal}(\cdot) = \begin{cases} |e_{r0}|^{\eta} \, \text{sgn}(e), & |e_{r0}| > \Delta \\ e_{r0}\Delta^{\eta-1}, & |e_{r0}| \leqslant \Delta \end{cases} \tag{3.112}$$

对于非线性误差反馈模块，系统状态误差 e_{a1}、e_{a2} 和系统误差控制率 u_0 均可由式 (3.113) 来获得：

$$\begin{cases} e_{a1} = v_1(k) - z_1(k) \\ e_{a2} = v_2(k) - z_2(k) \\ u_0 = \beta_{01}e_1 + \beta_{02}e_2 \end{cases} \tag{3.113}$$

式中，u_0 为非线性误差反馈模块的输出；β_{01} 为非线性反馈比例因子；β_{02} 为非线性反馈微分因子。因此，自抗扰控制器的最终反馈输出可表示为

$$T_a = J_{eq}(u_0 - z_3) \tag{3.114}$$

2. 制动力分配模块

差动制动的目的是为车辆提供附加横摆力矩，和转向系统一起控制车辆以实现精确的路径跟踪。产生期望的附加横摆力矩需对相应的车轮进行制动，车辆的制动力分配策略如图 3.52 所示。若模型预测控制器输出的附加横摆力矩信号为正，则在左前轮和后轮上施加制动压力；反之，则在右前轮和后轮上施加制动压力。

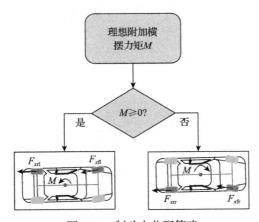

图 3.52　制动力分配策略

产生理想的附加横摆力矩，需要对受控车轮的轮缸压力进行控制，车轮的轮缸压力可以根据车轮需要的纵向制动力计算得到。

根据车辆纵向动力学，轮胎纵向制动力与车身附加横摆力矩之间的关系可表示为

$$M = \frac{d_f}{2} F_{xfi} \cos\delta_f - l_f F_{xfi} \sin\delta_f + \frac{d_r}{2} F_{xri} \tag{3.115}$$

式中，$i \in \{l,r\}$，$i = l$ 表示左侧轮胎，$i = r$ 表示右侧轮胎；F_{xfi} 和 F_{xri} 表示车轮制动力；d_f 和 d_r 分别表示车辆前、后轮距。

忽略车辆的纵向载荷转移，则有

$$\frac{F_{xfi}}{F_{xri}} = \frac{l_r}{l_f} \tag{3.116}$$

因此，联立式(3.115)和式(3.116)，得到车辆前后车轮的制动力如式(3.117)所示：

$$\begin{cases} F_{xfi} = M \dfrac{2l_r}{l_r(d_f \cos\delta_f - 2l_f \sin\delta_f) + l_f d_r} \\[3mm] F_{xri} = M \dfrac{2l_f}{l_r(d_f \cos\delta_f - 2l_f \sin\delta_f) + l_f d_r} \end{cases} \tag{3.117}$$

根据单个车轮运动模型，车轮制动力矩可由式(3.118)计算得到：

$$I_w \frac{\mathrm{d}\varpi}{\mathrm{d}t} = T_t - T_b - F_x r_0 \tag{3.118}$$

式中，I_w 是车轮转动惯量；ϖ 是由车轮转速传感器测量得到的车轮转速；T_t 是驱动力矩(车轮制动时，$T_t = 0$)；T_b 是制动力矩；r_0 是车轮半径。

此外，车轮的轮缸压力 P_w 与车轮制动力矩之间的关系可表示如下：

$$P_w = \frac{T_b}{c_p} \tag{3.119}$$

联立式(3.117)、式(3.118)和式(3.119)，可得

$$\begin{cases} P_{wfi} = \dfrac{1}{c_p}\left(\dfrac{2Ml_r r_0}{l_r d_f + l_f d_r} - I_z \dfrac{\mathrm{d}\varpi}{\mathrm{d}t} \right) \\[3mm] P_{wri} = \dfrac{1}{c_p}\left(\dfrac{2Ml_f r_0}{l_r d_f + l_f d_r} - I_z \dfrac{\mathrm{d}\varpi}{\mathrm{d}t} \right) \end{cases} \tag{3.120}$$

式中，P_{wfi} 和 P_{wri} 分别为获得理想附加横摆力矩所需的车辆前、后车轮轮缸压

力；c_p 为与车轮滚动半径和制动器的等效摩擦半径有关的车轮制动效率因子。

3.4.5　仿真结果分析

　　基于 CarSim 和 Simulink 的联合仿真平台进行仿真研究。为验证所提出的控制执行方法用于路径跟踪的有效性，分别进行给定路径的跟踪仿真和紧急工况下的换道路径跟踪仿真。仿真中使用的参数如表 3.14 和表 3.16 所示，调节系数 η 设定为 10，权重矩阵 Q 设定为 $Q = \mathrm{diag}\begin{bmatrix} 200 & 100 & 0 & 0 & 0 \end{bmatrix}$。

表 3.16　仿真所用部分参数

参数	数值
转向电机的阻尼系数 c_m	$0.0033 \mathrm{N \cdot m \cdot s/rad}$
齿条的当量刚度 k_{ra}	46000
齿条当量阻尼 c_r	$3620 \mathrm{N \cdot s/m}$
齿条质量 m_t	32kg
转向小齿轮的半径 r_p	0.0076m
前轮到转向柱的传动比 i_{sw}	16.5
转向电机齿轮比 N_s	22
采样时间 T_s	0.05s
预测时域 N_p	15
控制时域 N_c	6
轮胎滚动半径 r_0	0.353m

1. 不同附着系数路面上给定路径的跟踪仿真

　　在 CarSim 的虚拟环境中，构建给定的目标路径。目标路径和道路曲率由一些直线道路和弯曲道路组成，目标路径和道路曲率如图 3.53 所示。为验证所提出的

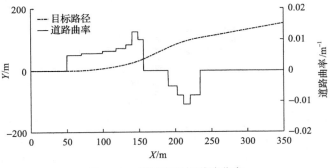

图 3.53　目标路径与道路曲率

　　方法在减少转向系统执行功能不足对路径跟踪精度不利影响方面的有效性，车辆在路面附着系数 μ=0.8 的沥青路面上以 90km/h 的车速进行路径跟踪，对单独转向控制和所设计的协同控制方法进行对比仿真。

　　所提出的协同控制方法和单独转向控制方法的对比仿真结果如图 3.54 所示。从图 3.54(g) 中轮胎侧偏角的变化曲线可以发现，受控车辆的轮胎在路径跟踪过程中进入了近饱和区域甚至饱和区域。从图 3.54(a) 可以看出，当采用单独转向控制时，车辆的侧向偏差的最大值达到 0.78m，但是采用协同控制时，侧向偏差的最大值仅为 0.42m。此外，从图 3.54(b) 中可以看出，采用协同控制时，车辆的航向误差更小。

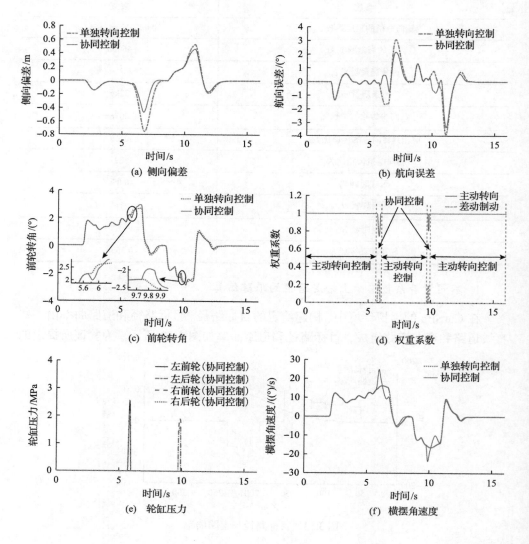

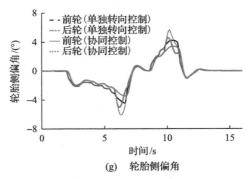

(g)　轮胎侧偏角

图 3.54　高附着系数路面上的仿真结果(彩图请扫封底二维码)

从图 3.54(c)可以发现,与单独转向控制的路径跟踪方法相比,使用协同控制时,前轮转角在 5.7s 和 9.7s 时开始以相反的趋势减小。这是因为在此车-路状态下,特征状态 $P(\alpha_{fp}, \alpha_{rp})$ 位于可拓域中,差动制动系统分别于 5.7s 和 9.7s 时被激活,车辆从主动转向控制进入协同控制,主动转向系统的权重系数分别减小至 0.78 和 0.82,差动制动的权重系数分别增大至 0.22 和 0.18,轮缸压力也随之变化(见图 3.54(d)和图 3.54(e))。

如图 3.54(f)所示,采用单独转向控制时,整个路径跟踪过程中的车辆横摆角速度在 $[-\mu g/v_x, \mu g/v_x]$ 范围内,并且横摆角速度达到了在转向控制作用下所能达到的最大值。虽然车辆在跟踪大曲率路径时需要较大的横摆角速度,但是由于轮胎侧向力约束,车辆的横摆角速度难以进一步提高。当采用协同控制时,在 5.7s 和 9.7s 之后的短时间内,横摆角速度显著增加,且超过了 $\mu g/v_x$($\mu g/v_x \approx 17.96°/s$),达到了 23°/s。这是因为被激活的差动制动系统产生了不受轮胎侧向力约束的附加横摆力矩,增强了车辆的横向机动性,减少了转向系统执行功能不足的不利影响,从而使得受控车辆可以更加有效地应对大曲率路径。在采用协同控制时,虽然车辆的横摆角速度超过 $\mu g/v_x$,但从图 3.54(f)可以看出,随着差动制动系统停止工作,车辆的横摆角速度迅速减小到 $[-\mu g/v_x, \mu g/v_x]$ 范围内,车辆在路径跟踪过程中仍保持良好的行驶稳定性。此外,从图 3.55 可以看出,所设计的转向控制器可以很好地跟踪理想前轮转角,这表明设计的自抗扰控制器是合理且有效的。

2. 紧急换道仿真

自车速度为 60km/h,前车速度为 0,初始时刻自车车头与前车车尾的距离为 115m,在碰撞时距为 1s 时自车开始向左换道,仿真时间设为 15s,路面附着系数为 0.3。不同控制执行方法下的换道仿真结果如图 3.56 所示。

由图 3.56(f)可知,不同控制执行方法作用下的受控车辆在换道路径跟踪过程中,轮胎侧向力进入了近饱和区域甚至饱和区域。由图 3.56(a)可以看出,在单独

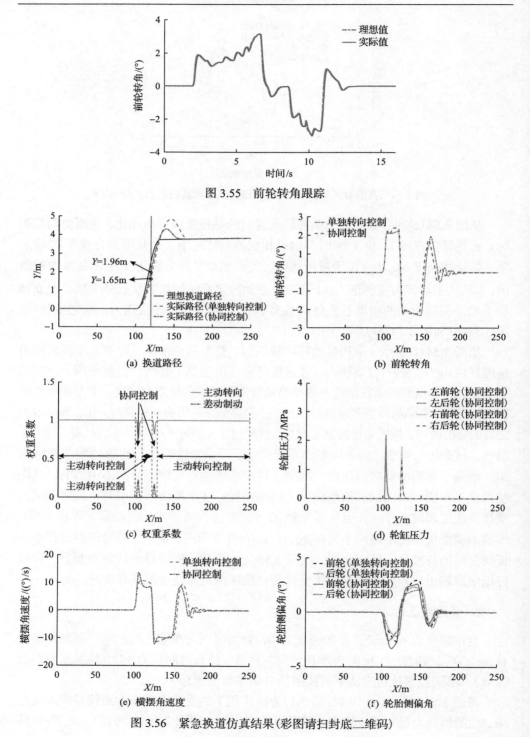

图 3.55　前轮转角跟踪

(a) 换道路径

(b) 前轮转角

(c) 权重系数

(d) 轮缸压力

(e) 横摆角速度

(f) 轮胎侧偏角

图 3.56　紧急换道仿真结果(彩图请扫封底二维码)

转向控制和协同控制作用下，当碰撞时距为 0 时，$e=Y$ 分别为 1.65m 和 1.96m，这表明在单独转向控制方法作用下，换道过程中自车与避让车辆发生了碰撞，但采用协同控制时，自车安全地完成了换道。此外，在自车进入目标车道后，在单独转向控制方法作用下，$e<3.75+d_v/2$，这表明自车越过了目标车道的边界线；但在协同控制作用下，$e>3.75+d_v/2$，意味着自车进入目标车道后始终在目标车道内。由图 3.56(b) 可以看出，在不同控制执行方法作用下，前轮转角有所不同。这是因为自车在 $X=102.5m$ 和 $X=123.5m$ 时，特征状态 $P(\alpha_{fp},\alpha_{rp})$ 进入了可拓区域，差动制动系统被激活，车辆从主动转向控制进入协同控制，主动转向系统的权重系数分别减小至 0.78 和 0.83，差动制动的权重系数分别增大至 0.22 和 0.17，轮缸压力也随之变化（见图 3.56(c) 和图 3.56(d)）。

由图 3.56(e) 所示的车辆横摆角速度变化结果可以看出，在协同控制作用下的车辆横摆角速度大于单独转向控制作用下的车辆横摆角速度。在协同控制作用下，差动制动系统在 $X=102.5m$ 和 $X=123.5m$ 时介入，横摆角速度在短时间内增加，且超过了 $\mu g/v_x$（$\mu g/v_x\approx10.31°/s$），车辆的紧急换道避撞性能进一步提升。随着差动制动系统停止工作，协同控制作用下的车辆横摆角速度迅速减小到 $[-\mu g/v_x,\mu g/v_x]$ 范围内，车辆在整个换道路径跟踪过程中仍保持着良好的行驶稳定性。结合图 3.56 及分析结果可知，所设计的控制执行方法可以更加有效地应对紧急换道环境，进一步提高了车辆的换道安全性。

3.4.6　硬件在环实验

为更加准确地验证所设计的换道控制方法和路径跟踪的协同控制效果，采用图 3.25 所示的辅助驾驶模拟实验台进行紧急换道跟踪实验研究。设置与 3.4.5 节中相同的换道工况，在相同的测试条件下对单独使用转向控制方法、紧急转向控制方法与所设计的协同控制方法分别进行测试。

从图 3.57 所示的硬件在环实验结果可以看出，使用协同控制方法进行紧急换道的硬件在环实验结果和图 3.56 所示的仿真结果基本保持一致。从图 3.57(a) 所示的换道路径可以看出，在单独转向控制方法、紧急转向控制方法和协同控制方法作用下，碰撞时距为 0 时的 $e=Y$ 分别为 1.69m、1.78m 和 1.99m，虽然紧急转向控制方法减小了换道路径跟踪时车辆的侧向偏差，但仍无法保证自车的换道安全性。在协同控制作用下，自车的换道路径跟踪误差进一步减小，车辆实现了无碰撞的安全换道，且在进入目标车道后，自车没有越过目标车道边界线，换道后始终保持在目标车道内行驶。相较于单独转向控制方法和紧急转向控制方法，在协同控制方法作用下（见图 3.57(c) 和图 3.57(d)），由于差动制动系统的介入，横摆角速度的最大值超过了 $\mu g/v_x$（$\mu g/v_x\approx10.31°/s$），如图 3.57(e) 所示。虽然采用协同控制时，轮胎侧偏角较大，但在差动制动系统不工作的其他时间段内，车辆的横摆角速度都在$[-\mu g/v_x, \mu g/v_x]$内，在整个换道过程中，车辆保持着良好的行驶稳定性（见图3.57(e)和图3.57(f)）。

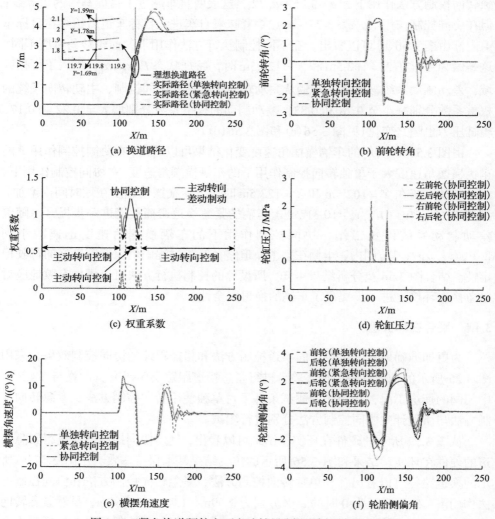

图 3.57　紧急换道硬件在环实验结果（彩图请扫封底二维码）

应用三种方法在给定路径下的道路跟踪和换道行驶的硬件在环实验不仅证实了转向系统执行功能不足，同时也表明所设计的可拓协同控制方法可以有效克服转向系统执行功能不足对路径跟踪的不利影响。在所提出的基于主动转向和差动制动的协同控制方法作用下，自动驾驶车辆能够更加有效地应对不同极限换道环境，可以减少转向系统执行功能不足引起的预期功能安全问题。

3.5　基于可拓控制的人机协同纵向避撞

基于主动制动(autonomous emergency braking, AEB)的纵向避撞作为智能驾驶的核心技术，是当前的研究热点。目前国内外关于纵向避撞的研究大多是通过优化避撞控制策略，或通过提升制动力的底层执行精度来改进避撞效果，未考虑在纵向紧急主动避障中制动平稳性对乘坐人员的影响，并对纵向的人机协同控制研究较少。

制动平稳性可通过制动纵向减速度的变化率与绝对值进行体现。本节针对在纵向避撞中的平稳性问题，提出一种改进的安全距离模型。针对人机协同纵向避撞控制问题，为实现智能驾驶控制模式的柔性调度和人机驾驶权的平滑分配，提出一种基于可拓控制的驾驶员制动意图与主动制动系统的协同控制策略。

3.5.1　系统建模

1. 线控制动系统模型

线控制动系统主要包括电子制动踏板、线控助力器(包括电动机及减速机构)、制动主缸、液压控制单元、制动组件、控制系统和压力传感器等。驾驶员制动输入以电子制动踏板为载体，通过直流电动机的电流控制，经由减速机构的转化作用于主缸推杆，实现主缸内压力控制[30]。

制动踏板可以接收驾驶员操纵信号，控制器驱动电动机建立制动压力；当未接收到驾驶员操纵信号，而系统需要进入主动制动模式时，控制器根据车辆主动制动请求，控制电动机自行建立制动压力，实现主动制动。线控助力器可抽象为电动机模型和传动机构模型。

直流电动机的输入和输出特性可以简单表示为

$$J_{bm}\ddot{\theta}_{bm} = T_{bm} - T_{ba} - b_{bm}\dot{\theta}_{bm} \tag{3.121}$$

$$U_a = L\frac{dI_a}{dt} + RI_a + K_{be}\dot{\theta}_{bm} \tag{3.122}$$

$$T_{ba} = K_{bt}I_a \tag{3.123}$$

式中，J_{bm} 为制动电机转动惯量；θ_{bm} 为制动电机转角；T_{bm} 为制动电机电磁转矩；b_{bm} 为制动电机阻尼系数；T_{ba} 为有效输出转矩；U_a 为电动机电枢电压；R 为电枢电阻；L 为电枢电感；I_a 为电动机电流；K_{be} 为制动电机反电动势常数；K_{bt} 为电动机转矩常数；t 为时间。

电动机输出转矩经减速机构传递到主缸推杆上，控制液压系统压力。传动机

构模型可表示为

$$m_{rc}\ddot{x}_{rc} + b_{rc}\dot{x}_{rc} = \frac{T_{ra}}{r_{pc}} - PS \tag{3.124}$$

式中，m_{rc} 为主缸推杆质量；x_{rc} 为主缸推杆位移；b_{rc} 为阻尼系数；r_{pc} 为小齿轮节圆半径；T_{ra} 为电动机输出转矩；P 为主缸制动压力；S 为主缸横截面积。

制动纵向力通过加载到制动轮缸的液压力推动制动钳夹紧实现，则有

$$\begin{cases} I_{ws}\dfrac{d\varpi}{dt} = T_d - T_{ba} - F_x r_0 \\ T_{ba} = C_{wa}P \end{cases} \tag{3.125}$$

式中，I_{ws} 为车轮总转动惯量；T_d 为车轮总驱动力；T_{ba} 为通过液压力加载到车轮上的总制动力矩；r_0 为车轮半径；C_{wa} 为由制动蹄面积、制动轮缸截面积、摩擦片摩擦因数和制动蹄距轮心距离等结构参数决定的系数。制动过程中车辆 $T_d = 0$，因此车辆制动纵向力 F_x 可由如下方程来描述：

$$F_x = -\frac{1}{r_0}(I_{ws}\frac{d\varpi}{dt} + C_{wa}P) \tag{3.126}$$

2. 改进安全距离模型

常见的公路场景如图 3.58 所示。自车左侧存在障碍物，交通状况拥挤，不满足换道条件。本节基于此场景，研究如何通过人机协调控制实现纵向行驶安全。

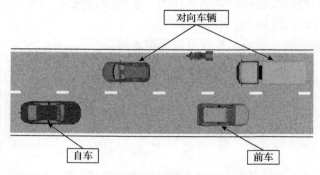

图 3.58　车辆避撞场景

设自车与前车在同一车道上行驶，在自车的制动刹那，两车的相对距离为 D。在采取制动的一段时间之后，自车行驶距离为 S_a，前车行驶距离为 S_b，此时两车相对距离为 d_0，制动示意图如图 3.59 所示。

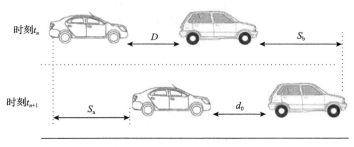

图 3.59　制动示意图

依据上述假设，安全距离公式为

$$D = S_a - S_b + d_0 \tag{3.127}$$

参照图 3.59 建立避撞模型，建立依据如下。

（1）定义前车以最大制动减速度进行制动，后车经过一个预设反应时间后以最大制动减速度制动，使自车避免碰撞于前车时，为极限工况。计算在极限工况下，自车以速度 v_1 行驶且以最大减速度 a_{1max} 进行制动到停止时，所经过的距离 L_1 为

$$L_1 = \frac{1}{2} \frac{v_1^2}{a_{1max}} \tag{3.128}$$

（2）计算极限工况下，前车以速度 v_2 行驶且以最大减速度 a_{2max} 进行制动到停止时，所经过的距离 L_2 为

$$L_2 = \frac{1}{2} \frac{v_2^2}{a_{2max}} \tag{3.129}$$

（3）计算在极限工况下，自车和前车制动结束后，两车的极限位移差 L_3 为

$$L_3 = L_1 - L_2 = \frac{1}{2} \left(\frac{v_1^2}{a_{1max}} - \frac{v_2^2}{a_{2max}} \right) \tag{3.130}$$

（4）补偿极限位移差 L_3 得到前向预警距离和临界制动距离，其补偿方法包括：补偿自车和前车之间应预留的最小安全距离 d_0；补偿自车和前车在制动时的制动反应距离 d_1；补偿由两车的相对速度差变化引起的差值距离 d_2；除差值距离外，补偿自车和前车因受制动器和路面附着系数约束而引起差值距离 d_3。

故所得前向预警距离 D_w 和临界制动距离 D_{br} 为

$$\begin{cases} D_{\mathrm{w}} = L_3 + d_0 + d_1 + d_3 \\ D_{\mathrm{br}} = L_3 + d_0 + d_1 + d_2 \end{cases} \tag{3.131}$$

式中,

$$\begin{cases} d_0 = \dfrac{3}{\mu + c} \\ d_1 = v_1 \tau_{\mathrm{d}} \\ d_2 = v_{\mathrm{rel}} \tau_{\mathrm{v}} \\ d_3 = v_{\mathrm{rel}} \tau_{\mathrm{s}} \end{cases} \tag{3.132}$$

式中,μ 为路面附着系数;c 为模型参数;τ_{d} 为驾驶员和制动器作用延迟时间;$v_{\mathrm{rel}} = v_1 - v_2$。驾驶员和制动器作用延迟时间 τ_{d} 取值 0.6。基于实验测试结果,得到优化参数 $c = 0.3$。考虑到传统安全距离模型的最小安全间距 d_0 为固定值,依经验取值 2～5m。实际上,最小安全间距 d_0 与路面附着系数呈反比例关系,与车速呈正比例关系。显然,当车辆在干燥路面行驶时,路面附着系数大,制动效果好,因此安全距离要求小;当车辆在湿滑路面行驶时,路面附着系数小,车辆易打滑,因此安全距离应适当增大。制动平稳性通过制动纵向减速度的变化率与绝对值进行体现,为改善制动平稳性,本节定义了可变最小安全距离。

$$\tau_{\mathrm{v}} = \begin{cases} 0.9 + \dfrac{v_1}{60}\dfrac{20}{v_2}0.06(v_1 - 60), & 30 \leqslant v_{\mathrm{rel}} < 50 \text{且} 60 \leqslant v_1 < 70 \\ 0.9 + \dfrac{v_1}{60}\dfrac{25}{v_2}0.025(v_1 - 60), & 50 \leqslant v_{\mathrm{rel}} < 70 \text{且} 70 \leqslant v_1 < 90 \\ 0.9 + \dfrac{v_1}{60}\dfrac{30}{v_2}0.022(v_1 - 60), & 50 \leqslant v_{\mathrm{rel}} < 70 \text{且} 90 \leqslant v_1 < 100 \\ 0.9 + \dfrac{v_1}{60}\dfrac{30}{v_2}0.018(v_1 - 60), & 60 \leqslant v_{\mathrm{rel}} < 80 \text{且} 100 \leqslant v_1 < 110 \\ 0.9, & \text{其他} \end{cases} \tag{3.133}$$

再者,安全距离的保持是一个动态过程,应充分考虑到两车的相对速度差,而不应该仅仅依赖于自车速度 v_1 的变化。值得注意的是,相对速度差 v_{rel} 越大,所需保持车间距离越大;且当相对速度差 v_{rel} 相同时,车速越高,所需保持车间距离也应越大。因此,考虑到行驶的安全性,这里引入间距系数 τ_{v},获得方式为通过对文献[30]中的缓冲距离参数进行改进,在 CarSim 中进行不同制动安全距离下的 AEB 仿真,确定制动安全距离与不同 v_{rel}、v_1 之间的对应关系,采集仿真数据并进行拟合，如式 (3.133) 所示。另外针对 d_3 的求取，基于间距系数 τ_v 得到 $\tau_s = \tau_v + 0.5(v_1 - v_2)$。

综上，得出车辆前向预警表达式和车辆临界制动表达式为

$$
\begin{cases}
D_w = \dfrac{1}{2}\left[\dfrac{v_1^{\,2}}{a_{1\max}} - \dfrac{(v_1 - v_{rel})^2}{a_{2\max}}\right] + v_1\delta + v_{rel}\tau_s + d_0 \\[3mm]
D_{br} = \dfrac{1}{2}\left[\dfrac{v_1^{\,2}}{a_{1\max}} - \dfrac{(v_1 - v_{rel})^2}{a_{2\max}}\right] + v_1\delta + v_{rel}\tau_v + d_0
\end{cases}
\tag{3.134}
$$

式中，$a_{1\max}$ 为自车减速度最大值；$a_{2\max}$ 为前车减速度最大值。

3.5.2 控制系统结构

采用可拓方法来划分动态安全边界，并将其应用于车辆纵向控制上，既能协调人机共驾的权值分配，又能改善常规制动时固定、突变制动压力所带来的较差乘坐舒适度。

这里提出了可拓决策和神经网络结合的纵向避撞系统，分为上层控制器和下层控制器，如图 3.60 所示。

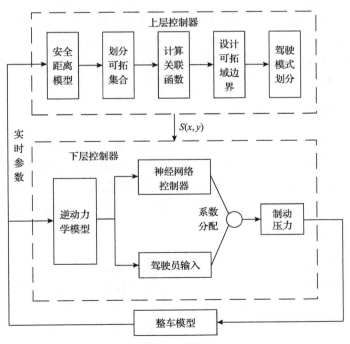

图 3.60　纵向避撞系统结构

该纵向避撞系统中，电控单元根据传感器采集的运动数据，计算出自车和前车的实时车速、路面附着系数等信息。采用可拓控制理论，按照车辆行驶状态划分不同的域，根据车辆在不同域中的危险程度，采用不同的驾驶模式，如图 3.61 所示。

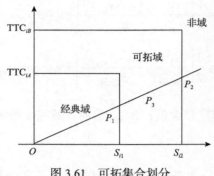

图 3.61　可拓集合划分

图 3.61 中，主特征量 S_i 是两车实际距离的倒数；副特征量 TTC_i 是碰撞时间的倒数。其中经典域内对应无纵向碰撞危险，驾驶员可以自由行驶，辅助系统均不干预；可拓域内车辆有发生碰撞的风险，若驾驶员自由驾驶可能会发生危险，此时采取协调制动策略，驾驶员把握有行驶主动权，主动制动系统对驾驶员的操作进行压力补偿，既保证了驾驶员的操纵又减小了纵向碰撞的风险；非域内若不采取制动措施，难以避免发生碰撞，故此时必须改变控制策略，主动制动系统接管控制权。特别地，为了避免主动制动系统的频繁干预，故一旦介入，则希望车辆以一个变化率较小的制动减速度进行避撞。

3.5.3　控制器设计

对于纵向避撞系统，既要减轻驾驶员的驾驶负担，保证行车安全，也要改善制动平稳性。因此，对于主动制动系统的设计，引入两个重要参数，即介入时间和介入力度。介入时间即介入时机，通过上层控制器获得；介入力度即主动制动液压制动力，通过上层控制器确定人机权重，并与下层控制器进行加权确定。

1. 上层控制器设计

介入时间的选择，直接影响主动制动执行效果。过早介入会影响驾驶员的正常驾驶，干扰驾驶员的驾驶行为，降低驾驶员的接收度。过晚介入则可能会影响行驶安全性，导致碰撞的风险。为验证良好的介入策略，本节采用可拓控制策略，既可以实现不同介入时间的工作模式切换，也可以获得基于介入时间计算的人机权重，如图 3.62 所示。

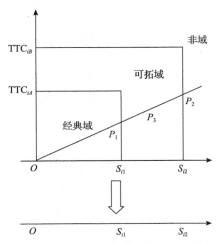

图 3.62　基于二维可拓集合的可拓距变换

可拓控制的建立过程如下。

1）主、副特征量选取

为了使可拓集合中经典域、可拓域的边界与纵向跟随危险边界相一致，选择两车实际距离的倒数 S_i 作为主特征量，碰撞时间的倒数 TTC_i 作为副特征量。

2）可拓集合划分

选取 S_i 为横坐标，TTC_i 为纵坐标，做二维可拓集合，并将其划分为经典域、可拓域和非域。

经典域中驾驶员具有优先操纵权，且当两车实际间距或碰撞时间处于可拓域内时，辅助系统才参与控制，因此不会对驾驶员的正常操作产生干预。考虑到驾驶员的接受程度和安全性，选取前文设计的前向预警距离的倒数为经典域与可拓域的边界 S_{i1}，临界制动距离的倒数为可拓域与非域的边界 S_{i2}，即

$$\begin{cases} S_{i1} = 1/D_{\text{br}} \\ S_{i2} = 1/D_{\text{w}} \end{cases} \tag{3.135}$$

车辆碰撞时间 TTC_i 对 S_i 起辅助作用，防止 S_i 出现极值导致系统不稳定，频繁在多个模式间切换。参照文献[31]，取 $\text{TTC}_{iA} = 1/5, \text{TTC}_{iB} = 1/3$。

3）关联函数计算

根据文献[1]中关于可拓距和关联函数的求解方式，将二维集合中可拓距进行转换。

在二维可拓集合中，原点 $O(0, 0)$ 为特征状态的最优点。可拓集上任意一点 P_3 与最优点可形成最短距离 $|OP_3|$。该线段所在直线交经典域边界于 O、P_1 点，交可拓域边界于 P_1、P_2 点。在保证 P_3 趋近于原点距离最短的前提条件下，根据这些交

点即可确定 P_3 与可拓域、经典域的最近距离。

确定 P_3 点与划分区间的可拓距为(以区间 $\langle O, P_1 \rangle$ 为例)

$$\rho\left(P_3, \langle O, P_1 \rangle\right) = \begin{cases} -\left|P_3 P_1\right|, & P_3 \in \langle O, S_{i1} \rangle \\ \left|P_3 P_1\right|, & P_3 \in \langle S_{i1}, +\infty \rangle \end{cases} \tag{3.136}$$

确定关联函数：

$$K(P) = \frac{\rho\left(P_3, \langle P_1, P_2 \rangle\right)}{D\left(P_3, \langle P_1, P_2 \rangle, \langle O, P_1 \rangle\right)} \tag{3.137}$$

式中，

$$D\left(P_3, \langle P_1, P_2 \rangle, \langle O, P_1 \rangle\right) = \rho\left(P_3, \langle P_1, P_2 \rangle\right) - \rho\left(P_3, \langle O, P_1 \rangle\right)$$

4) 工作模式划分

以关联函数 $K(P)$ 将本节纵向避撞系统工作模式划分如下。

当 $K(P) \geqslant 1$ 时，特征状态 $S(x, y)$ 处在经典域中，此时车辆无纵向碰撞风险，车辆的驾驶主权由驾驶员掌控。

当 $0 \leqslant K(P) < 1$ 时，特征状态 $S(x, y)$ 处于可拓域中，此时有发生碰撞的可能，以驾驶员为主，且同时系统辅助制动，帮助车辆减速。通过将可拓决策关联函数计算值作为人机权重，并与下层控制器输出值进行加权计算，获得最终的辅助制动执行液压力。

当 $K(P) < 0$ 时，特征状态 $S(x, y)$ 处于非域中。此时主动制动系统接管制动权，控制制动安全，保证制动过程平稳性。通过执行下层控制器输出制动液压力值进行主动制动。

2. 下层控制器设计

下层控制包括主动制动模式的径向基函数网络控制器和协调制动模式的人机协调控制器。

1) 主动制动模式的径向基函数网络控制器

(1) 神经网络设计。

选取径向基函数网络作为主动制动系统控制器。基于前述的避撞模型，对网络模型进行训练，在稳态跟车过程中对不同的运动状态学习，建立起非线性输入输出映射关系库，进而预测出下一时刻的理想制动压力。

设实际输出为 $Y_k = (y_{k1}, y_{k2}, \cdots, y_{kj}, \cdots, y_{kJ})$ （J 为输出单元的个数），表示第 k 个输入向量产生的输出。当输入训练样本 X_k 时，网络第 j 个输出神经元结果为

$$y_{kj} = \sum_{i=1}^{N} \omega_{ij} \phi(X_k, X_i), \quad j = 1, 2, \cdots, J \tag{3.138}$$

这里选取高斯函数为基函数，则 $\phi(X_k, X_i)$ 可以表示为

$$\phi(X_k, X_i) = G(X_k, X_i) = G\big(\|X_k, X_i\|\big) = \exp\left(-\frac{1}{2\sigma^2}\|X_k, X_i\|\right) \tag{3.139}$$

(2)学习算法。

这里选取有监督选取中心，定义代价函数：

$$E = \frac{1}{2} \sum_{k=1}^{N} e_k^2 \tag{3.140}$$

式中，E 为某一个输出节点的误差；N 为训练样本个数；e_k 为输入第 k 个训练样本所得结果与期望结果之间的误差，即

$$e_k = d_k - \sum_{i=1}^{I} \omega_i G\big(\|X_k - t_i\|_{C_i}\big) \tag{3.141}$$

式中，I 为隐含节点的个数。学习时，寻找网络的自由参数 t_i、ω_i，使代价函数 E 最小。若采用梯度下降法实现，则网络参数优化计算公式如下：

输出权值 ω_i 为

$$\frac{\partial E(n)}{\partial \omega_i(n)} = \sum_{k=1}^{N} e_k(n) G\big(\|X_k - t_i\|_{C_i}\big) \tag{3.142}$$

$$\omega(n+1) = \omega_i(n) - \eta_1 \frac{\partial E(n)}{\partial \omega_i(n)}, \quad i = 1, 2, \cdots, I \tag{3.143}$$

隐含层的中心 t_i 为

$$\frac{\partial E(n)}{\partial t_i(n)} = 2\omega_i(n) \sum_{i=1}^{N} e_k(n) \, G'\big(\|X_k - t_i\|_{C_i} S_i(X_k - t_i(n))\big) \tag{3.144}$$

$$t_i(n+1) = t_i(n) - \eta_2 \frac{\partial E(n)}{\partial t_i(n)}, \quad i = 1, 2, \cdots, M \tag{3.145}$$

隐含层的中心扩展 S_i 为

$$\frac{\partial E(n)}{\partial S_i(n)} = -\omega_i(n) \sum_{k=1}^{N} e_k(n) G'\big(\|X_k - t_i\|_{C_i}\big) Q_{ki}(n) \tag{3.146}$$

$$Q_{ki}(n) = (X_k - t_i(n))(X_k - t_i(n))^{\mathrm{T}} \tag{3.147}$$

$$S_i(n+1) = S_i(n) - \eta_3 \frac{\partial E(n)}{\partial S_i(n)}, \quad i = 1, 2, \cdots, M \tag{3.148}$$

神经网络模型分为 3 层，包括输入层、隐含层和输出层。其结构如图 3.63 所示，其中，$S_c = S_a - S_b$。

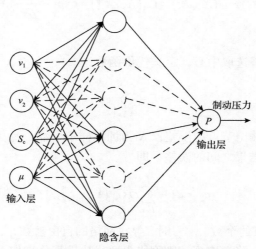

图 3.63 正则化径向基函数网络结构

（3）离线训练。

径向基函数网络基于预先设定的期望输出，训练时计算实际输出与期望输出之间的误差，再根据误差的大小和方向对网络权值进行更新，反复调整误差，直到误差达到预期精度。

这里采用 CarSim 软件针对几种典型主动制动工况关于模型输入和期望输出联合数组 (v_1, v_2, S_c, μ, P) 进行样本数据采集，样本数量如表 3.17 所示，其中各个典型工况下得到的样本中有 90% 用作训练，有 10% 用作验证。

表 3.17 各工况下样本数量

典型工况设置	样本数量
高路面附着，自车高速	325
中路面附着，自车高速	221
低路面附着，自车高速	256
高路面附着，自车中速	301
中路面附着，自车中速	211
低路面附着，自车中速	231

典型工况设置	样本数量
高路面附着，自车低速	224
中路面附着，自车低速	205
低路面附着，自车低速	207

2) 协调制动模式的人机协调控制器

当特征状态 $S(x,y)$ 处于可拓域中，表明自车处于非安全状态，需要减小驾驶员的输入权重，增大助力系统的控制权重，对车辆施行辅助控制。

随着特征状态 $S(x,y)$ 远离经典域，关联函数 $K(P)$ 值会随之减小，故驾驶员的掌控权逐步降低，恰好反映了驾驶员和助力系统的权限的变化状态。此时取驾驶员输入权重为 $\gamma_d = K(P)$，主动助力制动控制器权重 $\gamma_m = 1 - K(P)$。

系统总制动压力为

$$P_{\text{总}} = \gamma_d P_d + \gamma_m P_m \tag{3.149}$$

式中，P_d 为驾驶员产生的制动压力；P_m 为主动助力制动控制器产生的制动压力。

3.5.4　仿真结果分析

为验证所提方法的有效性，在 CarSim/Simulink 仿真环境下对车辆模型及控制算法进行仿真研究。在 CarSim 中建立整车动力学模型，前方障碍车设置为 B-Class 级轿车，CarSim 输出参数包括前车速度信息、自车距前方障碍车的距离信息、自车速度信息等。整车动力学参数如表 3.14 和表 3.16 所示。

1. 中速避撞

选取自车纵向速度为 60km/h，前车纵向速度为 40km/h，两车初始相距 30m，目标车道宽 3.5m，路面附着系数 $\mu = 0.8$。假设由于疲劳驾驶，驾驶员在 1.5s 后采取制动，仿真结果如图 3.64 所示。

参考文献[32]，驾驶员输入制动压力设定为 1.8MPa。图 3.64(a) 表示所建模型的预警边界和临界制动边界。由制动过程可知，车速随制动时间逐渐降低，时间与车速呈负相关关系，故而，随制动时间的不断增加，自车车速的不断减小，安全边界也在动态变化。仿真开始，两车距离不断缩小，且自车状态逐步由经典域进入可拓域中。图 3.64(b) 表示根据 TTC_i 进行危险程度的判断。显然，在可拓控制和神经网络共同作用下，TTC_i 在达到最大值后迅速下降，有效避免了碰撞的风险。图 3.64(c) 表示运用可拓决策控制方法，合理分配驾驶员输入和神经网络控制器权重输出下的实际制动压力。可以看出：在 1.02s 时，两车实际间距为 24.57m，

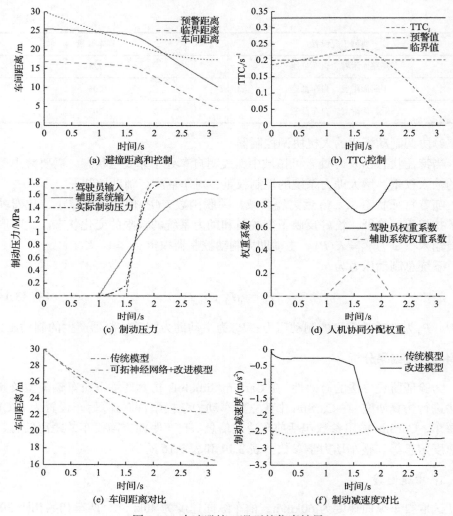

图 3.64　中速避撞工况下的仿真结果

低于预警距离 24.59m，车辆进入可拓域内，此刻驾驶员未作出及时反应，故辅助
系统开始介入，受权值影响，制动压力缓慢增加；在 1.5s 时，驾驶员采取制动措
施，通过对人机的权重分配，减轻辅助系统对驾驶员的影响，保证制动安全性，
其分配关系如图 3.64(d) 所示。图 3.64(e) 为两种模型的避撞效果对比。其中，传
统模型为不考虑制动加速度对制动平稳性影响的模型，即在 AEB 过程中，仅对固
定的期望主缸液压制动力进行跟随执行，在此工况下也对 1.8MPa 的期望主缸液
压力阶跃信号进行跟随执行。不难看出，基于可拓决策控制和神经网络的控制方
法，在自车车速达到 40km/h 时，车间距离为 16.51m，与传统模型相比减少了
5.83m，有效提高了跟车效率。图 3.64(f) 所示为两种模型的制动减速度对比，传

统模型的制动时间过短，且制动减速度抖动明显。由图 3.64(f)可知，相较于传统模型，基于改进安全距离模型的制动减速度最大值、制动减速度变化率都更小。

2. 高速避撞

选取自车纵向速度为 120km/h，目标车道宽为 3.5m，路面附着系数 $\mu=0.8$。某一时刻，前车以速度 100km/h 紧急制动，制动减速度为 -3.0m/s^2。此刻两车相距 85m，2.0s 后驾驶员反应并制动，仿真结果如图 3.65 所示。

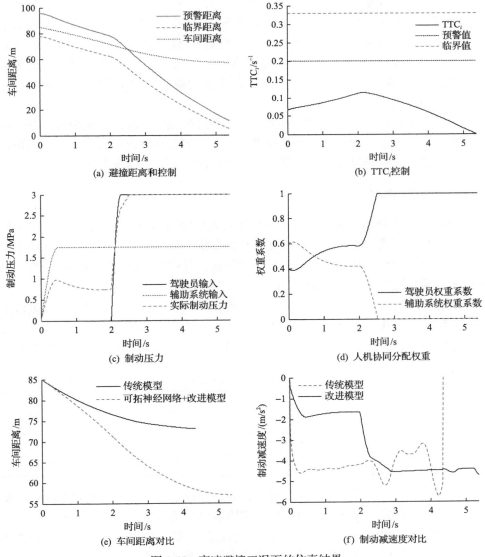

图 3.65　高速避撞工况下的仿真结果

　　参考文献[32]，驾驶员输入制动压力设定为 3.0MPa。图 3.65(a)是在高速情况下，所建模型的动态预警边界和临界制动边界。由图可知，自车初始位置处于可拓域内，在辅助系统和驾驶员的协调控制下，平缓过渡到预警边界之外。图 3.65(b)表示根据 TTC_i 进行危险程度的判断。对于高速紧急工况下，基于所提改进安全距离模型的判断，TTC_i 未达到碰撞的预警标准 0.2，更能保证行车安全。从图 3.65(c)可以看出，在避撞开始时，辅助系统提供制动压力，受权重系数影响，平缓提高制动压力。图 3.65(d)为通过对人机的权重分配，减轻辅助系统对驾驶员的影响，保证了制动安全性。图 3.65(e)是所建改进安全距离模型和传统模型的对比。传统模型的曲线，在此工况下对 3MPa 的期望主缸液压力阶跃信号进行跟随执行后得到的仿真结果。基于改进模型，自车经过 5.37s 解除危险(达到与前车相同速度)，且此刻自车距离前车 56.93m，基于传统模型，自车脱离危险所需时间为 4.36s，虽然制动时间缩短，但是制动减速度过于抖振(图 3.65(f))，且两车间距过大。

　　中、高速避撞工况下仿真实验表明，采用可拓理论的改进安全距离模型，在提供满足安全要求的制动减速度的前提下，减小了制动减速度的变化率与抖振，提高了驾驶员的接受程度，也提高了制动平稳性，保证了行车安全。

3.5.5　硬件在环实验

　　采用图 3.25 所示的硬件在环实验台进行人机协同纵向避撞实验研究。若需要进入主动制动模式，系统可以在未接收到操纵信号时，根据车辆主动制动请求，控制电动机自行建立制动压力，实现主动制动。分别对工况 1(中速避撞)和工况 2(高速避撞)设置虚拟仿真环境，并进行硬件在环实验验证。

　　基于传统安全距离模型与改进安全距离模型，分别就工况 1 和工况 2 进行了硬件在环实验，并将实验结果与软件环境纯仿真结果进行对比，如表 3.18 所示，可见硬件在环和仿真实验对比结果基本相同，进一步验证本节所提方法有效性。

表 3.18　硬件在环与仿真安全距离对比　　　　　　(单位：m)

模型	工况 1		工况 2	
	仿真	实验	仿真	实验
传统模型	22.34	21.97	73.05	70.44
改进模型	16.51	16.70	56.93	54.89

　　图 3.66 和图 3.67 给出了不同工况下的硬件在环实验的制动过程和制动减速度对比情况。可以看出，依据实验结果，避撞效果与仿真相差不大。参照人机工程学理论，可将不同制动减速度对人体的乘坐舒适度指标分为 4 个等级，如表 3.19 所示[30]。由此说明这里所提出的控制方法有效改善了车辆在制动过程的平稳性。

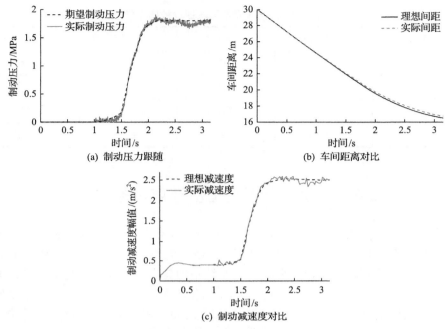

图 3.66　工况 1 下的硬件在环实验结果

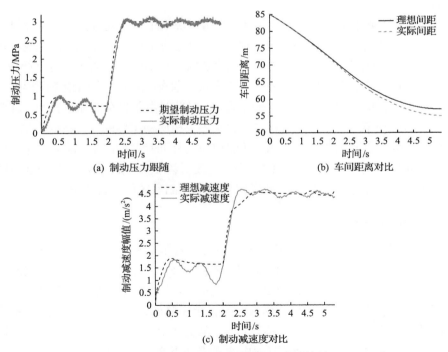

图 3.67　工况 2 下的硬件在环实验结果

表 3.19　人对车辆制动减速度敏感程度

舒适等级	减速度/(m/s^2)	制动强度	舒适度	安全性
1	(−2,0]	微小强度	一般舒适	安全
2	(−4,−2]	小强度	略感不适	小危险
3	(−6,−4]	中等强度	非常不适	危险很大
4	[−8,−6]	大强度	无舒适感	非常危险

3.6　弯道工况下自适应巡航可拓控制

自适应巡航控制(adaptive cruise control, ACC)系统,是在传统巡航控制基础上发展起来的新一代智能车辆高级辅助驾驶系统。它将自动巡航控制系统和车辆前向防撞预警系统有机地结合起来。ACC 系统不但具有自动巡航的全部功能,还可以通过车载雷达等传感器监测车辆前方的道路交通环境。一旦发现当前行驶车道的前方有其他前行车辆时,将根据本车与前车之间的相对距离及相对速度等信息,通过控制车辆的油门和制动对车辆进行纵向速度控制,使本车与前车保持合适的安全间距。

在 ACC 车辆跟车过程中,尤其是在弯道工况下跟车行驶时,除了保证纵向跟车安全之外,考虑自车的横向稳定性也是十分有必要的。例如,ACC 车辆在弯道跟车过程中,在前车驶离弯道并加速进入直道时,自车可能仍然在弯道上行驶,而此时传统的自适应巡航控制也会通过加速来跟上前车,保证两车间跟车距离保持在期望的范围内,从而确保自车的跟车性能。但是此时由于自车的加速行为、转向操纵和较高的行驶车速等因素同时存在,自车失去横向稳定性的风险将大大增加。

因此,ACC 车辆在弯道中跟车行驶时有必要同时考虑车辆的跟车性能和横向稳定性。此外,为了提高驾驶员的乘坐舒适度并降低车辆的能耗,在控制系统设计时还应将纵向乘坐舒适性和能耗考虑到整个控制系统的设计中来。

3.6.1　控制系统设计

为了协调 ACC 车辆在弯道中跟车时的跟车性能和稳定性等,本节设计了弯道工况下多目标 ACC 控制器。针对传统定权重 ACC 无法适应工况变化的问题,在多目标模型预测控制(model predictive control, MPC)框架下,将能够解决矛盾问题的可拓控制方法引入 MPC 代价函数实时权重矩阵的设计中,在不同的跟车状态和车辆横向稳定状态下协调上述控制目标,从而提高 ACC 车辆的整体性能。据此设计了如图 3.68 所示的控制结构(图中变量将在下文介绍)[34]。

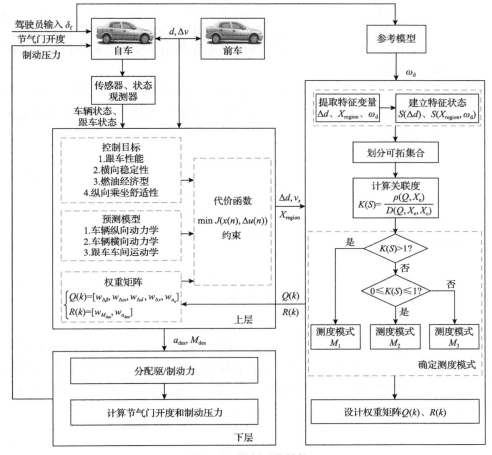

图 3.68　控制系统结构

3.6.2　系统建模

开展弯道工况下的 ACC 车辆跟车控制研究，先建立起 ACC 跟车车间纵向动力学模型和车辆横向动力学模型，然后将这两个模型集成到一个状态方程中，且考虑跟车过程中车辆的横向稳定性问题，最后建立系统的预测模型。

1. 车间纵向动力学模型

ACC 系统的功能是通过主动控制车辆的节气门开度和制动压力来进行车辆的纵向控制，从而使其能够以驾驶员预设的期望纵向车速或跟车距离行驶。自车和前车之间的期望跟车距离是通过采用固定车头时距策略来计算的，如式(3.150)所示：

$$d_{des} = T_h v_x + d_0 \tag{3.150}$$

式中，d_{des} 为期望的纵向跟车距离；T_h 为车头时距，即在同一车道上行驶的车辆队列中，两个连续车辆车头端部通过某一断面的时间间隔；v_x 为自车纵向速度；d_0 为静止车间距离，即自车与前车停止时两车间的相对距离。这里取车头时距 T_h=2s，静止车间距离 d_0=10m。

在评价 ACC 系统的跟车性能时，通常可用实际跟车距离 d 与期望跟车距离 d_{des} 之差，即相对跟车距离误差 Δd 和两车相对速度 Δv 来评价。相对跟车距离误差 Δd 和两车相对速度 Δv 的表达式如式(3.151)所示：

$$\begin{aligned} \Delta d &= d - d_{des} \\ \Delta v &= v_p - v_x \end{aligned} \tag{3.151}$$

式中，v_p 为前车的纵向行驶车速。

通过对式(3.151)求一阶导数，可得

$$\begin{aligned} \Delta \dot{d} &= \Delta v - T_h a_x \\ \Delta \dot{v} &= a_p - a_x \end{aligned} \tag{3.152}$$

式中，a_p 为前车的纵向加速度。

车辆的传动系统并不是线性的且存在惯性，因此期望加速度信号不能直接作用在车辆上。通常，期望加速度与车辆的实际加速度之间会有一定的延迟。因此，可以建立一阶惯性环节来表示期望加速度与实际加速度的传递特性，如式(3.153)所示：

$$a_x = \frac{1}{T_{ae}s + 1} a_{des} \tag{3.153}$$

式中，a_x 和 a_{des} 分别为自车的实际纵向加速度和期望纵向加速度；T_{ae} 为时间常数，本节取 T_{ae}=0.45。

2. 车辆横向动力学模型

这里采用式(3.67)所示的车辆二自由度模型来设计横向稳定性控制器。对于车辆横向稳定性控制而言，车辆的质心侧偏角和横摆角速度是极其重要的两个状态变量。因此，这两个状态变量常被用于分析和判断车辆的横向稳定性，也是横向稳定性控制的主要对象。一般来说，为了保证车辆行驶时的横向稳定性，质心侧偏角的绝对值应尽可能小，即期望的车身质心侧偏角 β_d=0。横摆角速度 ω_d 的期望值可以根据车辆参数、纵向车速和驾驶员直接操纵的前轮转角 δ_f 等计算得到，如式(3.154)所示：

$$\omega_{\mathrm{d}} = \frac{v_x l}{l + m(l_{\mathrm{f}} / k_{\mathrm{r}} - l_{\mathrm{r}} / k_{\mathrm{f}})v_x^2}\delta_{\mathrm{f}} \tag{3.154}$$

考虑到道路的附着条件限制，车辆实际的横摆角速度会存在一个极限。因此，需要对期望的横摆角速度作出改进，如式(3.155)所示：

$$\omega_{\mathrm{d}} = \min\left(\frac{v_x l}{l + m(l_{\mathrm{f}} / k_{\mathrm{r}} - l_{\mathrm{r}} / k_{\mathrm{f}})v_x^2}\delta_{\mathrm{f}}, \frac{\mu g}{v_x}\right) \tag{3.155}$$

由上面的分析可以计算得到期望的质心侧偏角 β_{d} 和期望的横摆角速度 ω_{d}。其中期望的质心侧偏角 β_{d} 为 0，而期望的横摆角速度 ω_{d} 可以由式(3.155)计算得到。因此，作为车辆横向稳定性控制输入的质心侧偏角误差和横摆角速度误差可由式(3.156)计算得到：

$$\begin{cases} \Delta\beta = \beta - \beta_{\mathrm{d}} \\ \Delta\omega = \omega - \omega_{\mathrm{d}} \end{cases} \tag{3.156}$$

质心侧偏角误差和横摆角速度误差反映了车辆的横向稳定性。具体来说，当车辆横摆角速度误差或质心侧偏角误差处在较小范围内时，表示车辆处于横向稳定状态，没有失稳的风险或者失稳的风险很小；反之，当车辆横摆角速度误差或质心侧偏角误差处在较大范围内时，意味着车辆即将或已经失控或失去横向稳定性。

3. 纵横向车-路模型

联立式(3.150)~式(3.152)和式(3.156)，可以整理得到弯道工况下自适应巡航控制系统的状态空间方程表达式，如式(3.157)所示：

$$\dot{x} = A_{\mathrm{ac}}x + B_{\mathrm{ac}}u_{\mathrm{ac}} + D_{\mathrm{ac}}q_{\mathrm{ac}} \tag{3.157}$$

式中，$u_{\mathrm{ac}} = [M_{\mathrm{des}} \quad a_{\mathrm{des}}]^{\mathrm{T}}$，$q_{\mathrm{ac}} = [\delta_{\mathrm{f}} \quad a_{\mathrm{p}}]^{\mathrm{T}}$，其中矩阵 A_{ac}、B_{ac}、D_{ac} 表示如下：

$$A_{\mathrm{ac}} = \begin{bmatrix} -\dfrac{k_{\mathrm{f}} + k_{\mathrm{r}}}{mv_x} & \dfrac{l_{\mathrm{r}}k_{\mathrm{r}} - l_{\mathrm{f}}k_{\mathrm{f}}}{mv_x^2} - 1 & 0 & 0 & 0 \\ \dfrac{l_{\mathrm{r}}k_{\mathrm{r}} - l_{\mathrm{f}}k_{\mathrm{f}}}{I_z} & -\dfrac{l_{\mathrm{f}}^2 k_{\mathrm{f}} + l_{\mathrm{r}}^2 k_{\mathrm{r}}}{I_z v_x} & 0 & 0 & 0 \\ 0 & 0 & 0 & 1 & -\tau_{\mathrm{h}} \\ 0 & 0 & 0 & 0 & -1 \\ 0 & 0 & 0 & 0 & -\dfrac{1}{\tau_{\mathrm{ax}}} \end{bmatrix}, \quad B_{\mathrm{ac}} = \begin{bmatrix} 0 & 0 \\ \dfrac{1}{I_z} & 0 \\ 0 & 0 \\ 0 & 0 \\ 0 & \dfrac{1}{\tau_{\mathrm{ax}}} \end{bmatrix}, \quad D_{\mathrm{ac}} = \begin{bmatrix} \dfrac{k_{\mathrm{f}}}{mv_x} & 0 \\ \dfrac{l_{\mathrm{f}}k_{\mathrm{f}}}{I_z} & 0 \\ 0 & 0 \\ 0 & 1 \\ 0 & 0 \end{bmatrix}$$

由于预测模型需要离散状态空间方程才能得到滚动优化的数值解，采用泰勒展开法对式(3.157)进行离散化，可以得到离散状态空间方程，如式(3.158)所示：

$$x(k+1) = A_{ad}x(k) + B_{ad}u_{ac}(k) + D_{ad}q_{ac}(k) \qquad (3.158)$$

式中，A_{ad}、B_{ad}、D_{ad}可用泰勒展开法计算得出。

在计算得到离散的状态空间方程之后，可以推导得到模型预测控制方法中的预测模型。假设当前时刻为k，p步预测时域为$[k, k+p-1]$，p为预测时域步长，k为控制时域步长，由离散状态空间方程式(3.158)，逐步迭代并整理，可得到如式(3.159)所示的p步预测模型：

$$Y_p(k+1|k) = S_x\Delta x(k) + I_p y(k) + S_d q_{ac}(k) + S_u \Delta U(k) \qquad (3.159)$$

式中，

$$S_x = \begin{bmatrix} A_{ad} & \displaystyle\sum_{i=1}^{2} A_{ad}^i & \cdots & \displaystyle\sum_{i=1}^{p} A_{ad}^i \end{bmatrix}_{1\times p}^{T}, \quad \Delta x(k) = x(k) - x(k-1), \quad y(k) = x(k),$$

$$I_p = \begin{bmatrix} I_{m_1\times m_1} & I_{m_1\times m_1} & \cdots & I_{m_1\times m_1} \end{bmatrix}_{1\times p}^{T}, \quad S_d = \begin{bmatrix} D_{ad} & \displaystyle\sum_{i=1}^{2} A_{ad}^{i-1}D_{ad} & \cdots & \displaystyle\sum_{i=1}^{p} A_{ad}^{i-1}D_{ad} \end{bmatrix}_{1\times p}^{T}$$

$$S_u = \begin{bmatrix} B_{ad} & 0 & 0 & \cdots & 0 \\ \displaystyle\sum_{i=1}^{2} A_{ad}^{i-1}B_{ad} & B_{ad} & 0 & \cdots & 0 \\ \vdots & \vdots & \vdots & & \vdots \\ \displaystyle\sum_{i=1}^{m_1} A_{ad}^{i-1}B_{ad} & \displaystyle\sum_{i=1}^{m_1-1} A_{ad}^{i-1}B_{ad} & \cdots & \cdots & B_{ad} \\ \vdots & \vdots & & & \vdots \\ \displaystyle\sum_{i=1}^{p} A_{ad}^{i-1}B_{ad} & \displaystyle\sum_{i=1}^{p-1} A_{ad}^{i-1}B_{ad} & \cdots & & \displaystyle\sum_{i=1}^{p-m_1+1} A_{ad}^{i-1}B_{ad} \end{bmatrix}_{p\times m_1}, \quad \Delta U(k) \overset{\text{def}}{=} \begin{bmatrix} \Delta u_{ac}(k) \\ \Delta u_{ac}(k+1) \\ \vdots \\ \Delta u_{ac}(k+m_1-1) \end{bmatrix}_{m_1\times 1}$$

3.6.3　性能指标与代价函数

1. 性能指标

1) 纵向跟车性能指标

对于 ACC 控制系统，基本的性能要求是要能够稳定地跟随前方车辆行驶。纵向跟车性能主要体现在两个方面：①保证 ACC 车辆与前车的相对车间距离保持在期望跟车距离范围内，跟车距离不宜过小也不宜过大。相对跟车距离过小会使得追尾风险增大，行车安全受到威胁；而相对跟车距离过大，会导致出现邻车道车辆频繁切入的情况，这也会对行车安全造成威胁，并且会影响驾驶员对 ACC 系统的信任度。②两车的相对速度要尽可能小，从而使两车处于相对稳定的跟车状态。

显而易见，当跟车距离误差 Δd 和相对速度 Δv 都为 0 时，ACC 系统纵向跟车性能是最佳的。因此，为了保证车辆纵向跟车性能，可选取 ACC 系统跟车距离误差和两车相对速度建立纵向跟车能力的代价函数。为了防止产生过大的加速度或制动减速度，在代价函数中加入了车辆纵向加速度的平方项，如式 (3.160) 所示：

$$J_{\mathrm{ACC}} = w_{\Delta d}(\Delta d - \Delta d_{\mathrm{ref}})^2 + w_{\Delta v}(\Delta v - \Delta v_{\mathrm{ref}})^2 + w_{a_e}(a_e - a_{e,\mathrm{ref}})^2 + w_{a_{\mathrm{des}}}a_{\mathrm{des}}^2 \quad (3.160)$$

式中，参考值 Δd_{ref}、Δv_{ref}、$a_{e,\mathrm{ref}}$ 均设为零。

2) 车辆横向稳定性指标

对于行驶中的车辆，其横向稳定性是保证车辆能够安全行驶的重要条件之一。在车辆横向稳定性控制中，车辆的横摆角速度误差和质心侧偏角误差通常被用来描述车辆的横向稳定状态。误差较小表示车辆横向稳定状态处于稳定区域；误差较大则表示车辆即将或者已经失去控制或失去稳定性。

为了保证车辆的横向稳定性，通常采用直接横摆力矩控制 (direct yaw moment control, DYC) 系统来执行稳定性控制。然而，DYC 系统所需的附加横摆力矩通常是通过对不同车轮施加的制动压力产生的。对于 ACC 系统，额外制动力会干扰其对车辆的纵向控制，而且增加能耗，故 DYC 系统产生的附加横摆力矩会影响 ACC 车辆的纵向跟车性能和能耗。因此，在保证车辆横向稳定性的前提下，附加横摆力矩应尽可能小。

综上所述，本节将横摆角速度误差 $\Delta\omega$、质心侧偏角误差 $\Delta\beta$ 和附加横摆力矩 M_{des} 的二次型用于构成 ACC 车辆横向稳定性的代价函数，如式 (3.161) 所示：

$$J_{\mathrm{VLS}} = w_{\Delta\omega}\Delta\omega^2 + w_{\Delta\beta}\Delta\beta^2 + w_{M_{\mathrm{des}}}M_{\mathrm{des}}^2 \quad (3.161)$$

3) 纵向乘坐舒适度指标

ACC 系统作为先进驾驶员辅助系统之一，在辅助驾驶员对车辆进行纵向运动控制的过程中，还需要考虑到驾驶员的乘坐感受，而过大的车辆纵向加/减速度和冲击度会严重影响驾驶员的乘坐舒适度。为提高驾驶员满意度，保证纵向乘坐舒适性，这里用纵向加速度的绝对值和纵向加速度变化引起的冲击度来描述 ACC 车辆的纵向乘坐舒适性的性能指标。对纵向加速度和冲击度的绝对值进行约束，从而保证驾驶员纵向乘坐舒适性，约束如式 (3.162) 所示：

$$\begin{cases} |a_x| \leqslant a_{\max} \\ |a_x(k) - a_x(k-1)| \leqslant j_{\max} \end{cases} \quad (3.162)$$

4) 经济性指标

经济性指标主要是对 ACC 车辆在行驶过程中能量消耗的描述,可通过对其进行优化以减少能耗。而 ACC 车辆在跟随前车行驶的过程中,车辆纵向加速度是影响能耗的主要因素。一般在车辆行驶过程中,速度变化越平缓,经济性越高[34]。因此,尽量减少跟车过程中车辆较大的纵向加/减速度时间,降低车辆纵向加/减速度与加速度变化率的幅值,可以有效提升车辆的经济性。

在弯道 ACC 车辆跟车过程中,能量消耗的主要原因是制动器制动时将车辆的动能转化为热能耗散在空气中。因此,在满足其他控制目标时,尽可能减少不必要的制动也是提高 ACC 车辆经济性的方法之一。例如,在保证车辆横向稳定性的前提下,DYC 系统所产生的额外制动力应尽可能地小。由于前面对车辆纵向加/减速度、加速度变化率和 DYC 所需的横摆力矩进行了限制,不再额外设立代价函数。

综上所述,对于 ACC 系统的设计目标,首先要确保的是 ACC 车辆的纵向跟踪性能和横向稳定性,这两个性能是 ACC 车辆最基本的性能,而在保证 ACC 车辆的纵向跟踪性能和横向稳定性的前提下,则需要尽可能地提升 ACC 车辆的纵向乘坐舒适性和燃油经济性。

2. 代价函数

通过以上分析,可以看到在 ACC 系统中,纵向跟车性能、车辆横向稳定性、纵向乘坐舒适性和经济性有时会存在相互影响与制约。为了对这四个控制目标进行协调优化,得到能够满足设计目标的 ACC 系统的最佳输出,这里设计了弯道 ACC 系统综合代价函数以及约束条件。将纵向跟车性能指标、车辆横向稳定性指标、纵向乘坐舒适性指标和经济性指标的二次型量化形式加权求和作为弯道多目标 ACC 系统的综合代价函数。

结合式(3.161)和式(3.162),可以得到弯道多目标 ACC 系统的综合代价函数,如式(3.163)所示:

$$
\begin{aligned}
J &= w_{\Delta d}(\Delta d - \Delta d_{\mathrm{ref}})^2 + w_{\Delta v}(\Delta v - \Delta v_{\mathrm{ref}})^2 + w_{a_e}(a_e - a_{e,\mathrm{ref}})^2 \\
&\quad + w_{a_{\mathrm{des}}} a_{\mathrm{des}}^2 + w_{\Delta \omega} \Delta \omega^2 + w_{\Delta \beta} \Delta \beta^2 + w_{M_{\mathrm{des}}} M_{\mathrm{des}}^2
\end{aligned}
\tag{3.163}
$$

然后,可以计算得到综合代价函数的预测表达式:

$$
J = \sum_{n=0}^{N_{\mathrm{p}}-1} \left\| x(k+n|n) - x_{\mathrm{ref}}(k+n|n) \right\|_{Q(k)}^2 + \sum_{n=0}^{N_{\mathrm{c}}-1} \left\| u_{\mathrm{ac}}(k+n|n) \right\|_{R(k)}^2
\tag{3.164}
$$

式中,x_{ref} 为状态变量 x 的参考值,由前面分析,显而易见,参考值需设置为 $x_{\mathrm{ref}} =$

$[0 \quad \omega_{\mathrm{d}} \quad 0 \quad 0 \quad 0]^{\mathrm{T}}$，即参考的车身质心侧偏角为 0，参考的横摆角速度为 ω_{d}，参考的纵向跟车距离误差为 0，参考的相对速度为 0，参考的车辆加速度为 0；$Q(k)$ 和 $R(k)$ 为非负的权重矩阵，如式 (3.165) 所示：

$$\begin{cases} Q(k) = [w_{\Delta\beta} \quad w_{\Delta\omega} \quad w_{\Delta d} \quad w_{\Delta v} \quad w_{a_e}] \\ R(k) = [w_{M_{\mathrm{des}}} \quad w_{a_{\mathrm{des}}}] \end{cases} \tag{3.165}$$

最后，根据纵向跟车模型、车辆动力学模型和式 (3.162) 中的约束条件，通过求解式 (3.164) 中所示的代价函数的最小值，可以获得所需的期望纵向加速度和附加横摆力矩，将参考的期望纵向加速度和附加横摆力矩信号发送到下层控制中。

3.6.4　用于权重计算的可拓控制

本节主要介绍可拓控制的基本概念以及其设计的一般步骤，并利用其来评价 ACC 车辆在行驶过程中的纵向跟车状态及横向稳定状态，最终用计算得到的关联函数值来设计本节在多目标 MPC 框架下各个性能指标的实时权重矩阵。

1. 可拓控制

1) 提取特征变量

就 ACC 系统的设计而言，首先要保证 ACC 车辆的横向稳定性和纵向跟踪能力。在保证上述两种性能的前提下，尽可能提升 ACC 车辆的其他性能，避免各个性能之间的冲突，从而进一步提升车辆整体性能。首先，要确定在当前时刻下 ACC 车辆的纵向跟车状态和横向稳定状态。显然，要先对 ACC 车辆的纵向跟车状态和横向稳定性进行评价，若在可接受范围内，则尽可能提升其他性能；若不在其可接受范围内，则要对 MPC 框架下的权重矩阵进行调整。

为了能够准确地评价当前时刻 ACC 车辆的纵向跟车状态和横向稳定性，需要选取能够较为直观表征 ACC 车辆的纵向跟车状态和横向稳定性的特征量，即对信息处理和特征识别的过程。

在纵向跟车性能方面，主要用纵向跟车误差和两车相对速度来评价。由于在跟车行驶过程中驾驶员对距离误差比相对速度更为敏感[35]，而本节主要是针对车辆在弯道跟车行驶的研究。因此，本节选取纵向跟车距离误差来调整权重 $w_{\Delta d}$，并将相对速度的权重 $w_{\Delta v}$ 设为常数。选择纵向跟车距离误差来构成纵向跟车特征状态 $S(\Delta d)$，用来判断每个时刻下 ACC 车辆的纵向跟踪状态。具体而言，纵向跟车距离误差大时，表示 ACC 车辆的纵向跟车能力差，而纵向跟车距离误差小时，则表示 ACC 车辆的纵向跟车能力强。

在车辆横向稳定性方面，相平面法能很好地识别车辆的稳定性状态，通常由车辆的质心侧偏角和质心侧偏角速度组成的相平面来判断车辆的横向稳定性[36]。因此，采用相平面法来判断每个时刻 ACC 车辆的横向稳定状态。相平面法可用式 (3.166)表示：

$$X_{\text{region}} = \left| B_1 \dot{\beta} + B_2 \beta \right| \leqslant 1 \tag{3.166}$$

式中，B_1 和 B_2 是与路面附着系数 μ 有关的参数，这里取 $B_1 = 0.064$ 和 $B_2 = 0.214$[37]。

如图 3.69 所示，由式(3.166)可将车辆横向稳定状态的相平面划分为"稳定区域"和"不稳定区域"。其中，"稳定区域"表示当车辆横向状态处于该区域内时，车辆是安全稳定的；而其余区域则为"不稳定区域"，表示当车辆横向状态处于该区域内时，车辆存在失稳和不安全的风险[33]。

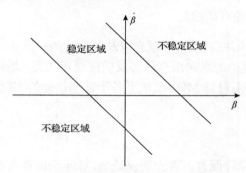

图 3.69　质心侧偏角相平面划分

除了由质心侧偏角和质心侧偏角速度组成的相平面法能够反映车辆横向稳定状态之外，驾驶员期望的横摆角速度在较大范围内时，即在驾驶员施加较大的转向盘转角时，车辆也容易发生失稳等危险。在大的转向盘转角下，如何保证车辆的横向稳定性也是一个挑战。因此，为了评价每个时刻 ACC 车辆的横向稳定状态，可选取 X_{region} 和期望的横摆角速度 ω_{d} 作为评价横向稳定性的特征变量，构成特征状态 $S(X_{\text{region}}, \omega_{\text{d}})$。具体而言，当 X_{region} 和期望的横摆角速度 ω_{d} 都处于较小值时，表示 ACC 车辆横向稳定性较好，无失稳风险；而当 X_{region} 和期望的横摆角速度 ω_{d} 其中一个值比较大时，则表示 ACC 车辆存在失稳的风险。

2) 划分可拓集合

对于 ACC 控制系统，当纵向跟车距离误差保持在驾驶员允许的纵向跟车范围内时，可以减少驾驶员的介入，从而减轻驾驶员负担，提升乘坐舒适度。如图 3.70 所示，建立纵向跟车距离误差的一维可拓集合，其中 Δd_1 和 Δd_2 分别对应于 ACC 车辆纵向跟踪误差的经典域和可拓域的边界值。在可拓控制中，可拓域的边界反映的是车辆状态允许处于的区域和不允许处于的区域的边界。因此，此处将 Δd_2 设置为驾驶员的最大允许值。允许的跟车距离误差范围如式(3.167)所示。当 ACC

车辆状态处于经典域边界内时，表示跟车距离误差较小；当 ACC 车辆状态处于经典域边界和可拓域边界之间的区域内时，表示跟车距离误差较大，但仍在可以接受的误差范围内，没有超过驾驶员的敏感度极限；而当 ACC 车辆状态处于可拓域边界外，即处于非域中时，表示此时跟车距离误差很大，已经超过了驾驶员的敏感度极限边界。

$$-\Delta d_{\max}/S_{\mathrm{de}} \leqslant \Delta d \leqslant \Delta d_{\max}/S_{\mathrm{de}} \tag{3.167}$$

式中，S_{de} 为驾驶员对距离误差的敏感度。可拓域的边界计算为 $\Delta d_2 = \Delta d_{\max}/S_{\mathrm{de}}$。$S_{\mathrm{de}}$ 的计算公式为

$$S_{\mathrm{de}} = \frac{1}{k_{\mathrm{SDE}}v_x + d_{\mathrm{SDE}}} \tag{3.168}$$

式 (3.167) 和式 (3.168) 中的参数由驾驶员通过公路和城市道路交通条件下的实验获得[20]。其中，$\Delta d_{\max} =7.2\mathrm{m}$，驾驶员对距离误差的敏感度比例系数 $k_{\mathrm{SDE}} =0.06$，驾驶员对距离误差的敏感度调节因子 $d_{\mathrm{SDE}} =0.12$。经典域的边界通常为一个相对较小的值，此处设置为 $\Delta d_1 = 0.1\Delta d_2$。即当 ACC 车辆的跟车距离误差保持在驾驶员敏感度极限值的 10% 时，认为此时的跟车距离误差保持在较小的范围内，车辆状态处于经典域内。

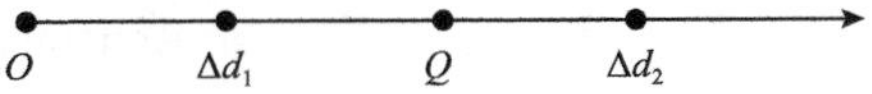

图 3.70　跟车距离误差一维可拓集合

车辆横向稳定状态通过 X_{region} 和期望横摆角速度 ω_d 来表征。因此，用一个二维 (two dimensional, 2D) 可拓集合表示车辆横向稳定状态，包括经典域、可拓域和非域。当横向稳定特征状态 $S(X_{\mathrm{region}}, \omega_d)$ 处于经典域中时，表示车辆是稳定的；当横向稳定特征状态 $S(X_{\mathrm{region}}, \omega_d)$ 处于可拓域时，表示车辆正在从稳定区域过渡到相对不稳定区域，需要通过控制将车辆状态转换到稳定区域中去；而当横向稳定特征状态 $S(X_{\mathrm{region}}, \omega_d)$ 处于非域中时，表示车辆处于不稳定状态，即将或者已经发生失稳。如图 3.71 所示，横向稳定状态二维可拓集合的横轴设置为期望横摆角速度，纵轴设置为 X_{region}，其中 ω_1 和 ω_2 分别是横轴方向上经典域和可拓域的边界，X_{region1} 和 X_{region2} 分别是纵轴方向上经典域和可拓域的边界。X_{region1} 和 X_{region2} 分别设置为 0.1 和 1。X_{region} 不能超过 1；X_{region1} 设置为 0.1，表示当 X_{region1} 处于 0.1 以内时，认为此时车辆是相对安全的。横轴方向的可拓边界 ω_2 反映了大转向条件下的边界值。将可拓域的边界 ω_2 设为 0.2μrad/s，经典域的边界 ω_1 设为 0.1ω_2，即经典域边界值设置为可拓域边界值的 10%[33]。

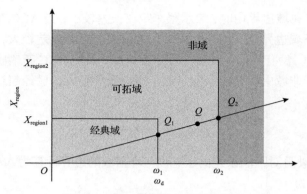

图 3.71　横向稳定性二维可拓集合

3)计算关联度

在可拓控制中，关联度是一个十分重要的量。它作为系统特征状态合格度的一种度量，还起到一种"路标"的作用，即 $k=0$ 和 $k=-1$ 分别表示合格与不合格的分界。它既表达了人脑思维中的形式逻辑，又反映了辩证逻辑。关联函数的建立采用定量和定性相结合的方法。可拓集合中的理想点是表示纵向跟车距离误差为 0 时的原点 O。对于车辆横向稳定性，当 X_{region} 和 ω_d 为零时，车辆失稳风险是最低的，也对应于可拓集合的原点 O。

图 3.72 中，假设点 Q 为可拓域中的一个点。连接点 O 和点 Q，线 $\overline{OQ}$ 和经典域与可拓域边界的交点分别是 Q_1 和 Q_2。在图 3.72 所示的跟车距离误差的一维可拓集合中，Q_1 点和 Q_2 点分别对应于 Δd_1 和 Δd_2。在可拓集合中，可拓距离定义为从一个点到集合的距离，该距离是在一维坐标系中定义的。因此，需要将横向稳定的二维可拓集合的可拓距离转换为一维可拓集合形式，如图 3.72 所示。

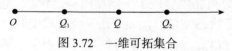

图 3.72　一维可拓集合

设置经典域 $(O,Q_1)=X_c$，可拓域 $(Q_1,Q_2)=X_e$。从点 Q 到经典域的可拓距离表示为 $\rho(Q,X_c)$，从点 Q 到可拓域的可拓距离表示为 $\rho(Q,X_e)$。可拓距离可以由式（3.169）和式（3.170）计算得到：

$$\rho(Q,X_c)=\begin{cases}-|OQ_1|, & Q\in(O,Q_1]\\ |OQ_1|, & Q\in(Q_1,+\infty)\end{cases} \tag{3.169}$$

$$\rho(Q,X_e)=\begin{cases}-|OQ_2|, & Q\in(O,Q_2]\\ |OQ_2|, & Q\in(Q_2,+\infty)\end{cases} \tag{3.170}$$

因此，关联度 $K(S)$ 用式 (3.171) 计算：

$$K(S) = \frac{\rho(Q, X_e)}{D(Q, X_e, X_c)} \tag{3.171}$$

式中，

$$D(Q, X_e, X_c) = \rho(Q, X_e) - \rho(Q, X_c)$$

4) 确定测度模式

测度模式可分为式 (3.172) 所示的三种，经典域、可拓域、非域分别对应于测度模式 M_1、M_2 和 M_3。

$$\begin{cases} M_1 = \left\{ S \mid K(S) > 1 \right\} \\ M_2 = \left\{ S \mid 0 \leqslant K(S) \leqslant 1 \right\} \\ M_3 = \left\{ S \mid K(S) < 0 \right\} \end{cases} \tag{3.172}$$

2. 实时权重设计

在计算了关联度 $K(S)$ 后，由于它能够反映 ACC 车辆纵向跟车距离误差的程度及 ACC 车辆失去横向稳定的风险，利用该方法来设计实时权重矩阵。$w_{\Delta\beta}$、$w_{\Delta\omega}$ 和 $w_{\Delta d}$ 这三个权重系数是影响 ACC 车辆各个性能的主要因素，将 $w_{\Delta\beta}$、$w_{\Delta\omega}$ 和 $w_{\Delta d}$ 的权重设置为实时权重，并根据关联函数的相应值 $K(S)$ 进行调整，从而在不同的 ACC 车辆跟车状态和横向稳定状态下施加对应的控制策略，可达到进一步提升 ACC 车辆整体性能的目的。由于其他权重 $w_{\Delta v}$、w_{a_e}、$w_{M_{des}}$、$w_{a_{des}}$ 的变化在本节中对各个控制目标影响相对较小，以及为了减小实时权重过多而带来的设计复杂度和不确定性，将 $w_{\Delta v}$、w_{a_e}、$w_{M_{des}}$、$w_{a_{des}}$ 的权重设置为常数。

当纵向跟车距离误差属于测度模式 M_1 时，表示距离误差在小范围内，不需要增加其对应的权重。而当纵向跟车距离误差属于测度模式 M_2 时，表示距离误差在一个比较大的范围内，如果不及时调整相应的权重，就有可能超过驾驶员对距离误差的敏感度极限。在纵向跟车距离误差属于测度模式 M_3 时，表示距离误差超过了驾驶员的敏感度极限，应通过控制使相应的权重最大化以减小距离误差，尽快将其控制到驾驶员的敏感度极限边界内。纵向跟车距离误差实时权重设计如式 (3.173) 所示：

$$w_{\Delta d} = \begin{cases} 0.3, & K_{ACC}(S) > 1 \\ 0.3 + 0.4 k_{ACC}, & 0 \leqslant K_{ACC}(S) \leqslant 1 \\ 0.7, & K_{ACC}(S) < 0 \end{cases} \tag{3.173}$$

式中，k_{ACC} 和 $K_{\text{ACC}}(S)$ 分别为车辆纵向控制的调整系数和关联度。

同样地，当 ACC 车辆横向稳定状态属于测度模式 M_1 时，表示车辆横向稳定状态处于稳定区域，无失稳风险，因此不需要调整相应的权重。而当车辆横向稳定状态属于测度模式 M_2 时，表示车辆横向稳定状态处于稳定区域和不稳定区域之间，如果不及时调整相应的权重，车辆可能会失去横向稳定性，存在失稳的危险。在横向稳定状态属于测度模式 M_3 时，车辆处于不稳定区域，应通过控制使相应的权重最大化以保证车辆的横向稳定性。车辆横向稳定状态的实时权重设计可如式（3.174）所示：

$$w_{\Delta\beta}, w_{\Delta\omega} = \begin{cases} 0, & K_{\text{VLS}}(S) > 1 \\ 0.5k_{\text{VLS}}, & 0 \leqslant K_{\text{VLS}}(S) \leqslant 1 \\ 0.5, & K_{\text{VLS}}(S) < 0 \end{cases} \tag{3.174}$$

式中，k_{VLS} 和 $K_{\text{VLS}}(S)$ 分别为车辆横向稳定性控制的调整系数和关联度。

可拓变权重控制的实时权重矩阵设计可如式（3.175）所示：

$$\begin{cases} Q(k) = [w_{\Delta\beta} \quad w_{\Delta\omega} \quad w_{\Delta d} \quad 1 \quad 1] \\ R(k) = [0.001 \quad 2] \end{cases} \tag{3.175}$$

为了验证所提出的可拓变权重控制方法的有效性，可与传统定权重 ACC 方法和传统定权重 ACC&DYC 方法进行比较。传统 ACC 的定权重矩阵设计如式（3.176）所示，即传统 ACC 控制方法仅对车辆纵向进行跟车控制，而不考虑车辆的横向稳定性。

$$\begin{cases} Q(k) = [0 \quad 0 \quad 0.5 \quad 1 \quad 1] \\ R(k) = [0.001 \quad 2] \end{cases} \tag{3.176}$$

传统 ACC&DYC 的定权重矩阵设计如式（3.177）所示，即该方法同时对 ACC 车辆的纵向跟车和横向稳定性进行控制，并且权重恒定，不随车辆的状态或两车间跟车状态的改变而改变。

$$\begin{cases} Q(k) = [0.5 \quad 0.5 \quad 0.5 \quad 1 \quad 1] \\ R(k) = [0.001 \quad 2] \end{cases} \tag{3.177}$$

3.6.5　仿真结果分析

以燃油车辆为实例来进行建模与计算。在上层基于模型预测算法获得期望纵向加速度和附加横摆力矩后，下层控制系统通过节气门开度和制动压力来实现这两个目标。期望的纵向加速度可由进气歧管绝对压力（manifold absolute pressure, MAP）图来实现，节气门开度可利用当前时刻的发动机转速和期望的发动机输出转矩通过查表方法来确定,而车轮制动压力基于逆制动系统来计算。具体方法步骤见文献[33],这里不再赘述。

依据图 3.68,在 MATLAB/Simulink 平台上完成上层决策算法和下层控制算法的模型搭建,在 CarSim 平台上完成整车模型和车辆道路行驶环境等的搭建,进行联合仿真,并对仿真结果进行分析。为了研究直接 DYC 系统对 ACC 车辆各个性能的影响,将 MPC 框架下的权重矩阵获得方法分别设置为传统定权重 ACC 方法、传统定权重 ACC&DYC 方法与可拓变权重方法,并进行对比,仿真结果如图 3.73～图 3.80 所示。

图 3.73 给出了 ACC 车辆纵向速度和转向盘转角仿真结果。传统定权重 ACC 方法、传统定权重 ACC&DYC 方法和可拓变权重方法下,ACC 车辆纵向跟车距离误差和两车相对速度仿真结果如图 3.74 所示。从图中可以看到,在 15s 左右,当 ACC 车辆需要减速时,DYC 系统所产生的额外制动力会使得跟车距离误差和两车相对速度稍小,但是在约 25s 时,当 ACC 车辆需要加速时,DYC 系统产生的额外制动力会使得跟车距离误差和两车相对速度比采用传统定权重 ACC 方法得到的更大。

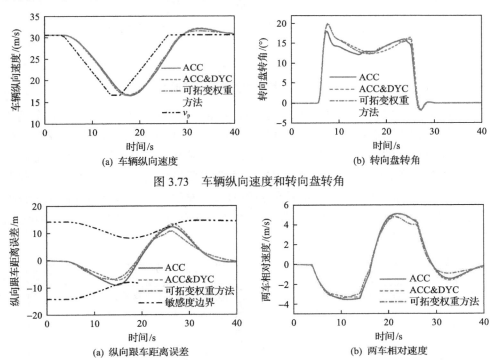

图 3.73　车辆纵向速度和转向盘转角

图 3.74　纵向跟车距离误差和两车相对速度

从图 3.74 中还可以看到,采用可拓变权重方法时,ACC 车辆的纵向跟车距离误差没有超过驾驶员敏感度边界,而采用传统定权重 ACC 和传统定权重 ACC&DYC

方法时的纵向跟车距离误差都超过了驾驶员敏感度边界，这将使得驾驶员对 ACC 系统的信任度下降，从而导致驾驶员频繁介入。

采用传统定权重 ACC 方法和传统定权重 ACC&DYC 方法得到的 ACC 车辆纵向加速度和冲击度仿真结果如图 3.75 所示。从图中可以看到，由于保证横向稳定性的需要，DYC 系统有时会产生额外的制动力，这些额外的制动力会使得车辆的纵向加速度变得不平滑，即采用无 DYC 控制的传统定权重 ACC 方法得到的纵向加速度曲线比传统定权重 ACC&DYC 方法得到的纵向加速度曲线更加平滑。因此，传统定权重 ACC&DYC 方法的冲击度比传统定权重 ACC 方法的冲击度更大。显而易见，冲击度越大，纵向乘坐舒适性越差。因此，额外的制动力除了对 ACC 系统的纵向跟踪产生影响，同时也会影响车辆的乘坐舒适性。

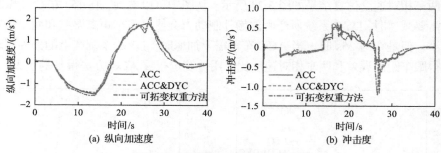

图 3.75　车辆纵向加速度及冲击度

采用传统定权重 ACC 方法和传统定权重 ACC&DYC 方法得到的 ACC 车辆的节气门开度和燃油消耗量仿真结果如图 3.76 所示。从图中可以看到，DYC 系统额外制动力存在的同时，车辆还需要跟踪前车，尤其是在前车加速、自车也需加速时，采用传统定权重 ACC&DYC 方法，车辆需要更大的节气门开度来跟踪期望加速度，因为此时 DYC 产生的额外制动力会使发动机的一部分能量转化为制动时的热能耗散在空气中，即采用传统定权重 ACC&DYC 方法得到的燃油消耗量比传统定权重 ACC 方法的要大。

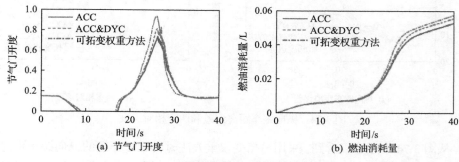

图 3.76　节气门开度和燃油消耗量

在可拓变权重方法下，为了保证纵向跟车距离误差不超过驾驶员敏感度边界，在接近边界时，该控制方法会增大权重 $w_{\Delta d}$，从而保证其纵向跟踪能力，从图 3.76 中可以看到，这导致了在 27s 左右时，ACC 车辆的节气门开度和燃油消耗量都相对较大。

采用传统定权重 ACC 方法和传统定权重 ACC&DYC 方法得到的 ACC 车辆的横摆角速度误差和质心侧偏角误差仿真结果如图 3.77 所示。从图中可以看到，相较于传统定权重 ACC 方法，由传统定权重 ACC&DYC 方法得到的横摆角速度误差和质心侧偏角误差更小。从图 3.78 中的横向跟踪误差相位图也可以看到，由传统定权重 ACC&DYC 方法得到的横向跟踪误差保持在较小的范围内。因此，DYC 系统对于横向稳定性的改善是显而易见的。

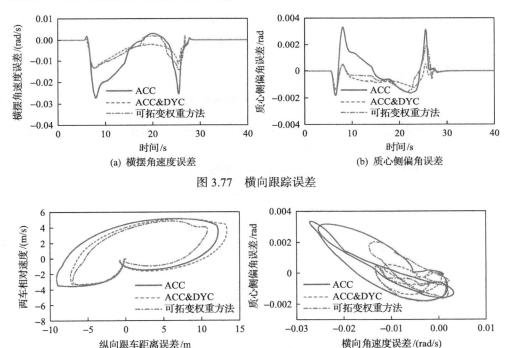

图 3.77　横向跟踪误差

图 3.78　跟踪误差相位图

在可拓变权重方法下，为保证 ACC 车辆的横向稳定性，在横向跟车距离误差接近一定值时，会增大权重 $w_{\Delta\beta}$ 和 $w_{\Delta\omega}$。从图 3.78 (b) 中可以看到，相较于传统定权重 ACC 方法，可拓变权重方法可以较好地提高车辆的横向稳定性，将横摆角速度误差和质心侧偏角误差保持在较小的范围内。相较于传统定权重 ACC&DYC 方法，可拓变权重方法控制下的车辆横向跟踪误差要稍大，但是该方法的设计目的是将横向跟踪误差保持在一定小的范围内，从而在保证车辆横向稳定性的同时尽可能提升 ACC 车辆的其他性能。可拓变权重方法的调节因子和附加横摆力矩如图3.79 所示。从图中可以看到，该方法会根据 ACC 车辆纵向跟踪状态和横向稳定状态对权重进行实时调节，从而协调不同工况下 ACC 车辆的各项性能。当横向跟踪误差在较小范围内时，可拓变权重方法会采用尽可能小的附加横摆力矩，从而提升 ACC 车辆的其他性能。

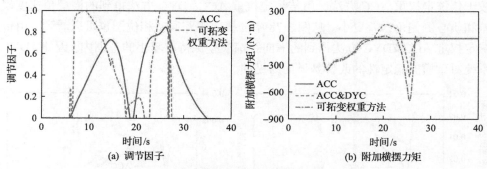

图 3.79　调节因子和附加横摆力矩

　　图 3.80 为 X_{region} 变化图。从图中可以看到，在可拓变权重控制方法下，X_{region} 的最大值和传统定权重 ACC&DYC 方法下 X_{region} 的最大值相差不大，而在传统定权重 ACC 方法下，X_{region} 的最大值则要相对大很多。

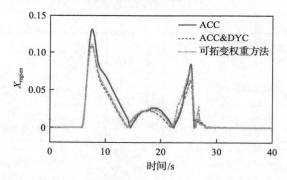

图 3.80　X_{region} 变化图

　　综上所述，DYC 系统可以很好地改善 ACC 车辆的横向稳定性，提高车辆的横向安全。但是，其产生的额外制动力也会对车辆的纵向跟踪能力造成影响，尤其是在车辆都需要加速时，会使得纵向跟踪误差变得更大。同时，车辆加速时额外制动力的产生也会导致部分能量的耗散，从而导致车辆的燃油消耗量增大。较大的额外制动力也会使得 ACC 车辆的纵向加速度曲线变得相对不平滑，车辆的冲击度也会变大，从而使车辆的乘坐舒适性变差。

　　在可拓变权重控制下，对 ACC 车辆的各项性能进行了协调。该方法相较于传统定权重 ACC 方法和传统定权重 ACC&DYC 方法，在纵向跟踪控制方面，可使得纵向跟车距离误差保持在驾驶员敏感度边界范围内；在横向稳定性控制方面，相较于传统定权重 ACC 方法，该方法可以很好地改善车辆横向稳定性。额外的附加横摆力矩会影响 ACC 车辆的纵向跟踪能力和燃油经济性，但为了保证车辆横向安全性，这是十分必要的。综上所述，可拓变权重方法能在保证 ACC 车辆纵向跟踪能力和横向安全性的前提下，尽可能减小其对乘坐舒适度和燃油经济性的影响，从而对 ACC 车辆的各个性能指标进行了协调。

参 考 文 献

[1] 陈无畏, 胡振国, 汪洪波, 等. 基于可拓决策和人工势场法的车道偏离辅助系统研究. 机械工程学报, 2018, 54(16): 134-143.

[2] 王慧然. 基于预期功能安全的自动驾驶汽车换道控制关键技术研究. 合肥: 合肥工业大学, 2021.

[3] Tan D K, Chen W W, Wang H D, et al. Shared control for lane departure prevention based on the safe envelope of steering wheel angle. Control Engineering Practice, 2017, 64(7): 15-26.

[4] 谈东奎, 陈无畏, 王家恩, 等. 基于人机共享和分层控制的车道偏离辅助系统. 机械工程学报, 2015, 51(22): 98-110.

[5] 高振刚, 陈无畏, 谈东奎, 等. 考虑驾驶员操纵失误的车道偏离辅助人机协同控制. 机械工程学报, 2019, 55(16): 91-103.

[6] 王慧然, 王其东, 陈无畏, 等. 基于车辆行驶安全边界的换道控制. 机械工程学报, 2020, 56(18): 143-153.

[7] Samimi N, Kamal M, Afzali-Kusha A, et al. Res-DNN: A residue number system-based DNN accelerator unit. IEEE Transactions on Circuits and Systems I: Regular Papers, 2020, 67(2): 658-671.

[8] Zhu D Y, Lu S Y, Wang M Q, et al. Efficient precision-adjustable architecture for softmax function in deep learning. IEEE Transactions on Circuits and Systems II: Express Briefs, 2020, 67(12): 3382-3386.

[9] Suh J, Chae H, Yi K. Stochastic model-predictive control for lane change decision of automated driving vehicles. IEEE Transactions on Vehicular Technology, 2018, 67(6): 4771-4782.

[10] 胡振国. 基于驾驶员状态监督和可拓决策的车道偏离辅助系统. 合肥: 合肥工业大学, 2018.

[11] 汪洪波, 夏志, 陈无畏. 考虑人机协调的基于转向和制动可拓联合的车道偏离辅助控制. 机械工程学报, 2019, 55(4): 135-147.

[12] Merah A K, Hartani K, Draou A. A new shared control for lane keeping and road departure prevention. Vehicle System Dynamics, 2016, 54(1): 86-101.

[13] Kenda J, Kopac J. Measurements and analyses of lateral acceleration in traffic of vehicles. Tehnicki Vjesnik, 2011, 18(2): 281-286.

[14] 余志生, 夏群生. 汽车理论. 6 版. 北京: 机械工业出版社, 2018.

[15] Smarandache F. Generalizations of the distance and dependent function in extenics to 2D, 3D, and *n*-D. Annals of the Rheumatic Diseases, 2012, 63: 961-968.

[16] 祁华宪. 基于驾驶意图识别的纯电动汽车模糊控制策略研究. 合肥: 合肥工业大学, 2017.

[17] Berndt H, Emmert J, Dietmayer K. Continuous driver intention recognition with hidden Markov models. International IEEE Conference on Intelligent Transportation Systems, 2008: 1189-1194.

[18] 陈利. 基于改进人工势场与 AFS/DYC 协调的车道保持控制研究. 合肥: 合肥工业大学, 2019.

[19] Liu J K, Wang X H. Advanced sliding mode control for mechanical systems: Design, analysis and matlab simulation. Beijing: Higher Education Press, 2012.

[20] Wang J D, Lee T L, Juang Y T. New methods to design an integral variable structure controller. IEEE Transactions on Automatic Control, 1996, 41(1): 140-143.

[21] Ying L Y. The safety of the intended functionality of vehicles. Automotive Digest, 2019, 9: 1-9.

[22] Shang S L, Li B. Study on safety of the intended functionality technology for e/e system of road vehicle. China Standardization, 2016, 9: 58-62.

[23] Wang H R, Wang Q D, Chen W W, et al. Multi-mode human-machine cooperative control for lane departure prevention based on steering assistance and differential braking. IET Intelligent Transport Systems, 2020, 14(6): 578-588.

[24] Ferraritrecate G, Cuzzola F A, Mignone D, et al. Analysis of discrete-time piecewise affine and hybrid systems. Automatica, 2002, 38(12): 2139-2146.

[25] Wen C. Extension management engineering and applications. International Journal of Operations & Quantitative Management, 1999, 5: 59-72.

[26] Cairano S D, Tseng H E, Bernardini D, et al. Vehicle yaw stability control by coordinated active front steering and differential braking in the tire sideslip angles domain. IEEE Transactions on Control Systems Technology, 2013, 21(4): 1236-1248.

[27] 谈东奎. 人机共享的驾驶员横向辅助系统关键技术研究. 合肥: 合肥工业大学, 2017.

[28] Fan L, Zhou B. A study on the assistance control of electric power steering system on low-adhesion roads. Automotive Engineering, 2014, 36(7): 862-868.

[29] Li Y R, Chen H. Application of active disturbance rejection control strategy for active front wheel steering control. International Conference on Mechanic Automation & Control Engineering, Wuhan, 2010: 3566-3569.

[30] 赵林峰, 张丁之, 王慧然, 等. 基于改进安全距离模型的人机协同纵向避撞研究. 汽车工程, 2021, 43(4): 588-600.

[31] 刘庆华, 邱修林, 谢礼猛, 等. 基于行驶车速的车辆防撞时间预警算法. 农业工程学报, 2017, 33 (12): 99-106.

[32] Moon S, Yi K. Human driving data-based design of a vehicle adaptive cruise control algorithm. Vehicle System Dynamics, 2008, 46 (8): 661-690.

[33] 孙友鼎. 弯道工况下自适应巡航系统. 合肥: 合肥工业大学, 2021.

[34] 李升波. 车辆多目标协调式自适应巡航控制. 北京: 清华大学, 2009.

[35] Zhang D Z, Li K Q, Wang J Q. A curving ACC system with coordination control of longitudinal car following and lateral stability. Vehicle System Dynamics, 2012, 50 (7): 1085-1102.

[36] Liang Y X, Li Y N, Yu Y H, et al. Integrated lateral control for 4WID/4WIS vehicle in high-speed condition considering the magnitude of steering. Vehicle System Dynamics, 2020, 58 (11): 1711-1735.

[37] Li S B, Li K Q, Rajamani R, et al. Model predictive multi-objective vehicular adaptive cruise control. IEEE Transactions on Control Systems Technology, 2011, 19 (3): 556-566.

第4章　车辆底盘集成系统可拓控制

本章对车辆底盘的几个关键子系统，如悬架系统、电动助力转向系统、线控转向系统和差动转向系统等进行建模、可拓控制、优化与分析，从研究结果中可以清楚地看到可拓控制对系统性能提升和功能拓展有着很好的能力和效果。

4.1　汽车主动悬架系统 H_∞ 可拓控制及优化

悬架是车辆底盘系统的一个关键子系统。本节在对主动悬架进行 H_∞ 控制的基础上进行可拓控制设计，对被动悬架和两种不同控制下的主动悬架系统进行对比仿真，并在此基础上对其系统参数进行优化和结果分析。

4.1.1　整车悬架系统建模

建立七自由度整车悬架系统模型[1,2]，包括车身的垂向、侧倾、俯仰运动各一个自由度以及车轮的垂向运动四个自由度，如图 4.1 所示。

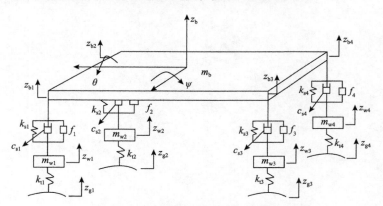

图 4.1　七自由度整车悬架系统模型示意图

对于车身质心处的垂直运动，建立方程如下：

$$m_b\ddot{z}_b = c_{s1}(\dot{z}_{w1} - \dot{z}_{b1}) + k_{s1}(z_{w1} - z_{b1}) + c_{s2}(\dot{z}_{w2} - \dot{z}_{b2}) + k_{s2}(z_{w2} - z_{b2}) + f_1 + f_2$$
$$+ c_{s3}(\dot{z}_{w3} - \dot{z}_{b3}) + k_{s3}(z_{w3} - z_{b3}) + c_{s4}(\dot{z}_{w4} - \dot{z}_{b4}) + k_{s4}(z_{w4} - z_{b4}) + f_3 + f_4$$

$$(4.1)$$

车身俯仰运动方程为

$$I_p \ddot{\theta} = [c_{s3}(\dot{z}_{w3} - \dot{z}_{b3}) + k_{s3}(z_{w3} - z_{b3}) + c_{s4}(\dot{z}_{w4} - \dot{z}_{b4}) + k_{s4}(z_{w4} - z_{b4}) + f_3 + f_4]b$$
$$- [c_{s1}(\dot{z}_{w1} - \dot{z}_{b1}) + k_{s1}(z_{w1} - z_{b1}) + c_{s2}(\dot{z}_{w2} - \dot{z}_{b2}) + k_{s2}(z_{w2} - z_{b2}) + f_1 + f_2]a$$

$$(4.2)$$

车身侧倾运动方程为

$$I_r \ddot{\varphi} = [c_{s1}(\dot{z}_{w1} - \dot{z}_{b1}) + k_{s1}(z_{w1} - z_{b1}) - c_{s2}(\dot{z}_{w2} - \dot{z}_{b2}) - k_{s2}(z_{w2} - z_{b2})$$
$$+ c_{s3}(\dot{z}_{w3} - \dot{z}_{b3}) + k_{s3}(z_{w3} - z_{b3}) - c_{s4}(\dot{z}_{w4} - \dot{z}_{b4}) - k_{s4}(z_{w4} - z_{b4}) \quad (4.3)$$
$$+ f_1 - f_2 + f_3 - f_4]l$$

车轮的垂向运动方程为

$$m_{wi} \ddot{z}_{wi} = k_{ti}(z_{gi} - z_{wi}) + k_{si}(z_{bi} - z_{wi}) + c_{si}(\dot{z}_{bi} - \dot{z}_{wi}) - f_i \quad (4.4)$$

选取系统状态变量为 $x = (z_b, \dot{z}_b, \theta, \dot{\theta}, \varphi, \dot{\varphi}, \dot{z}_{w1}, \dot{z}_{w2}, \dot{z}_{w3}, \dot{z}_{w4}, z_{w1}, z_{w2}, z_{w3}, z_{w4})^T$，干扰输入为 $w = (z_{g1}, z_{g2}, z_{g3}, z_{g4})^T$，控制输入为 $u = (f_1, f_2, f_3, f_4)^T$，被控输出为 $z = (\ddot{z}_b, \ddot{\theta}, \ddot{\varphi}, z_{b1} - z_{w1}, z_{b2} - z_{w2}, z_{b3} - z_{w3}, z_{b4} - z_{w4}, f_1, f_2, f_3, f_4)^T$，测量输出为 $y = (\ddot{z}_b, \dot{\theta}, \dot{\varphi})^T$。

建立主动悬架系统的状态空间方程为

$$\begin{cases} \dot{x} = Ax + B_1 w + B_2 u \\ z = C_1 x + D_{11} w + D_{12} u \\ y = C_2 x + D_{21} w + D_{22} u \end{cases} \quad (4.5)$$

式(4.1)~式(4.5)中，$i=1, 2, 3, 4$；z_b 为车身位移；a、b 为车身质心到前、后轴的距离；l 为 1/2 轮距；m_b 为簧载质量；m_{wi} 为非簧载质量；c_{si} 为悬架阻尼系数；k_{si} 为悬架刚度；I_p 为车身俯仰转动惯量；I_r 为车身侧倾转动惯量；k_{ti} 为轮胎刚度；θ 为车身俯仰角；φ 为车身侧倾角；z_{wi} 为第 i 个车轮垂直位移；z_{gi} 为第 i 个车轮处的路面位移；f_i 为第 i 个悬架的控制力；z_{bi} 为悬挂质量的垂直位移。

4.1.2　主动悬架 H_∞ 可拓控制器设计

汽车悬架需满足汽车操纵稳定性和乘坐舒适性要求，而这两方面是相互矛盾的。主动悬架的控制过程中也存在许多矛盾问题，众多相关联的微分方程、复杂的特征属性与转化关系无疑给描述主动悬架的控制特性带来了困难。近年来，可拓控制在汽车悬架方面也开始了一些应用。

H_∞ 控制可使悬架系统获得很好的鲁棒性能[3-5]。鉴于上述原因，考虑到可拓控制本身具有的良好控制品质和较好的自学习能力，在 H_∞ 控制的基础上，引入可拓控制。选择主动悬架的车身质心垂直加速度、车身俯仰角速度和车身侧倾角速度作为系统状态的特征量，并对这三个性能指标的值域进行划分，即包括原有的经典域、进行优化的可拓域以及控制效果相对较差的非域。将 H_∞ 控制器在不同值域内进行拓展设计，在不同值域内设计对应的局部最优控制器，从而建立全域 H_∞ 可拓控制器，以进一步提升主动悬架系统控制性能。

考虑到车身在汽车行驶中受到垂直、俯仰及侧倾方向的影响，与 H_∞ 控制器中的测量输出保持一致，并使仿真结果更具有对比性等因素，H_∞ 可拓控制器同样选取主动悬架模型的输出量 y 为质心垂直加速度、俯仰角速度、侧倾角速度，对应的期望值 r 均为 0，求得偏差 $e = r - y$。选择 e 和偏差微分 $\dot{e}$ 为特征变量以划分可拓控制器的经典域、可拓域及非域。

关于特征状态的可拓集合划分及相关变量、关联函数定义与图 2.9 和式 (2.19) 一致。根据特征平面某点位置计算关联函数值，根据关联函数值的大小对应不同值域范围，在不同值域内设计对应的控制算法，具体如图 4.2 所示。

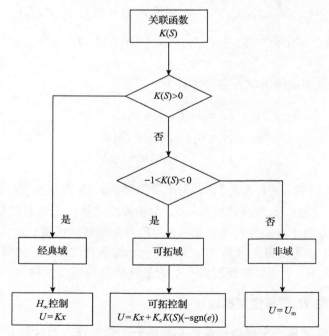

图 4.2　不同值域内对应控制算法

在经典域下，采用 H_∞ 控制方法。在可拓域下，构造控制算式实现 H_∞ 控制的拓展，$U = Kx + K_c K(S)(-\mathrm{sgn}(e))$。在非域下，采用该状态下的最大输出值 U_m 为控制器输出，实现该范围下控制性能尽可能地维持，从而建立全域下的 H_∞ 可拓控制器。其中，K_c 为主动悬架在该模式下的控制系数，$\mathrm{sgn}(e)$ 为偏差的符号函数。

4.1.3　仿真结果分析

为了对比 H_∞ 控制和 H_∞ 可拓控制，首先对不同路面输入（白噪声和单位脉冲）下的主动悬架系统进行时域仿真，比较其性能指标；然后分别对两种控制方法下的主动悬架进行汽车乘坐舒适性分析。仿真中，部分整车悬架参数如表 4.1 所示，可拓控制器参数如表 4.2 所示。

表 4.1　部分整车悬架参数

符号	数值
a	1.4m
b	1.7m
l	0.45m
m_b	1500kg
m_w	59kg
c_{s1}、c_{s2}	1000N·s/m
c_{s3}、c_{s4}	1100N·s/m
k_{s1}、k_{s2}	35000N·m
k_{s3}、k_{s4}	38000N·m
I_p	2160kg·m^2
I_r	460kg·m^2
k_{ti}	190000N·m

表 4.2　可拓控制器参数

符号	数值	符号	数值
e_{om1}	0.1	$\dot{e}_{om1}$	1.1
e_{m1}	0.1	$\dot{e}_{m1}$	2.5
e_{om2}	0.06	$\dot{e}_{om2}$	0.1
e_{m2}	0.01	$\dot{e}_{m2}$	0.18
e_{om3}	0.02	$\dot{e}_{om3}$	0.06
e_{m3}	0.06	$\dot{e}_{m3}$	0.09
k_1	1	k_2	1

1. 白噪声干扰输入

本节将白噪声作为路面干扰输入，对被动悬架和主动悬架系统的各性能进行分析。

从图 4.3 中可以看，H_∞ 控制下主动悬架的时域响应曲线波动的范围明显要小于被动悬架的响应曲线，H_∞ 可拓控制进一步提高了主动悬架的性能，其时域响应曲线的波动范围更小。由此可知，H_∞控制下主动悬架的性能要优于被动悬架，而 H_∞可拓控制性能优于H_∞控制。

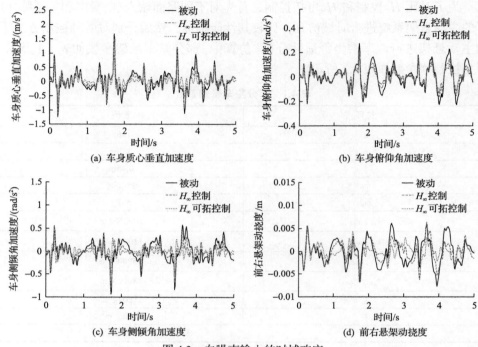

(a) 车身质心垂直加速度　　　　　　　　　(b) 车身俯仰角加速度

(c) 车身侧倾角加速度　　　　　　　　　　(d) 前右悬架动挠度

图 4.3　白噪声输入的时域响应

　　另外，为了更加精确地分析被动悬架和主动悬架各方面的性能，表 4.3 给出了相关性能指标的峰值和均方根值以进一步进行比较。

表 4.3　白噪声干扰输入下性能指标比较

控制指标		被动悬架	主动悬架	
			H_∞控制	H_∞可拓控制
车身质心垂直加速度 $\ddot{z}_b$ /(m/s²)	峰值	1.569	1.514	0.937
	均方根值	0.361	0.303	0.290
车身俯仰角加速度 $\ddot{\theta}$ /(rad/s²)	峰值	0.258	0.217	0.182
	均方根值	0.090	0.070	0.060
车身侧倾角加速度 $\ddot{\varphi}$ /(rad/s²)	峰值	0.877	0.540	0.481
	均方根值	0.241	0.155	0.130
前右悬架动挠度 $(z_{w2} - z_{b2})$/m	峰值	0.0073	0.0063	0.0048
	均方根值	0.0026	0.0022	0.0016

根据表 4.3 可知，H_∞ 可拓控制下的车身质心垂直加速度、车身俯仰角加速度、车身侧倾角加速度和前右悬架动挠度的峰值和均方根值都小于 H_∞ 控制下的数值，其峰值分别减小了 38.1%、16.1%、10.9% 和 23.8%，均方根值分别减小了 4.3%、14.3%、16.1%、27.3%。另外，H_∞ 控制的主动悬架较被动悬架的各性能指标的峰值分别减小了 3.5%、15.9%、38.4% 和 13.7%，而均方根值分别减小了 16.1%、22.2%、35.7% 和 15.4%。

由此可见，当外界干扰为白噪声输入时，H_∞ 可拓控制下的主动悬架性能指标最佳，H_∞ 控制次之，被动悬架性能相对最差。

2. 脉冲干扰输入

将单位脉冲信号作为主动悬架的外部干扰输入，对不同控制方法下的悬架系统控制效果进行对比，如图 4.4 所示。

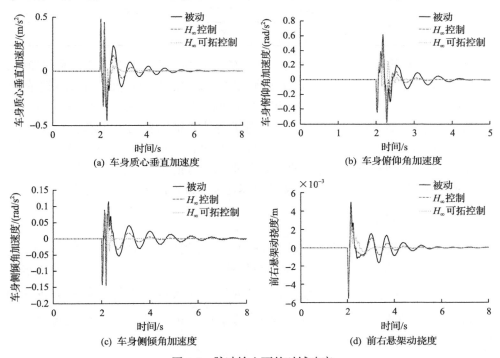

图 4.4　脉冲输入下的时域响应

由图 4.4 可以看出，H_∞ 控制下的主动悬架无论是响应峰值还是趋于稳态的时间均要小于被动悬架；而 H_∞ 可拓控制有着更强的抗干扰能力，在受到外界脉冲影响时，其车身质心垂直加速度、车身俯仰角加速度、车身侧倾角加速度和前右悬架动挠度响应能够更快地趋于稳态，而且动态响应的波动性小。

表 4.4 给出了被动悬架和不同控制方法下主动悬架的各性能指标的峰值和到达稳态所需的调节时间。

表 4.4　单位脉冲输入下性能指标比较

控制指标		被动悬架	主动悬架	
			H_∞控制	H_∞可拓控制
车身质心垂直加速度 $\ddot{z}_b$	峰值/(m/s²)	0.481	0.450	0.336
	调节时间/s	7.3	3.9	2.9
车身俯仰角加速度 $\ddot{\theta}$	峰值/(rad/s²)	0.616	0.521	0.313
	调节时间/s	4.6	3.5	2.9
车身侧倾角加速度 $\ddot{\varphi}$	峰值/(rad/s²)	0.144	0.134	0.127
	调节时间/s	4.6	3.8	2.5
前右悬架动挠度 $(z_{w2}-z_{b2})$	峰值/m	0.0052	0.0049	0.0047
	调节时间/s	6.5	4.3	3.9

根据表 4.4 可得，在单位脉冲输入下，H_∞可拓控制下的车身质心垂直加速度、车身俯仰角加速度、车身侧倾角加速度和前右悬架动挠度的峰值较 H_∞控制下的数值分别减小了 25.3%、39.9%、5.2%和4.1%，调节时间分别缩短了 25.6%、17.1%、34.2%和 9.3%；而 H_∞控制下各性能指标的峰值较被动悬架分别减小了 6.4%、15.4%、6.9%和5.8%，调节时间分别缩短了 46.6%、23.9%、17.4%和33.8%。

因此，当主动悬架受到外界冲击输入时，H_∞可拓控制有着最好的控制效果，较 H_∞控制可以进一步提高主动悬架的整体性能，改善汽车乘坐舒适性。

3. 汽车乘坐舒适性分析

为了对汽车乘坐舒适性进行更为准确的分析，根据 ISO-2631-1-1997 标准，选取车身的质心垂直加权加速度、俯仰角加速度和侧倾角加速度，计算相应指标 $\mathrm{rms}(\ddot{z}_{bwei})$、$\mathrm{rms}(\ddot{\theta}_{wei})$、$\mathrm{rms}(\ddot{\varphi}_{wei})$，对主动悬架系统进行总舒适度指数（general comfort index, GCI）分析。$\mathrm{GCI} = \sqrt{k_z^2 \mathrm{rms}^2(\ddot{z}_{bwei}) + k_\theta^2 \mathrm{rms}^2(\ddot{\theta}_{wei}) + k_\varphi^2 \mathrm{rms}^2(\ddot{\varphi}_{wei})}$，取 $k_z = 1$、$k_\theta = 0.4$、$k_\varphi = 0.63$。

根据表 4.5，采用 H_∞控制，其加权的车身的质心垂直加速度、俯仰角加速度和侧倾角加速度的均方根值较被动悬架分别减小了 32.7%、50.0%和23.0%，GCI 减小了 31.3%；而 H_∞可拓控制下加权的车身的质心垂直加速度、俯仰角加速度和侧倾角加速度的均方根值较 H_∞控制分别减小了 12.9%、9.2%、27.8%，GCI 减小了 15.8%。故 H_∞可拓控制对应的汽车乘坐舒适性要优于 H_∞控制。

表 4.5　汽车乘坐舒适性比较

性能指标	被动悬架	主动悬架	
		H_∞控制	H_∞可拓控制
rms($\ddot{z}_{bwei}$)	0.346	0.233	0.203
rms($\ddot{\theta}_{wei}$)	0.152	0.076	0.069
rms($\ddot{\varphi}_{wei}$)	0.252	0.194	0.140
GCI	0.386	0.265	0.223

4.1.4　可拓控制系数优化与分析

　　现实中，悬架系统参数往往会发生不同程度的摄动，如簧载质量与悬架刚度的变化，采用固定不变的控制系统参数可能难以保证主动悬架始终维持最优的性能。本节考虑簧载质量与悬架刚度在一定范围内变化，定义优化评价指标 J，以其最小作为优化目标，运用多项式拟合对悬架可拓控制器重要的参数即可拓控制系数 K_c 寻优求解，通过实时动态地调整可拓控制系数 K_c，获得针对悬架系统参数变化时对应的最优可拓控制器参数，进一步满足主动悬架对系统鲁棒性的要求。首先建立优化指标，考虑优化指标与汽车乘坐舒适性直接相关，选取车身质心垂直加速度、车身俯仰角加速度和车身侧倾角加速度，计算相应均方根指标 rms($\ddot{z}_b$)、rms($\ddot{\theta}$)、rms($\ddot{\varphi}$)，定义优化评价指标：

$$J = \sqrt{\frac{\alpha \cdot \mathrm{rms}^2(\ddot{z}_b) + \beta \cdot \mathrm{rms}^2(\ddot{\theta}) + \gamma \cdot \mathrm{rms}^2(\ddot{\varphi})}{3}} \tag{4.6}$$

　　取 $\alpha = 5$、$\beta = 2$、$\gamma = 3$ 为权系数。考虑直接建立 K_c 与 J 之间的函数关系 $J = f(K_c)$，以此作为目标函数，把评价指标 J 最小作为优化目标，对一定范围的 K_c 寻优求解。

　　由于在 H_∞ 可拓控制下的仿真过程中，评价指标 J 与可拓控制系数 K_c 无法得到直接的函数关系，采用拟合函数的方法获得目标函数。选取一车辆标准簧载质量为 1500kg，悬架刚度为 190000N/m，每隔 2 个百分点对簧载质量与悬架刚度选取一个参数摄动点，同时令 K_c 的变化范围处于一个相对合理的区间（取[0,5]），K_c 每隔一定的步长（取 0.2）运行一次仿真，将不同的 K_c 与其仿真结果 J 一一对应。对这些点进行多项式拟合，不断调试拟合阶数直至 R^2 大于某个临界值（取 0.998）时，确定合适的拟合阶数，并在此拟合阶数下得到拟合函数，即目标函数 $J=f(K_c)$。

　　利用 MATLAB 优化工具箱的 FMINBND 函数对目标函数进行优化分析，对 J 进行有界单变量优化，获得局域内的最优 K_c 值，并得到其对应的最优 J 值。表 4.6 给出以簧载质量变化率为 10%，前左悬架刚度变化率为-10%～10%的统计数据。

由此可知，当簧载质量与悬架刚度变化时，最优的 K_c 值也在随之变化，并不存在唯一最优的可拓控制系数 K_c。所以为了得到最优的评价指标 J，应对 K_c 进行适应性的动态调整。

表 4.6　悬架参数变化时对应的拟合与优化结果

前左悬架刚度变化率/%	拟合阶数	最优 K_c	最优 J
−10	6	1.0351	0.3137
−8	4	0.9487	0.3109
−6	5	1.5392	0.2893
−4	5	1.4218	0.2915
−2	6	1.5272	0.278
0	5	1.6305	0.2564
2	5	1.6005	0.2771
4	5	1.7124	0.2773
6	5	1.6466	0.271
8	5	1.5289	0.2692
10	4	1.692	0.2745

为了分析可拓控制系数 K_c 与簧载质量变化率、悬架刚度变化率之间的关系，选取悬架刚度和簧载质量分别单独变化的情况进行分析。表 4.7 给出的是前左悬架刚度为 190000N/m、簧载质量变化率从 −10% 到 10% 变化时，可拓控制系数 K_c 与优化指标 J 对应的优化结果。图 4.5 为簧载质量变化率与可拓控制系数的关系曲线图。

表 4.7　簧载质量变化时对应的优化结果

簧载质量变化率/%	K_c	J
−10	1.5609	0.3014
−8	1.5849	0.2962
−6	1.5946	0.2932
−4	1.5772	0.2875
−2	1.5732	0.2856
0	1.5929	0.272
2	1.6216	0.2728
4	1.6089	0.2688
6	1.63	0.2657
8	1.6062	0.2587
10	1.6305	0.2564

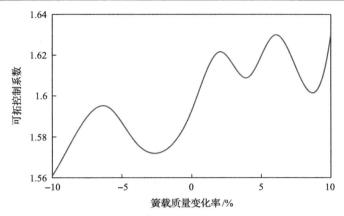

图 4.5　簧载质量变化率与可拓控制系数的关系曲线图

表 4.8 给出的是簧载质量为 1500kg、前左悬架刚度变化率从–10%到10%变化时，可拓控制系数 K_c 与优化指标 J 对应的优化结果。图 4.6 为前左悬架刚度变化率与可拓控制系数的关系曲线图。

表 4.8　前左悬架刚度变化时对应的优化结果

前左悬架刚度变化率/%	K_c	J
–10	0.8311	0.3512
–8	1.0929	0.3359
–6	1.292	0.3164
–4	1.43	0.3116
–2	1.4541	0.3046
0	1.5929	0.272
2	1.7576	0.2894
4	1.7773	0.2978
6	1.6248	0.2908
8	1.6715	0.2939
10	1.7482	0.2939

从图 4.5、图 4.6、表 4.7、表 4.8 结果可以看出，簧载质量变化率与悬架刚度变化率对最优可拓控制系数 K_c 的选取有着很大影响。为了提高悬架系统的鲁棒性并改善悬架系统的控制性能，需要针对簧载质量与悬架刚度的变化，对 K_c 进行动态优化调整。

为了体现 K_c 寻优取值的优越性，针对 K_c 三种不同取值下的评价指标 J 展开分析：①当 K_c=0 时，即控制器中不施加可拓控制，仅仅是处于 H_∞ 控制下；②当 K_c 为某一固定常数时，主动悬架处于 H_∞ 可拓控制下，这里取 K_c=1 进行分析；③当

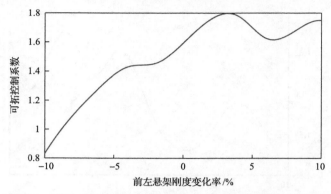

图 4.6　前左悬架刚度变化率与可拓控制系数的关系曲线图

K_c 取优化值时，K_c 处于一个动态调整的状态，能针对外界参数做出适应性的改变，保持悬架系统最优控制性能和良好的鲁棒性。图 4.7 给出了前左悬架刚度和簧载质量分别变化时评价指标的变化情况。

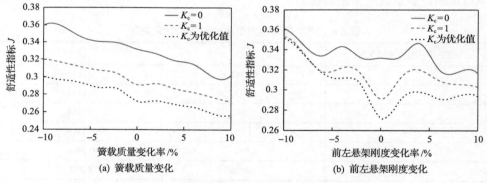

（a）簧载质量变化　　　　　　　　　　（b）前左悬架刚度变化

图 4.7　参数变化时，不同 K_c 下 J 的比较图

J 值越小，汽车的乘坐舒适性越好，可以得出以下结论：当前左悬架刚度维持不变时，改变簧载质量，K_c 为优化值对应的 J 值整体均小于 $K_c=1$ 的情况，若发生相同的参数摄动，K_c 为优化值对应的 J 值相对于 $K_c=1$ 时，最大减小率达6.70%，最小减小率达 5.67%；而 $K_c=1$ 对应的 J 值整体也小于 $K_c=0$ 的情况，若发生相同的参数摄动，$K_c=1$ 对应的 J 值相对于 $K_c=0$ 时，最大减小率达 12.24%，最小减少率达 8.01%。可见处于优化后的 H_∞ 可拓控制下的主动悬架性能指标最佳，取固定 K_c 值的 H_∞ 可拓控制对应的悬架性能次之，K_c 为 0 的 H_∞ 控制对应的悬架性能相对最差。当簧载质量维持不变时，前左悬架刚度改变后，K_c 为优化值对应的 J 值整体上不劣于 $K_c=1$ 的情况，若发生相同的参数摄动，K_c 为优化值对应的 J 值相对于 $K_c=1$ 时，最大减小率达 7.12%，最小减小率达 0.21%；而 K_c 为 1 对应的 J 值整体也小于 $K_c=0$ 的情况，$K_c=1$ 对应的 J 值相对于 $K_c=0$ 时，最大减小率达

12.24%，最小减少率达 2.35%。由此可见处于优化后 K_c 的 H_∞ 可拓控制下的悬架性能最佳，H_∞ 可拓控制次之，H_∞ 控制相对最差。

图 4.8 给出了评价指标 J 关于前左悬架刚度和簧载质量同时变化的三维关系曲面图。由图 4.8 可知，当悬架处于 H_∞ 控制下时，J 的最优值为 0.3003，最劣值为 0.4195；当悬架处于 H_∞ 可拓控制下时，J 的最优值为 0.2693、最劣值为 0.4042，采用可拓控制后 J 的最优值和最劣值分别减小 10.32%、3.65%；当悬架处于优化后的 H_∞ 可拓控制下时，J 的最优值为 0.2564、最劣值为 0.3972，J 的最优值和最劣值分别进一步减小 4.79% 与 1.73%。从图 4.9 可见，H_∞ 控制下评价指标随簧载质量和前左悬架刚度变化的波动较大，跳变点较多；而 H_∞ 可拓控制与优化后的 H_∞ 可拓控制明显波动较小，跳变点少，在维持良好的汽车舒适性方面，具有更好的鲁棒性。对 H_∞ 可拓控制(对应优化指标 J_h)与优化后的 H_∞ 可拓控制(对应优化指标 $J_{优化}$)进一步比较，构造相对变化率指标 $\Delta J = (J_{优化} - J_h)/J_h$。图 4.9 给出了 ΔJ 与前左悬架刚度变化率和簧载质量变化率的三维关系曲面图，其中 ΔJ 的最大值为 -0.14%，最小值达 -15.27%，整体均小于 0，可见优化后的 H_∞ 可拓控制对应的悬架控制性能优于 H_∞ 可拓控制。

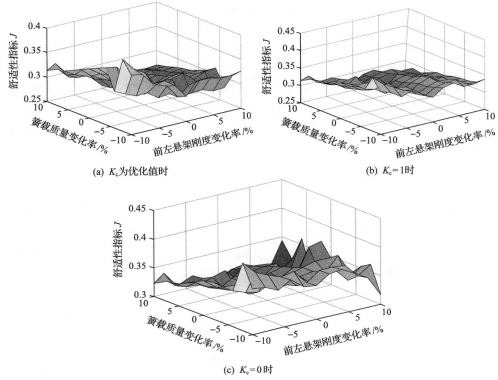

(a) K_c 为优化值时

(b) $K_c=1$ 时

(c) $K_c=0$ 时

图 4.8　J 与簧载质量变化率、前左悬架刚度变化率三维关系图

　　因此，在悬架系统参数发生变化时，通过动态调整及优化可拓控制系数K_c值，可使整车主动悬架系统获得最优的控制性能，汽车悬架控制系统鲁棒性能最佳[6]。

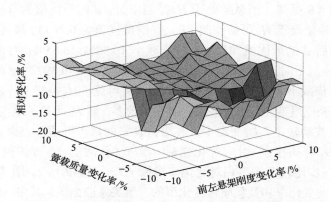

图 4.9　ΔJ 与前左悬架刚度变化率和簧载质量变化率三维关系图

4.2　EPS 多模式可拓模糊切换控制

　　本节从电动助力转向(electric power steering, EPS)系统多模式切换的平稳性角度出发，建立 EPS 模型和整车二自由度动力学模型，提出一种 EPS 模糊切换控制策略，设计相应的模糊切换控制器。针对模糊切换控制策略表现出的不足，在模糊切换控制的基础上提出可拓模糊切换控制策略。在不同测度模式内分别设计对应的控制算法，构建基于 EPS 多模式切换的可拓控制器，对提出的两种控制策略进行仿真和实验研究。

4.2.1　系统动力学建模

　　以转向管柱式 EPS 系统为研究对象，其组成主要包括车速传感器、扭矩传感器、电控单元(electronic control unit, ECU)、电动机和减速机构等，如图 4.10 所示。假设系统各部分润滑良好，忽略各部分之间的摩擦力，建立如下的转向系统模型。

　　转向管柱模型：

$$J_c\ddot{\theta}_c = -B_c\ddot{\theta}_c - K_c\theta_c + \frac{K_c x_r}{r_p} + T_h \qquad (4.7)$$

式中，T_h 为驾驶员操纵转矩；x_r、r_p 分别为齿条位移和小齿轮半径；θ_c、J_c、B_c、K_c 分别为转向盘转角、转动惯量、阻尼和刚度。

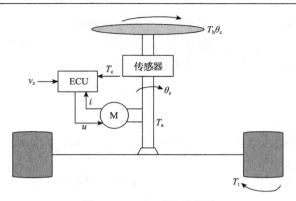

图 4.10 EPS 系统示意图

齿轮齿条模型：

$$M\ddot{x}_r = -B_r \dot{x}_r - \left(\frac{K_{cp} + K_m G^2}{r_p^2} \right) x_r + \frac{K_{cp}}{r_p} \theta_c + \frac{K_m G}{r_p} \theta_m - \frac{T_t}{r} - F_r \qquad (4.8)$$

式中，G 为减速机构传动比；F_r 为路面干扰力；θ_m、K_m 分别为助力电机转角和助力电机及其减速机构的刚度；M、B_r 分别为齿条质量和阻尼；T_t、r 分别为对转向管柱的反力矩和转向节臂的长度。

助力电机模型：

$$J_m \ddot{\theta}_m = -B_m \dot{\theta}_m + T_m - T_a \qquad (4.9)$$

式中，T_a 为电机助力转矩；$T_a = K_m \theta_m - K_m G x_r / r_p$；$J_m$、$B_m$、$T_m$ 分别为助力电机转动惯量、阻尼和电磁转矩。

助力电机端电压方程：

$$U = Li + Ri + k_d \dot{\theta}_m \qquad (4.10)$$

式中，i 为电机电枢电流；k_d 为电机反电动势常数；L、R 分别为电机电枢绕组的电感和电阻。

电动机的电磁转矩：

$$T_m = k_e i \qquad (4.11)$$

式中，k_e 为电机电磁转矩系数。

转向盘转矩传感器测量值为

$$T_c = K_{cp} \theta_c - \frac{K_{cp}}{r_p} x_r \qquad (4.12)$$

式(4.8)中，T_t 为对转向管柱的反力矩，主要由轮胎侧偏时产生的回正力矩和齿轮齿条副的摩擦损失力矩组成。假设转向系统润滑良好，摩擦损失力矩较小，可忽略不计。在小转角情况下 T_t 可表示为

$$T_t = C_f \alpha_f d$$
$$\alpha_f = \beta + l_f \omega_r / v_x - \delta_f \qquad (4.13)$$

式中，v_x 为汽车行驶纵向速度；C_f 为反力矩系数；α_f、d 分别为前轮侧偏角与轮胎纵向拖距。

车辆二自由度模型的建立可依据图 3.38 和式(3.64)～式(3.67)所示。

4.2.2　多模式切换控制策略设计

4.2.1 节建立了系统的动力学模型，满足了 EPS 不同模式下连续控制的要求。但是当各模式之间存在切换时，需要设计相应的切换控制策略，以尽可能避免模式切换对 EPS 响应的不利影响。

1. 直接切换控制

目前，针对 EPS 的切换控制大多采用常规的直接切换。本节的 EPS 混杂控制系统三种控制模式对应的切换条件如表 4.9 所示。

表 4.9　控制模式及切换条件描述

标识	切换条件	控制模式
1	$V < 70\text{km/h}, \ \theta\dot{\theta} > 0$ $V \geqslant 70\text{km/h}, \ \lvert T_h \rvert > 2\text{N} \cdot \text{m}$	助力模式
2	$V < 70\text{km/h}, \ \theta\dot{\theta} < 0$	回正模式
3	$V \geqslant 70\text{km/h}, \ \lvert T_h \rvert \leqslant 2\text{N} \cdot \text{m}$	阻尼模式

EPS 系统在工作过程中，主要工作在助力、回正和阻尼模式下，三者各自构成了自己的连续动态过程；外界离散事件输入或控制模式下连续动态的演化会引起 EPS 各模式的跃变，即多模式之间的相互切换。EPS 直接切换进行控制，可按照图 4.11 所示的方式；当切换条件满足时，直接切换至另一种工作模式。

2. 模糊切换控制系统

EPS 系统是一个复杂的混杂系统。根据 EPS 系统的控制特点，设计了如图 4.12 所示的 EPS 模糊切换控制系统。其中，模糊切换控制器作为上层控制器控制目标电流的输出，以完成各模式之间的切换；下层采用 PID 控制器进行控制。I_1、I_2 和 I_3 分别为助力、阻尼、回正模式的目标电流输出，σ_1、σ_2、σ_3 和 σ_4 分别为模糊切换控制器输出的控制器输出加权系数，系统切换控制器的最终输出根

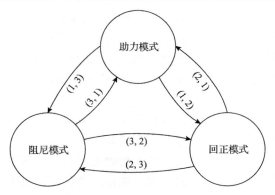

图 4.11　EPS 控制模式的切换

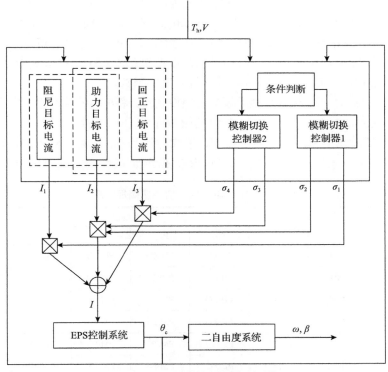

图 4.12　EPS 模糊切换控制系统

据式(4.14)得到:

$$I = \begin{cases} \sigma_1 I_1 + \sigma_2 I_2, & 控制器1工作 \\ \sigma_3 I_2 + \sigma_4 I_3, & 控制器2工作 \end{cases} \tag{4.14}$$

模糊切换控制是模糊多模型控制的一种，与传统意义上的模糊控制不同，其输出一般不是控制对象的直接输入，而是作为控制器的输出调整指令。控制系统根据输入条件对当前状态进行判断，在某一时刻，只有一个模糊切换控制器进行工作。模糊切换控制器通过输出的权数来完成两种模式的相互切换，在切换的过程中，前一个模式的加权系数从 1 降为 0，后一个模式的加权系数从 0 升为 1，从而完成切换。

当车辆低速运行时，不需要进行阻尼控制，只有助力模式和回正模式相互切换，此时，模糊切换控制器 2 工作。当车速较高时，不需要再给电机提供回正目标电流，模糊切换控制器 1 完成助力模式和阻尼模式之间的切换。

模糊切换控制器的输出为控制器输出加权系数，控制器的输入采用驾驶员操纵转矩 T_h、车速 V、转向盘转角 θ_c 等信号。对于控制助力-阻尼模式切换的模糊切换控制器，将 T_h、V 的基本论域分别定为[-5,5]、[50,90]，其模糊论域分别为 $\{-6,-5,-4,-3,-2,-1,0,1,2,3,4,5,6\}$、$\{1,2,3,4,5,6\}$，对应的模糊子集分别为 $\{NB_1,NB_2, NM_1,NM_2,NS_1,NS_2,ZO,PS_1,PS_2,PM_1,PM_2,PB_1,PB_2\}$、$\{PS_1,PS_2,PM_1,PM_2,PB_1,PB_2\}$。控制器输出的基本论域均为[0,1]，模糊论域为 $\{0,1,2,3\}$，对应的模糊子集为 $\{ZO,PS,PM,PB\}$。隶属度函数均采用三角形隶属函数。

对于控制助力-回正模式切换的模糊切换控制器，将 $\theta_c\dot{\theta}_c$ 的基本论域定为[-3,3]，其模糊论域为 $\{-3,-2,-1,0,1,2,3\}$，对应的模糊子集分别为 $\{NB,NM,NS,ZO,PS,PM, PB\}$。控制器输出的基本论域均为[0,1]，模糊论域为 $\{0,1,2,3\}$，对应的模糊子集为 $\{ZO,PS,PM,PB\}$。隶属度函数均采用三角形隶属函数。模糊规则见表 4.10 和表 4.11。

表 4.10　助力-阻尼模式切换模糊规则表

σ_1/σ_2		$V/(km/h)$					
		PS_1	PS_2	PM_1	PM_2	PB_1	PB_2
$T_h/(N\cdot m)$	NB_1	PB/ZO	PB/ZO	PB/ZO	PB/ZO	PB/ZO	PB/ZO
	NB_2	PB/ZO	PB/ZO	PB/ZO	PB/ZO	PB/ZO	PB/ZO
	NM_1	PB/ZO	PB/ZO	PB/ZO	PM/PS	PM/PS	PM/PS
	NM_2	PB/ZO	PB/ZO	PM/PS	PM/PS	PS/PM	PS/PM
	NS_1	PB/ZO	PB/ZO	PM/PS	PM/PS	ZO/PB	ZO/PB
	NS_2	PB/ZO	PB/ZO	PM/PS	PM/PS	ZO/PB	ZO/PB
	ZO	PB/ZO	PB/ZO	PM/PS	PM/PS	ZO/PB	ZO/PB
	PS_1	PB/ZO	PB/ZO	PM/PS	PM/PS	ZO/PB	ZO/PB
	PS_2	PB/ZO	PB/ZO	PM/PS	PM/PS	ZO/PB	ZO/PB
	PM_1	PB/ZO	PB/ZO	PM/PS	PS/PM	PS/PM	PS/PM
	PM_2	PB/ZO	PB/ZO	PB/ZO	PM/PS	PM/PS	PM/PS
	PB_1	PB/ZO	PB/ZO	PB/ZO	PB/ZO	PB/ZO	PB/ZO
	PB_2	PB/ZO	PB/ZO	PB/ZO	PB/ZO	PB/ZO	PB/ZO

表 4.11　助力-回正模式切换模糊规则表

$\theta_c\dot{\theta}_c$	NB	NM	NS	ZO	PS	PM	PB
σ_3/σ_4	ZO/PB	ZO/PB	ZO/PB	PS/PM	PM/PS	PB/ZO	PB/ZO

4.2.3　可拓模糊切换控制器设计

4.2.2 节设计了模糊切换控制器，以实现 EPS 各模式之间较为平滑的切换，本节结合 EPS 混杂系统特点提出了一种可拓模糊切换控制器。EPS 可拓模糊切换控制系统如图 4.13 所示。控制器的设计过程按五个步骤展开。采用目标电流 I 的微分 $\dot{I}$ 和二阶微分 $\ddot{I}$ 作为特征量，建立关于特征量的可拓集合空间。设汽车转向系统的目标电流微分及其二阶微分的容许范围分别为 $\dot{I}_{om}$ 和 $\ddot{I}_{om}$，系统可调电流微分和二阶微分分别为 $\dot{I}_m$ 和 $\ddot{I}_m$，建立起关于特征状态 $S(\dot{I},\ddot{I})$ 的可拓集合。

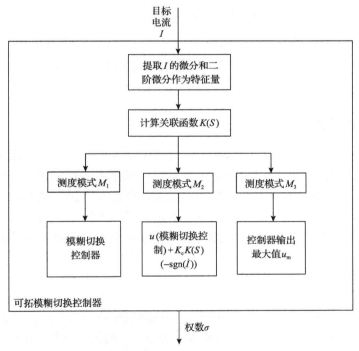

图 4.13　EPS 可拓模糊切换控制系统

设 $\dot{I}$-$\ddot{I}$ 特征平面的原点为 $S_0(0,0)$，记 $M_0=\sqrt{\dot{I}_{om}^2+\ddot{I}_{om}^2}$，$M_{-1}=\sqrt{\dot{I}_m^2+\ddot{I}_m^2}$，对于 $\dot{I}$-$\ddot{I}$ 平面上任意一点 $S(\dot{I},\ddot{I})$，定义关联函数如式 (2.19) 所示。式中，R_{gy} 为图 2.9 所示的经典域，$|SS_0|=\sqrt{\dot{I}^2+\ddot{I}^2}$。特征状态关联函数值 $K(S)$ 表明了系统特

征状态和关于系统特征状态 $S(\dot{I},\ddot{I})$ 的可拓集合的关联程度，进而用于测度模式的划分，以对应不同的可拓集合范围，具体可分为以下三种情况。

（1）系统特征状态属于经典域：测度模式 $M_1 = \{S \mid K(S) > 0\}$。此时特征量处于模糊切换控制可以控制的集合，故可采用模糊切换控制策略。

（2）系统特征状态属于可拓域：测度模式 $M_2 = \{S \mid -1 < K(S) \leqslant 0\}$。测度模式 M_2 是可拓控制策略发挥作用的主要区域，设计控制器是为了尽可能拓展 EPS 系统切换时的控制性能提升空间。控制器输出为：$u(t) = u(模糊切换控制) + K_c K(S)(-\text{sgn}(\dot{I}))$。其中，$K_c$ 为当前测度模式的控制系数，$\text{sgn}(\dot{I})$ 为目标电流微分的符号函数。

（3）系统特征状态属于非域：测度模式 $M_3 = \{S \mid K(S) \leqslant -1\}$。此模式下，特征量已经较远地偏离了经典域，无法使特征状态转变到符合控制要求的范围，取控制器输出最大值 u_m 为当前测度模式控制器输出值。

综上所述，EPS 可拓模糊切换控制器输出为

$$\begin{cases} u(t) = u(模糊切换控制), & K(S) > 0 \\ u(t) = u(模糊切换控制) + K_c K(S)(-\text{sgn}(\dot{I})), & -1 < K(S) \leqslant 0 \\ u(t) = u_m, & K(S) \leqslant -1 \end{cases} \tag{4.15}$$

4.2.4　仿真结果分析

对所建的 EPS 模型和控制策略搭建系统仿真模型，并采用标准差、电流微分最大值、开始响应时刻和响应速度指标对仿真结果进行分析。其中，响应速度定义为：从切换开始响应到切换过程结束各状态参数的差值与切换时间的比值。仿真在三种工况下进行：基于车速的助力模式到阻尼模式的切换、基于转向盘转矩的阻尼模式到助力模式的切换、基于转向盘转角的回正模式到助力模式的切换。

1. 助力-阻尼模式切换

设转向盘转矩为 2N·m，车速以 50km/h 递增到 90km/h，在这一过程中，EPS 从助力模式切换到阻尼模式，分别采用直接切换、模糊切换和可拓模糊切换三种控制策略进行仿真。经反复实验，可拓模糊切换控制器中的主要参数取 $\dot{I}_{om} = 2.05$，$\ddot{I}_{om} = 4.30$，$\dot{I}_m = 5.65$，$\ddot{I}_m = 11.50$，$K_c = [-1 \quad 1]$。图 4.14 给出的是以车速 70km/h 作为 EPS 切换点的仿真结果图。

由图 4.14 和表 4.12 可以得出，在助力-阻尼模式切换方式下，采用模糊切换控制时系统的目标电流、转向盘转角和横摆角速度的开始响应时刻比直接切换控

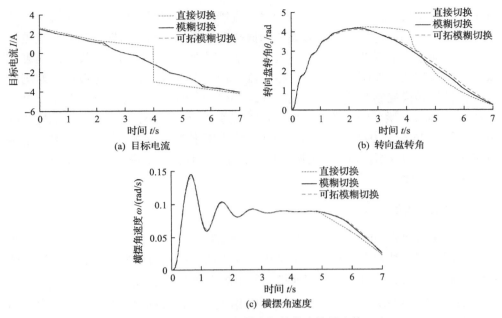

图 4.14　助力-阻尼模式切换仿真结果比较

表 4.12　模式切换过程系统性能指标比较

切换方式		直接切换				模糊切换				可拓模糊切换			
		标准差	$\left.\dfrac{\mathrm{d}}{\mathrm{d}t}\right\|_{max}$	开始响应时刻/s	响应速度	标准差	$\left.\dfrac{\mathrm{d}}{\mathrm{d}t}\right\|_{max}$	开始响应时刻/s	响应速度	标准差	$\left.\dfrac{\mathrm{d}}{\mathrm{d}t}\right\|_{max}$	开始响应时刻/s	响应速度
助力-阻尼模式切换	I	2.5891	—	4	4.5	2.1504	3.1686	2.2	1.2958	2.0765	1.83	2	1.1875
	θ_c	1.4563	5.0305	4	1.3	1.2839	1.3455	2.45	0.7887	1.222	1.2401	2.26	0.7487
	ω	0.0265	0.41	4.9	0.032	0.0252	0.401	4.85	0.0307	0.0251	0.3949	4.8	0.025
阻尼-助力模式切换	I	0.3724	—	2	2.9	0.2416	2.4416	1.2	0.7895	0.1886	0.9485	1	0.5
	θ_c	0.8947	1.8702	2.1	0.9	0.8179	1.0032	1.3	0.4872	0.7891	0.8073	1.1	0.4651
	ω	0.0393	0.1009	2.15	0.0664	0.0367	0.0537	1.4	0.034	0.0356	0.0476	1.1	0.0273
回正-助力模式切换	I	6.2694	—	4.95	10.5	4.9538	13.76	4.1	6.6667	4.0632	3.1825	4	5.6818
	θ_c	0.8459	1.932	5.1	1.8	0.7614	1.0158	4.3	0.7692	0.7282	1.0025	4.1	0.6333
	ω	0.0204	0.0667	5	0.0486	0.0169	0.0322	4.1	0.0176	0.0167	0.0315	4	0.0172

制时的分别提前 1.8s、1.55s、0.05s；其他性能指标较直接切换时的大幅下降，标准差降幅分别为 16.94%、11.84%、4.91%；直接切换过程中目标电流微分绝对值的最大值为无穷大，采用模糊切换控制后降为 3.1686，转向盘转角和横摆角速度的微分绝对值的最大值较直接切换时的值分别下降 73.25%、2.20%；响应速度分

别下降 71.20%、39.33%、4.06%。相对于直接切换，模糊切换控制系统各状态参数响应更早；切换过程中的瞬态突变和振荡现象得到抑制；横摆角速度响应更加平稳；响应速度的降低表明了切换过程的平稳过渡，符合控制策略设计的初衷。采用可拓模糊切换控制时系统的目标电流、转向盘转角和横摆角速度的开始响应时刻比模糊切换控制时的值分别提前 0.2s、0.19s、0.05s，标准差降幅为 3.44%、4.82%、0.40%；微分绝对值的最大值分别下降 42.25%、7.83%、1.52%，响应速度分别降低 8.36%、5.07%、18.57%。可拓模糊切换控制在模糊切换控制的基础上进行优化，使得 EPS 切换过程提前响应更早，过渡过程更加平稳，进一步提升了 EPS 切换时系统的性能。

2. 阻尼-助力模式切换

设车速为 80km/h，转向盘力矩从 0N·m 递增到 5N·m，在这一过程中，EPS 从阻尼模式切换到助力模式，分别采用直接切换、模糊切换和可拓模糊切换三种控制策略进行仿真。可拓模糊切换控制器中的主要参数取 $\dot{I}_{om}$ =1.52，$\ddot{I}_{om}$ =2.45，$\dot{I}_{m}$ =4.20，$\ddot{I}_{m}$ =8.90，K_{c}=[−1　1]。图 4.15 给出的是以转向盘力矩 2N·m 作为 EPS 切换点的仿真结果图。

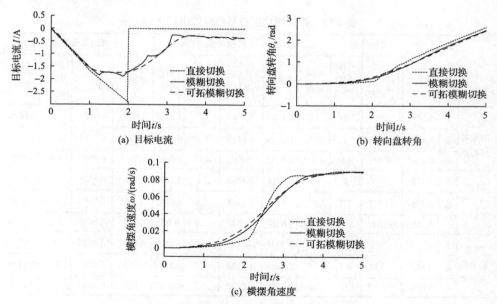

图 4.15　阻尼-助力模式切换仿真结果比较

由图 4.15 和表 4.12 可得出，在阻尼-助力模式切换方式下，采用模糊切换控制时系统的目标电流、转向盘转角和横摆角速度的开始响应时刻比直接切换控制时的值分别提前 0.8s、0.8s、0.75s；其他的性能指标较直接切换时的大幅下降，标准差降幅分别为 35.12%、8.58%、6.62%；直接切换过程中目标电流微分绝对值的最大值为无穷大，采用模糊切换控制后降为 2.4416，转向盘转角和横摆角速度的微分绝对值的最大值较直接切换控制时的值分别下降 46.36%、46.78%；响应速度分别降低 72.78%、45.87%、48.80%。相对于直接切换控制，模糊切换控制系统各状态参数响应更早，切换过程中电流突变得到抑制，转向盘抖动得到改善，横摆角速度响应更加平稳，峰值也有所下降。采用可拓模糊切换控制时系统的目标电流、转向盘转角和横摆角速度的开始响应时刻比模糊切换控制时的值分别提前 0.2s、0.2s、0.3s，标准差降幅分别为 21.94%、3.52%、3.00%，微分绝对值的最大值分别下降 61.15%、19.53%、11.36%，响应速度分别降低 36.67%、4.54%、19.71%。显见，可拓模糊切换控制在模糊切换控制的基础上进行优化，使得此切换过程系统的控制性能有了较大的提高。

3. 回正-助力模式切换

设车速为 20km/h，在回正过程中施加转向力，EPS 从回正模式切换到助力模式，分别采用直接切换、模糊切换和可拓模糊切换三种控制策略进行仿真。可拓模糊切换控制器中的主要参数取 $\dot{I}_{om}$=4.48，$\ddot{I}_{om}$=10.50，$\dot{I}_{m}$=15.20，$\ddot{I}_{m}$=29.50，K_c=[-1　1]。图 4.16 给出的是以转向盘转速和转速微分乘积为 0 作为 EPS 切换点的仿真结果图。

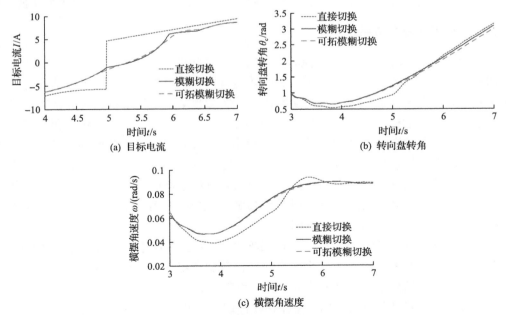

图 4.16　回正-助力模式切换仿真结果比较

由图 4.16 和表 4.12 可以得出，在回正-助力模式切换方式下，采用模糊切换控制时系统的目标电流、转向盘转角和横摆角速度的开始响应时刻比直接切换控制时的值分别提前 0.85s、0.8s、0.9s；其他性能指标较直接切换时的大幅下降，标准差降幅分别为 20.98%、9.99%、17.16%；直接切换控制过程中目标电流微分绝对值的最大值为无穷大，采用模糊切换控制后降为 13.76，转向盘转角和横摆角速度的微分绝对值的最大值较直接切换控制时的分别下降 47.42%、51.72%；响应速度分别降低 36.51%、57.27%、63.79%。相对于直接切换控制，模糊切换控制时系统各状态参数更早响应；减小了切换过程中电流的突变带来的冲击；转向盘的抖动和横摆角速度响应更加平稳，峰值下降明显。采用可拓模糊切换控制时系统的目标电流、转向盘转角和横摆角速度的开始响应时刻比模糊切换控制时的分别提前 0.1s、0.2s、0.1s；标准差降幅分别为 17.98%、4.36%、1.18%；微分绝对值的最大值分别下降 76.87%、1.31%、2.17%；响应速度分别降低 14.77%、17.67%、2.27%。此切换过程中，可拓模糊切换控制相对于模糊切换控制，系统各状态参数较早响应，切换过程更加平稳，控制性能略有提升。

仿真结果说明了模糊切换控制能较好改善 EPS 的控制性能，使得系统状态参数在切换时能更早做出响应，有效遏制了 EPS 模式切换过程中的电流突变和性能恶化，减小了切换过程的冲击，转向盘转角和横摆角速度在切换时也能更平稳地过渡。可拓模糊切换控制在模糊切换控制的基础上对目标的电流进行优化，进一步提升了系统的控制性能，实现了 EPS 混杂系统在多模式切换过程中的平滑切换。

4.2.5　台架实验及结果分析

为了验证 EPS 多模式切换控制方法的有效性和可行性，搭建用于 EPS 多模式切换的台架进行实验。以装配有 EPS 的转向管柱和阻力模拟伺服电机为基础搭建实验台架，联合 LabVIEW 进行实验研究。实验台架主要设备包括转向管柱、阻力模拟伺服电动机、各种传感器、助力电机、PXI 主机、SCB-68 接线板和计算机等，实验流程如图 4.17 所示。在实验过程中，利用接口系统采集转向盘转角传感器、转向盘转矩传感器等信号，并将信号传送给 PXI 主机；在 LabVIEW 中编写控制算法，由 PXI 主机执行；接口系统同时也将车辆模型中的转向阻力矩和目标力矩分别发送到伺服电动机控制器和 EPS 电动机控制器，以此实施多种模式的切换控制。实验工况与仿真工况相同。

图 4.18 给出了助力-阻尼模式切换实验结果，将此工况下的实验数据与仿真数据进行对比，如表 4.13 所示。由于实验所得数据及变化趋势与仿真相似，另外两种工况的实验结果及与仿真曲线的对比不再赘述。

对实验结果进行分析可知，模糊切换控制对 EPS 的控制性能有较大提高，这与仿真结果基本一致，也充分证明了所提控制策略的有效性[7]。

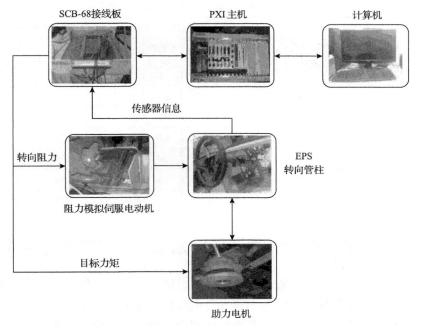

图 4.17　实验流程图

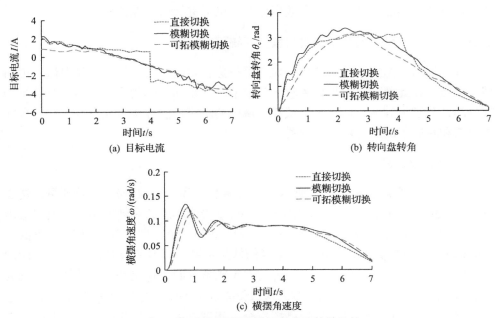

图 4.18　助力-阻尼模式切换实验结果比较

表 4.13　助力-阻尼模式切换实验与仿真结果比较

切换方式		直接切换				模糊切换				可拓模糊切换			
		标准差	$\left.\dfrac{d}{dt}\right\|_{max}$	开始响应时刻/s	响应速度	标准差	$\left.\dfrac{d}{dt}\right\|_{max}$	开始响应时刻/s	响应速度	标准差	$\left.\dfrac{d}{dt}\right\|_{max}$	开始响应时刻/s	响应速度
I	仿真	2.59	—	4.0	4.5	2.15	3.17	2.2	1.3	2.08	1.83	2.0	1.2
	实验	2.19	—	4.0	4.1	1.75	3.07	2.3	1.1	1.56	1.99	2.0	0.98
θ_c	仿真	1.46	5.03	4.0	1.3	1.28	1.35	2.5	0.8	1.22	1.24	2.3	0.7
	实验	1.07	4.23	4.2	1.6	1.02	1.58	2.4	0.7	0.93	1.34	2.5	0.6
ω	仿真	0.03	0.41	4.9	0.03	0.03	0.40	4.9	0.03	0.03	0.39	4.8	0.03
	实验	0.03	0.35	4.8	0.03	0.03	0.20	4.4	0.02	0.03	0.20	4.2	0.01

4.3　基于功能分配的悬架和转向系统可拓控制及稳定性分析

本节考虑整车的横向运动，车身的垂向、横摆、俯仰、侧倾运动和车轮的垂向运动，建立包含悬架和 EPS 的车辆九自由度整车动力学模型。由于 EPS 系统包含转向盘和转向管柱、电动机、减速机构和齿轮齿条等部分，故根据各部件之间的相互约束关系，可联立得到 EPS 系统动力学模型[8]。本节对悬架和转向集成系统设计可拓控制器，并在系统参数变化的情况下进行稳定性分析。

4.3.1　基于功能分配的悬架和转向集成系统可拓控制

本节给出可拓控制器的结构，建立可拓集合空间并将其划分为经典域、可拓域和非域；在此基础上，根据关联函数取值，在不同可拓集合范围内进行控制功能分配，分别设计经典域、可拓域和非域内的对应控制算法，获得基于功能分配的悬架和转向集成系统可拓控制器。

1. 可拓控制器设计

可拓控制器结构如图 4.19 所示。采用偏差 e 和偏差微分 $\dot{e}$ 作为特征量，建立关于特征量的可拓集合空间；其中 $e=r-y$，y 为汽车悬架和转向集成系统的输出量，r 为系统的期望输入量，$r=[0\ \ 0\ \ 0\ \ 0.36\ \ 0]$，即横摆角速度期望值为 0.36rad/s，车身质心垂直加速度、车身俯仰角速度、车身侧倾角速度、汽车侧向速度的期望值均为 0。设汽车悬架和转向集成系统的各偏差和各偏差微分分别为 e_{omi} 和 $\dot{e}_{omi}$（$i=1,2,\cdots,5$），系统可调的最大偏差和偏差微分分别为 e_m 和 $\dot{e}_m$，则关于特征状态 $S(e_i,\dot{e}_i)$（$i=1,2,3,4,5$）的可拓集合可用图 2.9 表示。设 e_i-$\dot{e}_i$ 特征平面的原点为 $S_0(0,0)$，记 $M_0=\sqrt{e_{omi}^2+\dot{e}_{omi}^2}$，$M_{-1}=\sqrt{e_{mi}^2+\dot{e}_{mi}^2}$，对于 e_i-$\dot{e}_i$ 平面上任意一点

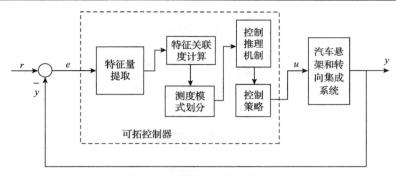

图 4.19　可拓控制器结构图

$S(e_i, \dot{e}_i)$，定义关联函数如式(2.19)所示，其中 R_{gy} 为如图 2.9 所示的经典域。

特征状态关联函数值 $K(S)$ 表明了系统特征状态和关于系统特征状态 $S(e_i, \dot{e}_i)$ 的可拓集合的关联程度，可用于划分测度模式，对应不同的可拓集合范围。不同可拓集合范围对应的系统控制功能不同，为使汽车悬架和转向集成系统获得尽可能更佳的集成控制性能，在不同可拓集合内进行控制功能分配。经典域($K(S) > 0$)内，控制功能为尽可能优化汽车悬架和转向系统控制性能，保证其系统在该范围内的控制性能指标最优。可拓域($-1 < K(S) \leqslant 0$)内，控制功能是通过改变控制变量和控制参数值，尽可能最大范围地把特征状态从不符合控制要求转化成符合控制要求的范围。非域($K(S) \leqslant -1$)内，在所有控制变量下无法通过改变控制变量和功能控制参数值使特征状态转变到符合控制要求的范围，控制功能无法发挥作用。

2. 基于功能分配的悬架和转向集成系统可拓控制器设计

为了设计基于功能分配的悬架和转向集成系统可拓控制器，根据汽车悬架和转向集成系统在三种不同测度模式下控制功能分配的要求，分别在可拓集合的不同域内设计对应的功能控制算法，以尽可能改善集成系统全局的控制性能。

在经典域内，控制器的控制功能为补偿经典域内可拓控制作用不佳的缺点，保证悬架和转向集成系统在经典域内各项控制性能指标最佳。因此，在此范围内，采用最优控制设计反馈控制 $u(t) = -K_{\mathrm{css}} x$，以使集成控制系统稳定且性能最优。

选取系统控制性能指标 J 为

$$
\begin{aligned}
J = \lim_{T \to \infty} \frac{1}{T} \int_0^T & [q_1(z_{\mathrm{w1}} - z_{\mathrm{g1}})^2 + q_2(z_{\mathrm{b1}} - z_{\mathrm{w1}})^2 + q_3(z_{\mathrm{w2}} - z_{\mathrm{g2}})^2 + q_4(z_{\mathrm{b2}} - z_{\mathrm{w2}})^2 \\
& + q_5(z_{\mathrm{w3}} - z_{\mathrm{g3}})^2 + q_6(z_{\mathrm{b3}} - z_{\mathrm{w3}})^2 + q_7(z_{\mathrm{w4}} - z_{\mathrm{g4}})^2 + q_8(z_{\mathrm{b4}} - z_{\mathrm{w4}})^2 + q_9 T_{\mathrm{a}}^2 \qquad (4.16) \\
& + \rho_1 \ddot{z}_{\mathrm{b}}^2 + \rho_2 \ddot{\varphi}^2 + \rho_3 \ddot{\theta}^2] \mathrm{d}t
\end{aligned}
$$

写成矩阵形式为

$$J = \lim_{T \to \infty} \frac{1}{T} \int_0^T (x^{\mathrm{T}} Q x + u^{\mathrm{T}} R u + 2 x^{\mathrm{T}} N u) \mathrm{d}t \tag{4.17}$$

将系统变量和模型参数代入式(4.17)求出矩阵 Q、R 和 N，由 MATLAB 软件编程，计算得出系统状态反馈控制增益矩阵 K_{css}。表 4.14 为设计最优控制器时所选取的加权系数值。

表 4.14　性能指标加权系数表

性能指标	加权系数	数值
前右轮胎动变形	q_1	30000
前右悬架动行程	q_2	60
前左轮胎动变形	q_3	30000
前左悬架动行程	q_4	60
后右轮胎动变形	q_5	30000
后右悬架动行程	q_6	60
后左轮胎动变形	q_7	30000
后左悬架动行程	q_8	60
助力力矩	q_9	15
车身质心垂直加速度	ρ_1	1
车身侧倾角加速度	ρ_2	1
车身俯仰角加速度	ρ_3	1

在可拓域内，控制器的控制功能是尽可能拓展集成控制系统的稳定域范围。设计控制器输出为

$$u(t) = -K_{\mathrm{css}} + K_{\mathrm{c}} K(S)(-\mathrm{sgn}(E)) \tag{4.18}$$

式中，K_{c} 为该测度模式下对应于悬架 4 个主动控制力和转向助力转矩的可拓功能控制系数矩阵；$\mathrm{sgn}(E)$ 为偏差的符号函数，$E = \sum\limits_{i=1}^{n} k_{\mathrm{e}i} e_i$ 为加权偏差，$e_i = y_{\infty i} - y_i$，n 为系统输出变量维数，$k_{\mathrm{e}i}$ 为偏差加权系数，$0 < k_{\mathrm{e}i} < 1$，且 $\sum\limits_{i=1}^{n} k_{\mathrm{e}i} = 1$，$y_{\infty i}$ 为系统输出当前稳态值，y_i 为系统输出当前时刻值。

在非域内，控制器的控制输出量不能拓展集成控制系统稳定域，此时为了尽可能使不稳定区域减小，取控制器输出幅值 u_{M} 为当前测度模式功能控制器输出值。

综上，基于功能分配的悬架和转向系统可拓控制器为

$$u(t) = \begin{cases} -K_{\mathrm{css}}x, & K(S) \geqslant 0 \\ -K_{\mathrm{css}}x + K_{\mathrm{c}}K(S)(-\mathrm{sgn}(E)), & -1 \leqslant K(S) < 0 \\ u_{\mathrm{M}}, & K(S) < -1 \end{cases} \qquad (4.19)$$

4.3.2　仿真结果分析

设汽车以 20m/s 速度、转向盘角阶跃输入 π/2 进行半径为 30m 的圆周行驶，对采用最优控制和基于功能分配的可拓控制(function allocation based extension control, FAEC)分别设计控制器构成闭环控制系统，进行大量的仿真，并对仿真结果进行分析。仿真所用汽车结构参数采用优化后的参数值。经反复实验，可拓控制器参数取 $e_{\mathrm{om}i} = 0.21$，$\dot{e}_{\mathrm{om}i} = 0.07$，$e_{\mathrm{om}i} = 0.62$，$\dot{e}_{\mathrm{om}i} = 0.09$，$K_{\mathrm{c}} = [1 \quad 1 \quad 1 \quad 1 \quad 5]^{\mathrm{T}}$，$k_{\mathrm{e}i}(i=1\sim5)$ 取 0.2，悬架和转向集成系统可获得较好的控制性能。

图 4.20 给出的是采用两种不同控制方法构成的闭环控制系统时，悬架和转向集成系统仿真结果比较。从图可以看出，采用 FAEC 时，车身质心垂直加速度、车身俯仰角加速度、车身侧倾角加速度、前右悬架动挠度均具有更佳的控制性能，横摆角速度响应更加平稳且能更好地跟踪期望横摆角速度值；而采用最优控制，其控制性能相对较差，横摆角速度响应的波动幅度相对较大。

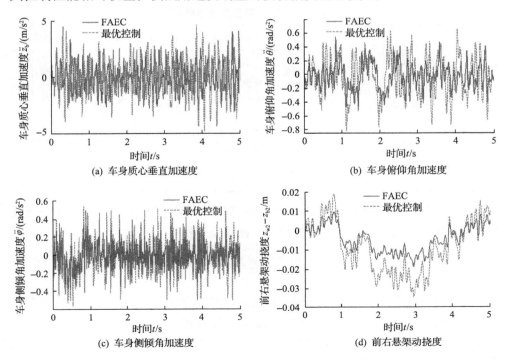

(a) 车身质心垂直加速度　　　　　　　　　　(b) 车身俯仰角加速度

(c) 车身侧倾角加速度　　　　　　　　　　(d) 前右悬架动挠度

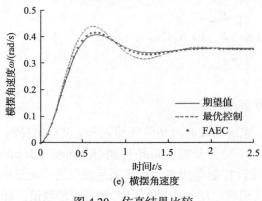

(e) 横摆角速度

图 4.20　仿真结果比较

从表 4.15 亦可看出，采用 FAEC 时，各性能指标均方根均较最优控制时小。其中，车身质心垂直加速度、车身俯仰角加速度和车身侧倾角加速度均方根值较最优控制分别减小 46.7%、72.1% 和 43.7%；横摆角速度峰值、超调量、调节时间较最优控制分别减小了 6.7%、33.2%、29.4%，车身质心侧偏角超调量、调节时间分别减小了 68.5%、12.5%，车身侧倾角峰值、调节时间分别减小了 33.3%、20.0%。

表 4.15　集成控制系统性能指标比较

控制方法	车身质心垂直加速度均方根/(m/s²)	车身俯仰角加速度均方根/(rad/s²)	车身侧倾角加速度均方根/(rad/s²)	前右悬架动挠度均方根/m	前右轮胎动变形均方根/m	横摆角速度			质心侧偏角			侧倾角		
						峰值/(rad/s)	超调量/%	调节时间/s	峰值/rad	超调量/%	调节时间/s	峰值/rad	超调量/%	调节时间/s
FAEC	0.32	0.12	0.40	0.007	0.020	0.42	16.7	1.2	−0.0250	1.16	0.63	0.04	33.3	2.8
最优控制	0.60	0.43	0.71	0.015	0.037	0.45	25.0	1.7	−0.0258	3.68	0.72	0.06	72.0	3.5

因此，基于功能分配的悬架和转向系统可拓控制较最优控制可进一步全面改善汽车悬架和转向集成系统的平顺性能、操纵稳定性能。

4.3.3　实验结果分析

实车道路实验中，采用电磁阀式可调阻尼减振器的半主动悬架，通过改变减振器中电磁阀输入电流值调节悬架阻尼系数；EPS 助力电机采用永磁同步电机，通过改变助力电机输入电流值实现电机输出助力转矩的调整。由控制电路板控制恒流源输出电流和永磁同步电机的控制电流，其软硬件系统设计基于 LPC2292

ARM 单片机予以实现。采用加速度传感器、陀螺仪等实时采集行驶汽车的状态信息，电荷放大器、数据采集仪对加速度传感器输出信号进行调理，计算机用于实时测试数据记录和控制电路板状态监控，如图 4.21 所示。

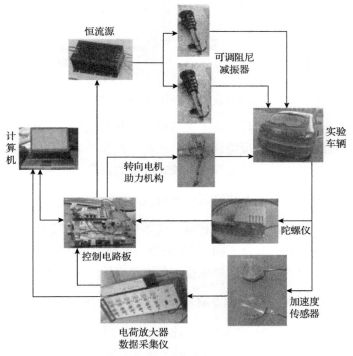

图 4.21　实车实验系统

图 4.22 给出了直线行驶工况下车身质心垂直加速度最优控制、FAEC 时控制效果，图 4.23 为双纽线行驶工况下转向盘转矩与转角关系曲线图。其中，k_s 为转

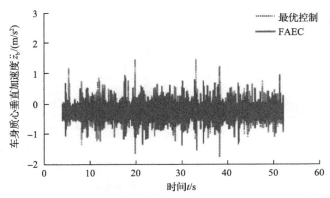

图 4.22　直线行驶工况下车身质心垂直加速度最优控制、FAEC 时的控制效果

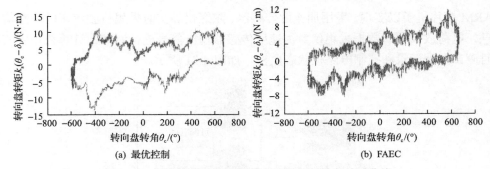

(a) 最优控制　　　　　　　　　　　　　　(b) FAEC

图 4.23　双纽线行驶工况下转向盘转矩与转角关系曲线

向管柱的刚度，θ_c 为转向盘转角，δ_1 为转向小齿轮转角。可以看出，通过 FAEC，车身质心垂向加速度振动幅度得以衰减，改善了汽车平顺性能；转向盘转矩明显降低，助力效果明显，转向轻便性得以较大程度的提高。

4.3.4　悬架和转向集成控制系统稳定性分析

采用 FAEC，考虑到 FAEC 设计时设置不同功能控制系数和偏差加权系数对集成系统控制效果的影响程度不同，当系统结构参数和可拓控制器功能控制系数、加权系数改变时，对悬架和转向集成控制系统稳定性的影响进行分析。

1. 不同控制方法对集成控制系统稳定性的影响分析

图 4.24(a) 为车身的侧倾角加速度与侧倾角速度相平面图，可以看出 FAEC 的相轨迹更加集中，表明其对应的车身侧倾角速度时域响应收敛性更强。图 4.24(b) 给出汽车在车速为 70km/h、前轮转角为 π/6rad 进行转向时，横摆角加速度与横摆角速度相平面图。可以看到，采用 FAEC 时的相轨迹较最优控制收敛性更强，对应的时域响应更加稳定。

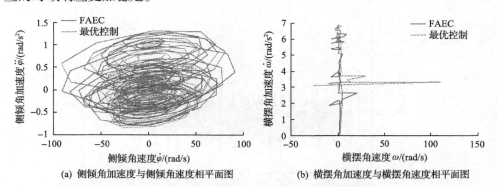

(a) 侧倾角加速度与侧倾角速度相平面图　　　　(b) 横摆角加速度与横摆角速度相平面图

图 4.24　不同控制方法对集成控制系统稳定性的影响(彩图请扫封底二维码)

2. 系统结构参数对稳定性的影响分析

从图 4.25 可以看到，随着前左悬架阻尼的增加，车身的侧倾角加速度与侧倾角速度相轨迹开始较为集中，当阻尼增加到一定值时，其相轨迹的发散程度开始体现，其对应的侧倾角速度时域响应不稳定程度增加。

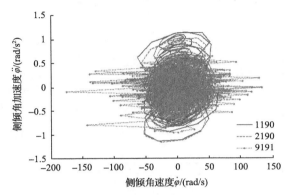

图 4.25　前左悬架阻尼值变化时车辆侧倾相平面图（彩图请扫封底二维码）

从图 4.26 可以看出，在车速为 90km/h 时，随着前轮转角的增大，横摆角加速度与横摆角速度相轨迹在横坐标方向不断集中，但是纵坐标方向横摆角加速度值不断增加，表明转向时增大前轮转向角，汽车横摆角加速度有发散的倾向；在汽车以前轮转角为 π/10rad 转向时，随着车速的增加，相轨迹在横坐标方向逐渐收敛，在纵坐标方向发散程度不断增加，表明汽车在较大车速转向时，汽车横摆角加速度响应波动幅度增加，汽车响应甚至出现失稳现象。

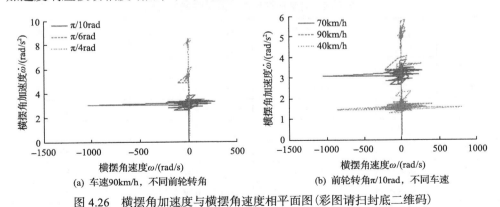

(a) 车速90km/h，不同前轮转角　　　　　　(b) 前轮转角π/10rad，不同车速

图 4.26　横摆角加速度与横摆角速度相平面图（彩图请扫封底二维码）

3. 可拓控制参数对系统稳定性的影响分析

从图 4.27 可以看出，当功能控制系数 K_c 确定时，随着车身质心垂直加速度

偏差加权系数 k_{e1} 从 0.2 减少至 0.08，横摆角加速度偏差加权系数 k_{e4} 相应增大，汽车横摆角速度响应超调量逐渐增加，调节时间增加，即振荡程度加剧。在实际仿真中，当 $k_{e1}=0.01$、$k_{e4}=0.39$ 时，横摆角速度响应为发散状态。这说明当加强横摆角加速度偏差的权重时，可拓集合中的可拓域没有进行有效拓展，汽车横摆角速度超调量增大，该权重增加过大将导致转向系统失稳。

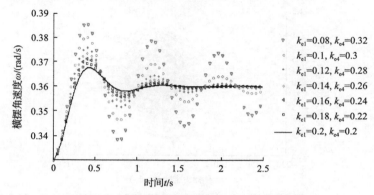

图 4.27　权重系数对横摆角速度响应的影响

从表 4.16 可以看出，减小车身质心垂直加速度偏差加权系数 k_{e1}、相应增大横摆角加速度偏差加权系数 k_{e4}，车身质心垂直加速度、车身俯仰角加速度、前右悬架动挠度的均方根值减小，悬架系统的性能不断得以改善。这说明当减小车身质心垂直加速度偏差的权重时，可拓域在经典域的基础上进行了有效拓展，悬架性能得以不断改善，有利于集成可拓控制系统的稳定性。

表 4.16　偏差加权系数对悬架性能的影响

k_{e1}	k_{e4}	质心垂直加速度均方根 /(m/s²)	俯仰角加速度均方根 /(rad/s²)	前右悬架动挠度 均方根/cm
0.34	0.06	0.76	0.75	1.36
0.32	0.08	0.68	0.69	1.28
0.30	0.10	0.59	0.56	1.11
0.28	0.12	0.53	0.49	0.97
0.26	0.14	0.47	0.42	0.89
0.24	0.16	0.43	0.37	0.84
0.22	0.18	0.39	0.24	0.78
0.2	0.2	0.32	0.12	1.76

当偏差加权系数不变，可拓控制器功能控制系数阵 K_c 前 4 个分量值 K_{ci} (i=1～4，可取 $K_{c1} = K_{c2} = K_{c3} = K_{c4}$) 从大变小时，汽车 FAEC 系统性能指标值随之减小

（表 4.17）。在仿真中，当 K_{ci} 小于某一数值时，集成可拓系统的响应曲线变化不大；而当 K_{ci} 增大到一定程度时，取较大的功能控制系数甚至会导致集成控制系统响应在可拓域内失去稳定而发散，反映了在功能控制系数增大到一定程度后，集成控制系统的控制品质恶化较快[9]。

表 4.17　功能控制系数对系统稳定性能的影响

功能控制系数 K_{ci}	质心垂直加速度均方根/(m/s²)	俯仰角加速度均方根/(rad/s²)	前右悬架动挠度均方根/cm	后左轮胎动变形均方根/cm	侧倾角均方根/rad
1	0.32	0.12	0.71	2.1	0.031
5	0.34	0.15	0.79	2.2	0.035
10	0.40	0.21	0.82	2.3	0.037
15	0.58	0.36	0.90	3.1	0.042
20	0.83	0.64	1.25	4.3	0.046
30	1.37	1.15	1.61	5.3	0.062
50	1.74	1.52	2.28	7.8	0.080
70	1.81	1.60	2.54	8.4	0.090
100	2.40	2.31	3.01	9.8	0.096
150	2.98	2.71	3.67	12.0	0.107
200	3.65	3.51	4.53	16.3	0.132

4.4　基于可拓滑模的线控转向控制

对于线控车辆的主动转向控制，本节提出基于可拓滑模的线控转向控制策略，在变角传动比前馈控制的基础上，基于横摆角速度动态反馈的主动转向控制策略，设计了可拓滑模控制器，决策出合理的前轮转角。在 MATLAB/Simulink 中搭建线控转向（steering-by-wine, SBW）模型，并选取典型工况分别进行仿真验证与硬件在环实验验证。

4.4.1　车辆模型建立

1. 车辆七自由度动力学模型

建立车辆七自由度动力学模型，如图 4.28 所示。车辆运动方程为

$$m(\dot{v}_x - v_y\omega) = F'_{xfl} + F'_{xfr} + F_{xrl} + F_{xrr} \tag{4.20}$$

$$m(\dot{v}_y + v_x\omega) = F'_{yfl} + F'_{yfr} + F_{yrl} + F_{yrr} \tag{4.21}$$

$$I_z\dot{\omega} = l_f(F'_{yfl} + F'_{yfr}) - l_r(F_{yrl} + F_{yrr}) + 0.5d(F'_{xfr} + F'_{xfl}) + 0.5d(F_{xrr} + F_{xrl}) \tag{4.22}$$

式中，

$$F'_{xfl} = F_{xfl}\cos\delta_f - F_{yfl}\sin\delta_f \tag{4.23}$$

$$F'_{yfl} = F_{xfl}\sin\delta_f + F_{yfl}\cos\delta_f \tag{4.24}$$

$$F'_{xfr} = F_{xfr}\cos\delta_f - F_{yfr}\sin\delta_f \tag{4.25}$$

$$F'_{yfr} = F_{xfr}\sin\delta_f + F_{yfr}\cos\delta_f \tag{4.26}$$

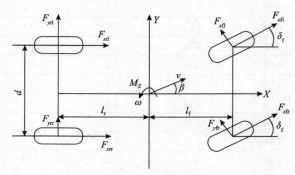

图 4.28　车辆七自由度动力学模型

车轮运动方程为

$$\begin{cases} J_\gamma \dot{\gamma}_{fl} = -F_{xfl}r_e - F_{ffl}r_e \\ J_\gamma \dot{\gamma}_{fr} = -F_{xfr}r_e - F_{ffr}r_e \\ J_\gamma \dot{\gamma}_{rl} = T_{drl} - F_{xrl}r_e - F_{frl}r_e \\ J_\gamma \dot{\gamma}_{rr} = T_{drr} - F_{xrr}r_e - F_{frr}r_e \end{cases} \tag{4.27}$$

车轮滑移率为

$$S_{ij} = (r_e y_{ij} - v_{wij}) / v_{wij} \tag{4.28}$$

车轮侧偏角为

$$\alpha_{fl} = -\delta_f + \arctan[(v_y + \omega l_f)/(v_x - 0.5\omega d)] \tag{4.29}$$

$$\alpha_{fr} = -\delta_f + \arctan[(v_y + \omega l_f)/(v_x + 0.5\omega d)] \tag{4.30}$$

$$\alpha_{rl} = \arctan[(v_y - \omega l_r)/(v_x - 0.5\omega d)] \tag{4.31}$$

$$\alpha_{rr} = \arctan[(v_y - \omega l_r)/(0.5\omega d + v_x)] \tag{4.32}$$

车身质心侧偏角为

$$\beta = \arctan(v_y / v_x) \tag{4.33}$$

$$F_{yij} = f_{ij}C_{yij}\alpha_{ij}, \quad ij = \text{fl,fr,rl,rr} \tag{4.34}$$

$$F_{xij} = f_{ij}C_{xij}S_{ij}, \quad ij = \text{fl,fr,rl,rr} \tag{4.35}$$

$$F_{Rij} = \sqrt{(k_{xij}S_{ij})^2 + (k_{yij}\alpha_{ij})^2} \tag{4.36}$$

$$f_{ij} = \begin{cases} 1, & F_{Rij} < \mu_{Hij}F_{zij}/2 \\ [2 - \mu_{Hij}F_{zij}/(2F_{Rij})]\mu_{Hij}F_{zij}/(2F_{Rij}), & F_{Rij} \geq \mu_{Hij}F_{zij}/2 \end{cases} \tag{4.37}$$

忽略惯性阻力偶矩及空气升力的作用，可以得到汽车转弯时作用在每个轮胎的垂直载荷如下所示：

$$\begin{cases} F_{zfl} = mgl_r/[2(l_f + l_r)] - ma_xh/[2(l_f + l_r)] - 2ma_yhl_r/[d(l_f + l_r)] \\ F_{zfr} = mgl_r/[2(l_f + l_r)] - ma_xh/[2(l_f + l_r)] + 2ma_yhl_r/[d(l_f + l_r)] \\ F_{zrl} = mgl_f/[2(l_f + l_r)] - ma_xh/[2(l_f + l_r)] - 2ma_yhl_f/[d(l_f + l_r)] \\ F_{zrr} = mgl_f/[2(l_f + l_r)] - ma_xh/[2(l_f + l_r)] + 2ma_yhl_f/[d(l_f + l_r)] \end{cases} \tag{4.38}$$

式(4.20)～式(4.38)中，v_x 为汽车质心纵向速度；v_y 为汽车质心侧向速度；β 为车身质心侧偏角；δ_f 为前轮转角；ω 为横摆角速度；m 为整车质量；F_{xij}、F_{yij} 分别为车轮纵向力和侧向力；l_f、l_r 分别为汽车质心至前、后轴距离；d 为前后轮轮距；J_γ 为轮胎转动惯量；F_{fij} 为滚动阻力；r_e 为轮胎滚动半径；T_{drl}、T_{drr} 为车轮驱动力矩；γ_{ij} 为车轮转动角速度；α_{ij} 为车轮的侧偏角；S_{ij} 为车轮的滑移率；C_{xij}、C_{yij} 分别为各个轮胎的纵向和侧向刚度；F_{zij} 为各个轮胎的垂直载荷；μ_{Hij} 为路面最大附着系数；v_{wij} 为车轮中心速度；a_x、a_y 分别为汽车的纵向加速度和侧向加速度；h 为汽车质心距地面的高度；ij=fl,fr,rl,rr。

2. 线控转向系统动力学模型

如图 4.29 所示，线控转向系统主要分成两大部分，即转向盘总成和转向执行机构。转向盘总成包含转向盘组件、路感模拟组件，将转向盘与路感模拟电机看成刚性连接，转向盘组件模型可以表示为

$$J_{sw}\ddot{\delta}_{sw} + B_{sw}\dot{\delta}_{sw} = T_{sw} - K_s(\delta_{sw} - \theta_{m1}/G_{m1}) \tag{4.39}$$

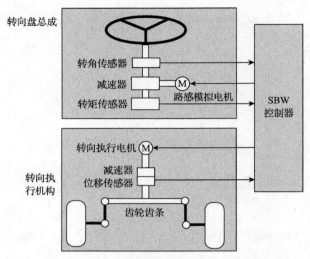

图 4.29　线控转向系统结构示意图

　　路感模拟组件主要由路感模拟电机和减速器两部分构成，路感模拟电机及减速器单元模型为

$$T_{m1} = J_{m1}\ddot{\theta}_{m1} + B_{m1}\dot{\theta}_{m1} + K_s(\delta_{sw} - \theta_{m1}/G_{m1})/G_{m1} \tag{4.40}$$

式中，J_{sw} 为转向盘转动惯量；δ_{sw} 为转向盘转角；B_{sw} 为转向盘阻尼系数；T_{sw} 为驾驶员施加的转矩；K_s 为路感模拟电机轴的扭转刚度；θ_{m1} 为路感模拟电机转角；G_{m1} 为路感模拟电机减速器的减速比；T_{m1} 为路感模拟电机的电磁转矩；J_{m1} 为路感模拟电机的转动惯量；B_{m1} 为路感模拟电机的阻尼系数。

　　转向执行机构主要包括齿轮齿条模块、转向轮组件、转向执行组件等单元。

　　齿轮齿条模块的数学模型为

$$M_r\ddot{x}_r + B_r\dot{x}_r + F_{lz} + F_{rz} = K_{md}G_{m2}(\theta_{m2} - G_{m2}x_r/r_p)/r_p \tag{4.41}$$

转向左轮组件单元的数学模型为

$$F_{lz} = T_{lz} / G_l \tag{4.42}$$

转向右轮组件单元的数学模型为

$$F_{rz} = T_{rz} / G_r \tag{4.43}$$

转向执行组件由转向执行电机和减速器两部分组成，其数学模型为

$$T_{m2} = J_{m2}\ddot{\theta}_{m2} + B_{m2}\dot{\theta}_{m2} + K_{md}(\theta_{m2} - G_{m2}x_r/r_p)$$

式中，K_{md} 为转向执行电机轴的扭转刚度；G_{m2} 为转向执行电机减速器的减速比；θ_{m2} 为转向执行电机转角；x_r 为齿条位移；M_r 为齿条质量；B_r 为齿条阻尼系数；r_p 为转向器小齿轮半径；F_{lz} 为左轮传递到齿条的转向阻力；F_{rz} 为右轮传递到齿条的转向阻力；T_{lz}、T_{rz} 分别为左、右轮回正力矩；G_l、G_r 分别为齿条位移与左、右轮转角之间的非线性传动比；J_{m2} 为转向执行电机的转动惯量；B_{m2} 为转向执行电机的阻尼系数。

　　路感电机与转向电机相同，将电机模型进行了简化，由基尔霍夫定律可知：

$$U = Ri + L\dot{i} + K_e\dot{\theta} \tag{4.44}$$

电机的电磁转矩与电流的关系为

$$T = K_e i \tag{4.45}$$

式中，U 为电机两端电压；R 为电机电枢电阻；L 为电机电感；i 为电机电流；K_e 为电机反电动势系数；T 为电机的电磁转矩。

4.4.2　前轮转角控制策略设计

1. 变角传动比设计

　　SBW 汽车取缔了传统转向系统的部分机械连接，转向系统的角传递特性可以"随意"设计，因此设计转向变角传动比，汽车转向灵敏度可以保持不变，从而减轻驾驶员负担。这种保持汽车转向灵敏度不变的转向角传动比即 SBW 系统变角传动比。根据文献[10]可知，当前关于线控转向系统变角传动比的设计主要包括以下两种方案：①基于横摆角速度增益不变；②基于侧向加速度增益不变。本节基于横摆角速度增益不变来确定变角传动比。

　　汽车的转向特性通常用横摆角速度增益即转向灵敏度 $G_{\delta_f}^r$ 来表示：

$$\omega_r = G_{\delta_{sw}}^r \cdot \delta_{sw} = G_{\delta_{sw}}^r \cdot \delta_f \cdot i_R = G_{\delta_f}^r \cdot \delta_f \tag{4.46}$$

式中，$G_{\delta_{sw}}^r$ 为转向盘转角到汽车响应的横摆角速度增益；$G_{\delta_f}^r$ 为前轮转角到汽车响应的横摆角速度增益，即

$$G_{\delta_f}^r = \frac{v/(l_f + l_r)}{1 + Kv^2} \tag{4.47}$$

式中，$K = \dfrac{m}{(l_f + l_r)^2}\left(\dfrac{l_f}{2C_{yfl}} - \dfrac{l_r}{2C_{yfr}}\right)$。

由式(4.46)、式(4.47)可得理想变角传动比 i_R:

$$i_R = \frac{v/(l_f + l_r)}{G_{\delta_{sw}}^r (1 + Kv^2)} \tag{4.48}$$

由文献[11]可知,汽车稳态横摆角速度增益为 $0.16 \sim 0.33 s^{-1}$,这里选取汽车稳态横摆角速度增益为 $0.28 s^{-1}$。

低速时,考虑到汽车行驶的转向灵敏性,将变角传动比设计得小一些,使驾驶员不需要转动过大的转角,就能够产生较大的前轮转角,但是若传动比太小,转向会过于灵敏,造成前轮很快地转到最大转角位置,因此变角传动比应设下限值 i_{Rmin},对应下临界车速为 v_0;高速时,考虑到汽车行驶的稳定性,将传动比设计得大一些,使驾驶员转动转向盘时,前轮转角变化"缓慢"一些,但是若传动比太大,前轮转向的响应会过于缓慢,使得高速换道、超车或避撞等不方便进行,因此变角传动比应设上限值 i_{Rmax},对应上临界车速为 v_1。当 $v \leqslant 20km/h$ 时,$i_R=8$;当 $v > 100km/h$ 时,$i_R=24$,即取下临界车速 $v_0=20km/h$ 时对应的 $i_{Rmax}=8$,上临界车速 $v_1=100km/h$ 时对应的 $i_{Rmax}=24$。变角传动比设计公式如式(4.49)所示,设计的变角传动比曲线如图 4.30 所示。

$$i_R = \begin{cases} 8, & v \leqslant 20km/h \\ \dfrac{v/L}{(1+Kv^2)G_{\delta_{sw}}^r}, & 20km/h < v < 100km/h \\ 24, & v \geqslant 100km/h \end{cases} \tag{4.49}$$

式中,L 为轴距。

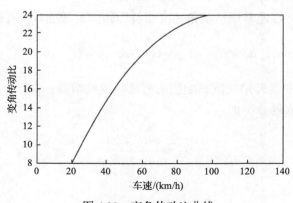

图 4.30　变角传动比曲线

2. 基于横摆角速度反馈的可拓滑模控制

通过 SBW 汽车的变角传动比设计对前轮转角的控制是稳态意义上的控制[12]，但汽车有时会处在瞬态状况下，因此，在变角传动比控制前轮转角的基础上，采用基于横摆角速度反馈的控制算法，当汽车有失稳趋势时，通过 SBW 系统的控制策略对汽车前轮转角进行控制，减小实际横摆角速度和理想横摆角速度的差值，主动纠正汽车的行驶状态，使汽车恢复行驶稳定性。

在设计横摆角速度反馈校正控制策略之前，必须先得到理想的汽车行驶状态，因此建立理想二自由度车辆参考模型，参见图 3.38。SBW 主动前轮转向综合控制框图如图 4.31 所示。

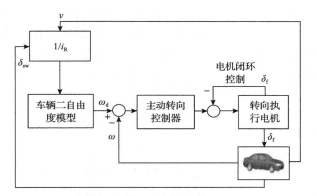

图 4.31　SBW 主动前轮转向综合控制框图

由整车坐标系的规定可得汽车前、后轮侧偏角如下：

$$
\begin{cases}
\alpha_\mathrm{f} = \beta_\mathrm{d} + \dfrac{l_\mathrm{f}\omega_\mathrm{d}}{v_x} - \delta_\mathrm{fd} \\[2mm]
\alpha_\mathrm{r} = \beta_\mathrm{d} - \dfrac{l_\mathrm{r}\omega_\mathrm{d}}{v_x}
\end{cases}
\tag{4.50}
$$

理想二自由度汽车状态方程为

$$
\begin{bmatrix} \dot\beta_\mathrm{d} \\ \dot\omega_\mathrm{d} \end{bmatrix}
=
\begin{bmatrix}
\dfrac{C_{y\mathrm{fl}} + C_{y\mathrm{fr}}}{mv} & \dfrac{l_\mathrm{f}C_{y\mathrm{fl}} - l_\mathrm{r}C_{y\mathrm{fr}}}{mv^2} - 1 \\[3mm]
\dfrac{l_\mathrm{f}C_{y\mathrm{fl}} - l_\mathrm{r}C_{y\mathrm{fr}}}{I_z} & \dfrac{l_\mathrm{f}^2 C_{y\mathrm{fl}} + l_\mathrm{r}^2 C_{y\mathrm{fl}}}{I_z v}
\end{bmatrix}
\begin{bmatrix} \beta_\mathrm{d} \\ \omega_\mathrm{d} \end{bmatrix}
+
\begin{bmatrix}
\dfrac{-C_{y\mathrm{fl}}}{mv} \\[3mm]
\dfrac{-l_\mathrm{f}C_{y\mathrm{fl}}}{I_z}
\end{bmatrix}
\delta_\mathrm{f}
$$

$$
=
\begin{bmatrix} a_{11} & a_{12} \\ a_{21} & a_{22} \end{bmatrix}
\begin{bmatrix} \beta_\mathrm{d} \\ \omega_\mathrm{d} \end{bmatrix}
+
\begin{bmatrix} b_{11} \\ b_{21} \end{bmatrix}
\delta_\mathrm{fd}
\tag{4.51}
$$

式中，β_d 为理想质心侧偏角；ω_d 为理想横摆角速度；δ_{fd} 为理想前轮转角；v 为车速；m 为汽车的整车质量；I_z 为汽车绕铅垂轴的转动惯量；l_f、l_r 分别为质心到汽车前后轴的距离；C_{yfl}、C_{yfr} 分别为理想二自由度参考模型前、后轮胎侧偏刚度。

由理想二自由度状态方程可得理想横摆角速度为

$$\omega_d = \frac{v\delta_{fd}}{L(1+Kv^2)} \tag{4.52}$$

3. 主动转向控制器设计

1)滑模控制器设计

滑模控制对系统的参数变化具有较好的自适应性和鲁棒性，适用于汽车行驶稳定性的控制。本节先设计滑模控制器对 SBW 汽车的主动转向进行控制。

定义滑模切换平面为：$s=\omega-\omega_d$，当状态 $(\omega,\dot{\omega})$ 到达滑模平面时，系统进入滑动模态，此时系统的动态特性由滑模切换函数决定，$\dot{s}=-\eta s$，即

$$\dot{\omega} - \dot{\omega}_d = -\eta(\omega-\omega_d) \tag{4.53}$$

由式(4.52)和式(4.53)可得

$$\dot{\omega} - (a_{21}\beta_d + a_{22}\omega_d + b_{21}\delta_{fd}) = -\eta(\omega-\omega_d) \tag{4.54}$$

选择滑模趋近律时，采用指数趋近律，该趋近律表达式为

$$u_H = -\lambda \operatorname{sgn}(s) \tag{4.55}$$

式(4.55)可确保当系统不在滑模面上时，系统仍向理想的滑模面靠近，即 $s\dot{s} \leqslant 0$。

由式(4.54)和式(4.55)可得控制器输出为

$$u_H = \frac{\eta(\omega-\omega_d) + \dot{\omega}_r - a_{21}\beta_d - a_{22}\omega_d}{b_{21}} + \lambda \operatorname{sgn}(s) \tag{4.56}$$

为了改善滑模控制器性能，减少系统产生的"抖振"，在控制器的设计中用饱和函数 $\operatorname{sat}(s)$ 来代替不连续性函数 $\operatorname{sgn}(s)$[13]，即

$$\operatorname{sat}(s) = \begin{cases} \operatorname{sgn}(s), & |s|>1 \\ s, & |s| \leqslant 1 \end{cases} \tag{4.57}$$

综上所述，滑模控制器的输出为

$$u_H = \frac{\eta(\omega-\omega_d) + \dot{\omega} - a_{21}\beta_d - a_{22}\omega_d}{b_{21}} + \lambda \operatorname{sat}(s) \tag{4.58}$$

2) 可拓滑模控制器设计

为了拓展滑模控制器的性能，将滑模控制器在不同值域内进行拓展设计，从而建立全域范围内的可拓滑模控制器。可拓滑模控制器设计过程如下。

特征量选取：选择理想横摆角速度 ω_d 和实际横摆角速度 ω 的偏差以及其微分作为特征量，组成特征状态 $S(e, \dot{e})$。

可拓集合划分：横坐标选择理想横摆角速度与实际横摆角速度的偏差 e，纵坐标选取偏差的微分，设线控转向系统的理想横摆角速度与实际横摆角速度的偏差以及偏差微分的容许范围分别为 $[-e_{om}, e_{om}]$ 和 $[-\dot{e}_{om}, \dot{e}_{om}]$，系统可调的最大偏差和偏差微分分别为 e_m 和 $\dot{e}_m$，划分可拓集合如图 2.10 所示。

特征状态关联度计算：假定 e-$\dot{e}$ 特征平面的原点为 $S_0(e, \dot{e})$，定义 $M_0 = \sqrt{(e_{om}^2 + \dot{e}_{om}^2)}$ 和 $M_{-1} = \sqrt{(e_m^2 + \dot{e}_m^2)}$，则对于 e-$\dot{e}$ 平面上任意一点 $S(e, \dot{e})$，定义其关联函数如式 (2.19) 所示[14]，其中 M 是测度模式，$K(S)$ 为特征状态关联度。

测度模式划分与控制策略设计：

(1) 测度模式 M_1：$\{S | K(S) > 0\}$，此时对应的特征状态属于经典域，SBW 的主动转向控制效果最好，采用滑模控制方法对 SBW 汽车进行稳定性控制。

(2) 测度模式 M_2：$\{S | -1 < K(S) \leq 0\}$，此时对应特征状态属于可拓域，在此范围内控制性能通常较差，但是能够调节此时系统的特征状态，改变控制输出量，从而提升控制性能。设计控制器的输出为

$$u(t) = y(t) / k - K_{ci} K(S) \text{sgn}(e) \tag{4.59}$$

式中，$y(t)$ 为输入的实际横摆角速度 ω 与理想横摆角速度 ω_d 偏差 e；k 为控制器增益；K_{ci} 为当前测度模式的控制系数；$\text{sgn}(e)$ 为偏差的符号函数。

(3) 测度模式 M_3：$\{S | K(S) \leq -1\}$，此测度模式下控制器工作于非域内，系统工作在不稳定区域，为了减小不稳定区域，取控制器输出幅值 u_m 为当前模式下控制器的输出值，即输入线控转向系统的值为补偿后前轮转角的幅值 δ_{fm}。

综上所述，可拓滑模控制器输出为

$$u(t) = \begin{cases} u_H, & K(S) > 0 \\ y(t) / k - K_{ci} K(S) \text{sgn}(e), & -1 < K(S) \leq 0 \\ u_m, & K(S) \leq -1 \end{cases} \tag{4.60}$$

4.4.3　仿真与硬件在环实验及结果分析

1. 仿真分析

选取转向盘转角正弦输入实验工况和鱼钩实验工况进行仿真实验，并与滑模

控制及无控制的仿真结果进行对比分析。可拓控制器部分参数如表 4.18 所示，线控转向汽车部分参数如表 4.19 所示。

表 4.18　可拓控制器部分参数

符号	数值
e_{om}	0.2
e_m	0.62
$\dot{e}_{om}$	0.1
$\dot{e}_m$	0.12
K_{ci}	1.2
k	1.05
η	10.6
λ	1.8

表 4.19　线控转向汽车部分参数

参数名称	数值
整车质量 m	1274kg
前后轮轮距 d	1475mm
质心距前轴距离 l_f	1010mm
质心距后轴距离 l_r	1550mm
轴距 L	2560mm
质心高度 h	650mm
绕 z 轴转动惯量 I_z	1523kg·m²
前后轮侧向刚度 C_{yij}	−82489.08N/rad，−72707.9N/rad
前后轮纵向刚度 C_{xij}	650kN/m，600kN/m
转向盘转动惯量 J_{sw}	0.029kg·m²
转向盘阻尼系数 B_{sw}	0.361kg·m²/s
路感模拟电机转动惯量 J_{m1}	0.00054kg·m²
路感模拟电机阻尼系数 B_{m1}	0.00009kg·m²/s
路感模拟电机轴的扭转刚度 K_s	135N·m/rad
路感模拟电机减速器减速比 G_{m1}	4
转向执行电机转动惯量 J_{m2}	0.00087kg·m²
转向执行电机阻尼系数 B_{m2}	0.00021kg·m²/s
转向执行电机轴的扭转刚度 K_{md}	176N·m/rad
转向执行电机减速器减速比 G_{m2}	16.5

　　转向盘转角正弦输入实验工况仿真条件：车速为 60km/h，路面附着系数为 0.85，转向盘转角输入如图 4.32(a)所示，仿真结果如图 4.32(b)、(c)所示。

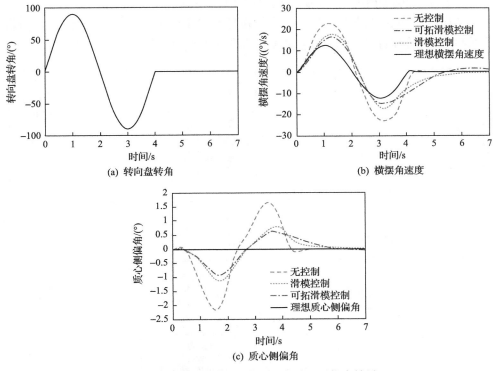

图 4.32　转向盘转角正弦输入实验工况仿真结果

　　由图 4.32(b)、(c)的仿真结果可知，在转向盘转角正弦输入实验工况下，与无控制、传统的滑模控制相比，本节所设计可拓滑模控制能将汽车的横摆角速度以及质心侧偏角控制在更小的范围，汽车行驶稳定性更好。

2. 硬件在环实验

　　基于 CarSim 整车模型的仿真环境，联合 LabVIEW 进行了硬件在环实验。以装有 SBW 控制器、路感模块(转向盘总成)和转向模块(转向执行总成)的台架为基础搭建线控转向硬件在环实验平台。在上位机上进行 CarSim 整车模型参数和虚拟道路的建立、基于 LabVIEW 的控制算法设计、人机界面的设计等，实时显示并监测车辆在实验过程的车速、转矩、横摆角速度等参数变化。下位机采用 NI 公司的 PXI 实时仿真系统，将编好的算法程序下载到该主机的实时系统编译运行。同时，利用数据采集卡和 CAN 通信接口系统采集并交换转向盘转角、车速、车身横摆角速度、车身质心侧偏角等信息，并将上述数据发送给 SBW 控制器和 PXI

主机。自主搭建线控转向系统硬件在环实验平台，该平台主要由 SBW 控制器、转向管柱、上位机、PXI 主机、数据采集卡、各类传感器等设备组成。

1) 转向盘转角正弦输入实验工况硬件在环实验

转向盘转角正弦输入实验工况硬件在环实验条件为：车速 60km/h、路面附着系数 0.85，转向盘转角输入与横摆角速度、质心侧偏角的变化如图 4.33 所示。

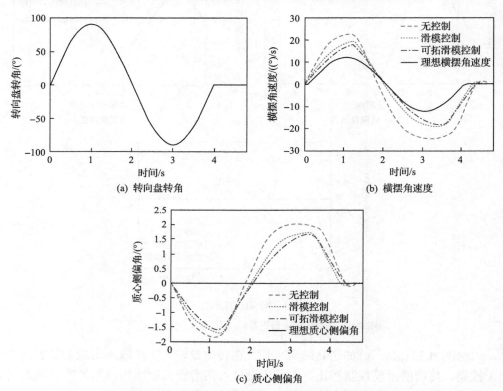

图 4.33　转向盘转角正弦输入实验工况硬件在环实验结果

由图 4.33(b)、(c)的硬件在环实验结果可以看出，在转向盘转角正弦输入工况下，本节所提出的可拓滑模主动转向控制策略能够使 SBW 汽车按照驾驶员输入的正弦工况进行转向行驶，并且与无控制及传统滑模控制相比，横摆角速度和质心侧偏角均控制在较小的范围，汽车的行驶稳定性能得到了提升。

2) 鱼钩实验工况硬件在环实验

鱼钩实验工况硬件在环实验条件为：路面附着系数 0.85、车速 60km/h，转向盘转角输入与实验结果如图 4.34 和图 4.35 所示。

由图 4.34(b)、(c)的硬件在环实验结果可以看出，无控制的 SBW 汽车在鱼钩实验工况下处于失稳状态，此时横摆角速度与质心侧偏角的值都很大，而施加主动转向控制的 SBW 汽车能够按转向盘输入的鱼钩工况进行转向行驶，并且本节所设计的可拓滑模控制与传统滑模控制相比，可拓滑模控制能够将横摆角速度与质心侧偏角控制在更小的范围内，汽车的行驶稳定性能更好，可减轻驾驶员的负担。

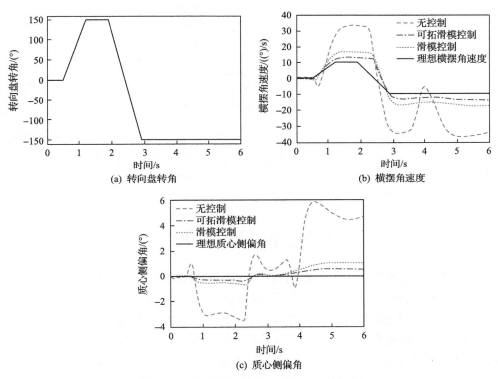

(a) 转向盘转角   (b) 横摆角速度

(c) 质心侧偏角

图 4.34 鱼钩实验工况硬件在环实验结果 1

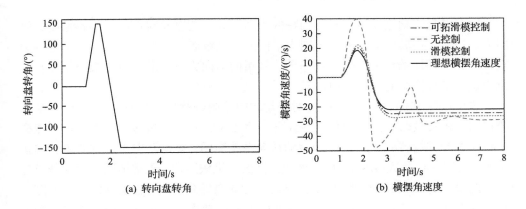

(a) 转向盘转角   (b) 横摆角速度

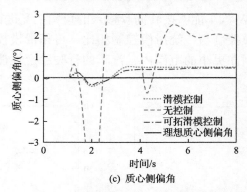

图 4.35　鱼钩实验工况硬件在环实验结果 2

　　由图 4.35(b)、(c)的仿真结果可知，在鱼钩实验工况下，无控制的汽车不能稳定行驶，采用 SBW 系统主动转向控制时，横摆角速度和质心侧偏角都得到了改善。与传统的滑模控制相比，横摆角速度与质心侧偏角波动范围较小，提高了汽车的行驶稳定性和主动安全性[15]。

4.5　差动转向系统及整车稳定性控制

　　轮毂电机驱动汽车的差动转向与传统汽车的转向系统具有不同的转向原理。本节分析差动转向系统模型及控制系统特点，选取转向齿条位移为被控输出量，前轴左右转向驱动轮转矩差为控制输入量，综合考虑系统非线性特性、控制性能要求以及实际应用要求等，基于三步法非线性控制来设计包含稳态、前馈和反馈控制环节在内的差动转向非线性控制器，并进行典型工况下的仿真验证。

4.5.1　差动转向系统建模与分析

　　轮毂电机驱动电动汽车具有独特的驱动形式，能够及时控制各车轮输出的纵向力。当左、右转向驱动轮的纵向力不同时，其绕各自主销会产生反向不等的力矩，因转向梯形的作用其矢量和非零，且指向纵向力较小的一侧，继而驱动转向机构运动实现汽车的差动转向。

　　这里在原 SBW 系统的基础上对差动转向系统进行总体分析，使得当 SBW 系统转向电机失效时，此差动转向系统可代替 SBW 独立实现转向动作，整车能根据转向意图进行转向。图 4.36 为差动转向系统简图，差动转向系统主要由转向盘总成、转向执行总成以及 ECU 等构成，且没有机械连接。正常情况下当驾驶员进行转向操作时，原 SBW 系统 ECU 接收到转向盘转角信号 δ_{sw} 来确定转向意图，并发送控制信号给转向电机，以进行相应的转向动作实现车辆转向。而当转向电机出现故障时，为了保证车辆的操纵稳定性，差动转向系统介入，代替原 SBW 系统进行转向动作，实现驾驶员转向意图。其中，转向盘总成的路感模拟电机用于模拟反馈转向阻力，使驾驶员获得良好的路感。当驾驶员转动转向盘且差动转向系统激活时，差动转向系统 ECU 采集到相应的转向盘转角信号获取转向意图及其他状态信息，经计算出左、右转向驱动轮转矩差，并分配给相应的轮毂电机，产生力矩作用驱动转向机构运动，实现车辆转向。图 4.36 中，ω 表示车身横摆角速度，β 为车身质心侧偏角，u 为纵向车速，T_{sw} 为驾驶员输入转矩，d_h 为主销的横向偏移距，F_{fl}、F_{fr} 分别为左、右前轮纵向力。此外，这里不对路感部分进行探讨。

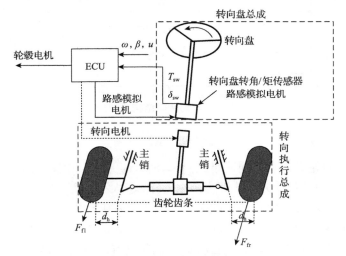

图 4.36　差动转向系统简图

值得注意的是，这里是针对轮毂电机驱动汽车 SBW 系统转向电机失效，在汽车操纵性、稳定性无法保证的危急情况下，通过差动转向的介入实现车辆转向意图，从而恢复其一定的操纵性与稳定性。所以，驾驶员依然能够转动转向盘反映驾驶意图，且驾驶意图也一直可以被差动转向系统所获取。此外，差动转向系统是在原 SBW 系统不改变的情况下建立起来的，所以其转向梯形机构等始终都是存在的，进而可以使差动转向工作时两前轮的转向一致性得以保证。

差动转向作为一种适应于轮毂电机驱动汽车的新型转向形式，需要在对其转向原理进行分析的基础上构建系统动力学模型，为开展差动转向控制打下基础。

1. 差动转向原理分析[16]

图 4.37 为轮毂电机驱动汽车差动转向结构的前视图[17]，转向盘与转向梯形之间无机械连接，转向梯形机构由转向拉杆和左右梯形臂组成。轮胎中心面与主销在地面的投影点之间存在一个距离 r_σ，且对于同一辆车，左右两侧的 r_σ 相等。r_σ 的存在使得左右转向轮纵向力 F_{xfl}、F_{xfr} 会产生绕各自主销的力矩 τ_{ds1}、τ_{ds2}。

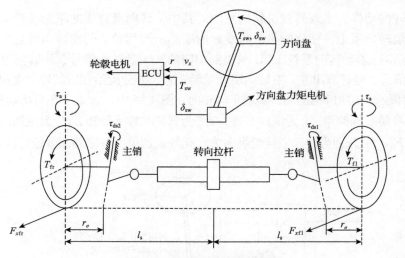

图 4.37　差动转向结构前视图

$$\tau_{ds1} = F_{xfl} \cdot r_\sigma, \quad \tau_{ds2} = F_{xfr} \cdot r_\sigma \tag{4.61}$$

当左右转向轮纵向力相同，即 $F_{xfl}=F_{xfr}$ 时，$\tau_{ds1}=\tau_{ds2}$。由图 4.37 可知，τ_{ds1} 为顺时针方向，τ_{ds2} 为逆时针方向，即力矩 τ_{ds1} 与 τ_{ds2} 大小相等、方向相反，二者相互抵消，转向拉杆不会发生移动，此时，车轮不会发生转向。

当左转向轮纵向力 F_{xfl} 大于右转向轮纵向力 F_{xfr} 时，τ_{ds1} 大于 τ_{ds2}。此时，τ_{ds1} 与 τ_{ds2} 之间的转矩差会带动转向拉杆向车辆前进方向的右侧移动，从而带动车轮绕主销向右转动，车辆发生右转。

当右转向轮纵向力 F_{xfr} 大于左转向轮纵向力 F_{xfl} 时，τ_{ds1} 小于 τ_{ds2}。此时，τ_{ds1} 与 τ_{ds2} 之间的转矩差会带动转向拉杆向车辆前进方向的左侧移动，从而带动车轮绕主销向左转动，车辆发生左转。

当接收到期望前轮转角信号时，差动转向控制器会输出一个左右前轮转矩差，在该左右前轮转矩差的作用下产生预期的前轮转向角度。

转向时，在轮胎接地印迹几何中心的后方某一偏移距离 r_p 处作用有一个侧向力 F_{yf}，该侧向力的存在会使车轮产生一个绕主销的与车轮转向方向相反的回正力矩 τ_a。在搭建差动转向系统动力学模型时，不能忽略该回正力矩的存在[11]。

2. 差动转向动力学模型

在差动转向原理分析的基础上，建立如下差动转向动力学方程[17,18]：

$$J_e \ddot{\delta}_f + b_e \dot{\delta}_f = M_z' - \tau_a - \tau_f \tag{4.62}$$

式中，J_e 为转向系统的等效转动惯量；b_e 为转向阻尼；M_z' 为两前轮绕主销的力矩之差；$\tau_a = k_1 k_f \alpha_f$ 为回正力矩，$k_1 = l^2 / 3$，l 为轮胎接地半宽；τ_f 为转向系统的摩擦力矩。

M_z' 是由两前轮力矩之差产生的，这里引入左右前轮差动力矩 u_1，则有式（4.63）成立：

$$M_z' = \frac{u_1}{r} r_\sigma \tag{4.63}$$

式中，r_σ 为主销在地面的投影点与轮胎中心面之间的距离；r 为车轮有效滚动半径。

由于车辆转向系统的干摩擦力矩 τ_f 较小，并且很难通过测量的方法得到，可忽略差动转向系统干摩擦力矩 τ_f 的影响。

忽略垂向载荷在左右车轮间的载荷转移，同时考虑到同一车型左右轮轮胎通常保持一致，故认为左右轮轮胎侧偏刚度相同，作如下假设：

$$k_{fl} = k_{fr}, \ k_{rl} = k_{rr}, \ k_f = k_{fl} + k_{fr}, \ k_r = k_{rl} + k_{rr} \tag{4.64}$$

忽略左右转向轮转向角度的差异，作如下假设：

$$\alpha_f = \alpha_{fl} = \alpha_{fr} = \beta + \frac{a\omega}{v_x} - \delta_f, \ \alpha_r = \alpha_{rl} = \alpha_{rr} = \beta - \frac{b\omega}{v_x} \tag{4.65}$$

综合式（4.65）、式（4.62）、式（4.63），并忽略 τ_f，得到差动转向动力学方程为

$$\dot{\delta}_f = -\frac{k_1 k_f}{b_e} \delta_f + \frac{k_1 k_f}{b_e} \beta + \frac{k_1 k_f a}{v_x b_e} \omega + \frac{r_\sigma}{b_e r} u_1 \tag{4.66}$$

为了方便对差动转向纵横向动力学特性进行综合分析，搭建如图 4.38 所示包含车辆纵向、横向及横摆运动三自由度动力学方程[19]：

$$\begin{cases} m(\dot{v}_x - v_y \omega) = (F_{xfl} + F_{xfr})\cos\delta_f + F_{xrl} + F_{xrr} - (F_{yfl} + F_{yfr})\sin\delta_f \\ m(\dot{v}_y + v_x \omega) = (F_{yfl} + F_{yfr})\cos\delta_f + F_{yrl} + F_{yrr} + (F_{xfl} + F_{xfr})\sin\delta_f \\ I_z \dot{\omega} = l_f(F_{yfl} + F_{yfr})\cos\delta_f - b(F_{yrl} + F_{yrr}) + a(F_{xfl} + F_{xfr})\sin\delta_f \end{cases} \tag{4.67}$$

式中，F_{xfl}、F_{xfr}、F_{xrl}、F_{xrr} 分别为左前轮、右前轮、左后轮、右后轮纵向力。

对于前轮差动转向的四轮轮毂电机驱动车辆，其在左右前轮转矩差的作用下发生前轮转向，在附加横摆力矩作用下可以改善车辆的横向稳定性，在总的驱动转矩驱动下使车辆产生纵向运动。因此，引入左右前轮差动力矩 u_1、附加横摆力矩 u_2 以及总的驱动转矩 u_3。对上述车辆三自由度动力学模型方程进行简化，并结合差动转向动力学方程，得到如下采用差动转向的车辆动力学模型：

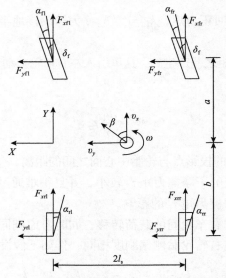

图 4.38　车辆三自由度动力学模型

$$
\begin{cases}
\dot{\delta}_{\mathrm{f}} = -\dfrac{k_1 k_{\mathrm{f}}}{b_{\mathrm{e}}}\delta_{\mathrm{f}} + \dfrac{k_1 k_{\mathrm{f}}}{b_{\mathrm{e}}}\beta + \dfrac{k_1 k_{\mathrm{f}} a}{v_x b_{\mathrm{e}}}\omega + \dfrac{r_\sigma}{b_{\mathrm{e}} r}u_1 \\[2mm]
\dot{v}_x = \dfrac{k_{\mathrm{f}}\sin\delta_{\mathrm{f}}}{m}\delta_{\mathrm{f}} + \left(v_y - \dfrac{k_{\mathrm{f}} a\sin\delta_{\mathrm{f}}}{m v_x}\right)\omega - \dfrac{k_{\mathrm{f}}\sin\delta_{\mathrm{f}}}{m}\beta + \dfrac{1+\cos\delta_{\mathrm{f}}}{2mr}u_3 \\[2mm]
\dot{\beta} = -\dfrac{k_{\mathrm{f}}\cos\delta_{\mathrm{f}}}{m v_x}\delta_{\mathrm{f}} + \left(\dfrac{k_{\mathrm{f}} a\cos\delta_{\mathrm{f}} - k_{\mathrm{r}} b}{m v_x^2} - 1\right)\omega + \dfrac{k_{\mathrm{f}}\cos\delta_{\mathrm{f}} + k_{\mathrm{r}}}{m v_x}\beta + \dfrac{\sin\delta_{\mathrm{f}}}{2m v_x r}u_3 \\[2mm]
\dot{\omega} = -\dfrac{k_{\mathrm{f}} a\cos\delta_{\mathrm{f}}}{I_z}\delta_{\mathrm{f}} + \dfrac{k_{\mathrm{f}} a^2\cos\delta_{\mathrm{f}} + k_{\mathrm{r}} b^2}{I_z v_x}\omega + \dfrac{k_{\mathrm{f}} a\cos\delta_{\mathrm{f}} - k_{\mathrm{r}} b}{I_z}\beta + \dfrac{l_s}{I_z r}u_1 \\[2mm]
\quad + \dfrac{1}{I_z}u_2 + \dfrac{a\sin\delta_{\mathrm{f}}}{2I_z r}u_3
\end{cases} \tag{4.68}
$$

式中，l_s 为半轮距，前轮距与后轮距相等。

4.5.2　差动转向控制系统设计

1. 控制问题分析

当控制目标是控制前轴左、右转向驱动轮转矩差，使车辆可以依照驾驶员意愿进行转向时，应以驾驶员转向意图为参考，而驾驶员转向意图又由驾驶员对转向盘的操作来直接反映。通常情况下，驾驶员转向意图可由转向盘转角转化为期望的前轮转角，而由于前轴左右两转向轮转向角不等，其各自的期望转角不相等，难以获取，不便作为控制参考模型，可将驾驶员转向意愿经转向盘转角转化为一个统一的期望齿条位移 x_r^*，拟通过控制实际齿条位移跟随期望值，从而间接控制前轴左右转向轮，跟随其各自的期望转角进行转向，实现闭环控制。其中，期望齿条位移 x_r^*，可通过电控单元检测到的驾驶员进行转向操作时的转向盘转角信号 δ_sw 经传动比转化得到。

　　考虑到转向系统的性能直接关系到整车的操纵稳定性及安全性，对差动转向控制系统的控制效果提出了一定的要求。由所建的差动转向系统等效齿条动力学方程可知，其中包含了各种轮胎力，所以设计的控制系统应要将轮胎的非线性特性考虑进来，以使得其能够拥有良好的控制自适应性，同时便于实际工程应用。

　　本节选用三步法[20]来进行差动转向非线性控制器控制律的设计，控制框图如图 4.39 所示。

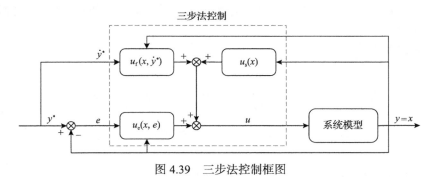

图 4.39　三步法控制框图

2. 基于齿条位移跟踪的差动转向三步法控制器设计

　　由上面针对控制问题的相关分析可知，控制系统以期望齿条位移 x_r^* 为参考输入，选取转向齿条实际位移 x_r 为系统被控输出量，通过三步法原理设计控制输入量驱使转向齿条实际位移跟随参考值。

　　由建立的等效齿条动力学方程，有

$$m_\mathrm{ref}\ddot{x}_\mathrm{r} + B_\mathrm{r}\dot{x}_\mathrm{r} = (m_\mathrm{r} + 2m_\mathrm{tie})a_y + F_\mathrm{f} + F_\mathrm{m}$$

$$+ \frac{1}{i_{rk}}\left\{ M_{zfl} + M_{zfr} - d_v(F_{yfl} + F_{yfr}) + \frac{d_\mathrm{h}}{r_\mathrm{w}}(T_\mathrm{fr} - T_\mathrm{fl}) \right. \tag{4.69}$$

$$\left. - d\left[F_{zfl}(\varphi\sin\delta_\mathrm{l} + \tau\cos\delta_\mathrm{l}) + F_{zfr}(\varphi\sin\delta_\mathrm{r} - \tau\cos\delta_\mathrm{r}) \right] \right\}$$

式中，m_ref 为等效齿条质量，且简化为 $m_\mathrm{ref} = m_\mathrm{r} + 2m_\mathrm{tie} + 2J_{uk}/i_{rk}^2$，$J_{uk}$ 为非簧载质量绕左、右主销的转动惯量，i_{rk} 为左、右传动机构的传动比；m_r 为转向齿条质量；m_tie 为左、右转向横拉杆质量；B_r 为齿条阻尼；d_v 为主销纵向偏移距；d_h 为

主销横向偏移距；x_r 为齿条位移；F_m 为转向电机输出在齿条上的力，且这里 $F_m = 0$，即转向电机故障无输出；a_y 为侧向加速度；F_f 为摩擦力；φ 为主销内倾角；τ 为主销后倾角；i_{rk} 为左右传动机构传动比。

对式(4.69)进行分析可得到：当转向电机不工作，无转矩输出，即 $F_m = 0$ 时，方程中只有左右转向驱动轮转矩 T_{fl}、T_{fr} 是可控的。因此，可通过控制左、右转向驱动轮转矩差 $\Delta T = T_{fr} - T_{fl}$ 驱动转向齿条运动，从而实现车辆转向。

综上所述，以转向齿条实际位移 x_r 为系统被控输出量，以前轴左右转向轮转矩差 ΔT 为控制输入量，基于等效齿条动力学方程，运用上述三步法设计差动转向非线性控制器控制律。

为了便于控制规则的设计，对所建立的等效齿条动力学方程进行如下简化：假定摩擦力较小，可忽略不计，且视为系统扰动量，通过三步法中的反馈控制环节进行补偿。

经简化可得

$$
\begin{aligned}
m_{ref}\ddot{x}_r + B_r\dot{x}_r = (m_r + 2m_{tie})a_y + \frac{1}{i_{rk}}\Big\{ & M_{zfl} + M_{zfr} - d_v(F_{yfl} + F_{yfr}) + \frac{d_h}{r_w}\Delta T \\
& - d_h[F_{zfl}(\varphi\sin\delta_l + \tau\cos\delta_l) + F_{zfr}(\varphi\sin\delta_r + \tau\cos\delta_r)] \Big\}
\end{aligned}
\tag{4.70}
$$

然后，进行差动转向三步法非线性控制器控制律的设计。

步骤 1 稳态控制环节。

假设系统只要给定稳态控制输入 u_s，系统即可实现稳定工作状态。令 $\dot{x}_r = 0$，$\ddot{x}_r = 0$，系统控制输入量 $u = \Delta T = u_s$，可得

$$
\begin{aligned}
\frac{1}{i_{rk}}\Big\{ & M_{zfl} + M_{zfr} - d_v(F_{yfl} + F_{yfr}) + \frac{d_h}{r_w}u_s - d_h[F_{zfl}(\varphi\sin\delta_l + \tau\cos\delta_l) \\
& + F_{zfr}(\varphi\sin\delta_r - \tau\cos\delta_r)] \Big\} + (m_r + 2m_{tie})a_y = 0
\end{aligned}
\tag{4.71}
$$

则得稳态控制律：

$$
\begin{aligned}
u_s = -\Big\{ & M_{zfl} + M_{zfr} - d_v(F_{yfl} + F_{yfr}) - d_h[F_{zfl}(\varphi\sin\delta_l + \tau\cos\delta_l) \\
& + F_{zfr}(\varphi\sin\delta_r - \tau\cos\delta_r)] + (m_r + 2m_{tie})a_y i_{rk} \Big\}\frac{r_w}{d_h}
\end{aligned}
\tag{4.72}
$$

步骤 2 参考动态前馈控制环节。

考虑到驾驶员对转向盘的转向操纵是时刻变化的，所以齿条位移的参考值也是动态变化的。因此，基于上述稳态控制环节需添加新的前馈控制环节，将参考值的动态变化考虑进来，以对控制进行一定的矫正。令系统控制输入 $u = \Delta T = u_s + u_f$，则可得

$$
\begin{aligned}
m_{\mathrm{ref}} \ddot{x}_{\mathrm{r}} + B_{\mathrm{r}} \dot{x}_{\mathrm{r}} = (m_{\mathrm{r}} + 2m_{\mathrm{tie}})a_y + \frac{1}{i_{rk}} &\left\{ M_{z\mathrm{fl}} + M_{z\mathrm{fr}} - d_{\mathrm{v}}(F_{y\mathrm{fl}} + F_{y\mathrm{fr}}) + \frac{d_{\mathrm{h}}}{r_{\mathrm{w}}}(u_s + u_f) \right. \\
&\left. - d_{\mathrm{h}}[F_{z\mathrm{fl}}(\varphi \sin \delta_{\mathrm{l}} + \tau \cos \delta_{\mathrm{l}}) + F_{z\mathrm{fr}}(\varphi \sin \delta_{\mathrm{r}} - \tau \cos \delta_{\mathrm{r}})] \right\}
\end{aligned}
\tag{4.73}
$$

再将式(4.72)的稳态控制律代入式(4.73)得

$$
m_{\mathrm{ref}} \ddot{x}_{\mathrm{r}} + B_{\mathrm{r}} \dot{x}_{\mathrm{r}} = \frac{d_{\mathrm{h}}}{r_{\mathrm{w}} i_{rk}} u_f
\tag{4.74}
$$

令 $\dot{x}_{\mathrm{r}} = \dot{x}_{\mathrm{r}}^*$、$\ddot{x}_{\mathrm{r}} = \ddot{x}_{\mathrm{r}}^*$，代入式(4.74)，可得参考动态前馈控制律：

$$
u_f = (m_{\mathrm{ref}} \ddot{x}_{\mathrm{r}}^* + B_{\mathrm{r}} \dot{x}_{\mathrm{r}}^*) \frac{r_{\mathrm{w}} i_{rk}}{d_{\mathrm{h}}}
\tag{4.75}
$$

步骤 3　跟踪误差反馈控制环节。

在对差动转向系统转向机构进行建模时，进行了一定程度的简化与等效，且在进行控制律设计时，对等效齿条所受摩擦力进行了忽略等，这些都将产生模型误差。同时，考虑到系统所受外部干扰、不确定性等因素的影响，仅仅依靠上述两步控制环节是无法保证能够得到良好的控制性能的。因此，添加反馈控制环节，来实现系统的闭环控制，以获得良好的跟踪控制效果。令系统控制输入 $u = \Delta T = u_s + u_f + u_e$，代入式(4.70)，可得

$$
\begin{aligned}
m_{\mathrm{ref}} \ddot{x}_{\mathrm{r}} + B_{\mathrm{r}} \dot{x}_{\mathrm{r}} = (m_{\mathrm{r}} + 2m_{\mathrm{tie}})a_y + \frac{1}{i_{rk}} &\left\{ M_{z\mathrm{fl}} + M_{z\mathrm{fr}} - d_{\mathrm{v}}(F_{y\mathrm{fl}} + F_{y\mathrm{fr}}) + \frac{d_{\mathrm{h}}}{r_{\mathrm{w}}}(u_s + u_f + u_e) \right. \\
&\left. - d_{\mathrm{h}}[F_{z\mathrm{fl}}(\varphi \sin \delta_{\mathrm{l}} + \tau \cos \delta_{\mathrm{l}}) + F_{z\mathrm{fr}}(\varphi \sin \delta_{\mathrm{r}} - \tau \cos \delta_{\mathrm{r}})] \right\}
\end{aligned}
\tag{4.76}
$$

再将式(4.72)、式(4.75)代入式(4.76)，可得

$$
m_{\mathrm{ref}} \ddot{x}_{\mathrm{r}} + B_{\mathrm{r}} \dot{x}_{\mathrm{r}} = m_{\mathrm{ref}} \ddot{x}_{\mathrm{r}}^* + B_{\mathrm{r}} \dot{x}_{\mathrm{r}}^* + \frac{d_{\mathrm{h}}}{r_{\mathrm{w}} i_{rk}} u_e
\tag{4.77}
$$

定义跟踪误差：

$$e = x_r^* - x_r \tag{4.78}$$

将式 (4.78) 代入式 (4.77)，可得

$$m_{\text{ref}} \ddot{e} + B_r \dot{e} = -\frac{d_h}{r_w i_{rk}} u_e \tag{4.79}$$

可变换为

$$\ddot{e} = -\frac{B_r}{m_{\text{ref}}} \dot{e} - \frac{d_h}{m_{\text{ref}} r_w i_{rk}} u_e \tag{4.80}$$

定义 $e_1 = \dot{e}$，则有

$$\begin{cases} e_1 = \dot{e} \\ \dot{e}_1 = -\dfrac{B_r}{m_{\text{ref}}} e_1 - \dfrac{d_h}{m_{\text{ref}} r_w i_{rk}} u_e \end{cases} \tag{4.81}$$

现将 e_1 选为虚拟控制量，且其控制律设为 PI，有

$$e_1^* = k_0 X + k_1 e \tag{4.82}$$

式中，$X = \int e \mathrm{d}t$；k_0 为积分系数；k_1 为比例系数。

再令 $\varepsilon = e_1^* - e_1$，则有

$$\ddot{X} = k_0 X + k_1 \dot{X} - \varepsilon \tag{4.83}$$

根据劳斯判据可得，当 $k_0 < 0$，$k_1 < 0$ 时，该线性子系统渐近稳定。

若一个线性系统稳定，那么其输入-状态稳定 (input-to-state stability, ISS)[21]，所以系统于输入 ε 是输入-状态稳定的。那么也就存在 $\alpha > 0$、$\gamma > 0$ 和一个输入状态稳定的李雅普诺夫函数 $V_1(X, e)$ 满足[22]：

$$\dot{V}_1 \leqslant -\alpha \left\| (X, e) \right\|^2 + \gamma \varepsilon^2 \tag{4.84}$$

最后，采用李雅普诺夫直接法来获取反馈控制律 u_e，使得齿条位移 x_r 跟随 x_r^*。定义李雅普诺夫函数：

$$V_2 = \frac{1}{2} \varepsilon^2 \tag{4.85}$$

对它进行求导，可得

$$\dot{V}_2 = \varepsilon \dot{\varepsilon} = \varepsilon (\dot{e}_1^* - \dot{e}_1) = \varepsilon \left(k_0 e + k_1 e_1 + \frac{B_r}{m_{ref}} e_1 + \frac{d_h}{m_{ref} r_w i_{rk}} u_e \right) \quad (4.86)$$

令

$$u_e = \left(-k_0 e - k_1 e_1 - \frac{B_r}{m_{ref}} e_1 - k_2 \varepsilon \right) \frac{m_{ref} r_w i_{rk}}{d_h} \quad (4.87)$$

则有

$$\dot{V}_2 = -k_2 \varepsilon^2 \leqslant 0, \quad k_2 > 0 \quad (4.88)$$

对于整个误差系统，可定义

$$V = V_1 + V_2 \quad (4.89)$$

求导可得

$$\dot{V} \leqslant -\alpha \| (X, e) \|^2 + \gamma \varepsilon^2 - k_2 \varepsilon^2 \quad (4.90)$$

因此，当 $k_2 > \gamma$ 时，整个误差系统是渐近稳定的。

综上可知，系统跟踪误差反馈控制律：

$$u_e = \left[-(k_0 + k_1 k_2) e - k_0 k_2 X - \left(k_1 + \frac{B_r}{m_{ref}} - k_2 \right) e_1 \right] \frac{m_{ref} r_w i_{rk}}{d_h} \quad (4.91)$$

综合以上三步控制律设计结果，可以得到差动转向三步法非线性控制器控制律：

$$u = \Delta T = u_s + u_f + u_e$$

由式(4.72)、式(4.75)以及式(4.91)可得

$$u = -\left\{ M_{zfl} + M_{zfr} - d_v (F_{yfl} + F_{yfr}) - d_h [F_{zfl} (\varphi \sin \delta_1 + \tau \cos \delta_1) \right.$$
$$\left. + F_{zfr} (\varphi \sin \delta_r - \tau \cos \delta_r)] + (m_r + 2m_{tie}) a_y i_{rk} \right\} \frac{r_w}{d_h} + (m_{ref} \ddot{x}_r^* + B_r \dot{x}_r^*) \frac{r_w i_{rk}}{d_h} \quad (4.92)$$
$$+ \left[-(k_0 + k_1 k_2) e - k_0 k_2 X - \left(k_1 + \frac{B_r}{m_{ref}} - k_2 \right) e_1 \right] \frac{m_{ref} r_w i_{rk}}{d_h}$$

最终得到的差动转向三步法非线性控制器结构框图如图 4.40 所示。由驾驶员

操纵转向盘获得期望的转向齿条位移作为参考量，同时实时获取系统当前时刻的各个状态量，进而计算得到各种控制环节下的控制输入量，最后进行相加得到最终的系统控制输入。

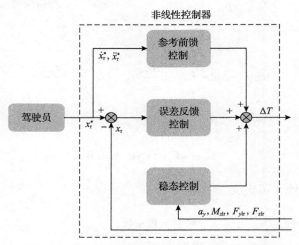

图 4.40　差动转向三步法非线性控制器结构框图

3. 应用效果分析

1）转矩分配

轮毂电机驱动汽车需要对需求转矩进行各轮间分配，以满足整车的驱动、控制要求以及各轮间的协调等。针对转矩分配问题，国内外的研究人员也都做了很多研究，主要包括以稳定性为目标的优化分配方法，以经济性最优为目标的优化分配方法，综合稳定性、经济性两目标的优化分配方法以及简单的平均分配方法等[23,24]。但这里仅依据平均分配原理来进行简单的转矩分配。

转矩分配应尽量满足驾驶员对整车纵向运动需求的原则以及电机工作能力的限制，以左转向为例，制订出以下分配方案：

当 $T_{\mathrm{fr}} < T_{\max}$ 时，则有

$$\begin{cases} T_{\mathrm{fr}} = \dfrac{T_{\mathrm{d}}}{4} + \dfrac{\Delta T}{2} \\[2mm] T_{\mathrm{fl}} = \dfrac{T_{\mathrm{d}}}{4} - \dfrac{\Delta T}{2} \\[2mm] T_{\mathrm{rl}} = T_{\mathrm{rr}} = \dfrac{T_{\mathrm{d}}}{4} \end{cases} \tag{4.93}$$

当 $T_{\mathrm{fr}} \geqslant T_{\max}$ 且 $\Delta T < 2T_{\max}$ 时，则有

$$\begin{cases} T_{fr} = T_{max} \\ T_{fl} = T_{max} - \Delta T \\ T_{rl} = T_{rr} = \dfrac{T_d + \Delta T}{2} - T_{max} \end{cases} \tag{4.94}$$

当 $T_{fr} \geqslant T_{max}$ 且 $\Delta T \geqslant 2T_{max}$ 时，两前轴电机均达到峰值，这是一种极限情况，有

$$\begin{cases} T_{fr} = T_{max} \\ T_{fl} = -T_{max} \\ T_{rl} = T_{rr} = \dfrac{T_d}{2} \end{cases} \tag{4.95}$$

式中，T_{fr}、T_{fl}、T_{rr}、T_{rl} 分别为右前、左前、右后、左后车轮分配转矩；T_d 为总驱动转矩；T_{max} 为电机峰值转矩。

2) 轮胎力计算

上面的差动转向三步法控制器的控制律包含了当前时刻的各种轮胎力，需对当前状态下两前轮胎力进行估算，以供控制律运算的使用。

两前轮垂向力计算可表示为

$$\begin{cases} F_{zfl} = \dfrac{mgl_r}{2l} - \dfrac{m\dot{v}_x h_g}{2l} - \dfrac{m\dot{v}_y h_g l_r}{Bl} \\ F_{zfr} = \dfrac{mgl_r}{2l} - \dfrac{m\dot{v}_x h_g}{2l} + \dfrac{m\dot{v}_y h_g l_r}{Bl} \end{cases} \tag{4.96}$$

式中，h_g 为整车质心高度；l 为轴距；B 为轮距。

选取魔术公式模型来估算两前轮的侧向力与回正力矩，但也可以采用其他的非线性轮胎模型或者直接通过查表的方式来描述轮胎的侧向力及回正力矩。虽然对于轮胎力的计算不是很准确，但其偏差可视为系统偏差，通过反馈控制环节来补偿。

4.5.3　差动转向控制系统仿真及结果分析

假定 SBW 电机已出现故障，差动转向开始介入工作，独立实现转向动作。控制器的目标是使转向齿条位移跟踪期望齿条位移，实现车辆的转向动作。转向系统部分参数如表 4.20 所示。在相同工况下，分别进行有差动、无差动以及采用 PID 控制情况下的仿真，以便对比分析。其中有差动表示差动转向工作；无差动表示通过原系统进行转向，差动转向不工作。

表 4.20　转向系统部分参数

参数	数值
转向齿条质量 m_r	2.57kg
左右转向横拉杆质量 m_{tie}	0.95kg
非簧载质量绕主销转动惯量 J_{uk}	0.82kg·m²
齿条阻尼 B_r	653N·s/m
左右传动机构传动比 i_{rk}	0.104
主销横向偏移距 d	0.10m
主销纵向偏移距 d_0	0.002m
主销内倾角 φ	8°
主销后倾角 τ	3°

1. 转向盘转角斜坡输入工况

在转向盘转角斜坡输入工况下,模拟车辆急转弯工况下差动转向的控制效果。仿真条件设置如下:水平路面,附着系数为 0.8,驾驶员期望车速设为 36km/h,启动加速待车速稳定后,输入如图 4.41(a)所示的转向盘转角信号,仿真时间设为 10s,仿真结果如图 4.41(b)~(f)所示。

从以上仿真结果可以看出,当差动转向系统启动时,根据输入的驾驶员转向意图,系统控制器能够决策出相应的前轴差动转矩,并分配给两前轮,进而通过两前轮驱动力差迫使转向机构运动,实现齿条位移的跟踪控制,达到预期的前轮转向角。从图 4.41(b)可以看出,差动转向会导致车速降低,但由于控制策略中对驾驶员的纵向动力学要求进行了考虑,所以下降幅度较低,且逐渐回升。两前轮的驱动力差会对质心引入一横摆力矩作用,车辆在转向角和此横摆力矩的联合作用下产生的横摆角速度响应如图 4.41(c)所示,差动转向的横摆角速度要明显大于无差动转向,这正是横摆力矩所造成的。而横摆角速度的增大又会使车辆的转向半径变小,增大车辆的过度转向趋势,如图 4.41(d)所示,有差动转向的汽车转向半径明显小于无差动转向,造成了运动轨迹的较大偏差。此外,图 4.41(e)、(f)分别为两种控制下各轮转矩的变化曲线。显然,三步法控制下的各轮转矩及控制效果更加稳定,性能更加优越。

2. 转向盘转角脉冲输入工况

给转向盘一个三角脉冲转角输入(图 4.42(a)),模拟车辆变道和避险工况下差动转向的控制效果。仿真设置:路面附着系数为 0.8,期望车速为 36km/h,仿真时间为 10s。由仿真结果(图 4.42(b)~(e))可见,当差动转向系统启动时,根据输

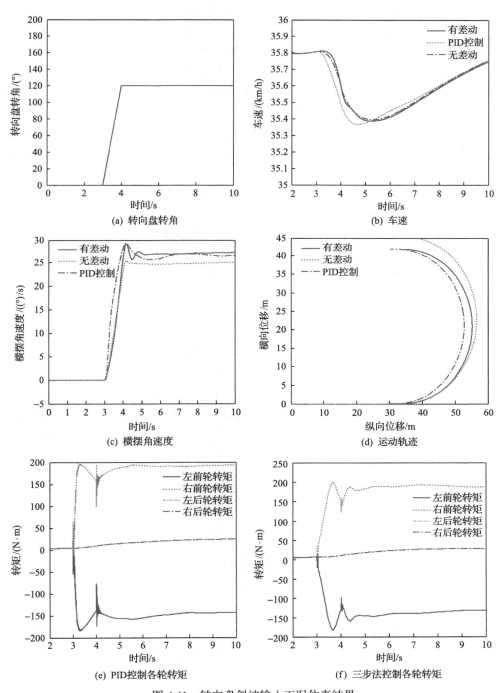

(a) 转向盘转角

(b) 车速

(c) 横摆角速度

(d) 运动轨迹

(e) PID控制各轮转矩

(f) 三步法控制各轮转矩

图 4.41　转向盘斜坡输入工况仿真结果

入解析得到的驾驶员转向意图，系统控制器能够决策出相应的前轴差动转矩，分配给两前轮，实现齿条位移的跟踪控制，使车辆达到预期的前轮转向角。从图 4.42(b) 可以看出，差动转向会导致车速降低，但下降的幅度较低，且逐渐回升。同样，前轮产生的驱动力差对车辆引入一横摆力矩作用，使得车辆在前轮转角和横摆力矩的联合作用下，产生的横摆角速度响应明显大于无差动转向，如图 4.42(c) 所示。由图 4.42(d) 可见，此时车辆转向半径变小，过度转向趋势增大，而转向半径明显小于无差动转向，造成运动轨迹的较大偏差，图 4.42(e)、(f) 分别为两种控制下，各轮的转矩变化曲线，可看出三步法控制下的各轮转矩及控制效果同样更加稳定，性能更加优越。

综上所述，在轮毂电机驱动车辆的 SBW 系统转向电机失效，整车操纵性、稳定性难以保证的情况下，差动转向的介入可以使其按照转向意图达到预期的前轮转向角，但横摆力矩的引入使车辆的动力学特性与期望值具有较大偏差，单纯的差动转向无法使车辆恢复与正常车辆相同或相近的操纵稳定性，需另加控制。此外，齿条位移跟踪的差动转向控制策略是可行、有效的，能够满足系统要求。

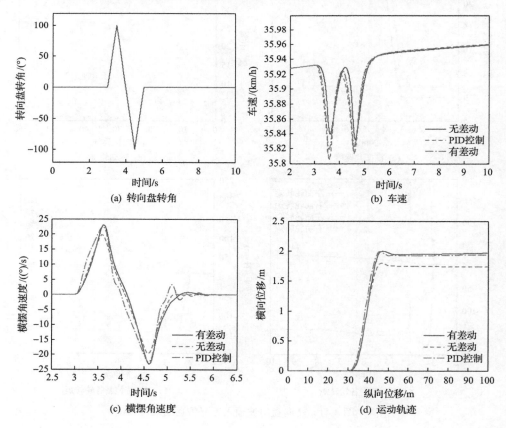

(a) 转向盘转角　　　　　　　　　　(b) 车速

(c) 横摆角速度　　　　　　　　　　(d) 运动轨迹

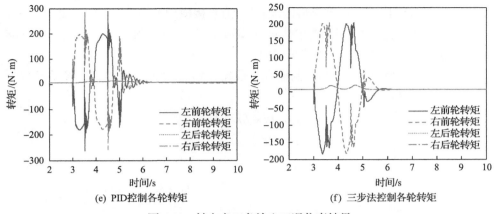

(e) PID控制各轮转矩　　　　　　　　(f) 三步法控制各轮转矩

图 4.42　转向盘三角输入工况仿真结果

以车身的横摆角速度为跟踪控制目标,通过设计控制器控制两后轮驱动力差,从而产生横摆力矩来实现偏差补偿。横摆角速度不仅是表征汽车稳定性的重要特征参数,也是整车稳定性控制的重要控制参量,所以此偏差补偿控制在某些情况下与整车稳定性控制是一致的,可直接通过设计整车稳定性控制器计算需求横摆力矩,再分配到两后轮实现偏差补偿。然而,上述差动转向、偏差补偿功能的正常实现均是以车辆处于稳态,即整车稳定性控制未启动为前提的;当车辆处于非稳定状态,整车稳定性控制启动时,存在执行冲突需要协调控制,且一切操纵控制行为都应以维持整车稳定性为主。因此,要先进行整车稳定性控制器的设计,既用于整车稳定性的调节控制,也用于偏差补偿控制。然后,在对各种冲突状况分析的基础上制订并确立协调控制方案。

4.5.4　横摆角速度与质心侧偏角联合的整车稳定性控制

偏差补偿控制与稳定性控制中的横摆角速度控制是一致的,可以直接通过设计整车稳定性控制器来进行相应的偏差补偿控制。同时,将横摆角速度与质心侧偏角均考虑在内时,可更为有效地实现整车的稳定性控制[25]。因此,下面将综合考虑横摆角速度和质心侧偏角这两个控制量进行整车稳定性控制设计。

现以车身横摆角速度和质心侧偏角为控制量,直接横摆力矩为控制输入,基于权重自调节的线性二次型调节器(linear quadratic regulator, LQR)最优控制方法设计整车稳定性控制器。

考虑直接横摆力矩的影响,可得汽车运动微分方程:

$$\begin{cases} mv_x(\dot{\beta} + \omega) = -(k_f + k_r)\beta - \dfrac{1}{v_x}(ak_f - bk_r)\omega + k_f\delta_f \\ I_z\dot{\omega} = -(ak_f - bk_r)\beta - \dfrac{1}{v_x}(a^2k_f + b^2k_r)\omega + M_c + ak_f\delta_f \end{cases} \tag{4.97}$$

式中，k_f、k_r 分别为前、后轴侧偏刚度；M_c 为直接横摆力矩控制输入。由式 (4.97) 分析可知，可以通过控制横摆力矩 M_c 来影响汽车的横摆角速度，从而间接影响汽车的侧向运动，体现了车辆的纵横向动力学耦合。

将直接横摆力矩 M_c 设为控制输入，前轮转角 δ_f 设为干扰输入，经整理得到下面的状态空间方程：

$$\begin{aligned} \dot{x} &= Ax + Bu + E\delta_f \\ y &= Cx \end{aligned} \tag{4.98}$$

式中，

$$x = \begin{bmatrix} \beta & \omega \end{bmatrix}^T, \quad y = \begin{bmatrix} \beta & \omega \end{bmatrix}^T, \quad u = M_c, \quad A = \begin{bmatrix} -\dfrac{k_f + k_r}{mv_x} & -\dfrac{ak_f - bk_r}{mv_x^2} - 1 \\[3mm] -\dfrac{ak_f - bk_r}{I_z} & -\dfrac{a^2 k_f + b^2 k_r}{I_z v_x} \end{bmatrix}$$

$$B = \begin{bmatrix} 0 & 1 \end{bmatrix}^T, \quad E = \begin{bmatrix} \dfrac{k_f}{mv_x} & \dfrac{ak_f}{I_z} \end{bmatrix}^T, \quad C = \begin{bmatrix} 1 & 0 \\ 0 & 1 \end{bmatrix}$$

定义状态变量的参考值与实际值偏差为

$$e = y^* - y = \begin{bmatrix} \beta^* - \beta \\ \omega^* - \omega \end{bmatrix} \tag{4.99}$$

构造一控制器性能指标：

$$J = \frac{1}{2} \int_0^\infty (e^T Q e + u^T R u) \mathrm{d}t \tag{4.100}$$

$$Q = \begin{bmatrix} q_\beta & 0 \\ 0 & q_\omega \end{bmatrix}, \quad R = \begin{bmatrix} r_u \end{bmatrix} \tag{4.101}$$

式中，Q 为半正定矩阵；R 为正定矩阵；q_β 为控制系统对质心侧偏角偏差的重视程度；q_ω 为控制系统对横摆角速度偏差的重视程度；r_u 为对控制输入的限制程度。

根据 LQR 最优控制理论，上述跟踪控制问题可表述为求取最优控制输入 u，使得控制器性能指标极小。因此可得使性能指标函数极小的近似最优控制律：

$$u^* = -K_b x + K_f y^*$$

式中，K_b 为反馈增益矩阵，$K_b = R^{-1} B^T P$；K_f 为前馈增益矩阵，$K_f = R^{-1} B^T [PBR^{-1}B^T - A^T]^{-1} C^T Q$，其中，$P$ 为对应里卡蒂 (Riccati) 矩阵代数方程的解。

从 LQR 最优控制律可以看出,控制器的系统最优性主要取决于加权矩阵 Q 和 R 的选取,而如何选取并没有解析的方法,主要依靠主观经验,难以保证控制器的最优性能。因此,本节遵循车辆稳定性控制规律,对矩阵 Q 的权重系数进行实时调整,以期实现最优的控制性能。

根据汽车稳定性可知,随着车身质心侧偏角的增大,车身横摆角速度将逐渐失去对稳定性的正确表征,此时质心侧偏角将直接反映稳定性[25]。因此,控制器权重系数应根据质心侧偏角的实际大小进行实时调节。考虑到在不同路面条件下,质心侧偏角具有一个相应的最大容许值,在此容许值之内,横摆角速度能够直接表征车辆稳定状态,此时进行横摆角速度控制能够获得较好的控制效果;而在容许值之外时,横摆角速度将逐渐失去对车辆稳定状态的正确表征,此时需要将横摆角速度控制逐渐转换为质心侧偏角控制。因此,需先根据不同路面下的质心侧偏角最大容许值得到一调节下界 β_{down},然后通过大量仿真调试,得到一调节上界 β_{up},并制定如下调节关系:

$$\begin{cases} q_{\omega} = 1, q_{\beta} = 0, & \beta < \beta_{\text{down}} \\ q_{\omega} = 1 - q_{\beta}, q_{\beta} = \dfrac{\beta - \beta_{\text{down}}}{\beta_{\text{up}} - \beta_{\text{down}}}, & \beta_{\text{down}} \leqslant \beta \leqslant \beta_{\text{up}} \\ q_{\omega} = 0, q_{\beta} = 1, & \beta > \beta_{\text{up}} \end{cases} \tag{4.102}$$

式中,调节下界 $\beta_{\text{down}} = \arctan(0.02\mu g)$,其与路面附着系数动态关联[25];调节上界 $\beta_{\text{up}} = \varsigma\beta_{\text{down}}$,其中参数 ς 通过大量仿真调试得到,取 1.25,可知调节上界为经验值,可根据实际情况进行调整。

最终,可得到基于权重自调节的 LQR 整车稳定性控制器,其控制框图如图 4.43 所示。首先根据车身实际质心侧偏角确定权重系数 q_{ω}、q_{β} 的大小,接着

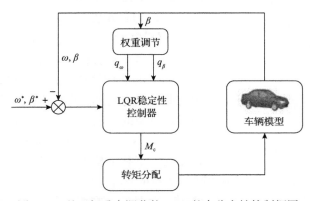

图 4.43　基于权重自调节的 LQR 整车稳定性控制框图

分别将两个权重系数和控制偏差输入到 LQR 稳定性控制器中，计算出最优的直接横摆力矩 M_c 输入，最后采用转矩分配方法将其分配到车轮，实现整车的稳定性调节。

4.5.5　差动转向与整车稳定性协调控制

1. 协调控制方案设计

无论是前轮差动转向还是后轮偏差补偿，都是通过控制各轮驱动力差来实现控制目标的，其执行方式与基于直接横摆力矩的整车稳定性控制的执行方式相同。当以四轮共同调节稳定性的整车稳定性控制器激活时，它们之间必然存在执行上的冲突，若直接取缔整车稳定性控制，则会严重影响整车稳定性，故需要考虑如何协调处理它们之间的关系。

对于以后轮进行的偏差补偿控制，其采用横摆角速度跟踪控制的方式来弥补差动转向时的操稳偏差，使得差动转向介入时的整车操纵稳定性与正常转向车辆相近。此偏差补偿控制可直接通过整车稳定性控制器中的横摆角速度跟踪控制来决策出需求横摆力矩，再分配到两个后轮，形成后轮驱动力差，一方面实现偏差补偿，另一方面也进行相应的稳定性调节。

对于前轮差动转向控制，其与整车稳定性控制在执行上存在着直接对立的冲突，需详细分析其存在的冲突面，再进行协调方案的制订。下面在汽车失稳的两种情况下，就其所存在的冲突分别进行简要分析阐述。

1）不足转向引起的失稳

如图 4.44 中轨迹 1 所示，一般在稳定性控制中称此状况为推头，此时的稳定性控制应是产生顺时针方向的附加横摆力矩，而差动转向对车辆引入的横摆力矩与稳定性控制需求的横摆力矩方向相一致，所以此种情形下，差动转向与稳定性控制二者没有直接的矛盾冲突，能够同时实现两者的控制目标。

2）过多转向引起的失稳

如图 4.44 中轨迹 3 所示，一般在稳定性控制中称此状况为甩尾，此时的稳定性控制应是产生逆时针方向的附加横摆力矩，而差动转向引入的横摆力矩与稳定性控制需求的横摆力矩方向正好相反，不利于整车稳定性。所以这种情况下，差动转向功能与稳定性控制相冲突，需要对两者进行协调。

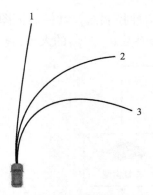

图 4.44　汽车失稳转向特性图

综合上述分析，可知差动转向与稳定性控制存在着矛盾，需要对其进行协调控制。这里综合考虑各种情况，制订出如下协调控制方案。如图 4.45 所示，首先判断差动转向是否工作，若不工作，则以四轮轮毂电机共同调节整车稳定性；若工作，则继续判断当前车辆的行驶状态，若车辆处于稳定行驶状态，则以实现差动转向功能为主，同时以横摆角速度控制为主的稳定性控制介入以跟随横摆角速度参考值，实现偏差补偿，改善差动转向性能，使车辆操纵稳定性与正常转向车辆相同或相近，且此时通过两后轮转矩差来满足其横摆力矩需求；若车辆处于非稳定状态，则以实现整车稳定性功能为主，一方面，稳定性控制介入，并通过两后轮实现其横摆力矩需求；另一方面，根据车辆稳定状态实时修正驾驶员转向意图，牺牲甚至停止差动转向来保证车辆稳定性。当两后轮达到其驱动极限无法再满足稳定性控制需求时，此时停止差动转向功能，通过四轮来共同调节整车稳定性。

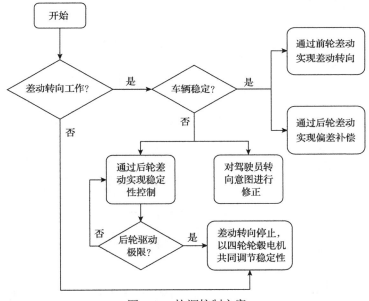

图 4.45　协调控制方案

2. 差动转向系统可拓协调控制

由上面制订的协调控制方案可知，需实时判断出车辆当前的行驶状态，并根据行驶状态对转向意图进行实时修正。这里引入一转向修正系数 υ 以实现对驾驶员转向意图的修正，则有 $x_{\mathrm{pz}}^{*}=\upsilon x_{\mathrm{r}}^{*}$。特征量提取选取质心侧偏角 β 和横摆角速度偏差 $\Delta\omega$，可拓集合划分为经典域（即稳定域）、可拓域（即车辆具有逐渐失稳的趋势或已小幅度失稳）和非域（即车辆处于大幅失稳状态），具体关联函数选取与计算与文献[26]类似，在此不再赘述。

整个协调控制流程如图 4.46 所示，其中 M_{cr}、M_{ca} 分别表示在两后轮间、四轮间进行分配的需求横摆力矩，M_{crmax} 则表示两后轮所能提供的最大横摆力矩。通过可拓协调控制器对车辆的行驶稳定状态进行判别，并得到相应的转向意图修正系数 υ，确定测度模式 M_1、M_2 及 M_3。当为模式 M_1 时，车辆处于稳定行驶状态，此时差动转向正常工作，期望齿条位移修正值 $x_{rxz}^* = x_r^*$，且通过稳定性控制器决策出横摆力矩 M_{cr} 在两后轮间分配，以实现偏差补偿控制；当为模式 M_2 时，车辆有逐渐失稳趋势，此时通过修正系数对差动转向所获取的驾驶员转向意图进行修正，$x_{rxz}^* = \upsilon x_r^*$，同时通过两后轮进行整车稳定性调节，需求横摆力矩为 M_{cr}，且当 M_{cr} 大于两后轮所能提供的最大横摆力矩 M_{crmax} 时，令差动转向功能停止，即令 $\upsilon = 0$，通过四轮来共同提供所需求横摆力矩 M_{ca}，以实现稳定性调节；当为模式 M_3 时，车辆处于失稳状态，此时差动转向停止，$x_{rxz}^* = 0$，四轮共同提供横摆力矩 M_{ca}，以调节整车稳定性[27]。

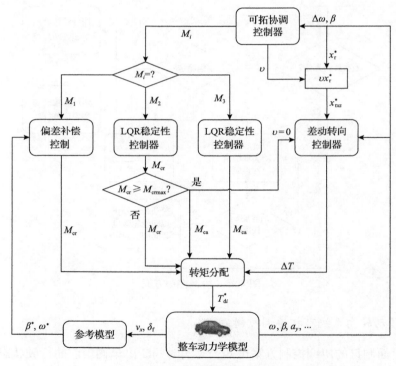

图 4.46　可拓协调控制简图

4.5.6　仿真结果分析

为验证偏差补偿控制、可拓协调控制以及车辆稳定性控制的效果，本节进行了低速正弦与双移线工况仿真研究。

1. 正弦工况仿真实验

利用低速、高附着路面、正弦输入下的仿真实验，验证在车辆稳定行驶的情况下，基于差动转向的全轮独立驱动汽车通过外加偏差补偿控制对整车操纵稳定性的恢复效果。

工况设置为：附着系数为 0.8 的水平良好路面，初始车速为 36km/h，维持此车速匀速行驶，输入如图 4.47 所示的转向盘转角信号，仿真时间为 12s。仿真结果见图 4.48，其中正常转向表示相同工况下正常转向车辆的动力学响应；无控制表示基于差动转向的汽车没有外加其他任何控制；有控制表示对基于差动转向的汽车采用所提出的控制策略。

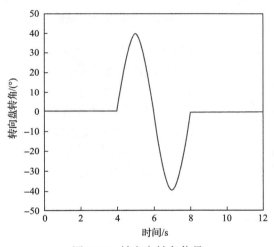

图 4.47　转向盘转角信号

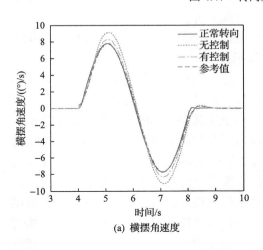

(a) 横摆角速度

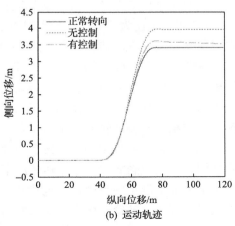

(b) 运动轨迹

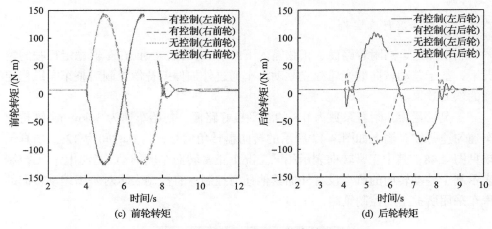

(c) 前轮转矩　　　　　　　　　　(d) 后轮转矩

图 4.48　低速正弦输入仿真结果

由图 4.48(a)可知,理想横摆角速度参考值与正常转向车辆的横摆角速度响应基本吻合,它作为偏差补偿控制的控制量参考值是合理的;有控制较无控制时的横摆角速度偏差得到了有效抑制,其横摆角速度响应与正常转向车辆相近,偏差较小。从图 4.48(b)可以看到,有控制时的车辆运动轨迹与正常转向车辆接近,而无控制时的车辆运动轨迹与正常转向车辆有较大偏差。这验证了采用横摆角速度跟踪的偏差补偿控制,能够使差动转向车辆的操纵稳定性与正常转向车辆相近。此外,差动转向控制的前轮差动转矩与偏差补偿控制的后轮差动转矩如图 4.48(c)、(d)所示。

2. 双移线工况仿真实验

为验证车辆处于稳定与非稳定状态下,差动转向与整车稳定性控制的协调效果,选取车辆容易失稳的双移线工况进行仿真分析。

(1)初始车速为 50km/h 并持续以此车速行驶,路面附着系数设为 0.8,跟随既定双移线轨迹行驶。仿真结果如图 4.49 所示。

从图 4.49(a)可以明显看到,无控制时的差动转向汽车运动轨迹与正常转向车辆出现较大偏差,而有控制时的差动转向汽车运动轨迹与正常转向车辆接近。同时根据图 4.49(b)可知,横摆角速度参考值与正常转向车辆的横摆角速度响应相一致;无控制时的差动转向汽车横摆角速度与正常转向车辆具有较大偏差,而有控制时偏差受到了明显抑制,其横摆角速度与正常转向车辆接近,再次验证了通过施加偏差补偿控制能够使差动转向汽车的操纵稳定性与正常转向车辆相近。此外,由于本工况下汽车一直处于稳定状态,整车稳定性控制器一直进行横摆角速度的跟踪以实现偏差补偿,而未对质心侧偏角进行直接控制,且协调控制器一直未对驾驶意图进行修正,即转向修正系数 $\upsilon = 1$,由期望齿条位移得到的转向角期望值

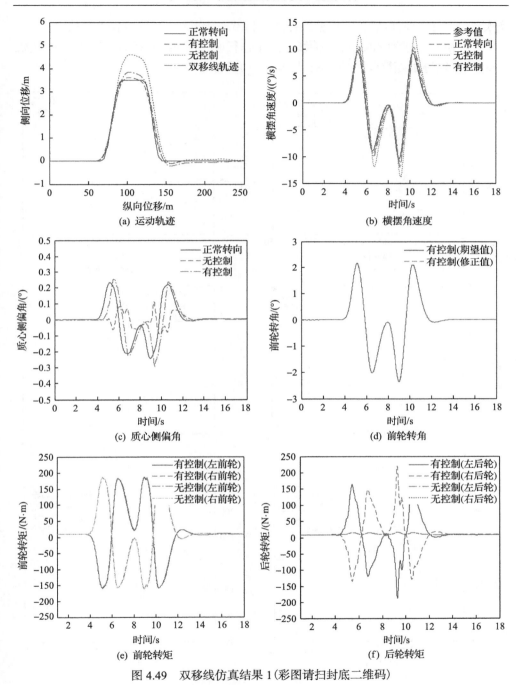

图 4.49　双移线仿真结果 1(彩图请扫封底二维码)

与修正值相同，如图 4.49(d)所示。差动转向的前轮差动转矩如图 4.49(e)所示，有控制与无控制时的差动转矩基本一致。而从图 4.49(f)可知，无控制时两后轮没有转矩差，有控制时两后轮根据偏差补偿控制出现转矩差，以实现偏差补偿。

(2)初始车速为 80km/h 并持续以此车速行驶，路面附着系数设定为 0.4，按既定双移线轨迹跟随行驶。仿真结果如图 4.50 所示。

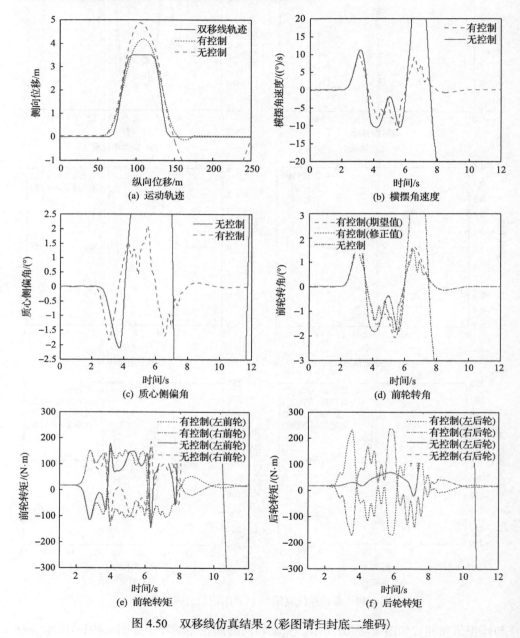

图 4.50 双移线仿真结果 2(彩图请扫封底二维码)

从仿真结果可以看出，在此工况下，无控制的差动转向车辆出现失稳情况，无法实现按期望路径行驶，横摆角速度、质心侧偏角等均出现较大波动。而所提的控制策略能够将车辆维持在稳定状态，如图 4.50(a)～(c)所示，有控制时能够使车辆按期望路径行驶，且将横摆角速度、质心侧偏角控制在较小范围内。同时，协调控制根据车辆行驶状态对所获取驾驶意图进行了修正，如图 4.50(d)所示，在车辆出现失稳或有失稳趋势时，车辆转向角修正值比期望值明显偏小。通过以上对横摆角速度、质心侧偏角的控制以及对驾驶意图的修正，避免了失稳情况的发生，拓宽了差动转向的工作范围。相应的前后轮差动转矩如图 4.50(e)、(f)所示，在无控制的差动转向汽车失稳时，前后轮转矩均出现急剧变化。有控制下的差动转向汽车前轮出现转矩差实现对修正后的驾驶意图的跟踪，而后轮出现转矩差实现整车的稳定性控制。

综上分析可知，本节所提出的控制策略能够使基于差动转向的四轮独立驱动车辆在稳定状态时通过偏差补偿控制实现其运动轨迹和整车动力学特性与正常转向车辆相近，达到差动转向车辆与正常转向车辆具有相近操纵稳定性的目的。同时，在非稳定性状态时，通过差动转向与整车稳定性控制的协调来阻止或减缓车辆运动状态的恶化，维持了差动转向车辆的稳定性，拓宽了差动转向的工作范围。

参 考 文 献

[1] Wang J. Generalized multi objective control with application to vehicle suspension systems. Leeds: Doctoral thesis of University of Leeds, 2003.

[2] Hady M B A A, Crolla D A. Active suspension control algorithms for a 4-wheel vehicle model. International Journal of Vehicle Design, 1992, 13(2): 144-158.

[3] 龙垚坤, 文桂林, 陈哲吾. 汽车主动悬架鲁棒保性能控制仿真研究. 汽车工程, 2014, 36(2): 216-221.

[4] 孙鹏远. 基于 LMI 优化的主动悬架多目标控制研究. 长春: 吉林大学, 2004.

[5] 方敏, 汪洪波, 刘跃, 等. 基于功能分配的汽车主动悬架控制的研究. 汽车工程, 2015, 37(2): 200-206.

[6] 汪洪波, 林澍, 孙晓文, 等. 基于可拓理论的汽车主动悬架系统 H_∞ 控制与优化. 汽车工程, 2016, 38(11): 1382-1390.

[7] 汪洪波, 夏志, 胡振国. EPS 多模式可拓模糊切换控制研究. 合肥工业大学学报(自然科学版), 2018, 41(8): 1084-1092.

[8] 王其东, 姜武华, 陈无畏, 等. 主动悬架和电动助力转向系统机械与控制参数集成优化. 机械工程学报, 2008, 44(8): 67-72.

[9] 陈无畏, 汪洪波. 基于功能分配的汽车悬架/转向系统可拓控制及稳定性分析. 机械工程学报, 2013, 49(24): 67-75.

[10] 郑宏宇, 宗长富, 田承伟, 等. 基于理想转向传动比的汽车线控转向控制算法. 吉林大学学报(工学版), 2007, 37(6): 1229-1235.

[11] 余志生. 汽车理论. 5版. 北京: 机械工业出版社, 2009.

[12] 郑宏宇. 汽车线控转向路感模拟与主动转向控制策略研究. 长春: 吉林大学, 2009.

[13] 刘金琨, 孙富春. 滑模变结构控制理论及其算法研究与进展. 控制理论与应用, 2007, 24(3): 407-418.

[14] 杨春燕, 蔡文. 可拓集中关联函数的研究进展. 广东工业大学学报, 2012, 29(2): 7-14.

[15] 赵林峰, 陈无畏, 王俊, 等. 基于可拓滑模线控转向控制策略研究. 机械工程学报, 2019, 55(2): 126-134.

[16] 崔伟. 轮毂电机驱动汽车路径跟踪及差动转向多目标控制研究. 合肥: 合肥工业大学, 2020.

[17] 景晖. 基于差动转向的分布式直驱电动汽车鲁棒控制方法研究. 南京: 东南大学, 2017.

[18] Hu C, Wang R R, Yan F J, et al. Robust composite nonlinear feedback path-following control for independently actuated autonomous vehicles with differential steering. IEEE Transactions on Transportation Electrification, 2016, 2(3): 312-321.

[19] Zhou H L, Jia F J, Jing H H, et al. Coordinated longitudinal and lateral motion control for four wheel independent motor-drive electric vehicle. IEEE Transactions on Vehicular Technology, 2018, 67(5): 3782-3790.

[20] Zhao H Y, Gao B Z, Ren B T, et al. Integrated control of in-wheel motor electric vehicles using a triple-step nonlinear method. Journal of the Franklin Institute, 2015, 352(2): 519-540.

[21] Khalil H K. Nonlinear Systems. 3rd ed. Upper Saddle River: Prentice Hall, 2002.

[22] Agrachev A A, Morse A S, Sontag E D, et al. Nonlinear and Optimal Control Theory. Berlin: Springer, 2004.

[23] 续丹, 王国栋, 曹秉刚, 等. 独立驱动电动汽车的转矩优化分配策略研究. 西安交通大学学报, 2012, 46(3): 42-46.

[24] 谷成, 刘浩, 陈辛波. 基于效率优化的四轮独立驱动电动车转矩分配. 同济大学学报(自然科学版), 2015, 43(10): 1550-1556.

[25] 刘翔宇. 基于直接横摆力矩控制的车辆稳定性研究. 合肥: 合肥工业大学, 2010.

[26] 陈无畏, 汪洪波, 孙晓文. 汽车差动助力转向系统的可拓协调控制. 中国科学: 技术科学, 2017, 47(3): 324-335.

[27] 曹也. 基于差动转向的全轮独立驱动汽车操纵稳定性控制研究. 合肥: 合肥工业大学, 2019.

第5章 分布式驱动电动车辆稳定性可拓控制

采用多电机分布式驱动的电动车辆,可通过四个轮毂或轮边电机来驱动车轮。轮毂电机可集成在车轮轮毂内部,使分布式驱动电动车辆取消了传统燃油车和集中式驱动电动车辆的机械传动部分,各轮相互独立,且其驱动、制动转矩分别可测可控,扩展了控制算法在底盘动力学上的作用范围,可以有效地改善车辆操纵稳定性和行驶安全性。本章着重对轮毂电机驱动车辆系统稳定性进行研究,采用可拓控制对其控制系统进行设计与分析。

5.1 车辆系统动力学建模

为了进行操纵稳定性方面的研究,需要建立一个能反映车辆实际运动状态,并且能表达车辆在线性和非线性区域特征的动力学模型。如图 5.1 所示,整车七自由度模型和驾驶员模型用于模拟实车平台和进行算法验证,三自由度模型和二自由度模型用于稳定性表征和控制策略开发。这里的主要研究对象是具有线控转向功能的分布式驱动电动车辆,建立的主要模型包括整车动力学模型、轮毂电机驱动系统模型、驾驶员模型和转向系统模型等。

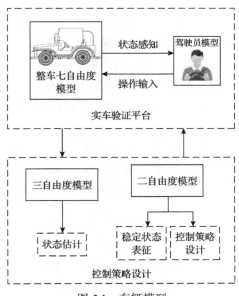

图 5.1 车辆模型

5.1.1　车辆模型架构

1. 坐标系定义

　　整车动力学模型是基于国际汽车工程师学会定义的汽车坐标系建立的[1]，其中包括大地坐标系、车身坐标系和轮胎坐标系[2]。根据研究对象的不同，选择适当的坐标系可以简化数学模型，降低模型复杂程度。如图 5.2 所示，被研究汽车为本节实验部分设计采用的分布式驱动电动汽车，其坐标系有三种。

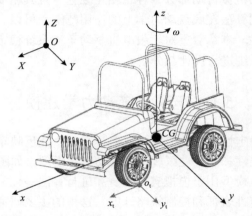

图 5.2　坐标系分类

　　大地坐标系 $OXYZ$ 也称惯性坐标系，用来描述汽车在空间中的位置、速度和行驶方向等信息。汽车质心 CG 在地面的投影为大地坐标系原点 O，沿汽车前进方向并且经过原点 O 的方向轴为 X 轴，Z 轴经过 O 并竖直向上，Y 轴经过 O 并与 X 轴和 Y 轴正交，且符合 Z 轴至 X 轴的右手定则。

　　车身坐标系 $oxyz$ 用来描述车身运动特征，并随着汽车运动而移动。汽车质心为原点 o，x 轴、y 轴和 z 轴分别与车身纵向、侧向和垂向坐标轴重合，方向分别与前进方向、驾驶员左侧和重力相反方向一致。

　　轮胎坐标系 $o_t x_t y_t z_t$ 用来描述轮胎的运动和受力。轮胎接地面中心为轮胎坐标系原点 o_t，x_t 轴经过 o_t 并沿着车轮侧向截面与地面的交线指向汽车前进方向，y_t 轴经过 o_t 并沿着车轮旋转轴线在地面的投影指向前进方向的左侧，z_t 轴经过 o_t 竖直向上。

2. 模型架构

　　对于装备有轮毂电机的分布式驱动电动车辆，驱动执行系统为四个轮毂电机，制动执行系统为四个液压制动卡钳和制动盘，结合操纵稳定性指标，设计如图 5.3

所示的模型架构[3]。

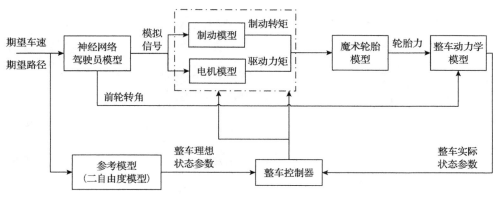

图 5.3　车辆模型架构

5.1.2　整车动力学模型

1. 车身动力学模型

根据图 5.2，车身在空间中具有 6 个运动自由度，包括纵向、侧向和垂向位移以及横摆、侧倾和俯仰运动。建模时主要考虑车身的纵向、侧向和横摆运动，另外增加了四个车轮的旋转自由度。在此基础上对模型进行以下假设：①四个车轮的轮胎动力学特性相同，特征参数相同；②左右前轮转角相同；③前后轮距相同；④不考虑悬架系统影响。

在对模型进行简化后，可建立如图 5.4 所示的七自由度模型，车辆模型的主要参数如表 5.1 所示。以图 5.4 所示的驾驶员左侧转向为正，根据牛顿第二定律可得纵向动力学方程：

$$ma_x - m_s h_{\mathrm{CGs}} \omega \dot{\phi} = F_{x\mathrm{fl}} \cdot \cos\delta_\mathrm{f} - F_{y\mathrm{fl}} \cdot \sin\delta_\mathrm{f} + F_{x\mathrm{fr}} \cdot \cos\delta_\mathrm{f} - F_{y\mathrm{fr}} \cdot \sin\delta_\mathrm{f}$$
$$+ F_{x\mathrm{rl}} + F_{x\mathrm{rr}} - fmg - C_\mathrm{D} A v_x^2 / 21.25 \tag{5.1}$$

式中，a_x 为大地坐标系下车辆的纵向加速度；h_{CGs} 为质心高度；F_{xij}、F_{yij} 分别为车身坐标系中的轮胎力，$i = \mathrm{f, r}$；$j = \mathrm{l, r}$。

侧向动力学方程：

$$ma_y - m_s h_{\mathrm{CGs}} \ddot{\phi} = F_{x\mathrm{fl}} \cdot \sin\delta_\mathrm{f} + F_{y\mathrm{fl}} \cdot \cos\delta_\mathrm{f} + F_{x\mathrm{fr}} \cdot \sin\delta_\mathrm{f} + F_{y\mathrm{fr}} \cdot \cos\delta_\mathrm{f} + F_{y\mathrm{rl}} + F_{y\mathrm{rr}}$$

$$\tag{5.2}$$

式中，a_y 为大地坐标系下车辆的侧向加速度。

横摆动力学方程：

$$I_z\dot{\omega} - I_{xz}\ddot{\phi} = l_f\left(F_{xfl} + F_{xfr}\right) - l_r\left(F_{yrl} + F_{yrr}\right) + 0.5d_w\left(F_{xfr} - F_{xfl}\right) + 0.5d_w\left(F_{xrr} - F_{xrl}\right)$$

(5.3)

式中，I_{xz} 为簧载质量关于车辆坐标系 x 轴和 y 轴的转动惯量积。

大地坐标系下车辆的纵向、侧向加速度分别表示为

$$a_x = \dot{v}_x - v_y\omega$$

(5.4)

$$a_y = \dot{v}_y + v_x\omega$$

(5.5)

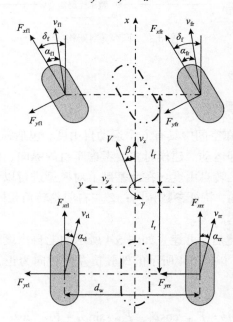

图 5.4　七自由度模型

表 5.1　车辆模型主要参数

参数	符号	数值	单位
整车质量	m	1530	kg
簧载质量	m_s	1210	kg
纵向速度	v_x	—	m/s
侧向速度	v_y	—	m/s
横摆角速度	ω	—	rad/s

续表

参数	符号	数值	单位
质心侧偏角	β	—	rad
侧倾角	ϕ	—	rad
绕 z 轴转动惯量	I_z	4607	kg·m²
绕 x 轴转动惯量	I_x	930	kg·m²
车轮转动惯量	I_w	0.90	kg·m²
轮胎有效半径	R_w	0.28	m
轮距	d_w	1.80	m
质心到前轴距离	l_f	1.11	m
质心到后轴距离	l_r	1.67	m
空气阻力系数	C_D	0.3	—
滚动阻力系数	f	—	—
迎风面积	A	1.5	m²

2. 车轮转动动力学模型

各个车轮拥有独立的驱动力和制动力输入，其旋转动力学模型可以表示为

$$I_w \dot{\omega}_{fl} = T_{fl} - T_{bfl} - T_{ffl} - R_w F_{xfl} \tag{5.6}$$

$$I_w \dot{\omega}_{fr} = T_{fr} - T_{bfr} - T_{ffr} - R_w F_{xfr} \tag{5.7}$$

$$I_w \dot{\omega}_{rl} = T_{rl} - T_{brl} - T_{frl} - R_w F_{xrl} \tag{5.8}$$

$$I_w \dot{\omega}_{rr} = T_{rr} - T_{brr} - T_{frr} - R_w F_{xrr} \tag{5.9}$$

式中，T_{ij} 为车轮驱动力矩；T_{bij} 为车轮制动力矩；T_{fij} 为车轮滚动阻力矩。由于轮毂电机和轮毂安装在一起，轮毂电机驱动力矩可认为是车轮驱动力矩：

$$T_{fij} = f \cdot F_{zij} \cdot R_{ij} \tag{5.10}$$

式中，F_{zij} 为车轮垂向载荷，垂向载荷不仅关系到车轮滚动动力学的计算，而且关系到车身模型与轮胎模型的结合，转向或加速过程中会出现垂向载荷转移现象，即

$$F_{zfl} = \frac{mgl_r}{2l} - \frac{ma_x h}{2l} - \frac{ma_y l_r h}{ld_w} - \frac{1}{d_w}\left(C_{\phi f}\phi + B_{\phi f}\dot{\phi}\right) \tag{5.11}$$

$$F_{zfr} = \frac{mgl_r}{2l} - \frac{ma_x h}{2l} + \frac{ma_y l_r h}{ld_w} + \frac{1}{d_w}\left(C_{\phi f}\phi + B_{\phi f}\dot{\phi}\right) \tag{5.12}$$

$$F_{zrl} = \frac{mgl_f}{2l} + \frac{ma_x h}{2l} - \frac{ma_y l_f h}{ld_w} - \frac{1}{d_w}\left(C_{\phi r}\phi + B_{\phi r}\dot{\phi}\right) \tag{5.13}$$

$$F_{zrr} = \frac{mgl_f}{2l} + \frac{ma_x h}{2l} + \frac{ma_y l_f h}{ld_w} + \frac{1}{d_w}\left(C_{\phi r}\phi + B_{\phi r}\dot{\phi}\right) \tag{5.14}$$

式中，$l = l_f + l_r$；$C_{\phi f}$ 为侧倾刚度；$B_{\phi f}$ 为侧倾阻尼。

3. 车轮转速模型

车轮的轮心速度是计算滑移率的关键，而车轮转速可根据轮毂电机内的霍尔传感器获得。根据车身速度计算轮胎坐标系下各车轮中心速度：

$$v_{xwfl} = \left(v_x - \frac{d_w}{2}\omega\right)\cos\delta_f + \left(v_y + l_f\omega\right)\sin\delta_f \tag{5.15}$$

$$v_{ywfl} = \left(v_y + l_f\omega\right)\cos\delta_f - \left(v_x - \frac{d_w}{2}\omega\right)\sin\delta_f \tag{5.16}$$

$$v_{xwfr} = \left(v_x + \frac{d_w}{2}\omega\right)\cos\delta_f + \left(v_y + l_f\omega\right)\sin\delta_f \tag{5.17}$$

$$v_{ywfr} = \left(v_y + l_f\omega\right)\cos\delta_f - \left(v_x + \frac{d_w}{2}\omega\right)\sin\delta_f \tag{5.18}$$

$$v_{xwrl} = v_x - \frac{d_w}{2}\omega \tag{5.19}$$

$$v_{ywrl} = v_y - l_r\omega \tag{5.20}$$

$$v_{xwrr} = v_x + \frac{d_w}{2}\omega \tag{5.21}$$

$$v_{ywrr} = v_y - l_r\omega \tag{5.22}$$

式中，v_{xwij} 为车轮中心沿 x 轴移动速度；v_{ywij} 为车轮中心沿 y 轴移动速度。

4. 轮胎模型

除了上述车身动力学方程中包含的空气作用力，轮胎作为车辆与路面直接接触的部件，轮胎力也是车辆动力学系统中所受的唯一外力[4]。精确的轮胎模型是分析车辆操纵稳定性能的关键，目前主要应用于理论研究和生产实践的非线性轮胎模型主要有：Gim 纯理论轮胎模型、魔术公式轮胎模型、Dugoff 轮胎模型、幂指数统一轮胎模型、LuGre 轮胎模型等[5,6]。

本节选择由 Pacejka 提出的魔术公式轮胎模型，它可以描述纵侧向力的联合作用，体现不同驱动工况下的轮胎特性。轮胎受力如图 5.5 所示，魔术公式轮胎模型可以描述轮胎的纵向力、侧向力、回正力矩与轮胎侧偏角和滑移率之间的关系。

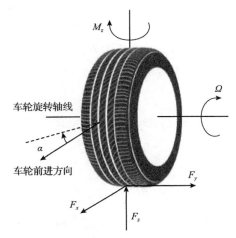

图 5.5　轮胎受力示意图

魔术公式轮胎模型一般表达式为

$$Y(x) = D\sin\{C\arctan[Bx - E(Bx - \arctan(Bx))]\} \tag{5.23}$$

式中，B 为刚度因子；C 为形状因子；D 为峰值因子，是由轮胎垂向载荷和外倾角确定的系数；E 为曲率因子；$Y(x)$ 可以是三种输出变量，包括纵向力、侧向力和回正力矩；自变量 x 根据 $Y(x)$ 的不同可分别表示轮胎侧偏角、纵向滑移率。实际应用中针对帘布层转向效应引起的偏移[7]现象，引入垂直偏移和水平偏移进行校正。

（1）纵向力计算式为

$$F_x = D\sin\left\{C\arctan\left[Bx_1 - E\left(Bx_1 - \arctan\left(Bx_1\right)\right)\right]\right\} + S_v \tag{5.24}$$

式中，x_1 为纵向力组合的自变量：$x_1 = s + S_h$，s 为轮胎纵向滑移率，若其为负值代表制动，-100 表示车轮抱死；C 为曲线形状因子，$C = b_0$；D 为曲线巅因子，表示曲线的最大值，$D = b_1 F_z^2 + b_2 F_z$；BCD 为纵向力零点处的纵向刚度，$BCD = \left(b_3 F_z^2 + b_4 F_z \right) \mathrm{e}^{-B_5 F_z}$；$B$ 为刚度因子；S_h 为曲线的水平方向漂移，$S_h = b_9 F_z + b_{10}$；S_v 为曲线的垂直方向漂移，$S_v = 0$；E 为曲线的曲率因子，表示曲线最大值附近的形状，$E = b_6 F_z^2 + b_7 F_z + b_8$。

（2）侧向力计算式为

$$F_y = D \sin \left\{ C \arctan \left[Bx_2 - E \left(Bx_2 - \arctan \left(Bx_2 \right) \right) \right] \right\} + S_v \tag{5.25}$$

式中，x_2 为侧向力组合的自变量：$x_2 = \alpha + S_h$，α 为轮胎侧偏角。其余参数的含义和纵向力中的一致，具体数值可表示为：$C = a_0$；$D = a_1 F_z^2 + a_2 F_z$；$BCD = a_3 \sin[2 \arctan(F_z / a_4)] \cdot (1 - a_5 |\varphi|)$，$\varphi$ 为轮胎外倾角；$S_h = a_9 F_z + a_{10} + a_8 \varphi$；$S_v = a_{11} F_z \varphi + a_{12} F_z + a_{13}$；$E = a_6 F_z + a_7$。

（3）回正力矩计算式为

$$M_z = D \sin \left\{ C \arctan \left[Bx_2 - E \left(Bx_2 - \arctan \left(Bx_2 \right) \right) \right] \right\} + S_v \tag{5.26}$$

式中物理量具体数值表示为

$$C = c_0 ; \quad D = c_1 F_z^2 + c_2 F_z ; \quad BCD = \left(c_3 F_z^2 + c_4 F_z \right) \left(1 - c_6 |\varphi| \right) \mathrm{e}^{-c_5 F_z}$$

$$S_h = c_{11} \varphi + c_{12} F_z + c_{13} ; \quad S_v = \varphi \left(c_{14} F_z^2 + c_{15} F_z \right) + c_{16} F_z + c_{17}$$

$$E = \left(c_7 F_z^2 + c_8 F_z + c_9 \right) \times \left(1 - c_{10} |\varphi| \right)$$

对上述进行联合建模，图 5.6（a）显示了联合轮胎力作用下的侧向力与侧偏角之间的关系，随着轮胎侧偏角绝对值的增加，轮胎侧向力逐渐增大，但是当轮胎侧偏角超过阈值时，侧向力逐渐趋于平缓并最终达到饱和状态。滑移率越大，相同轮胎侧偏角下的侧向力也越大。图 5.6（b）显示了轮胎回正力矩与轮胎侧偏角的关系，随着轮胎侧偏角绝对值的增加，回正力矩呈先增大后减小的趋势，随着滑移率的增大，回正力矩的峰值点发生沿侧偏角变化方向的平移。图 5.6（c）显示了轮胎侧向力与纵向力的联合作用效果，纵向力和侧向力的增长趋势相反，这种驱动力或制动力在不同轮胎侧偏角条件下形成的包络曲线也被称为"摩擦椭圆"，它确定了侧向力与纵向力合力的极限值。图 5.6（c）为本节后面关于四轮转矩分配的设计提供了参考。

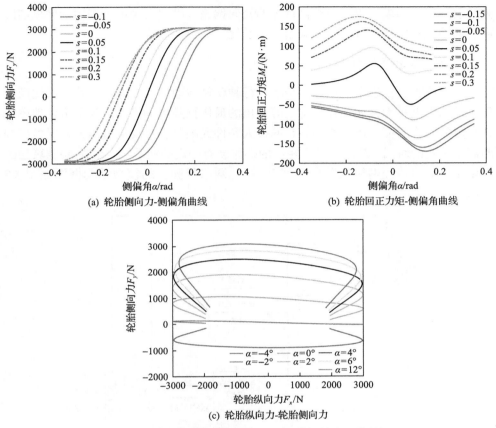

(a) 轮胎侧向力-侧偏角曲线　　　　(b) 轮胎回正力矩-侧偏角曲线

(c) 轮胎纵向力-轮胎侧向力

图 5.6　魔术轮胎联合轮胎力(彩图请扫封底二维码)

5.1.3　轮毂电机模型

设装备的永磁同步轮毂电机安装于驱动轴末端,轮毂电机是输出驱动转矩的直接部件。将轮毂电机简化为一个二阶延迟系统[8]:

$$\frac{T}{T^*} = \frac{1}{2\zeta^2 s^2 + 2\zeta s + 1} \tag{5.27}$$

式中,T 为轮毂电机实际输出转矩;T^* 为控制策略求出的目标转矩;ζ 由轮毂电机参数确定。

5.1.4　神经网络驾驶员模型

为了模拟真实驾驶员的转向、加速、制动等操作,需要在模型中添加一个能适应多种驾驶工况的驾驶员模型,从而形成"人-车-路"闭环仿真系统。侧向驾驶员模型用于操纵转角减小车辆行驶的侧向偏差，纵向驾驶员模型用于操纵油门或制动踏板模拟驾驶员的加、减速操作过程。

1. 侧向驾驶员模型

侧向驾驶员模型主要用于使车辆的行驶路径与理想路径保持一致，以此模拟驾驶员的操纵行为，如郭孔辉院士等提出的最优预瞄曲率模型。为了更好地体现驾驶员的操作特征，还需增加一定的拟人条件或限制。驾驶员对前方路况做出判断需要一定的时间，之后再进行相应的操作会有一定的滞后，在预瞄-跟随算法的基础上，采用神经网络驾驶员模型[9]。神经网络驾驶员的模型结构框图如图 5.7 所示。

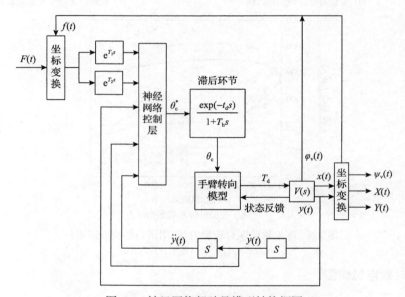

图 5.7　神经网络驾驶员模型结构框图

图 5.7 中，神经网络控制层是一个 5-8-1 分层结构，输入层有 5 个神经元，隐含层节点数 m 根据式(5.28)进行计算：

$$m = \sqrt{n+l} + a \tag{5.28}$$

式中，n 为输入层神经元个数；l 为输出层神经元个数；a 为 1～10 的常数。输出层为神经网络决策出的驾驶员理想转角，通过滞后环节和手臂模型最终输出实际的转角。驾驶员的反应时间和驾驶疲劳状态则通过调节滞后环节和手臂模型的参数进行模拟。

神经网络驾驶员模型参数及含义如表 5.2 所示。

表 5.2　神经网络驾驶员模型参数

参数	含义
$F(t)$	大地坐标系下的理想路径
$f(t)$	相对坐标系下的路径
$\mathrm{e}^{T_1 s}, \mathrm{e}^{T_2 s}$	两点预瞄延迟环节
T_1, T_2	预瞄时间
$y(t)$	侧向位移
t_d	神经反应滞后时间常数
T_h	操作反应滞后时间常数
$V(s)$	车辆模型(二自由度)传递函数
T_d	转向盘操纵力矩
θ_c^*	神经网络决策后的转向盘转角

2. 纵向驾驶员模型

纵向驾驶员模型的作用是模拟真实的驾驶员维持车速或进行制动的操作。利用 PID 控制器根据实际车速与期望车速的误差调节轮毂电机的转矩，此处期望的驱动转矩作为模型的直接输入，忽略电子踏板所输出的电压信号。纵向驾驶员模型结构框图如图 5.8 所示。

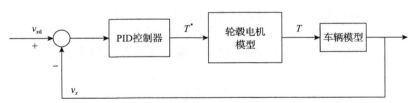

图 5.8　纵向驾驶员模型结构框图

根据 PID 控制算法的离散差分方程计算控制输出，即保持速度需要的驱动转矩 T^*：

$$T^*(n) = k_\mathrm{p} e_\mathrm{v}(n) + k_\mathrm{i} \sum e_\mathrm{v}(n) + k_\mathrm{d} \left[e_\mathrm{v}(n) - e_\mathrm{v}(n-1) \right] \tag{5.29}$$

式中，$e_\mathrm{v} = v_x - v_{xd}$，$v_{xd}$ 为期望纵向速度。

5.1.5　主动前轮转向模型

如图 5.9 所示的用于分布式驱动车辆的线控转向结构，可用来控制系统输出的目标前轮转角。该线控转向结构包括转向执行电机、减速器和齿轮齿条位移传感器等。转向执行电机接收线控转向控制器的脉冲宽度调制(pulse width modulation,PWM)信号产生转矩,以驱动齿轮齿条运动,从而产生与转向盘转角对应的前轮转角。

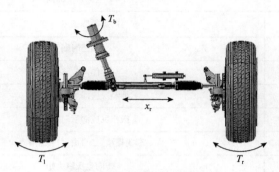

图 5.9　线控转向结构

转向执行电机的动力学模型可以表示为

$$T_b + \Delta T = J_b \ddot{\delta}_b + B_b \dot{\delta}_b + \frac{k_c}{G_b}\left(\frac{\delta_b}{G_b} - \frac{x_r}{r_p}\right) \tag{5.30}$$

式中,T_b 为转向执行电机电磁力矩;$J_b = J_0 + \Delta J$ 为转向电机转动惯量,其中 ΔT 和 ΔJ 为有界扰动量,J_0 为标称值;B_b 为转向电机阻尼系数;δ_b 为转向电机转角;k_c 为转向执行总成扭转刚度;G_b 为转向电机减速器减速比;x_r 为齿条位移;r_p 为小齿轮分度圆半径。

转向执行直流电机的电磁力矩和电学平衡方程可表示如下:

$$T_b = k_t I_b \tag{5.31}$$

$$U_b = R_b I_b + L_b \dot{I}_b + k_b \dot{\delta}_b \tag{5.32}$$

式中,U_b 为转向电机电压;R_b 为转向电机电阻;I_b 为转向电机电流;L_b 为转向电机电感;k_b 为转向电机反电动势系数;k_t 为转向电机电磁力矩系数。电学平衡方程建立的目的是使转向执行电机的转速保持稳定。转向执行电机产生的转角传递到齿轮齿条结构上:

$$M_r \ddot{x}_r + B_r \dot{x}_r + F_r = \frac{k_c}{r_p}\left(\frac{\delta_b}{G_b} - \frac{x_r}{r_p}\right) \tag{5.33}$$

$$F_r = \frac{T_l}{l_l} + \frac{T_r}{l_r} \tag{5.34}$$

式中，M_r 为齿轮齿条质量；B_r 为齿轮齿条阻尼系数；F_r 为等效到齿条上的阻力；T_l 和 T_r 分别为左前轮和右前轮主销回正力矩；l_l 和 l_r 分别为左前轮和右前轮转向摇臂长度。

5.1.6　模型验证

1. 主动前轮转向模型验证

在硬件在环台架上对主动前轮转向模型的可行性及其跟踪性能进行验证。利用转角传感器采集转向盘转角信号，利用位移传感器采集齿轮齿条位移信号，经过齿轮齿条机构换算成前轮转角。两路信号分别以 CAN 信号和模拟信号的形式发送到实物控制器中，闭环控制采用分段 PID 控制算法。系统模型参数如表 5.3 所示。

表 5.3　线控系统模型参数

参数	数值
转向电机转动惯量 J_b	$8.8 \times 10^{-4} \mathrm{kg \cdot m^2}$
转向电机阻尼系数 B_b	$1.8 \times 10^{-4} \mathrm{N \cdot m \cdot s/rad}$
转向执行总成扭转刚度 k_c	$182 \mathrm{N \cdot m/rad}$
转向电机减速器减速比 G_b	18
小齿轮分度圆半径 r_p	$0.008 \mathrm{m}$
转向电机电阻 R_b	0.426Ω
转向电机电感 L_b	$3.6 \times 10^{-4} \mathrm{H}$
转向电机反电动势系数 k_b	$0.075 \mathrm{V \cdot s/rad}$
转向电机电磁力矩系数 k_t	$0.08 \mathrm{N \cdot m/A}$
齿轮齿条质量 M_r	$2.35 \mathrm{kg}$
齿轮齿条阻尼系数 B_r	$646 \mathrm{N \cdot m \cdot s/rad}$

人为操纵转向盘进行幅值不超过 200° 的循环运动，持续时间为 20s。分别记录转角传感器采集到的转向盘转角和线控系统的齿轮齿条位移，将位移等效为转向盘转角后与转向盘实际输入比较，如图 5.10 所示，二者趋势一致且误差较小，这说明分布式驱动车辆上的线控转向机构能精确执行驾驶员的输入，达到与传统的机械转向机构相同的基本功能。图 5.11 对比了线控转向机构和有管柱的传统转

向机构分别执行转向操作时车辆的运动轨迹，说明线控转向机构能精确执行分布式驱动电动车辆行驶过程中接收到的转向指令。

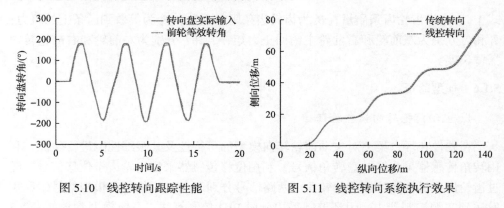

图 5.10　线控转向跟踪性能　　　　　图 5.11　线控转向系统执行效果

2. 整车动力学模型验证

在 MATLAB/Simulink 仿真环境中建立整车七自由度动力学模型，先验证轮毂电机执行目标转矩的效果，再验证整车动力学响应是否与硬件在环台架实验保持在允许误差范围内。

为验证上述模型的合理性，根据表 5.1 的参数在 CarSim 环境中对车辆模型进行调整，再利用图 5.6 的数据对 CarSim 的轮胎参数进行标定。在 MATLAB/Simulink 中搭建分布式驱动电动车辆数学模型，进行双移线工况下的仿真，并与 CarSim 的结果进行对比。双移线工况是验证车辆操纵稳定性常用的工况，其线路根据国际标准 ISO 3888-1:1999 的规定，如图 5.12 所示，在 CarSim 中设置双移线路线[10]。

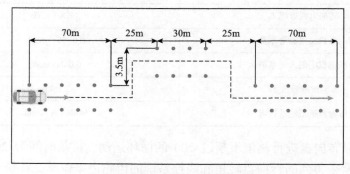

图 5.12　双移线路线

工况 1　低速高附着路面。模拟车辆在相对稳定的情况下对输入的响应情况。设置车速为 40km/h，路面附着系数为 0.8，驾驶员按照图 5.12 所示的路线驾驶，

Simulink 仿真和 CarSim 仿真输出的结果如图 5.13 所示。

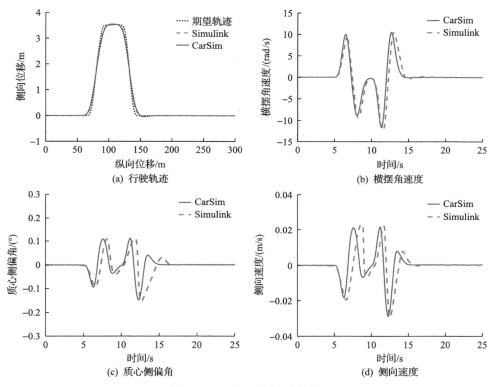

图 5.13　工况 1 响应结果对比

工况 2　高速低附着路面。模拟车辆在容易发生失稳的情况下对输入的响应情况。设置车速为 80km/h，路面附着系数为 0.5，Simulink 仿真和 CarSim 输出的结果如图 5.14 所示。

由图 5.13 可见，在低速及路面附着条件较好的情况下，Simulink 仿真与 CarSim 仿真的输出保持了较好的重合度，图 5.13(a) 显示出预瞄模型能很好地跟踪期望轨迹，并且轨迹与 CarSim 仿真输出的轨迹基本重合，横摆角速度和质心侧偏角响应也能与 CarSim 仿真的响应基本保持一致，具有相同的变化趋势。图 5.14 显示了车辆在恶劣行驶条件下的响应结果，图 5.14(a) 显示出实际轨迹与期望轨迹有一定的偏差，但 Simulink 仿真与 CarSim 仿真结果有较好的重合度。图 5.14(b)、(c) 显示出车辆的横摆角速度和质心侧偏角偏大，6s 之后，Simulink 仿真与 CarSim 仿真有一定的偏差，但是变化趋势基本一致。总体来说，所建的动力学模型能在规定的时间内完成双移线运动，并且和经过验证的 CarSim 仿真结果基本一致[11]。

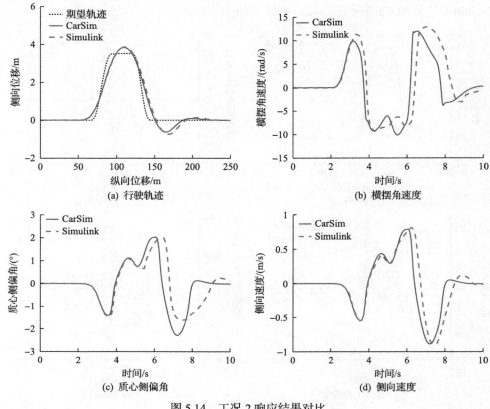

图 5.14　工况 2 响应结果对比

5.2　基于相平面法的主动前轮转向与直接横摆力矩协调控制

如何协调四轮转矩并配合转向系统实现整车的横向稳定性控制，分析车辆在不同工况下行驶状态的变化规律十分重要。前轮转向与直接横摆力矩协调控制是提高车辆操纵稳定性的合适手段，而车辆当前的行驶状态可用来确定协调控制过程中两种控制方法的权值，且协调控制应在不同的驾驶条件下具有适用性和稳定性。可采用相平面法来设计动态稳定性边界，划分利用转向和直接横摆力矩控制车辆操纵稳定的工作区域，实现权重柔性过渡。

5.2.1　协调控制策略设计

1. 车辆参考模型

车辆在良好的行驶工况下行驶时，轮胎模型处于线性区域，此时车辆的侧向加速度小于 $0.4g$。选择线性二自由度模型作为参考模型，可得稳定控制所需的期望横摆角速度和质心侧偏角[11]。

在附着条件的极限值下，期望横摆角速度和质心侧偏角受到路面条件限制，在轮胎极限条件下侧向加速度必须满足以下条件：

$$\left|a_y\right| = \dot{v}_y + v_x \omega_r \leqslant \mu g \tag{5.35}$$

$$\left|a_y\right| = \dot{v}_y + v_x \omega = v_x \omega + \tan\beta \dot{v}_x + \frac{v_x \dot{\beta}}{\sqrt{1 + \tan^2\beta}} \leqslant \mu g \tag{5.36}$$

假设质心侧偏角很小，式(5.36)的第一项占主导地位，去后两项对侧向加速度具有 15%的影响系数，则

$$\begin{cases} \omega^* = 0.85 \dfrac{\mu g}{v_x} \\ \beta^* = \mu g \left(\dfrac{l_r}{v_x^2} + \dfrac{m l_f}{2 k_r l} \right) \end{cases} \tag{5.37}$$

在大质心侧偏角时，车辆将丧失转向能力，在冰雪等低附着路面质心侧偏角临界值为 $\beta_1 = \pm 2°$，在沥青等干燥路面质心侧偏角临界值为 $\beta_1 = \pm 10°$，则满足不同路面情况的驾驶员期望的横摆角速度和质心侧偏角表示为

$$\begin{cases} \omega^* = \min\left\{ \dfrac{v_x \delta_f}{l\left(1 + K v_x^2\right)}, \dfrac{\mu g}{v_x} \right\} \\ \beta^* = \min\left\{ \left(\dfrac{l_r}{v_x^2} + \dfrac{m l_f}{2 k_r L} \right) \dfrac{v_x^2}{L\left(1 + K v_x^2\right)} \delta_f, \mu g\left(\dfrac{l_r}{v_x^2} + \dfrac{m l_f}{2 k_r l} \right), \beta_1 \right\} \end{cases} \tag{5.38}$$

2. 动态稳定性边界设计方法

车辆在路面行驶时会因为路面附着条件的突变或者应对突然出现的障碍物等，发生运动失稳现象。判断车辆失稳的方法有很多，如利用实际横摆角速度与期望横摆角速度的差值，在质心侧偏角较大时以质心侧偏角误差为判断依据；也可利用稳定性因数 K 进行判断，或者通过过度转向与不足转向进行判断。但是仅通过转向特征进行判断是不够的，一些特殊工况下需要利用不足或者过度转向来提高操纵性能。通过误差判别的方式也有不足之处，持续的误差控制不仅使控制器长时间工作，而且频繁的控制输入会使驾驶员操纵性变差。因此，需要对状态量设置一定的阈值或区域。

由车辆运行状态相轨迹组成的平面可以被用来分析车辆的稳定性，如质心侧偏角-质心侧偏角速度 $(\beta \text{-} \dot{\beta})$。基于相平面法的稳定域边界划分主要包括双直线法和极限环法等[12]。这里的稳定区域意味着车辆行驶状态在该区域内部时，不需要外加控制，车辆可以自动恢复到稳定状态。图 5.15 中给出了 $\beta \text{-} \dot{\beta}$ 相平面稳定域的边界。直线 AB 和 CD 为双直线法确定的相平面稳定域的边界，椭圆稳定区域分别与 AB 和 CD 相切，AB 和 CD 表示为

$$\left| c_1\beta + c_2\dot{\beta} \right| \leqslant 1 \tag{5.39}$$

式中，c_1 和 c_2 为常数，根据实际状态相轨迹确定。

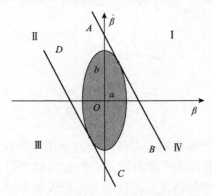

图 5.15　双直线和极限环稳定区域

图 5.15 中椭圆内部为稳定域，外部为非稳定域。椭圆方程可表示为

$$\left(\frac{\beta}{a}\right)^2 + \left(\frac{\dot{\beta}}{b}\right)^2 = 1 \tag{5.40}$$

根据椭圆与 AB 和 CD 相切的条件，联立椭圆和直线方程可以求得长短轴 a、b：

$$\begin{cases} \left(\dfrac{\beta}{a}\right)^2 + \left(\dfrac{\dot{\beta}}{b}\right)^2 = 1 \\ c_1\beta + c_2\dot{\beta} - 1 = 0 \end{cases} \tag{5.41}$$

$$\begin{cases} \left(\dfrac{\beta}{a}\right)^2 + \left(\dfrac{\dot{\beta}}{b}\right)^2 = 1 \\ c_1\beta + c_2\dot{\beta} + 1 = 0 \end{cases} \tag{5.42}$$

3. 相平面动态稳定性边界设计

车辆状态相平面的获得与求解车辆对输入量的响应相反，求解相轨迹需要设置初始状态，通过设置稳定性状态量 (ω, β) 的初始值求解不同行驶工况下的相轨迹。车辆的状态受纵向车速、前轮转角输入和路面附着系数等影响较大，因此分情况讨论如下。

1）纵向车速对相轨迹的影响

设置路面附着系数为 0.8，前轮转角为 0°，分别计算速度在 40～130km/h 变化时的相轨迹，每隔 10km/h 进行一次计算，稳定域部分结果如图 5.16 所示。

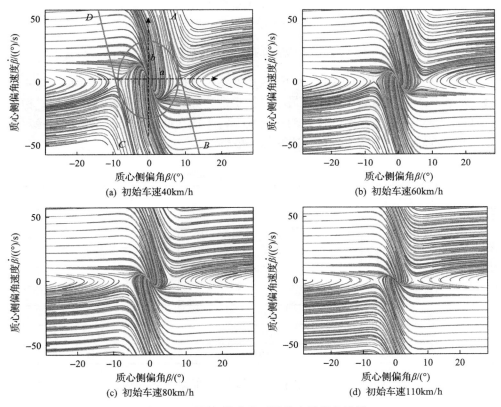

图 5.16　不同初始车速下的稳定域部分结果

图 5.16 给出了不同初始车速下的 β-$\dot{\beta}$ 相平面。从图中可以看出，初始车速设置得越大，能收敛到原点的相轨迹越向质心侧偏角为 0 处靠拢，这说明在较大的车速下，如果初始质心侧偏角也较大，那么将不会收敛到原点，可以认为此时车辆不具备自动恢复稳定的能力。以图 5.16(a) 为例，根据提出的动态稳定性边界

设计方法，首先用双直线法确定质心侧偏角范围，形成 $ABCD$ 平行四边形稳定区域，然后利用极限环与双直线相切的方式确定椭圆极限环的位置。不同初始车速下椭圆极限环的变化如图 5.17 所示。

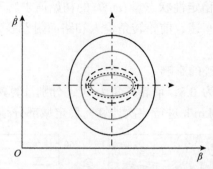

图 5.17　不同初始车速下椭圆极限环变化图

图 5.17 给出了不同初始车速下 β-$\dot{\beta}$ 边界，其椭圆极限环半轴长如表 5.4 所示。从表 5.4 中可以看出，车速最小时稳定性边界最大，随着车速的增加，稳定性边界以原点为中心，椭圆长短轴逐渐减小；车辆在低速范围时，速度对稳定性边界的影响较大，在高速时对车速变化不敏感。

表 5.4　不同车速下稳定性边界参数

车速 v_x/(km/h)	短半轴长 a/(°)	长半轴长 b/((°)/s)
40	9.313	77.584
50	8.324	58.325
60	7.820	48.609
70	7.530	43.098
80	7.350	39.704
90	7.231	37.480
100	7.150	35.952
110	7.090	34.862

根据椭圆极限环的长短轴变化拟合出轴长随车速变化的规律，如下所示：

$$a = 11918 v_x^{-2.3} + 6.85 \tag{5.43}$$

$$b = 284036 v_x^{-2.36} + 30.54 \tag{5.44}$$

2) 路面附着系数对相轨迹的影响

设置纵向车速为 80km/h，前轮转角为 0°，分别计算路面附着系数在 0.1～0.8

变化时的相轨迹，每隔 0.1 进行一次计算，稳定区域部分结果如图 5.18 所示。显见，路面附着系数设置得越小，能收敛到原点的相轨迹越向质心侧偏角为 0 处靠拢，这说明在较低的路面附着系数下，如果初始质心侧偏角也较大，那么将不会收敛到原点，可以认为此时车辆不具备自动恢复稳定的能力。尤其当路面附着系数为 0.1 时，这种情况下只要车辆产生很小的质心侧偏角就会发生失稳，也就是说在低附着系数路面上行驶时仅靠车辆自身能力很难控制其姿态。参考图 5.17，不同路面附着系数下椭圆极限环的变化如图 5.19 所示。

图 5.19 给出了不同路面附着系数下的稳定性边界,椭圆极限环半轴长如表 5.5 所示。从表 5.5 中可以看出，路面附着系数最小下的稳定性边界也最小，随着附着系数的增加，稳定性边界以原点为中心，椭圆长短轴逐渐增大。与车速引起的

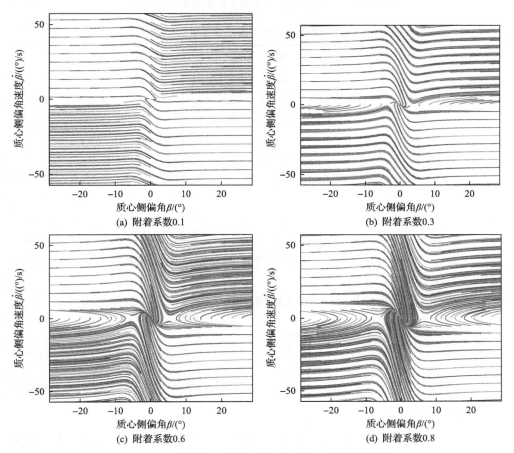

图 5.18　不同路面附着系数下的稳定区域部分结果

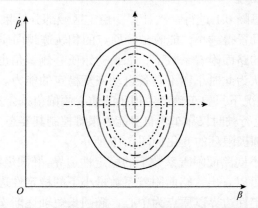

图 5.19　不同路面附着系数下椭圆极限环变化图

表 5.5　不同路面附着系数下稳定性边界参数

路面附着系数 μ	短半轴长 a/(°)	长半轴长 b/((°)/s)
0.1	0.660	4.235
0.2	1.5652	8.49
0.3	2.2915	12.745
0.4	2.9152	17
0.5	3.5125	21.255
0.6	4.1596	25.51
0.7	4.9327	29.765
0.8	5.908	34.02

变化不同，路面附着系数对稳定边界的影响几乎是沿比例放大，附着系数无论高低对稳定性边界都有着重要影响。

根据椭圆极限环的长短轴变化拟合出轴长随路面附着系数变化的规律，如下所示：

$$a = 12.7\mu^3 - 16.56\mu^2 + 13.13\mu - 0.5 \tag{5.45}$$

$$b = 42.55\mu - 0.02 \tag{5.46}$$

3）前轮转角对相轨迹的影响

设纵向车速为 80km/h，路面附着系数为 0.8，分别计算前轮转角在 –4°～4° 变化时的相轨迹，每隔 2° 进行一次计算，稳定区域结果如图 5.20 所示。

图 5.20 给出了不同前轮转角下的 β-$\dot{\beta}$ 相平面。从图中可以看出，前轮转角对稳定性边界的影响主要是沿着质心侧偏角方向的平移，对稳定域的大小影响不大。

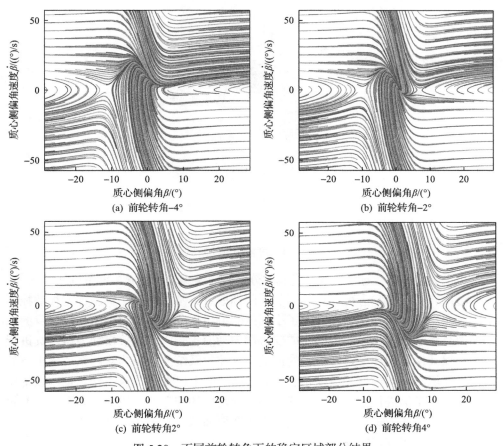

图 5.20　不同前轮转角下的稳定区域部分结果

4. 协调控制策略

针对前轮转向和直接横摆力矩控制系统，提出一种基于相平面法的整车综合操纵稳定性控制策略。根据上面的分析，设计如图 5.21 所示的可拓协调控制域。以质心侧偏角为横轴变量，侧偏角速度为纵轴变量，建立二维可拓集，经典稳定域为相平面法得到的稳定域，可拓域为主动前轮转向和直接横摆力矩协调作用区域，非域为极限工况下的主动前轮转向和直接横摆力矩协调作用区域。通过大量仿真计算发现，当可拓域边界为经典稳定域边界的 1.35 倍时，协调控制器具有较好的控制效果，即

$$\beta_2 = 1.35\beta_1 \tag{5.47}$$

$$\dot{\beta}_2 = 1.35\dot{\beta}_1 \tag{5.48}$$

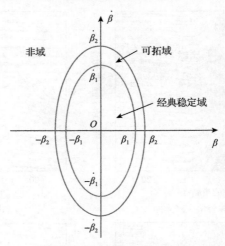

图 5.21　可拓协调控制域

定义关联函数，划分三种测度模式分别对应于经典稳定域、可拓域和非域[11]。经典域内，车辆的状态可在自身调节下回到原点，不需要对车辆施加附加的控制量。可拓域内，车辆的状态产生了小幅度的失稳现象，单纯地依靠车辆自身的回正能力是无法达到稳定原点的，需要协调主动前轮转向和直接横摆力矩对其进行控制，保证操纵性和稳定性控制的最优化，控制系统的输出为对两系统输出量的加权。非域内，车辆处于极限状态，无控制状态下已发生严重失稳，控制系统应尽可能地对车辆进行控制才能保证车辆的稳定性和安全性；极限状态下主动前轮转向和直接横摆力矩控制之间的耦合作用变得强烈，需要对两种方式进行解耦，再确定两种控制方式的输出值。

5.2.2　可拓域内的控制器设计

图 5.22 为协调控制流程图。控制器根据上述协调控制策略分别协调直接横摆力矩控制器和前轮转向控制器的输出量，附加横摆力矩通过底层的转矩分配器将驱动转矩分配给四个车轮，主动前轮转向控制方式输出的前轮转角直接发送给转向执行系统。此部分控制逻辑当车辆处于可拓域时启用。

在理想二自由度模型的基础上引入附加横摆力矩 ΔM_z，横摆角速度和质心侧偏角速度为

$$\dot{\omega} = \frac{l_f F_{yf}(\omega,\beta,\delta_f) - l_r F_{yr}(\omega,\beta) + \Delta M_z}{I_z} \tag{5.49}$$

$$\dot{\beta} = \frac{F_{yf}(\omega,\beta,\delta_f) + F_{yr}(\omega,\beta)}{mv_x} - \omega \tag{5.50}$$

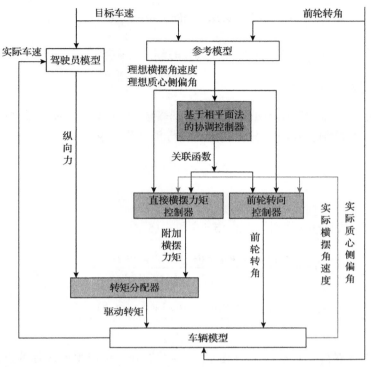

图 5.22　协调控制流程图

设计三步法非线性控制器使车辆状态跟踪理想值，三步法非线性控制逻辑如图 4.40 所示。

令 $y_1 = \omega$ ，$y_2 = \beta$ ，其理想值分别表示为 ω^*、β^*。设计步骤如下所示。

1. 稳态控制

将 $\omega^* = 0$、$\beta^* = 0$ 分别代入式（5.49）和式（5.50）可得稳态控制方程，令 $u_{1s} = \Delta M_z$，$u_{2s} = \delta_f$，方程表示为

$$\frac{l_f F_{yf}(\omega, \beta, u_{2s}) - l_r F_{yr}(\omega, \beta) + u_{1s}}{I_z} = 0 \tag{5.51}$$

$$\frac{F_{yf}(\omega, \beta, u_{2s}) - F_{yr}(\omega, \beta)}{mv_x} - \omega = 0 \tag{5.52}$$

稳态控制率可表示为以下形式：

$$u_{1s} = l_f F_{yf}(\omega, \beta, u_{2s}) - l_r F_{yr}(\omega, \beta) \tag{5.53}$$

$$u_{2s} = F_{yf}^{-1}\left(\omega,\beta,u_{2s}\right)\left(mv_x\omega - F_{yr}(\omega,\beta)\right) \tag{5.54}$$

式中，$F_{yf}^{-1}\left(\omega,\beta,u_{2s}\right)$ 为包含 ω、β、u_{2s} 的侧向力函数。

2. 参考动态前馈控制

由于稳态控制的基础模型是线性的，车辆处于非线性区域仅通过稳态控制无法实现较好的控制。利用动态前馈控制进行预调节，令

$$\Delta M_z = u_{1s} + u_{1f} \tag{5.55}$$

$$\delta_f = u_{2s} + u_{2f} \tag{5.56}$$

将式(5.55)和式(5.56)分别代入式(5.49)和式(5.50)，可得

$$\dot{\omega} = \frac{l_f F_{yf}\left(\omega,\beta,u_{2s}+u_{2f}\right) - l_r F_{yr}(\omega,\beta) + u_{1s} + u_{1f}}{I_z} \tag{5.57}$$

$$\dot{\beta} = \frac{F_{yf}\left(\omega,\beta,u_{2s}+u_{2f}\right) + F_{yr}(\omega,\beta)}{mv_x} - \omega \tag{5.58}$$

将侧向力函数 $F_{yf}\left(\omega,\beta,u_{2s}+u_{2f}\right)$ 在 u_{2s} 点泰勒展开，可以得到函数的近似值：

$$F_{yf}\left(\omega,\beta,u_{2s}+u_{2f}\right) \approx F_{yf}\left(\omega,\beta,u_{2s}\right) + \left.\frac{\partial F_{yf}}{\partial u_2}\right|_{u_{2s}} u_{2f} \tag{5.59}$$

然后将函数近似值式(5.59)代入式(5.57)和式(5.58)，可以得

$$\dot{\omega} = \frac{l_f F_{yf}\left(\omega,\beta,u_{2s}\right) - l_r F_{yr}(\omega,\beta) + u_{1s}}{I_z} + \frac{l_f}{I_z}\left(\left.\frac{\partial F_{yf}}{\partial u_2}\right|_{u_{2s}} u_{2f} + u_{1f}\right) \tag{5.60}$$

$$\dot{\beta} = \frac{F_{yf}\left(\omega,\beta,u_{2s}\right) + F_{yr}(\omega,\beta)}{mv_x} - \omega + \frac{1}{mv_x}\left.\frac{\partial F_{yf}}{\partial u_2}\right|_{u_{2s}} u_{2f} \tag{5.61}$$

将稳态控制式(5.49)和式(5.50)分别代入式(5.60)和式(5.61)，可得

$$\dot{\omega} = \frac{l_f}{I_z}\left(\left.\frac{\partial F_{yf}}{\partial u_2}\right|_{u_{2s}} u_{2f} + u_{1f}\right) \tag{5.62}$$

$$\dot{\beta} = \frac{1}{mv_x}\left.\frac{\partial F_{yf}}{\partial u_2}\right|_{u_{2s}} u_{2f} \tag{5.63}$$

令式(5.62)和式(5.63)的结果为参考值，可得参考动态前馈的控制率为

$$u_{1f} = I_z \dot{\omega}^* - l_f m v_x \dot{\beta}^* \tag{5.64}$$

$$u_{2f} = \frac{m v_x \dot{\beta}^*}{\left. \dfrac{\partial F_{yf}}{\partial u_2} \right|_{u_{2s}}} \tag{5.65}$$

3. 误差反馈控制

前馈控制是对控制目标的预处理，但是其没有控制误差的功能，需要引入误差反馈控制形成控制器的闭环。令

$$\Delta M_z = u_{1s} + u_{1f} + u_{1e} \tag{5.66}$$

$$\delta_f = u_{2s} + u_{2f} + u_{2e} \tag{5.67}$$

将上述控制量分别代入式(5.49)和式(5.50)，可得

$$\dot{\omega} = \frac{l_f F_{yf}(\omega, \beta, u_{2s} + u_{2f} + u_{2e}) - l_r F_{yr}(\omega, \beta) + u_{1s} + u_{1f} + u_{1e}}{I_z} \tag{5.68}$$

$$\dot{\beta} = \frac{F_{yf}(\omega, \beta, u_{2s} + u_{2f} + u_{2e}) + F_{yr}(\omega, \beta)}{m v_x} - \omega \tag{5.69}$$

将侧向力函数 $F_{yf}(\omega, \beta, u_{2s} + u_{2f} + u_{2e})$ 在 u_{2s} 点泰勒展开，可以得到函数的近似值：

$$F_{yf}(\omega, \beta, u_{2s} + u_{2f} + u_{2e}) \approx F_{yf}(\omega, \beta, u_{2s}) + \left. \frac{\partial F_{yf}}{\partial u_2} \right|_{u_{2s}} (u_{2f} + u_{2e}) \tag{5.70}$$

然后将函数近似值式(5.70)代入式(5.68)和式(5.69)，可以得到

$$\dot{\omega} = \frac{l_f \left(F_{yf}(\omega, \beta, u_{2s}) + \left. \dfrac{\partial F_{yf}}{\partial u_2} \right|_{u_{2s}} (u_{2f} + u_{2e}) \right) - l_r F_{yr}(\omega, \beta) + u_{1s} + u_{1f} + u_{1e}}{I_z} \tag{5.71}$$

$$\dot{\beta} = \frac{F_{yf}(\omega, \beta, u_{2s}) + \left. \dfrac{\partial F_{yf}}{\partial u_2} \right|_{u_{2s}} (u_{2f} + u_{2e}) + F_{yr}(\omega, \beta)}{m v_x} - \omega \tag{5.72}$$

将式(5.51)、式(5.62)和式(5.52)、式(5.63)分别代入式(5.71)和式(5.72)可得

$$\dot{\omega} = \frac{l_\text{f} \left. \dfrac{\partial F_{y\text{f}}}{\partial u_2} \right|_{u_{2\text{s}}} u_{2\text{e}} + u_{1\text{e}}}{I_z} + \dot{\omega}^* \tag{5.73}$$

$$\dot{\beta} = \frac{1}{mv_x} \left. \frac{\partial F_{y\text{f}}}{\partial u_2} \right|_{u_{2\text{s}}} u_{2\text{e}} + \dot{\beta}^* \tag{5.74}$$

现定义控制误差量：

$$e_\omega = \omega^* - \omega \tag{5.75}$$

$$e_\beta = \beta^* - \beta \tag{5.76}$$

将误差量代入式(5.73)和式(5.74)可得误差微分形式：

$$\dot{e}_\omega = -\frac{l_\text{f} \left. \dfrac{\partial F_{y\text{f}}}{\partial u_2} \right|_{u_{2\text{s}}} u_{2\text{e}} + u_{1\text{e}}}{I_z} \tag{5.77}$$

$$\dot{e}_\beta = -\frac{1}{mv_x} \left. \frac{\partial F_{y\text{f}}}{\partial u_2} \right|_{u_{2\text{s}}} u_{2\text{e}} \tag{5.78}$$

存在控制系数 $k_1 > 0$ 使 $\dot{e}_\omega = -k_1 e_\omega$ ，代入式(5.77)可得

$$-k_1 e_\omega = -\frac{l_\text{f} \left. \dfrac{\partial F_{y\text{f}}}{\partial u_2} \right|_{u_{2\text{s}}} u_{2\text{e}} + u_{1\text{e}}}{I_z} \tag{5.79}$$

存在控制系数 $k_2 > 0$ 使 $\dot{e}_\beta = -k_2 e_\beta$ ，代入式(5.78)可得

$$-k_2 e_\beta = -\frac{1}{mv_x} \left. \frac{\partial F_{y\text{f}}}{\partial u_2} \right|_{u_{2\text{s}}} u_{2\text{e}} \tag{5.80}$$

最终可得误差反馈控制率为

$$u_{1\text{e}} = k_1 I_z e_\omega - k_2 l_\text{f} mV e_\beta \tag{5.81}$$

$$u_{2e} = \frac{k_2 m v_x e_\beta}{\left.\dfrac{\partial F_{yf}}{\partial u_2}\right|_{u_{2s}}} \tag{5.82}$$

总结以上控制步骤的结果，可以得到三步法非线性控制的协调控制率，即可得附加横摆力矩控制率：

$$\begin{aligned}
M_z &= u_{1s} + u_{1f} + u_{1e} \\
&= l_f F_{yf}(\omega, \beta, u_{2s}) - l_r F_{yr}(\omega, \beta) + I_z \dot{\omega}^* - l_f m V \dot{\beta}^* + k_1 I_z e_\omega - k_2 l_f m V e_\beta
\end{aligned} \tag{5.83}$$

将式(5.54)、式(5.65)和式(5.82)结合，可得前轮转角控制率：

$$\delta_f = u_{2s} + u_{2f} + u_{2e} = F_{yf}^{-1}(\omega, \beta, u_{2s})\big(mV\omega - F_{yr}(\omega, \beta)\big) + \frac{mV\dot{\beta}^* + k_2 m v_x e_\beta}{\left.\dfrac{\partial F_{yf}}{\partial u_2}\right|_{u_{2s}}} \tag{5.84}$$

5.2.3　非域内的控制器设计

采用逆系统解耦控制器应用于非域。车辆处于极限工况下，普通的协调控制难以保证其应有的控制性能，反而加剧了多种控制方式之间的耦合现象。为了消除多个执行系统之间的强耦合作用，本节提出基于逆系统解耦的操纵稳定性控制器设计。

1. 系统可逆性分析

逆系统解耦依然以转向电机和驱动电机为执行系统，前轮转向和直接横摆力矩分别从横向和纵向控制车辆的操纵稳定性，以包含横向运动和横摆运动的车辆模型作为参考模型。

在参考模型的基础上加入附加前轮转角 $\Delta \delta_f$ 和附加横摆力矩 ΔM_z 控制量，得到

$$\begin{bmatrix} \dot{\beta} \\ \dot{\omega} \end{bmatrix} = \begin{bmatrix} a_{11} & a_{12} \\ a_{21} & a_{22} \end{bmatrix} \begin{bmatrix} \beta \\ \omega \end{bmatrix} + \begin{bmatrix} b_{11} \\ b_{21} \end{bmatrix} \delta_f + \begin{bmatrix} b_{11} & 0 \\ b_{21} & \dfrac{1}{I_z} \end{bmatrix} \begin{bmatrix} \Delta \delta_f \\ \Delta M_z \end{bmatrix} \tag{5.85}$$

转换为状态空间的形式：

$$\begin{cases} \dot{x} = Ax + Bu + D\delta_f \\ y = Cx \end{cases}, \quad C = \begin{bmatrix} 1 & 0 \\ 0 & 1 \end{bmatrix} \tag{5.86}$$

式中，A、B、D 为与式 (5.85) 对应的矩阵系数。

对于式 (5.86) 所示的系统，采用 Interactor 算法对输出函数 $y = h(x,u)$ 不断进行求导，直至 $Y_q = (y_1^{\alpha_1}, \cdots, y_q^{\alpha_q})^{\mathrm{T}}$ 中的各个分量均显含控制输入量 u。求导如下：

$$\dot{y}_1 = \dot{\beta} = a_{11}\beta + a_{12}\omega_{\mathrm{r}} + b_{11}(\Delta\delta_{\mathrm{f}} + \delta_{\mathrm{f}}) \tag{5.87}$$

此时令 $Y_1 = \dot{y}_1$，则有

$$t_1 = \mathrm{rank}\left(\frac{\partial Y_1}{\partial u^{\mathrm{T}}}\right) = \mathrm{rank}\left[\frac{\partial \dot{y}_1}{\partial \Delta\delta_{\mathrm{f}}} \quad \frac{\partial \dot{y}_1}{\partial \Delta M_z}\right] = 1 \tag{5.88}$$

式中，$\dfrac{\partial Y_1}{\partial u^{\mathrm{T}}}$ 为函数 Y_1 关于输入 u 的雅可比矩阵；rank 为求矩阵秩的符号。

第二项求导如下：

$$\dot{y}_2 = \dot{\omega} = a_{21}\beta + a_{22}\omega_{\mathrm{r}} + b_{21}(\Delta\delta_{\mathrm{f}} + \delta_{\mathrm{f}}) + \frac{\Delta M_z}{I_z} \tag{5.89}$$

此时令 $Y_2 = (Y_1, \dot{y}_2)$，则有

$$t_2 = \mathrm{rank}\left(\partial Y_2 / \partial u^{\mathrm{T}}\right) = \mathrm{rank}\left[\begin{array}{cc} \dfrac{\partial \dot{y}_1}{\partial \Delta\delta_{\mathrm{f}}} & \dfrac{\partial \dot{y}_1}{\partial \Delta M_z} \\ \dfrac{\partial \dot{y}_2}{\partial \Delta\delta_{\mathrm{f}}} & \dfrac{\partial \dot{y}_2}{\partial \Delta M_z} \end{array}\right] = 2 \tag{5.90}$$

式中，

$$\det\left(\partial Y_2 / \partial u^{\mathrm{T}}\right) = \left|\begin{array}{cc} -\dfrac{k_1}{mv_x} & 0 \\ -\dfrac{ak_1}{I_z} & \dfrac{1}{I_z} \end{array}\right| \neq 0 \tag{5.91}$$

式 (5.90) 说明 Y_2 对输入量的雅可比矩阵满秩，由 Interactor 算法知存在非负整数使得 t_2 等于系统输出个数，根据式 (5.91) 和向量阶定义，非负整数构成的向量阶定义为

$$\alpha = (\alpha_1, \alpha_2)^{\mathrm{T}} = (1,1)^{\mathrm{T}} \tag{5.92}$$

式中，α_1、α_2 为非负整数，由隐函数定理[13]可得系统可逆，逆系统逻辑结构图如图 5.23 所示。

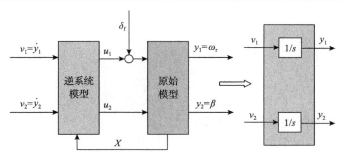

图 5.23　逆系统逻辑结构图

推导的逆系统表达式为

$$u = \phi(x, \dot{y}_1, \dot{y}_2) = \phi(x, v) \tag{5.93}$$

式中，$u = (v_1, v_2)^{\mathrm{T}} = (\dot{y}_1, \dot{y}_2)^{\mathrm{T}}$。将原系统方程代入，可得逆系统控制输出的逻辑表达式为

$$\begin{cases} \Delta M_z = I_z \left(-b_{21}\delta_{\mathrm{f}} - b_{21}\Delta\delta_{\mathrm{f}} - a_{21}\beta - a_{22}\omega_{\mathrm{r}} \right) + I_z v_1 \\ \Delta\delta_{\mathrm{f}} = \dfrac{1}{b_{11}}\left(-b_{11}\delta_{\mathrm{f}} - a_{11}\beta - a_{12}\omega_{\mathrm{r}} \right) + \dfrac{1}{b_{11}} v_2 \end{cases} \tag{5.94}$$

2. 逆系统解耦控制器设计

基于对原系统的可逆性分析，提出基于逆系统的解耦控制方法，如图 5.24 所示。

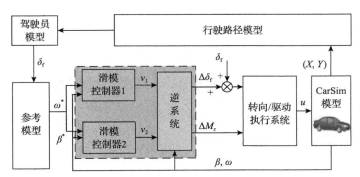

图 5.24　解耦控制逻辑框图

解耦后的逆系统包含两个一阶伪线性系统，代表横摆角速度和质心侧偏角。以横摆角速度伪线性系统 $\dot{y}_1 = v_1$ 为例，在图 5.23 中的传递函数为

$$G_{1p}(s) = \frac{1}{s} \tag{5.95}$$

$$G_{1f}(s) = \frac{1}{Ts+1} \tag{5.96}$$

式中，$G_{1f}(s)$ 为一阶滤波器，T=0.01s。

综合式 (5.95) 和式 (5.96) 可得被控系统传递函数：

$$G_1(s) = G_{1p}(s) \cdot G_{1f}(s) = \frac{1}{Ts^2+s} \tag{5.97}$$

令 $z_1 = y_1$，$z_2 = \dot{z}_1$，并引入外界扰动和建模误差 σ，且限制扰动为 $|\sigma| \leqslant a_1$，将传递函数转换为系统状态方程如下：

$$\begin{cases} \dot{z}_1 = z_2 \\ \dot{z}_2 = (v_1 - z_2)\dfrac{1}{T} + \sigma \\ y_1 = z_1 \end{cases} \tag{5.98}$$

针对图 5.24 中的滑模控制器 1：假设 $e_{\omega_1} = z_1 - \omega^*$，$e_{\omega_2} = \dot{e}_{\omega_1}$，则横摆角速度误差方程表示为

$$\begin{cases} \dot{e}_{\omega_1} = e_{\omega_2} \\ \dot{e}_{\omega_2} = -\dfrac{1}{T}e_{\omega_2} + \dfrac{1}{T}v_1 - \dfrac{1}{T}\dot{\omega}^* - \ddot{\omega}^* + \sigma \end{cases} \tag{5.99}$$

滑模面定义如下：

$$s_1 = c_1 e_{\omega_1} + e_{\omega_2} \tag{5.100}$$

式中，c_1 为满足 Hurwitz 多项式的常数项。采用指数趋近律如下：

$$\dot{s}_1 = -\eta_1 s_1 - \lambda_1 \operatorname{sgn}(s_1) \tag{5.101}$$

式中，$\lambda_1 = a_1 + \omega_1$；$\eta_1$ 为指数趋近律系数。

对式 (5.100) 求导可得

$$\dot{s}_1 = c_1 \dot{e}_{\omega_1} + \dot{e}_{\omega_2} = c_1 e_{\omega_2} - \frac{1}{T}\left(e_{\omega_2} - v_1 + \dot{\omega}^*\right) - \ddot{\omega}^* + \sigma \tag{5.102}$$

联立式 (5.101) 和式 (5.102) 可得逆系统控制率：

$$v_1 = T\left[-c_1 e_{\omega_2} + \frac{1}{T}\left(e_{\omega_2} + \dot{\omega}^*\right) + \ddot{\omega}^* - \eta_1 s_1 - \lambda_1 \operatorname{sgn}(s_1)\right] \tag{5.103}$$

控制率稳定性证明：定义李雅普诺夫方程为

$$V_1 = \frac{s_1^2}{2} \tag{5.104}$$

对其求导可得

$$
\begin{aligned}
\dot{V}_1 &= s_1 \dot{s}_1 \\
&= s_1\left[c_1 e_{\omega_2} - \frac{1}{T}\left(e_{\omega_2} - v_1 + \dot{\omega}^*\right) - \ddot{\omega}^* + d_1\right] \leqslant -\eta_1 s_1^2 - \omega|s_1| < 0
\end{aligned}
\tag{5.105}
$$

图 5.24 中的滑模控制器 2 与滑模控制器 1 的设计过程相同，定义滑模面

$$s_2 = c_2 e_{\beta_1} + e_{\beta_2} \tag{5.106}$$

式中，c_2 为满足 Hurwitz 多项式的常数项；$e_{\beta_1} = z_3 - \beta^*$，$e_{\beta_2} = \dot{e}_{\beta_1}$。

最终可得关于质心侧偏角的逆系统控制率：

$$v_2 = T\left(-c_2 e_{\beta_2} + \frac{1}{T}\left(e_{\beta_2} + \dot{\beta}^*\right) + \ddot{\beta}^* - \eta_2 s_2 - \lambda_2 \operatorname{sgn}(s_2)\right) \tag{5.107}$$

式中，η_2、λ_2 为指数趋近律系数。

为了减小在滑模面附近来回切换产生的抖振现象，使用饱和函数 $\operatorname{sat}(s)$ 替换指数趋近律中的不连续函数 $\operatorname{sgn}(s)$，即

$$\operatorname{sat}(s) = \begin{cases} \operatorname{sgn}(s), & |s| > 1 \\ s, & |s| \leqslant 1 \end{cases} \tag{5.108}$$

将式 (5.108) 代入逆系统控制率即可得最终控制率。

5.2.4　底层转矩分配

　　三步法非线性控制器和逆系统解耦控制器输出的附加横摆力矩需要由分布式驱动电动车辆的四个轮毂电机执行，根据轮胎负荷率最优的原则进行底层驱动转矩的分配。轮胎负荷率定义为

$$\rho_{ij} = \frac{F_{xij}^2 + F_{yij}^2}{\mu_{ij}^2 F_{zij}^2} \tag{5.109}$$

式中，$\mu_{ij}(i = \mathrm{f}, \mathrm{r}; j = \mathrm{l}, \mathrm{r})$ 为分布式驱动电动车辆四个车轮与地面的摩擦系数。

采用二次规划算法求解最优驱动转矩，对最优轮胎负荷率目标函数定义如下：

$$\min J_{\mathrm{h}} = \frac{1}{4}\sum_{i=1}^{4}\left(\rho_{ij} - E\left(\rho_{ij}\right)\right)^2 + \varepsilon_{\mathrm{v}}E\left(\rho_{ij}\right) \tag{5.110}$$

式中，$E\left(\rho_{ij}\right)$ 为轮胎负荷率的平均值；ε_{v} 为轮胎负荷率平均值的加权系数。式 (5.110) 等号右侧的前半部分为四个车轮的负荷率方差，对负荷率方差的优化可综合利用四个车轮的驱动转矩，减小驱动转矩的变化率；对轮胎负荷率平均值的优化可降低整体负荷率，提高安全性和稳定性。

根据车身动力学模型，前轴驱动力变化对横摆运动产生的影响比后轴大，ε_{v} 越大，轮胎负荷率平均值越小，四个车轮的负荷率方差越大，此时优化后的驱动转矩将会向前轴转移。若前后轴驱动转矩差过大，将会发生拖移和功率循环损失现象，因此 ε_{v} 不宜过大。

对四轮驱动转矩的分配除了考虑轮胎负荷率，也应考虑轮毂电机的工作效率。图 5.25 为轮毂电机的效率特性云图，从图中可以看出，电机效率在不同的工作区域有很大的不同。

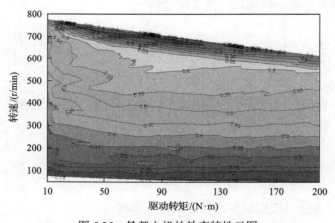

图 5.25　轮毂电机的效率特性云图

当电机在低转速、小转矩工作区间时，电机驱动效率相对较低。在电机驱动转矩相同的情况下，随着输出转速的增大，电机效率先增大后减小。当电机驱动转矩达到最大值时，其转速已经无法达到最大转速。为了协调四个轮毂电机的工作区间，同时兼顾驱动转矩和转速，选择四个轮毂电机的功率总和作为功率优化目标函数，建立如下：

$$\min J_{\mathrm{p}} = \sum_{i=1}^{4}P_{ij} \tag{5.111}$$

$$P_{ij} = \frac{n_{ij}T_{ij}}{9550\eta_{ij}\left(T_{ij},n_{ij}\right)} \tag{5.112}$$

式中，P_{ij} 为轮毂电机功率；n_{ij} 为轮毂电机转速；T_{ij} 为轮毂电机驱动转矩；η_{ij} 为电机工作效率，与转速和驱动转矩相关，可通过图 5.25 得到。

将无量纲化后的电机功率目标函数与轮胎负荷率目标函数相结合，得到驱动转矩最优目标函数为

$$\min J = \min J_{\mathrm{h}} + \frac{\min J_{\mathrm{p}}}{P} \tag{5.113}$$

式中，P 为轮毂电机额定功率。

二次规划等式约束条件定义如下：

$$\begin{cases} \dfrac{d}{2R}\left(-T_{\mathrm{dfl}} + T_{\mathrm{dfr}} - T_{\mathrm{drl}} + T_{\mathrm{drr}}\right) = \Delta M_z \\ T_{\mathrm{dfl}} + T_{\mathrm{dfr}} + T_{\mathrm{drl}} + T_{\mathrm{drr}} = T_{\mathrm{t}} \\ \left|T_{di}\right| \leqslant T_{di\,\max} \\ \left|\dfrac{T_{di}}{R}\right| \leqslant \mu F_{zi} \end{cases} \tag{5.114}$$

式中，T_{t} 为总需求驱动转矩；$T_{dij}(i=\mathrm{f},\mathrm{r};j=\mathrm{l},\mathrm{r})$ 为四轮输出转矩；$T_{di\,\max}$ 为轮毂电机驱动转矩的输出极限。

5.2.5　驱动转矩自抗扰控制器设计

对四轮驱动转矩进行分配后，需要轮毂电机来执行这些目标。轮毂电机除了具有响应迅速的特点，其自身的响应特性还存在一定的差异，即能否准确执行目标转矩的能力。对于分布式驱动车辆这种具有多个驱动执行系统，电机的响应特性将影响车辆的横摆稳定性甚至安全性，驾驶员的操作很难将车辆维持在稳定或规定的行驶状态。针对此类问题，可用自抗扰控制器来处理轮毂电机的非线性和不确定性。

1. 电机响应特性分析

轮毂电机存在稳态误差和动态响应特性的问题[3]。稳态误差主要由外界因素导致，动态响应特性主要是指简化的二阶延迟环节的电机模型响应。稳态误差包括电机的静态误差和比例误差，在二者综合作用下电机的实际输出转矩 T 和目标

输出转矩 T^* 的关系可表示为

$$T = KT^* + T_e \tag{5.115}$$

式中，T_e 为静态误差量；K 为比例误差系数。

电机动态响应特性主要是指响应模型自身的特性，电机转矩的传递函数为[11]

$$G(s) = \frac{1}{2\xi^2 s^2 + 2\xi s + 1} \tag{5.116}$$

如图 5.26 所示，实际响应和目标响应是不一致的，初始斜率由轮毂电机参数 ξ 决定。

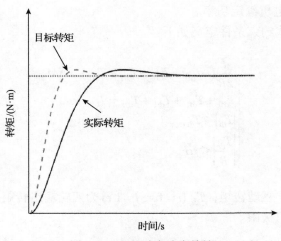

图 5.26　电机动态响应特性

2. 电机转矩自抗扰控制器

自抗扰控制器（active disturbance rejection controller，ADRC）由经典 PID 控制器演变而来，是一种非线性自适应控制器。针对输出信号不连续和噪声问题，自抗扰控制器通过利用跟踪微分控制器（TD）调整测量信号的过渡过程并对其进行预处理，达到同时输出差分信号和滤波后的测量信号的目的，解决了控制速度与控制超调的矛盾。针对电机稳态误差，自抗扰控制器的扩张状态观测器（ESO）被用于影响受控对象，对扩展的扰动信号通过特殊的反馈机制进行观测，然后将系统的干扰作为系统中的变量进行控制，以达到系统抗干扰的目的。

针对分布式驱动电动车辆轮毂电机二阶系统的稳态误差和动态特性，建立自抗扰控制器进行目标转矩跟踪，控制逻辑如图 5.27 所示。

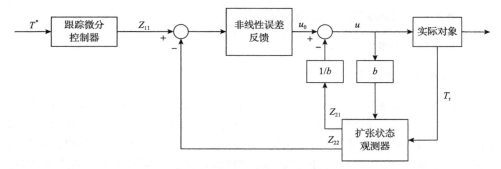

图 5.27　电机自抗扰补偿控制

（1）跟踪微分控制器被用来解决非线性系统响应速度和精度之间的协调，以参考转矩 T^* 为输入，z_{11} 为参考转矩的跟踪值，e 为跟踪误差，设计如下跟踪微分控制器：

$$\begin{cases} e = z_{11} - T^* \\ \dot{z}_{11} = -r\text{fal}(e, \alpha_0, \beta_0) \end{cases} \tag{5.117}$$

（2）扩张状态观测器不需要精确的系统模型即可抑制外界和内部扰动：

$$\begin{cases} e_1 = z_{21} - y \\ \dot{z}_{21} = z_{22} - \eta_1 e_1 + \dfrac{1}{4}bT \\ \dot{z}_{22} = -\eta_2 \text{fal}(e_1, \alpha_1, \beta_1) \end{cases} \tag{5.118}$$

式中，y 为系统输出转矩；z_{21} 为输出转矩跟踪值；z_{22} 为转矩总扰动观测值；e_1 为跟踪误差。

（3）非线性误差反馈实现系统闭环控制：

$$\begin{cases} e_2 = z_{11} - z_{21} \\ u_0 = \eta_3 \text{fal}(e_2, \alpha_2, \beta_2) \\ T_{dij} = u_0 - z_{22}/b \end{cases} \tag{5.119}$$

式中，e_2 为跟踪微分控制器和扩张状态观测器观测值的误差；

$$\text{fal}(e_2, \alpha_2, \beta_2) = \begin{cases} |e|^\alpha \, \text{sgn}(e), & |e| > \partial \\ \dfrac{e}{\delta^{1-\alpha}}, & |e| \leqslant \partial \end{cases} \tag{5.120}$$

式中，∂ 为非线性函数线性段的区间长度。

5.2.6　仿真结果分析

1. 轮毂电机特性验证

在不同的转矩输入条件下，验证轮毂电机对目标转矩的响应效果。由于将轮毂电机简化为一个二阶延迟系统，在设置跟踪期望值时需要先进行期望值与目标值的转换。设置以下定义："目标转矩"为转矩需达到的目标值，"期望转矩"为经过二阶系统处理后的目标转矩，"控制转矩"为自抗扰控制器作用下的跟踪结果，"无控制"为未对电机特性进行校正的转矩值。为验证自抗扰控制器的性能，在模型中加入白噪声作为外界扰动，分别模拟目标转矩为阶跃和正弦工况下的响应情况，结果如图 5.28 和图 5.29 所示。

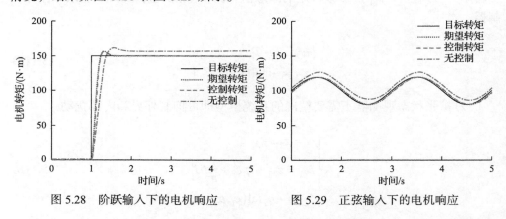

图 5.28　阶跃输入下的电机响应　　　　图 5.29　正弦输入下的电机响应

如图 5.28 所示，目标转矩为一个从 1s 开始的阶跃信号，经过自抗扰控制器控制的转矩可以很好地跟踪期望转矩，如果控制器不介入，由于电机稳态误差和动态响应的问题，电机的输出转矩在 1s 处就开始与期望转矩发生偏离，最终的稳态值也与期望值存在一定的误差。另外，控制状态下的输出转矩较为光滑，这说明降低了外界扰动对控制精度的影响，而无控制下的输出转矩则存在一定的波动，稳态时表现得较为明显。

如图 5.29 所示，正弦连续工况下的转矩跟踪也说明了自抗扰控制器的优势。控制器作用下的输出转矩与期望转矩基本重合，说明能较好地执行控制策略求出的转矩值，而无控制下的输出转矩则与期望转矩一直存在着静态偏差，并且受外界扰动的影响转矩值存在波动现象，相比之下控制转矩较为光滑。

2. 三步法非线性控制器仿真分析

在 MATLAB/Simulink 中建立控制器模型，选择能较好体现车辆操纵稳定性能的双移线工况，设置路面附着系数为 0.4，纵向车速为 70km/h，仿真结果如图 5.30 所示。

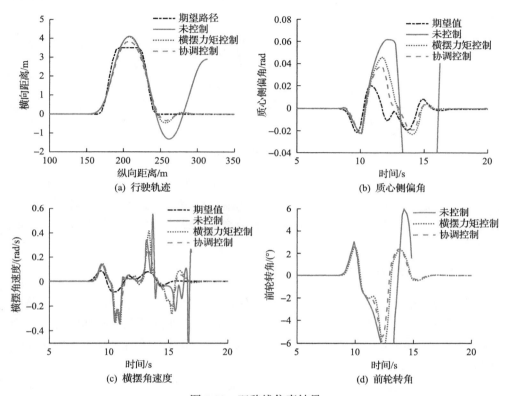

图 5.30　双移线仿真结果

　　根据图 5.30(a)，在未施加控制时，车辆的轨迹在 250m 左右出现较大的偏移，质心侧偏角和横摆角速度也在对应的位置发生较大幅度的变化，说明此工况下车辆不具备自行调节稳定性的能力。协调控制下的车辆状态维持在稳定范围内，行驶轨迹也能跟踪上双移线标定的路线，说明协调控制器是有效的。单独的直接横摆力矩控制也能使车辆得到有效控制，使车辆稳定性和路径跟踪性能也有所提高，但是相比较于协调控制器，其控制性能受到了限制，这是由于转向系统没有参与进来，导致直接横摆力矩控制器无法同时协调横摆稳定性和跟踪性。图 5.30(b) 和 (c) 体现了控制器的效果，协调控制下车辆的状态量波动较小且比较光滑，提高了车辆舒适性，说明了柔性控制权重过渡方法有着较好的工作性能，图 5.30(d) 显示了前轮转角的变化，协调控制器的转角波动较小；无控制下的前轮转角由于之前的稳定性状态得不到有效控制，在第二次换道后趋于失稳，前轮转角发生大幅度变化。图 5.31 显示了协调控制和未控制下的各轮驱动转矩。

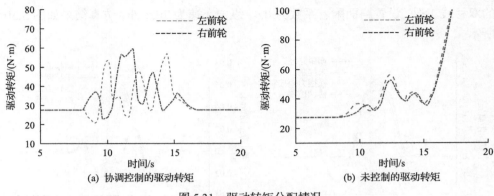

(a) 协调控制的驱动转矩　　　　　　　　(b) 未控制的驱动转矩

图 5.31　驱动转矩分配情况

从图 5.31 中可以看出，协调控制下驱动转矩最大不超过 65N·m，而未控制时四轮驱动转矩急剧增加，超过了轮毂电机的输出极限。这是由于协调控制中转向系统分担了一部分控制压力，根据最优负荷率原则，协调控制下的驱动转矩值和变化率较小。

3. 解耦控制器仿真分析

为了验证逆系统解耦控制器在解耦控制域的控制能力，选取极限弯曲道路换道工况进行控制器效果仿真。被控车辆以 90km/h 的车速行驶，路面附着系数为 0.4。在弯曲道路上以最短转弯半径进行换道。图 5.32 显示了解耦控制下的路径跟踪效果。

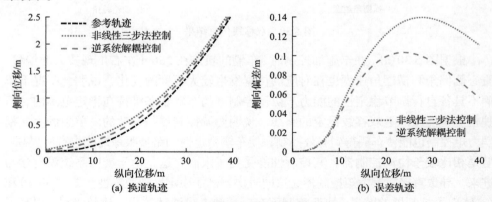

(a) 换道轨迹　　　　　　　　　　　(b) 误差轨迹

图 5.32　解耦控制下的路径跟踪效果

从图 5.32 中可以看出，在低附着路面紧急换道这种极限工况下，逆系统解耦控制器可以完成较好的轨迹跟踪，而采用三步法控制域中的三步法非线性控制器时，侧向偏差的变化幅度较大，在刚开始换道的时候就产生较大的侧向偏差，当接近换道轨迹中点时偏差最大。

图 5.33 显示了车辆在解耦控制下的稳定状态，逆系统解耦控制器作用下的质心侧偏角在大部分时间内都比三步法非线性控制下的要小，说明了其具有良好的跟踪性能。三步法非线性控制器没有考虑前轮转向与直接横摆力矩协调控制在极限工况下的强耦合作用，其控制效果在解耦控制域中没有逆系统解耦控制器的效果好，虽然也能将横摆角速度维持在稳定范围内，但是车辆的质心侧偏角无法得到较好的控制。图 5.34 显示了两种控制器下的前轮转角，逆系统解耦控制方法消除了主动前轮转向与直接横摆力矩控制之间的强耦合性，其转角的变化促进了横摆力矩对车辆稳定性的控制作用[11]。

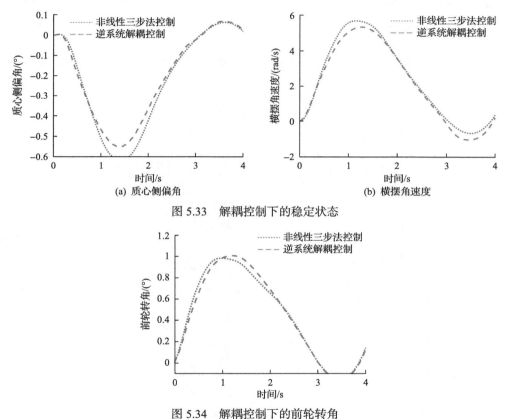

(a) 质心侧偏角　　　　　　　　　　　　(b) 横摆角速度

图 5.33　解耦控制下的稳定状态

图 5.34　解耦控制下的前轮转角

5.3　基于最小能耗的车辆横摆稳定性灰色预测可拓控制

对轮毂电机驱动车辆整车控制采用了分层控制方法。其中，上层为附加横摆力矩控制器，分别设计了横摆角速度模糊控制器、质心侧偏角模糊控制器和可拓联合控制器；下层为驱动力分配控制器，分为稳定性控制模式、最小能耗控制模式和可拓联合控制模式。采用伪逆优化算法对各车轮的驱动力矩进行优化分配，并采用灰色控制模型对实际的横摆角速度和质心侧偏角数据进行预处理。根据车辆行驶状态，将控制域划分为经典域、可拓域和非域，在不同的域内采用不同的控制模式，在保证整车横摆稳定性的同时降低整车能耗，提高续航里程。考虑到车辆的横向稳定性主要由横向运动和横摆运动决定，采用沿 x 轴方向的纵向运动，沿 y 轴方向的横向运动和绕 z 轴的横摆运动的整车三自由度动力学模型、轮胎模型和轮毂电机模型等[14,15]。

5.3.1　横摆稳定性控制系统设计

1. 控制系统设计

整车控制系统如图 5.35 所示，采用上下两层控制器。上层控制器的目的是求

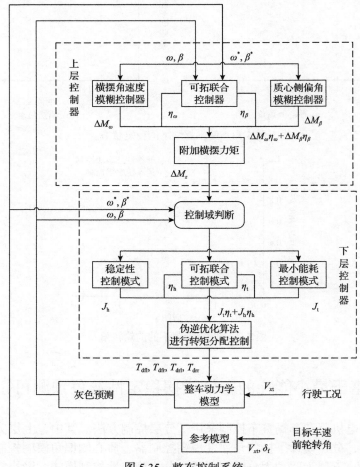

图 5.35　整车控制系统

出整车横摆稳定性控制所需的附加横摆力矩，下层控制器的目的是把上层控制器求得的附加横摆力矩分配给四个驱动轮。图中，V_{xt} 为目标车速，ΔM_ω、ΔM_β 分别为横摆角速度模糊控制器和质心侧偏角模糊控制器求得的附加横摆力矩，η_ω、η_β 分别为可拓联合控制器求得横摆角速度控制器和质心侧偏角控制器所占的权重，ΔM_z 为附加横摆力矩，J_t、J_h 分别为最小能耗控制模式和稳定性控制模式的目标函数，η_t、η_h 分别为可拓联合控制求得最小能耗控制和稳定性控制所占的权重。

2. 灰色预测控制

目前的控制方法中大多数都是根据已发生的特征行为进行控制，控制的质量难以进一步提高。灰色预测控制是从已发生的特征行为中寻找系统的变化规律，预测该系统的未来特征行为，并根据变化规律制定相应的控制策略。灰色预测控制着眼于对系统未来行为的预测，该方法属于"超前控制"[16-18]。因此，可将灰色预测控制与模糊控制、可拓控制相结合，形成基于灰色预测的模糊控制和可拓控制，简述为模糊控制和可拓控制，如图 5.36 所示。

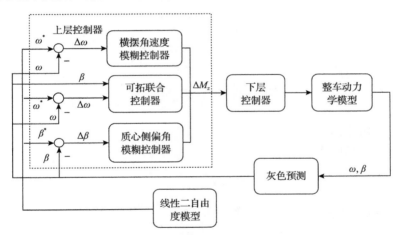

图 5.36　模糊控制和可拓控制框图

令给定的初始数据为

$$y^{(0)} = \left\{ y_1^{(0)}, y_2^{(0)}, \cdots, y_n^{(0)} \right\} \tag{5.121}$$

将初始数据进行一次累加，获得新数据为

$$y^{(1)} = \left\{ y_1^{(1)}, y_2^{(1)}, \cdots, y_n^{(1)} \right\} \tag{5.122}$$

式中，$y_i^{(1)} = \sum_{k=1}^{i} y_k^{(0)}$，$i = 1, 2, \cdots, n$，$n$ 为初始数据点数。

基于式(5.121)和式(5.122)，建立 GM(1,1)模型：

$$y_i^{(0)} + az_i^{(1)} = b \tag{5.123}$$

式中，$z_i^{(1)} = \left(y_i^{(1)} + y_{i-1}^{(1)}\right)\big/2$；$a$ 为发展系数；b 为灰色作用量。

a 和 b 由最小二乘法求得

$$\begin{bmatrix} a & b \end{bmatrix}^{\mathrm{T}} = \left(B^{\mathrm{T}}B\right)^{-1} B^{\mathrm{T}} y_N \tag{5.124}$$

式中，$B = \begin{bmatrix} -Z_2^{(1)} & 1 \\ -Z_3^{(1)} & 1 \\ \vdots & \vdots \\ -Z_n^{(1)} & 1 \end{bmatrix}$；$y_N = \begin{bmatrix} y_2^{(0)} \\ y_3^{(0)} \\ \vdots \\ y_n^{(0)} \end{bmatrix}$。

对式(5.123)进行白化处理，白化方程为

$$\frac{\mathrm{d}y^{(1)}}{\mathrm{d}t} + ay^{(1)} = b \tag{5.125}$$

该方程解为

$$\hat{y}_{i+p}^{(0)} = \left(\hat{y}_1^{(0)} - \frac{b}{a}\right)\mathrm{e}^{-a(i+p-1)} + \frac{b}{a} \tag{5.126}$$

式中，p 为预测步数。

累减便可得到 $y^{(0)}$ 的预测值：

$$\hat{y}_{i+p}^{(0)} = \hat{y}_{i+p}^{(1)} - \hat{y}_{i+p-1}^{(1)} \tag{5.127}$$

本节中，数据个数 n 取 5，预测步数 p 取 10。

3. 上层控制器设计

上层控制器中的基于灰色预测的可拓联合控制器根据车辆的行驶状态将其控制域划分为经典域、可拓域和非域。根据车辆的稳定程度在不同的域内采用不同的控制方式。其中，经典域中车辆处于稳定行驶状态，此时不需要进行横摆稳定性控制；可拓域中车辆具有失稳趋势，此时采用基于灰色预测的横摆角速度模糊控制器单独控制；非域中车辆即将失稳，此时质心侧偏角较大，采用基于灰色预测的横摆角速度和质心侧偏角模糊控制器联合控制，迅速减小质心侧偏角，由基于灰色预测的可拓联合控制器来确定横摆角速度模糊控制器和质心侧偏角模糊控制器的权重。在非域中，随着车辆特征状态远离可拓域，轮胎附着力达到极限，

横摆力矩控制器将失效，导致车辆失稳；故在非域中横摆力矩控制器的作用效果有限，只能在接近可拓域的范围内尽最大可能地保障整车稳定性。

1) 横摆角速度控制器

横摆角速度控制器采用灰色预测控制和模糊控制。输入量为根据二自由度模型求出的理想横摆角速度和基于灰色预测模型根据实际横摆角速度预测出数据的差值 $\Delta\omega$ 及其变化率 $\Delta\dot{\omega}$；输出量为附加横摆力矩 ΔM_ω。设横摆角速度误差、误差变化率和附加横摆力矩的论域都为 $\{-6,-5,-4,-3,-2,-1,0,1,2,3,4,5,6\}$；模糊集均为 $\{NB,NM,NS,ZO,PS,PM,PB\}$，其中 NB、NM、NS 分别表示负大、负中和负小，ZO 表示零，PS、PM、PB 分别表示正小、正中和正大；输入输出的模糊子集的隶属度函数均采用三角形函数。横摆角速度模糊控制器控制规则如表 5.6 所示。横摆角速度模糊控制器采用"Mamdani"法，推理方法采用"Man-Mix"法，去模糊化采用重心法。

表 5.6　横摆角速度模糊控制器控制规则表

ΔM_ω		$\Delta\omega$						
		NB	NM	NS	ZO	PS	PM	PB
$\Delta\omega$	NB	PB	PB	PB	PM	PM	ZO	ZO
	NM	PB	PB	PB	PM	ZO	ZO	ZO
	NS	PB	PB	PM	ZO	NS	NS	NM
	ZO	PS	PM	ZO	NS	NS	NM	NB
	PS	PM	ZO	NS	NS	NM	NB	NB
	PM	ZO	NS	NS	NM	NM	NB	NB
	PB	NS	NS	NS	NM	NB	NB	NB

2) 质心侧偏角控制器

质心侧偏角控制器也采用灰色预测控制和模糊控制。输入量为根据二自由度模型求出的理想质心侧偏角和基于灰色预测模型根据实际质心侧偏角预测出数据的差值 $\Delta\beta$ 及其变化率 $\Delta\dot{\beta}$；输出量为附加横摆力矩 ΔM_β。设计方法同横摆角速度模糊控制器设计方法，此时输入输出模糊子集的隶属度函数均采用高斯形函数[19]。质心侧偏角模糊控制器控制规则如表 5.7 所示。

3) 可拓联合控制器

实现基于灰色预测的可拓联合控制，首先要确定可拓集合大小，即确定车辆行驶时的稳定性边界；其次在非域中采用横摆角速度和质心侧偏角的联合控制，确定两者关系，实现横摆稳定性控制。

表 5.7　质心侧偏角模糊控制器控制规则表

ΔM_β		$\Delta \beta$						
		NB	NM	NS	ZO	PS	PM	PB
$\Delta \dot{\beta}$	NB	PB	PB	PB	PM	PM	ZO	ZO
	NM	PB	PB	PB	PM	ZO	ZO	ZO
	NS	PB	PB	PM	ZO	NS	NS	NM
	ZO	PS	PM	ZO	NS	NS	NM	NB
	PS	PM	ZO	NS	NS	NM	NB	NB
	PM	ZO	NS	NS	NM	NM	NB	NB
	PB	NS	NS	NM	NM	NB	NB	NB

选取基于灰色预测模型根据实际横摆角速度预测出的数据与基于二自由度模型求出的理想横摆角速度的差值、基于灰色预测模型预测出的质心侧偏角数值作为特征量。可拓集合中横坐标为基于灰色预测模型根据实际质心侧偏角预测出的数值，纵坐标为基于灰色预测模型根据实际横摆角速度预测出的数据与基于二自由度模型求出的理想横摆角速度的差值，划分为经典域、可拓域和非域。对于可拓集合的纵坐标，横摆角速度差值采用公差带划分法[20]：经典域为 $|\Delta\omega_1| < |\xi_1\omega^*|$，可拓域为 $|\xi_1\omega^*| \leqslant |\Delta\omega| \leqslant |\xi_2\omega^*|$，非域为 $|\Delta\omega| > |\xi_2\omega^*|$；其中 ξ_1、ξ_2 为常数，分别取 0.05 和 0.15。对于可拓集合的横坐标，质心侧偏角的划分为：可拓域边界为 $\beta_2 = \arctan(0.02\mu g)$，可拓域的边界随路面附着系数变化；经典域边界由横摆角速度增益的线性区和非线性区的边界确定[21]。

计算可拓距，定义关联函数，并进行测度模式判别。在经典域内选取横摆角速度模糊控制器权重 $\eta_\omega = 0$，质心侧偏角模糊控制器权重 $\eta_\beta = 0$；在可拓域内选取横摆角速度模糊控制器权重 $\eta_\omega = 1$，质心侧偏角模糊控制器权重 $\eta_\beta = 0$；在非域内选取横摆角速度模糊控制器权重 $\eta_\omega = |K(S)|/100$，质心侧偏角模糊控制器权重 $\eta_\beta = 1 - |K(S)|/100$ [14]。

获得附加横摆力矩如下：

$$\Delta M_z = \begin{cases} 0, & (\beta, \Delta\omega) \in 经典域 \\ \Delta M_\omega, & (\beta, \Delta\omega) \in 可拓域 \\ \Delta M_\omega \eta_\omega + \Delta M_\beta \eta_\beta, & (\beta, \Delta\omega) \in 非域 \end{cases} \tag{5.128}$$

4. 下层控制器设计

1）基于轮胎负荷率的稳定性控制模式

当特征量处于非域时，此时车辆即将失稳，在下层控制器中采用稳定性控制模式。轮胎负荷率表征轮胎与地面间的附着能力。轮胎负荷率与轮胎和路面间的附着力的裕量成反比，轮胎负荷率越低，附着力裕量越大，轮胎的附着能力越高。因此，轮胎负荷率是表征车辆稳定性的重要指标。定义轮胎负荷率 ϕ_i 为

$$\phi_i = \frac{F_{xi}^2 + F_{yi}^2}{\mu_i^2 F_{zi}^2} \tag{5.129}$$

引入路面附着系数的目的是将各轮胎负荷率进行归一化处理，确保各车轮处于不同的路面时可以进行计算。忽略轮胎横向力，得到

$$\phi_i = \left(\frac{T_{di}}{\mu_i F_{zi} R}\right)^2 \tag{5.130}$$

目标函数为

$$\min J_h = \frac{1}{4}\sum_{i=1}^{4}\left(\phi_i - E\left(\phi_i\right)\right)^2 + \varepsilon_v E\left(\phi_i\right) \tag{5.131}$$

约束条件为

$$\begin{cases} \dfrac{d}{2R}\left(-T_{dfl} + T_{dfr} - T_{drl} + T_{drr}\right) = \Delta M_z \\[2mm] T_{dfl} + T_{dfr} + T_{drl} + T_{drr} = T_t \\[2mm] \left|T_{di}\right| \leqslant T_{dimax} \\[2mm] \left|\dfrac{T_{di}}{R}\right| \leqslant \mu F_{zi} \end{cases} \tag{5.132}$$

式中，$E\left(\phi_i\right)$ 为轮胎负荷率的平均值；ε_v 为轮胎负荷率的平均值与方差的权重系数；T_t 为总的需求转矩；T_{dimax} 为轮毂电机输出的极限转矩。

对轮胎负荷率平均值的优化可以保证车辆轮胎整体负荷率较低，从而提高车辆的稳定性裕量；对轮胎负荷率方差的优化可以使各轮胎的负荷率接近，可以提高对路面附着性能的利用率。

2) 基于驱动效率的最小能耗控制模式

当特征量处于经典域时，此时车辆处在稳定行驶工况，附加横摆力矩控制器不工作，无须进行稳定性控制，在下层控制器中对车辆采用最小能耗控制模式。其目标函数为

$$\min J_{\mathrm{t}} = \begin{cases} \displaystyle\sum_{i=1}^{4} \frac{k_i}{\eta_i(T_{\mathrm{d}i}, n_i)}, & \text{驱动状态} \\[4mm] \displaystyle\sum_{i=1}^{4} k_i \eta_i(T_{\mathrm{d}i}, n_i), & \text{制动状态} \end{cases} \tag{5.133}$$

式中，J_{t} 为整车效率，即驱动过程中理论上消耗的能量与实际消耗的能量的比值；$\eta(T_{\mathrm{d}i}, n_i)$ 为轮毂电机在特定转矩和转速下的电机效率，可以通过查表获得；$k_i = T_{\mathrm{d}i}/T_{\mathrm{t}}$；$n_i$ 为轮毂电机转速。其约束条件为

$$\begin{cases} T_{\mathrm{dfl}} + T_{\mathrm{dfr}} + T_{\mathrm{drl}} + T_{\mathrm{drr}} = T_{\mathrm{t}} \\ \left| T_{\mathrm{d}i} \right| \leqslant T_{\mathrm{d}i\max} \\ \left| \dfrac{T_{\mathrm{d}i}}{R} \right| \leqslant \mu F_{zi} \\ n_i \leqslant n_{\max} \end{cases} \tag{5.134}$$

式中，n_i 为轮毂电机转速；$n_{\max}$ 为电机最高输出转速。

在行驶工况下，系统能耗计算式：

$$E = \int_{t=0}^{t_{\mathrm{f}}} \left(\sum_{i=0}^{4} \frac{T_{\mathrm{d}i} n_i}{9550 \eta_i} \right) \mathrm{d}t \tag{5.135}$$

3) 基于稳定性与最小能耗的联合控制模式

当特征量处于可拓域时，在下层控制器中采用稳定性与最小能耗的联合控制模式，在保证整车横摆稳定性的同时提高其经济性能。其目标函数为

$$J = J_{\mathrm{t}} \eta_{\mathrm{t}} + J_{\mathrm{h}} \eta_{\mathrm{h}} \tag{5.136}$$

约束条件为

$$\begin{cases} \dfrac{d}{2R}\left(-T_{\mathrm{dfl}} + T_{\mathrm{dfr}} - T_{\mathrm{drl}} + T_{\mathrm{drr}} \right) = \Delta M_z \\ T_{\mathrm{dfl}} + T_{\mathrm{dfr}} + T_{\mathrm{drl}} + T_{\mathrm{drr}} = T_{\mathrm{t}} \\ \left| T_{\mathrm{d}i} \right| \leqslant T_{\mathrm{d}i\max} \\ \left| \dfrac{T_{\mathrm{d}i}}{R} \right| \leqslant \mu F_{zi} \\ n_i \leqslant n_{\max} \end{cases} \tag{5.137}$$

式中，η_{t} 为最小能耗控制所占权重；η_{h} 为稳定性控制所占权重。η_{t} 与 η_{h} 的求解

方法与上层控制器中 η_ω、η_β 求解方法相同，都是采用可拓方法确定，在此不再叙述。

系统目标函数如下：

$$J = \begin{cases} J_t, & (\beta, \Delta\omega) \in 经典域 \\ J_t\eta_t + J_h\eta_h, & (\beta, \Delta\omega) \in 可拓域 \\ J_h, & (\beta, \Delta\omega) \in 非域 \end{cases} \quad (5.138)$$

采用伪逆优化算法对目标函数进行求解。

5.3.2　仿真结果分析

下面对所设计的控制系统在 MATLAB/Simulink 软件中进行仿真分析，检验控制策略对整车稳定性控制效果与节能效果。对于稳定性控制和联合控制选用车辆在实际行驶时容易出现失稳的双移线工况进行仿真分析。整车参数如表 5.8 所示。

表 5.8　整车参数

参数	数值
整车质量 m	1530kg
整车转动惯量 I_z	4607kg·m²
车轮转动惯量 I_w	0.90kg·m²
质心到前轴距离 I_f	1.11m
质心到后轴距离 I_r	1.67m
轮距 d	1.80m
车轮滚动半径 R	0.28m
左前、右前轮侧偏刚度 k_{fl}, k_{fr}	65.000m
左后、右后轮侧偏刚度 k_{rl}, k_{rr}	82.000m
电机参数 ξ	0.05
电机输出峰值转矩 T_{dmax}	200N·m
轴距 l	2.78m
重力加速度 g	9.80m/s²

1. 低附着系数路面双移线工况仿真分析

为了验证控制系统在车辆失稳状态下的控制效果，选取低附着系数路面双移线工况，此时路面附着系数为 0.3，车速为 70km/h。仿真结果如图 5.37 所示。

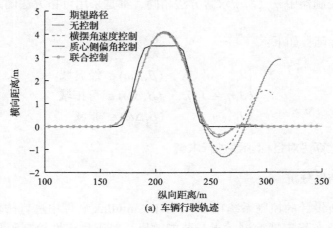

(a) 车辆行驶轨迹

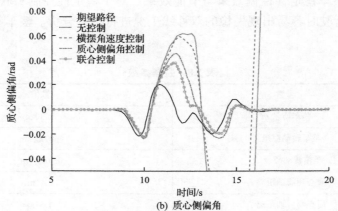

(b) 质心侧偏角

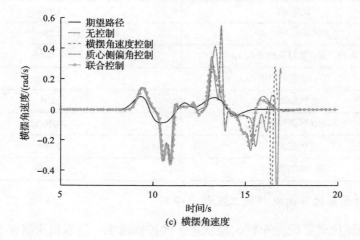

(c) 横摆角速度

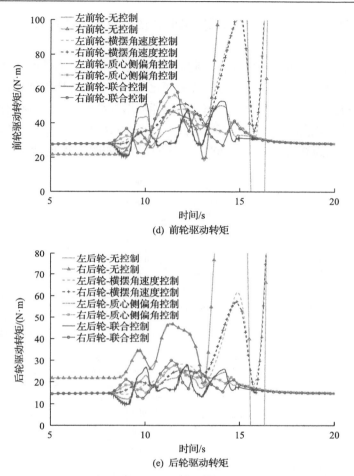

图 5.37　低附着系数路面双移线工况下仿真结果(彩图请扫封底二维码)

从图 5.37(a)～(c)可以看出,无控制和横摆角速度控制器单独控制时,车辆的行驶轨迹、质心侧偏角和横摆角速度都严重偏离期望值,此时车辆出现严重失稳;采用质心侧偏角控制器单独和联合控制时,车辆的行驶轨迹、质心侧偏角和横摆角速度都能较好地跟踪期望值,而且联合控制优于质心侧偏角控制。图 5.37(d)和(e)分别为两前轮驱动转矩和两后轮驱动转矩的变化曲线,从图中可以看出未控制和横摆角速度控制器单独控制时,四个车轮的驱动转矩急剧增大,超过电机的转矩输出极限,质心侧偏角控制器单独控制和联合控制时,四个车轮的转矩较小而且变化也较小。综上分析,采用联合控制系统可取得较好的控制效果。

2. 高附着系数路面双移线工况仿真分析

最小能耗控制模式时采用前述的轮毂电机的效率图模型,以表格的形式存储在控制器中,仿真计算时根据电机的转速和转矩通过查表来实时获取电机效率。

　　整车控制策略以横摆稳定性控制为主。在进行稳定性控制时采用差动驱动/制动来产生附加横摆力矩,此时电机转矩变化剧烈,会额外增加能耗。因此,在满足稳定性的前提下考虑提高整车效率,降低能耗增加续航里程,是很有必要的。最小能耗控制时,必须能保持整车的稳定性。在高速双移线工况下进行仿真分析,选取路面附着系数为 0.8,车速为 120km/h。仿真结果如图 5.38 所示。

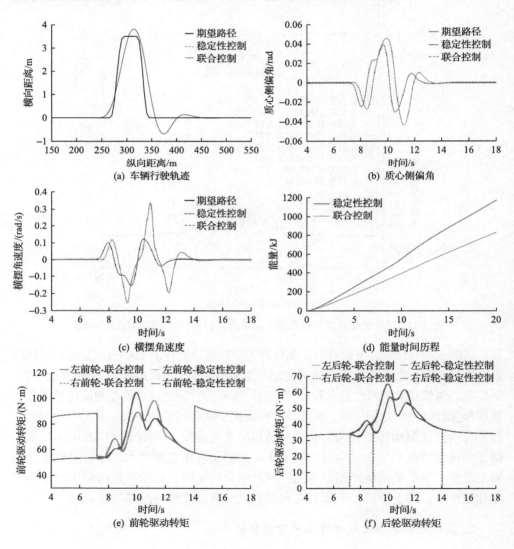

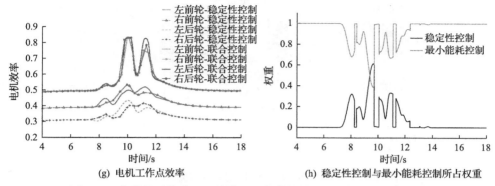

(g) 电机工作点效率　　　　　(h) 稳定性控制与最小能耗控制所占权重

图 5.38　高附着系数路面双移线工况仿真结果(彩图请扫封底二维码)

从图 5.38(a)～(c)可以看出，稳定性控制与最小能耗控制效果相近，联合控制并没有影响整车的稳定性。图 5.38(d)为能量时间历程图，明显看出采用联合控制大大降低了整车系统能耗，稳定性控制时系统耗能为 1106kJ，联合控制时系统耗能为 858.9kJ，采用联合控制的整车能耗降低 22.34%。图 5.38(e)和(f)为四个车轮的驱动转矩曲线图，0～7s 和 14～20s 采用最小能耗控制，两后轮转矩为零，由两前轮进行驱动；7～14s 采用稳定性控制，在 9s 时有一次最小能耗与稳定性控制的切换，从图 5.38(a)～(c)可以看出，该次切换并没有影响整车的稳定性。图 5.38(g)为电机工作点效率，可以看出采用联合控制时电机的工作点效率都在稳定性控制之上。图 5.38(h)为稳定性控制与最小能耗控制所占权重对比。仿真结果表明，所采用的联合控制既保证了整车的稳定性，又提高了整车效率，降低了整车系统运行能耗。

5.3.3　硬件在环实验及结果分析

1. 轮毂电机实验台结构

轮毂电机实验台包括轮毂电机及其控制器、转矩/转速传感器、联轴器、磁粉制动器及其控制器、蓄电池组等，如图 5.39 所示。

2. 硬件在环实验结果

实验中使轮毂电机实验台左轮代替车辆模型中的左前轮，在车速为 70km/h、路面附着系数为 0.3 的双移线工况下进行硬件在环实验，对基于横摆力矩的稳定性控制策略进行验证。实验结果中左前轮转矩为采集的实验数据，其余指标为 LabVIEW 模型程序输出数据，实验结果如图 5.40 所示。

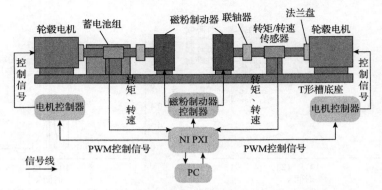

图 5.39　轮毂电机实验台结构图

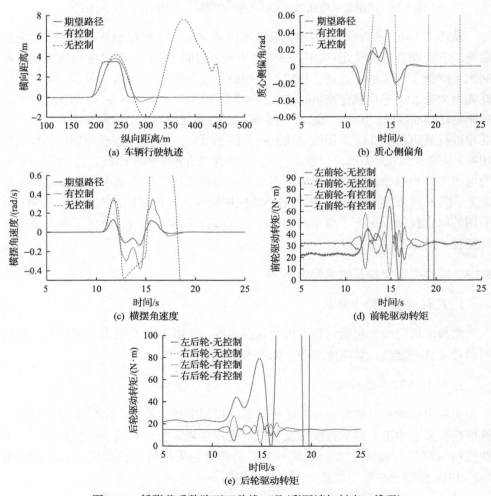

图 5.40　低附着系数路面双移线工况(彩图请扫封底二维码)

从图 5.40(a)～(c)可以看出，无控制时，车辆的行驶轨迹、质心侧偏角和横摆角速度都严重偏离期望值，车辆出现严重失稳；而有控制时，车辆的行驶轨迹、质心侧偏角和横摆角速度都能较好地跟踪期望值，未出现失稳现象。图 5.40(d)、(e)分别为两前轮驱动转矩和两后轮驱动转矩的变化曲线，可以看出无控制时，四个车轮的驱动转矩急剧增大，超过电机的转矩输出极限；有控制时，四个车轮的转矩较小而且变化也较小。

综上所述，车辆行驶轨迹、车轮转矩、质心侧偏角和横摆角速度变化趋势与前面的仿真结果相吻合，较好地验证了整车稳定性控制策略[14]。

5.4　基于动态边界可拓决策的车辆路径跟踪协调控制

基于轮毂电机驱动车辆的主动安全控制，在保证车辆操纵稳定性的前提下，可设计基于动态边界可拓决策的路径跟踪控制系统以辅助驾驶员进行路径跟踪。控制系统包含上层(决策-控制层)和下层(执行层)，其中上层基于神经网络算法设计随车速、道路曲率以及路面附着系数变化的动态可拓边界，将不同的危险程度划分成不同的控制区域；然后设计以横摆角速度跟踪为目标的横摆力矩控制器(横摆力矩控制器 1)和以路径跟踪精度为目标的横摆力矩控制器(横摆力矩控制器 2)，并设计二者的协调控制策略，在不同控制区域内分别进行控制。下层依据当前路面附着系数、车速以及侧向加速度与不同的转矩优化分配模式，实现稳定性与经济性分配两种优化目标的切换与联合优化。

5.4.1　路径跟踪模型

在路径跟踪误差模型中，ρ 为期望路径的曲率，φ_h 为车辆实际航向角，φ_d 为期望航向角，e 为车辆质心到期望路径最近点 T 之间的距离。根据车辆在当前时刻的状态量，如横摆角速度 ω、质心侧偏角 β、纵向车速 v_x 等，可得到如下路径跟踪误差表达式[22]：

$$\begin{cases} \dot{\varphi}_L = \omega - v_x \rho \\ \dot{Y}_L = \beta v_x + l_d \omega + \varphi_L v_x \end{cases} \tag{5.139}$$

式中，l_d 为预瞄距离；φ_L 为偏航角，$\varphi_L = \varphi_h - \varphi_d$；$Y_L$ 为预瞄点处的横向偏移。对式(5.139)进行积分可以得到 φ_L 和 Y_L。

预瞄时间可以通过式(5.140)求得

$$T = \frac{l_d}{v_x} \tag{5.140}$$

已知预瞄点位置的横向偏移 Y_L，如果选择一个理想的前轮转角 δ_d，车辆会产生一个侧向加速度 a_y 使得横向偏移量在预瞄距离内减小到零：

$$a_y = \frac{2Y_L}{T^2} \tag{5.141}$$

根据车辆的运动学关系，可以得到理想的前轮转角：

$$\delta_d = \frac{2(a+b)}{l_d^2} Y_L \tag{5.142}$$

在路径跟踪控制中，将不同的路径偏离程度分为不同的控制区域，分为安全区、过渡区以及危险区。假定车辆在 t 时刻与期望路径发生偏离，此时，侧向速度为 v_{yt}，从 t 时刻开始车辆以极限侧向加速度行驶，当车辆与期望路径保持平行时，认为此时车辆的侧向速度为 0。车辆以极限侧向加速度运动到与期望路径保持平行所需时间 t_1 可由式 (5.143) 计算得到[23]：

$$t_1 = \left| \frac{v_{yt}}{a_{y\max}} \right| \tag{5.143}$$

需要注意的是，如果期望路径为直线路径，则当车辆运行到与期望路径平行时，车辆侧向加速度为 0。当期望路径为曲线路径时，考虑到车辆实际行驶的曲线路径半径较大，且 t_1 是以极限侧向加速度运行，t_1 时间较短，车辆在较短时间内驶过的距离较短，加上路径半径较大，这段距离可以近似看成直线，故式 (5.143) 同样适应于曲线路径。

假定车辆在 t 时刻与期望路径发生偏离，此时车辆侧向速度为 v_{yt}，若车辆保持此刻状态继续行驶 (保持侧向速度 v_{yt} 继续行驶)，当车辆到达图 5.41 所示边界 2 所需的时间 t_T 可通过式 (5.144) 计算[13]：

$$t_T = \frac{1}{\omega} \left[\frac{\pi}{2} - \varphi_h - \arcsin\left(\frac{\dfrac{v_x}{\omega}\cos\varphi_h - \dfrac{d_{boundary}}{2} + \dfrac{(a+b)\sin\varphi_h}{2} - y + d_w\cos\varphi_h}{\dfrac{v_x}{\omega}} \right) \right] \tag{5.144}$$

式中，$d_{boundary}$ 为图 5.41 中两条"边界 2"曲线之间的距离；y 为图 5.41 中车辆所处位置的 Y 坐标值。

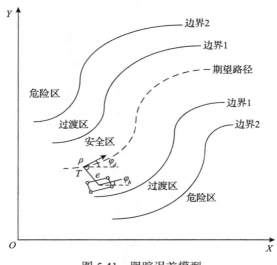

图 5.41　跟踪误差模型

5.4.2　路径跟踪控制系统设计

如图 5.42 所示，路径跟踪控制系统采用分层控制结构，包含上层(决策-控制层)和下层(执行-控制层)。其中，上层基于可拓理论[24]采用 BP 神经网络设计随车速、路径曲率以及道路附着变化的动态可拓边界，将车辆不同行驶工况下的危险程度划分为安全区、过渡区及危险区(图中变量含义将在下节介绍)。

在不同控制区域之间，可根据各自特点分别进行控制。其中设计了两个横摆力矩控制器，通过给车辆施加一个附加横摆力矩，使车辆产生横摆角速度，从而将车辆纠回到期望路径，同时保证了车辆的稳定性。当车辆被纠回到期望路径时，为防止发生二次偏离，用一个航向角控制器对车辆的航向角进行控制，其触发条件判断模块可通过判断车辆当前状态是否满足触发条件来决定动作。

路径跟踪控制系统的执行器为 4 个轮毂电机，皆采用转矩控制模式。下层接收上层发出的横摆力矩指令以及为满足纵向车速需求的总驱动转矩指令，并依据当前时刻车辆侧向加速度、车速以及路面附着系数的不同划分来决定不同的转矩分配模式，分别为经济性分配模式、联合分配模式及稳定性分配模式。

5.4.3　动态可拓决策设计

路径跟踪控制系统在主动介入时不可避免地会对驾驶员产生干扰，为了提升控制系统的人机协同性能，需要决策出合适的控制介入时机，从而尽量减小介入时对驾驶员的干扰。这里采用动态边界可拓决策方法来确定合适的控制介入时间，主要包括特征量选取和动态可拓边界设计两部分。

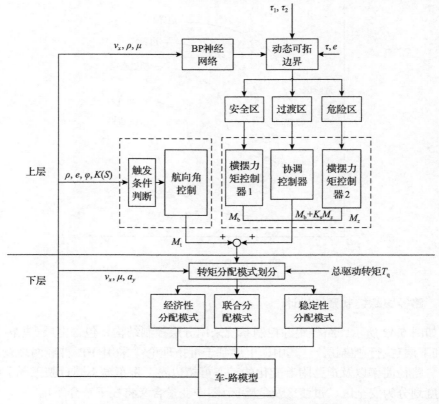

图 5.42　路径跟踪控制系统结构框图

1. 特征量选取

为更好地表征路径跟踪误差，所选特征量应能较为直观地表征当前时刻车辆与期望路径之间的位置关系，并与下一时刻车辆偏离期望路径的趋势建立起联系。时间 t_T 与车辆航向角、位置坐标以及车速等行驶状态建立起了关系，能够较好地表征车辆偏离期望路径的趋势，t_T 越小，车辆偏离期望路径的趋势越明显。选取时间 t_T 的倒数 τ 作为二维可拓集合的特征量之一。与此同时，车辆质心距期望路径的最小距离 e 能够较为直观地反映当前时刻车辆与期望路径之间的横向位置关系，选择 e 作为二维可拓集合的第二个特征量。建立二维可拓集合，并将控制区域划分为安全区、过渡区以及危险区。

二维可拓集合通过 τ_1、τ_2、e_1、e_2、$-e_1$、$-e_2$ 这 6 个量来确定安全区、过渡区以及危险区之间的边界。三个控制区域之间边界的确定合理与否，直接影响到后续控制系统的性能及控制效果，需要对上述边界进行设计。

2. 动态可拓边界设计

由于车辆的行驶工况复杂多变，不同的工况都对应着一个最佳的可拓边界。如将可拓边界设计为固定边界，则控制系统只能在部分工况下取得较好的控制效果，而在其他工况下达不到理想的控制效果。如果二维可拓边界能随工况的变化而实时调整，这样整个路径跟踪控制系统就能适应更多的工况，使控制系统的性能得到较大的提升。

1) τ 边界设计

驾驶员在遇到突发状况时，不会立刻做出反应，驾驶员在这过程中会有一个反应时间 t'。同时，执行机构由于存在间隙等，也会存在一个响应时间 t''[25]。当 $t_T > t_1 + t' + t''$ 时，认为路径偏离幅度较小，处于较为安全的区域；当 $t_T < t_1 + t''$ 时，认为路径偏离幅度较大，车辆很容易因路径偏离而发生意外事故，处于较为危险的状况；当 $t_1 + t'' < t_T < t_1 + t' + t''$ 时，认为车辆此刻处于安全与危险之间的过渡区域。综上，将二维可拓集合的 τ 边界设计为

$$\begin{cases} \tau_1 = \dfrac{1}{t_1 + t' + t''} \\ \tau_2 = \dfrac{1}{t_1 + t''} \end{cases} \tag{5.145}$$

由于边界 τ_1、τ_2 中的 t_1 与车辆的侧向速度有关，即边界 τ_1、τ_2 会随车辆侧向速度的变化而实时变化。

2) e 边界设计

结合图 5.42 以及图 5.43 可以看出，e 的边界值设置得越小，安全区与过渡区的范围就越小，此时，横摆力矩控制器 2 介入得越早。反之，e 的边界值越大，安全区与过渡区的范围就越大，横摆力矩控制器 2 介入得越晚。同时，考虑到固定的二维可拓集合 e 边界不能较好地适应更多的工况，例如，当期望路径曲率较小，车速较低并且路面附着系数较高时，此时车辆处于较为安全的工况，为了避免横摆力矩控制器 2 频繁启动给驾驶员带来干扰，可将 e 的边界设置为一个较大值，扩大安全区以及过渡区的范围。但是，当车辆行驶路径曲率相对较大，路面附着系数较低且车速较高时，此时车辆处

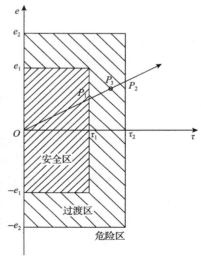

图 5.43　二维可拓集合

于较为危险的状态，如果 e 的边界设置过大，就会导致横摆力矩控制器 2 介入过晚，有可能因车辆偏离预期路径而与旁边车辆发生剐蹭甚至碰撞。此时，需要将 e 边界设置为一个较小的值，缩小安全区与过渡区的范围。

综合上述分析，认为路面附着系数、路径曲率以及纵向车速三个量能够较好地表征车辆在不同的行驶工况以及行驶状态，对确定可拓边界有着较为重要的作用。因此，考虑路面附着系数 μ、路径曲率 ρ 以及纵向车速 v_x 与车辆行驶安全性以及操纵稳定性的关系，采用 BP 神经网络算法设计随路面附着系数、路径曲率以及纵向车速变化而变化的动态 e 边界。

采用三层前馈神经网络，其中输入层有三个神经元，分别为路面附着系数、路径曲率以及纵向车速。输出层有两个神经元。隐含层神经元的个数通过如下经验公式求得：

$$l = \sqrt{n+m} + a \tag{5.146}$$

式中，l 为隐含层的神经元个数；n 为输入层神经元的个数；m 为输出层神经元的个数；a 取值为 1～10。通过仿真分析，可将隐含层神经元个数设置为 8。

隐含层和输出层均采用如下激活函数[26]：

$$\varphi(x) = \frac{1}{2}(1 + \tanh x) = \frac{\exp(x)}{\exp(x) + \exp(-x)} \tag{5.147}$$

神经元 j 在输入第 n 个训练样本时(第 n 步迭代)的输出误差信号用式(5.148)表达：

$$e_j(n) = d_j(n) - y_j(n) \tag{5.148}$$

式中，$d_j(n)$ 为目标输出；$y_j(n)$ 为网络输出。

定义网络训练代价函数：

$$\varepsilon(n) = \frac{1}{2} \sum_{j=1}^{2} e_j^2(n) \tag{5.149}$$

进行神经网络的训练需要大量的训练数据及测试数据，受实验条件所限，难以通过大量实验的方法来获得数据。采用仿真的方法来获得数据，通过在 CarSim/Simulink 仿真平台上设置多种工况，并针对多种工况进行多组仿真，记录大量关于路面附着系数、路径曲率、纵向车速、路径跟踪误差以及边界 e_1 和 e_2 的仿真数据，并用于神经网络的训练及测试。在神经网络训练过程中采用 BP 学习算法对网络加权系数进行迭代修正：

$$\Delta\omega_{li}(n) = -\eta \frac{\partial \varepsilon(n)}{\partial \omega_{li}(n)} \tag{5.150}$$

式中，η 为学习率；ω_{li} 为隐含层与输出层之间的加权系数。经训练后输出层输出 e_1、e_2。

在确定了上述动态可拓边界 τ_1、τ_2、e_1、e_2、$-e_1$、$-e_2$ 之后，通过上述动态可拓边界将二维可拓集合划分成不同的控制区域。根据文献[27]所述可拓关联函数求解方法对上述二维可拓集合的关联函数进行求解，得到如下可拓关联函数的表达式：

$$\begin{cases} K(S) < 0, & \text{安全区} \\ 0 \leqslant K(S) \leqslant 1, & \text{过渡区} \\ K(S) > 1, & \text{危险区} \end{cases} \tag{5.151}$$

当车辆特征状态 τ、e 处于安全区时，路径偏离程度较小，处于相对安全的工况，横摆力矩控制器 2 无需介入。当车辆特征状态 τ、e 处于危险区时，车辆与期望路径之间发生了偏离，为防止与旁车发生碰撞，首要的控制目标是将车辆纠回期望路径，横摆力矩控制器 2 全力介入。由于车辆不会从安全状态突变到危险状态，有一个过渡过程，即过渡区，当车辆特征状态 τ、e 处于过渡区时，为了提升控制系统的性能，在保证车辆安全行驶的前提下，进行两横摆力矩控制器的协调控制。

5.4.4 控制器设计

控制器设计主要包括以下四部分。

1. 以横摆角速度跟踪为目标的横摆力矩控制器设计(横摆力矩控制器 1)

对轮毂电机按转矩指令，分配车辆转向行驶时内外侧车轮的不同转矩，由车轮与路面之间的受力平衡来实现各车轮的自适应差速[28]。当车辆在转向行驶过程中，由于输入一个前轮转角 δ_f，车辆会产生一个横摆角速度 ω。依据横摆角速度偏差设计滑模控制器输出一个反馈力矩，并将这个反馈力矩分配给各轮毂电机，各车轮在电机驱动转矩和地面受力平衡关系下实现各轮转速随动，并且使实际横摆角速度能够跟踪期望横摆角速度[29]并输出横摆力矩，通过力矩分配实现四轮转矩差速，保证车辆具有良好的操纵性和稳定性。

对车辆二自由度参考模型进行改写，加入一个车辆的附加力矩 M_b[30]。

横摆力矩控制器的滑模面方程设置为如下形式：

$$s = \omega_d - \omega \tag{5.152}$$

选择如下指数趋近律：

$$\dot{s} = -\varepsilon_1 \mathrm{sgn}(s) - k_{c1}s, \quad \varepsilon_1 > 0, k_{c1} > 0 \tag{5.153}$$

得到如下滑模控制器的输出力矩：

$$M_b = I_z \dot{\omega}_d - (ak_f - bk_r)\beta - \frac{\left(a^2 k_f + b^2 k_r\right)\omega}{v_x} + ak_f \delta_f + I_z\left(\varepsilon_1 \operatorname{sgn}(s) + k_{c1}s\right) \quad (5.154)$$

式中，k_{c1}、ε_1 为指数趋近律的系数。k_{c1} 和 ε_1 的值对控制器的效果有着较大的影响，增加 k_{c1} 的值，有利于提升控制参数趋近于滑模面的速度，减小 ε_1 有利于削弱滑模面处的抖振。然而，如果 k_{c1} 的取值过大，控制参数趋近于滑模面的速度过大，控制器输出的力矩 M_b 在短时间内变化较大，会使车辆产生较大的侧向加速度，从而对车辆的乘坐舒适性和稳定性产生不利影响。通过一系列仿真分析，可选取 $k_{c1}=0.5$，$\varepsilon_1=0.05$。

2. 以路径跟踪为目标的横摆力矩控制器设计（横摆力矩控制器 2）

以路径跟踪为目标的横摆力矩控制器是通过四个轮毂电机的差动力矩施加给车辆一个绕 z 轴的附加横摆力矩，从而能够在车辆偏离期望路径时对其进行主动纠偏。同样，采用滑模控制方法来设计此横摆力矩控制器。车辆在当前位置的偏航角及在预瞄点处的横向偏移能够较好地对路径跟踪误差进行描述，得到

$$\begin{cases} \varphi_L = \int (\omega - v_x \rho)\mathrm{d}t \\ Y_L = \int (\beta v_x + l_d \omega + \varphi_L v_x)\mathrm{d}t \end{cases} \quad (5.155)$$

令 $e_L = \eta_1 Y_L + \eta_2 \varphi_L$，$0 < \eta_1, \eta_2 < 1$，设计控制器的滑模面方程为

$$s = \dot{e}_L + k_{c2} e_L \quad (5.156)$$

式中，k_{c2} 为常系数。

同样选择如下指数趋近律：

$$\dot{s} = -\varepsilon_2 \operatorname{sgn}(s) - k_{c2}s, \quad \varepsilon_2 > 0, k_{c2} > 0 \quad (5.157)$$

则可得到控制器的输出为

$$M_z = \frac{\left[v_x\left(\eta_2 \dot{\rho} - \eta_1 \dot{\varphi}_L\right) - \left(k_f + k_r\right)\left(\eta_1 \dot{Y}_L + \eta_2 \dot{\varphi}_L\right) + k_{c2}k_f\left(\eta_2 \varphi_L - \eta_1 Y_L\right)\right]I_z}{\eta_1 l_d + \eta_2}$$

$$- \frac{\left[\varepsilon_2 \operatorname{sgn}(s) + (a_{11}\beta + a_{12}\omega - a_{13} - \omega)v_x \eta_1\right]I_z}{\eta_1 l_d + \eta_2} - \frac{(\eta_1 l_d + \eta_2)(a_{21}\beta + a_{22}\omega - a_{23})I_z}{\eta_1 l_d + \eta_2}$$

$$(5.158)$$

其中

$$a_{11} = \frac{k_f + k_r}{mv_x}, \quad a_{12} = \frac{ak_f - bk_r}{mv_x^2}, \quad a_{13} = \frac{a\delta_f}{mv_x}$$

$$a_{21} = \frac{ak_f - bk_r}{I_z}, \quad a_{22} = \frac{a^2 k_f + b^2 k_r}{I_z v_x}, \quad a_{23} = \frac{ak_f \delta_f}{I_z}$$

通过设置不同的 ε_2 和 k_{c2} 的值进行仿真，对仿真结果进行对比分析，最终确定 ε_2 的值为 0.1，k_{c2} 的值为 1。

3. 协调控制策略

上述两控制器的协调控制策略如图 5.44 所示。当特征状态 τ、e 处于安全区时，仅有横摆力矩控制器 1 介入工作。如果此时输入一个前轮转角，横摆力矩控制器 1 会输出一个辅助横摆力矩以跟踪期望横摆角速度。

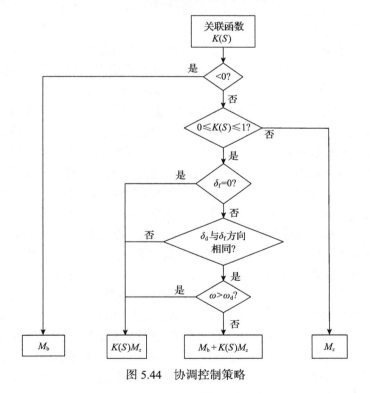

图 5.44　协调控制策略

当特征状态 τ、e 处于过渡区时，横摆力矩控制器 1 和 2 同时介入工作，进行两者的协调控制。由于特征状态处于过渡区时，车辆虽然在一定程度上偏离了期望路径，但还没有到达危险的程度，为了兼顾路径跟踪控制系统一定的人机协

同性能，以及保持车辆一定的操纵稳定性，此时横摆力矩控制器 2 部分介入，输出横摆力矩指令为

$$M = M_b + K(S)M_z \tag{5.159}$$

式中，M_b 为横摆力矩控制器 1 输出的横摆力矩指令；M_z 为横摆力矩控制器 2 输出的横摆力矩指令；$K(S)$ 为可拓关联度，在过渡区时，$0 \leqslant K(S) \leqslant 1$。

当特征状态 τ、e 处于过渡区时，驾驶员输入一个前轮转角 δ_f，横摆力矩控制器 1 和横摆力矩控制器 2 分别输出横摆力矩 M_b 和横摆力矩 M_z。此时，在横摆力矩 $M_b + K(S)M_z$ 的作用下车辆会产生一个横摆角速度 ω。考虑到横摆力矩控制器 1 的控制目标是使车辆实际横摆角速度跟踪期望横摆角速度，如果在横摆力矩 $M_b + K(S)M_z$ 作用下车辆产生的实际横摆角速度小于期望横摆角速度，即 $\omega < \omega_d$，通过对仿真结果进行分析发现，此时横摆力矩 M_b 与 $K(S)M_z$ 具有相同的方向，也就是说，当 $\omega < \omega_d$ 时，横摆力矩控制器 1 和横摆力矩控制器 2 不会相互冲突，二者可以同时叠加工作。如果在横摆力矩 $M_b + K(S)M_z$ 的作用下产生的实际横摆角速度大于期望横摆角速度即 $\omega > \omega_d$，通过对仿真结果进行分析发现，此时横摆力矩控制器 1 为了让实际横摆角速度 ω 较好地跟踪其期望值 ω_d，会产生一个与横摆力矩 $K(S)M_z$ 方向相反的力矩 M_b，此时横摆力矩控制器 1 与横摆力矩控制器 2 之间存在冲突，同样 M_b 与 $K(S)M_z$ 方向相反，也会在一定程度上增加路径偏离的幅度。因此，为了保证车辆的行驶安全，避免由于大幅度偏离期望路径而导致交通事故发生，当 $\omega > \omega_d$ 时，横摆力矩控制器 1 要退出工作。同时，为了使所设计的路径跟踪控制系统能够更好地对驾驶员进行辅助，当驾驶员存在错误操作时，控制系统要有能力判别，并做出有效应对措施。首先，路径跟踪误差模型会根据车辆与期望路径之间的几何误差输出一个期望的前轮转角 δ_d，如果同时驾驶员输入一个与 δ_d 方向相反的前轮转角 δ_f，则说明驾驶员进行了误操作，此时如果横摆力矩控制器 1 按照驾驶员输入前轮转角 δ_f 介入工作会加剧路径偏离程度，那么横摆力矩控制器 1 需停止工作。横摆力矩控制器 1 停止工作后，由于内外侧轮胎磨损加剧甚至拖滑，转向盘转向手感会因此加重，以此作为对驾驶员的提醒。

当特征状态 τ、e 处于危险区时，横摆力矩控制器 2 完全介入工作，此时由于车辆与期望路径之间的跟踪误差较大，横摆力矩控制器 2 输出的 M_z 较大，从而会使车辆产生一个较大的横摆角速度 ω。经过对仿真结果对比分析发现，此时实际横摆角速度通常要大于期望横摆角速度，即 $\omega > \omega_d$。为了避免电子横摆力矩控制器 1 与横摆力矩控制器 2 之间的冲突，当车辆一旦进入危险区，横摆力矩控制器 1 停止工作，横摆力矩控制器 2 完全介入工作。

4. 航向角控制器设计

当车辆与期望路径之间的跟踪误差达到一定程度(超过安全区)以后，横摆力

矩控制器 2 会对车辆进行主动纠偏，使其按照期望轨迹行驶。然而，横摆力矩控制器 2 在对车辆进行主动纠偏过程中，给车辆施加了一个附加的横摆力矩，这个附加的横摆力矩会使车身产生一个绕 z 轴的摆角。正是由于这个摆角的存在，车辆在被纠回到期望路径的过程中，车身纵轴线与期望路径不能保持平行，而是会存在一个偏航角。当车辆逐渐接近期望路径(进入安全区)时，由前述横摆力矩控制器 1 和 2 的协调控制策略，可知横摆力矩控制器 2 在此时会退出工作，而如果驾驶员在此时也没有及时做出操作，那么这个偏航角会一直存在，这个偏航角的存在有可能导致车辆在被纠回到期望路径后再次与期望路径发生偏离。

通过对仿真结果进行对比分析，以上情况在直线路径上表现较为明显，而在弯曲路径上表现并不明显，原因是车辆在跟踪弯曲路径工况时，期望航向角是时刻发生变化的。为了防止车辆二次偏离期望路径，这里针对直线路径工况，采用单神经元自适应 PID 控制方法设计航向角控制器，在车辆被纠回期望路径进入安全区后对车辆航向角进行控制，使其偏航角接近于 0，从而避免发生二次偏离。

在车辆即将被纠回期望路径时，车辆处于安全区，根据横摆力矩控制器 1 和 2 协调控制策略可知，进入安全区后，横摆力矩控制器 2 退出工作，车辆控制权完全属于驾驶员。为了尽可能降低所设计航向角控制器对驾驶员的干扰，设计如下航向角控制器触发条件：①$|\rho| \leqslant 10^{-4}$；②$|\dot{e}| \leqslant 0$；③$K(S) < 0$；④$\varphi_L \neq 0$。式中，ρ 表示路径曲率，单位是 m^{-1}。

触发条件①是为了保证只有在直线路径时，航向角控制器才会介入工作。然而在车辆实际行驶路径中，曲率完全为 0 的路径少之又少，因此，将条件①设置为 $|\rho| = 0$ 是不合适的。根据参考文献[31]，弯道的半径不得大于 $10^4 m$，同时，当车辆高速行驶时，驾驶员的视觉范围一般集中在车的前方 300~600m 的距离范围内。当路径半径大于 $10^4 m$ 时，车前方 300~600m 的距离范围可近似看成直线，因此，将航向角控制器的触发条件①设置为 $|\rho| \leqslant 10^{-4}$。触发条件②是保证车辆只有在接近期望路径的过程中，航向角控制器才能触发，而在远离期望路径的过程中不会触发，设置这个触发条件主要是为了尽可能降低航向角控制器对驾驶员的干扰。因为如果在车辆接近期望路径以及远离期望路径的过程中，航向角控制器都会被触发，那么在安全区内只要存在一个偏航角，航向角控制器就会一直被触发，完全占据驾驶员的控制权。同时，控制系统设计的初衷是允许车辆存在一定的路径跟踪误差，这也符合日常的驾驶习惯，只要路径跟踪误差在安全范围内就是允许的。触发条件③是为了保证航向角控制器只有在安全区才能够触发，其主要是为了避免所设计航向角控制器与横摆力矩控制器 2 之间的冲突，安全区内横摆力矩控制器 2 不会介入工作，从而可以避免两控制器之间的干扰。触发条件④主要是保证车辆在被纠回到安全区以后仍然存在偏航角的时候触发。航向角控制

器只有在上述四个触发条件同时满足的时候才会被触发。

当车辆被横摆力矩控制器 2 纠回到安全区时，如果车辆存在一个偏航角，并且驾驶员没有做出任何反应，那么这个偏航角会一直存在，即使车辆质心已经到达期望路径，车辆也会继续保持这个偏航角，直至二次偏离到达过渡区，横摆力矩控制器 2 才会介入工作，对车辆进行主动纠偏。然而，航向角控制器在上述触发条件的约束下，在车辆被纠回到安全区以后，横摆力矩控制器 2 退出工作，此时如果存在偏航角，航向角控制器介入工作，直到车辆与期望路径保持平行后，航向角控制器退出工作，可以较为有效地减少二次偏离危险的发生。

为了降低控制系统的复杂度，并且使得航向角控制器较为可靠，选用 PID 控制方法来设计航向角控制器。为了能够让航向角控制器在工况变化时仍能表现出较好的控制效果，可采用单神经元自适应 PID 方法设计航向角控制器，通过神经元突触权值的调整自适应地调节 PID 控制的三个系数。航向角控制器的结构如图 5.45 所示。

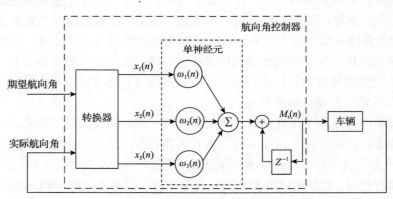

图 5.45　航向角控制器结构

图 5.45 中，转换器的输入是车辆实际航向角和期望航向角，期望航向角即为期望路径目标点处的切线方向。转换器的输出为

$$
\begin{cases}
x_1(n) = e(n) - e(n-1) \\
x_2(n) = e(n) \\
x_3(n) = e(n) - 2e(n-1) + e(n-2)
\end{cases}
\tag{5.160}
$$

式中，$e(n)$ 为期望航向角与实际航向角的差值。单神经元的输入为 $x_1(n)$、$x_2(n)$ 和 $x_3(n)$，输出为 $\sum\limits_{j=1}^{3} \omega_j(n)x_j(n)$。

采用无监督 Hebb 学习规则：

$$\begin{cases} \omega_1(n) = \omega_1(n-1) + \eta_{\mathrm{p}} u(n-1) x_1(n-1) \\ \omega_2(n) = \omega_2(n-1) + \eta_{\mathrm{i}} u(n-1) x_2(n-1) \\ \omega_3(n) = \omega_3(n-1) + \eta_{\mathrm{d}} u(n-1) x_3(n-1) \end{cases} \quad (5.161)$$

式中，$\omega_1(n)$、$\omega_2(n)$、$\omega_3(n)$ 为单神经元的三个突触权值；η_{p}、η_{i}、η_{d} 表示 PID 控制中比例系数、积分系数以及微分系数的学习率。

航向角控制器的输出为

$$M_{\mathrm{t}}(n) = M_{\mathrm{t}}(n-1) + \sum_{j=1}^{3} \omega_j(n) x_j(n) \quad (5.162)$$

5.4.5 转矩分配

在进行转矩分配的过程中，综合考虑了经济性和稳定性两个优化分配指标。其中，经济性优化分配指标选用轮胎纵向滑移能以及四轮转矩平方和最小为优化目标[32]，优化函数如下：

$$\min J_1 = \sum_{i=1}^{4} \left[F_{xi} \overline{v}_{xi}^2 + \varepsilon_{\mathrm{d}} \sum_{i=1}^{4} (T_i)^2 \right] \quad (5.163)$$

式中，F_{xi} 为四轮纵向力；$\overline{v}_{xi}$ 为四轮纵向滑移速度；T_i 为四轮转矩，i=fl, fr, rl, rr 分别为左前轮、右前轮、左后轮和右后轮；ε_{d} 为常系数。

选择路面附着利用率最小作为稳定性优化目标[33]。优化函数为

$$\min J_2 = \sum C_i \frac{T_i^2}{(\mu r F_{zi})^2} \quad (5.164)$$

式中，F_{zi} 为车轮的垂向力；C_i 为在转矩分配过程中各个车轮的权重系数。

在进行转矩分配的过程中，在满足上层发出的控制指令的前提下还会受到电机峰值转矩、道路附着条件以及总的驱动转矩的限制。限制条件为

$$\begin{cases} (T_{\mathrm{fl}} + T_{\mathrm{fr}}) \cos\delta_{\mathrm{f}} + T_{\mathrm{rl}} + T_{\mathrm{rr}} = T_{\mathrm{q}} \\ \dfrac{c}{2}\left(\dfrac{T_{\mathrm{fr}} - T_{\mathrm{fl}}}{r}\right)\cos\delta_{\mathrm{f}} + \dfrac{c}{2}\left(\dfrac{T_{\mathrm{rl}} - T_{\mathrm{rr}}}{r}\right) = M \\ T_i \leqslant \min\left(\mu F_{zi} r, T_{\max}\right) \end{cases} \quad (5.165)$$

式中，T_{q} 为总驱动转矩；$T_{\max}$ 为电机峰值转矩；M 为上层输出的总横摆力矩。

车辆在低速、小侧向加速度、大附着工况下稳定性比较好，在对四轮转矩进行分配的过程中主要考虑车辆的经济性指标。车辆在高速、大侧向加速度以及小附着工况下，车辆稳定性较差，此时在进行转矩分配的过程中，主要考虑稳定性

优化分配目标。为了能够在保证车辆稳定性的前提下尽可能提升车辆的经济性，根据当前时刻车辆侧向加速度、纵向车速以及路面附着系数，同样采用可拓理论，以纵向车速 v_x 作为特征量之一，侧向加速度与路面附着系数的乘积 μa_y 作为第二个特征量，以 v_x 为横坐标，以 μa_y 为纵坐标建立二维可拓集合。

通过二维可拓集合，划分为三种转矩分配模式，分别是经济性分配模式、联合分配模式和稳定性分配模式。当特征状态 v_x 和 μa_y 处于经济性分配模式时，采用经济性优化目标对四轮转矩进行分配。当特征状态 v_x 和 μa_y 处于稳定性分配模式时，采用稳定性优化目标函数对四轮转矩进行优化分配。当特征状态 v_x 和 μa_y 处于联合分配模式时，采用经济性与稳定性联合优化目标函数对四轮转矩进行优化分配。联合优化目标函数为

$$J = K_1(S)J_2 + \left[1 - K_1(S)\right]J_1 \tag{5.166}$$

式中，$K_1(S)$ 为转矩分配二维可拓集合的关联度，$0 \leqslant K_1(S) \leqslant 1$。

5.4.6 仿真结果分析

采用 CarSim/Simulink 联合仿真对所设计的路径跟踪控制系统进行仿真分析。在 CarSim 软件中搭建整车模型和期望路径模型，在 Simulink 中完成控制系统的上层决策-控制部分以及下层执行部分的建模。CarSim 通过输出接口将车辆的状态信息以及路径信息输出给路径跟踪控制系统的决策-控制部分以及执行部分。下层的轮毂电机模型将目标转矩通过 CarSim 输入接口输入给四个车轮，实现 CarSim 与 Simulink 的联合仿真。本节设计了 5 种仿真工况，CarSim 输出的是实际转向盘转角，与实际前轮转角之间相差一个转向系传动比，这里取 20。

工况 1 直线路径工况。

在路面附着系数为 0.85，车速为 20m/s 的工况下进行仿真。在 20~24s 时间段内，人为施加一个 20°的阶跃转向盘转角使车辆偏离期望路径。仿真结果如图 5.46 所示。

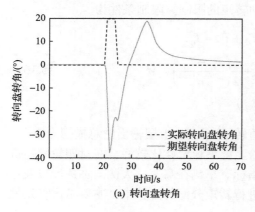

(a) 转向盘转角

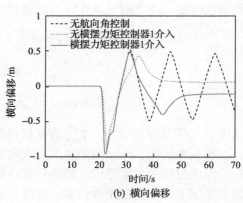

(b) 横向偏移

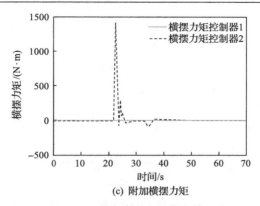

(c) 附加横摆力矩

图 5.46　直线路径工况仿真结果

图 5.46(a)中的虚线为人为输入的转向盘转角，可以看到，20～24s 时人为输入一个 20°的阶跃转向盘转角。实线为路径跟踪误差模型根据车辆与期望路径之间的运动关系计算输出的期望转向盘转角。人为输入的转向盘转角为正值，车辆向左偏离期望路径，期望转向盘转角为负值，有使车辆向右驶回期望路径的趋势，说明路径跟踪误差模型能够输出正确的转向盘转角指令。

图 5.46(b)中的实线和点线表示加入航向角控制器之后的路径跟踪横向偏移量，虚线表示没有航向角控制器情形下的路径跟踪横向偏移量。通过对图 5.46(b)中三条曲线的对比可以看出所设计的航向角控制器及其触发条件能够较为有效地降低车辆二次偏离危险的概率。根据横摆力矩控制器 1 和 2 的协调控制策略，在存在人为误操作的转向盘转角输入时，横摆力矩控制器 1 不介入工作。而为了验证此种工况下横摆力矩控制器 1 介入与否是否会对控制效果产生影响，在仿真过程中，人为使横摆力矩控制器 1 介入工作。通过图 5.46(b)中结果对比可以看出，此种工况下，横摆力矩控制器 1 退出工作，控制效果会更好，从而在一定程度上验证了所设计的协调控制策略的有效性。

图 5.46(c)中，虚线表示横摆力矩控制器 2 输出的横摆力矩指令，实线为横摆力矩控制器 1 输出的横摆力矩指令，根据协调控制策略，此种工况下，横摆力矩控制器 1 不介入工作，因此实线为 0。

在上述直线路径工况的基础上，其他条件不变，改变车速，仿真车速分别设置为 10m/s、20m/s 和 30m/s。仿真结果如图 5.47 所示。

由图 5.47 可知，车速在 10m/s、20m/s 以及 30m/s 时，车辆与期望路径的最大偏移量分别为 0.78m、0.81m 和 0.86m。不同车速下最大横向偏移量差距较小，这在一定程度上表明所设计的路径跟踪控制系统在不同的车速下都表现出了较好的效果。

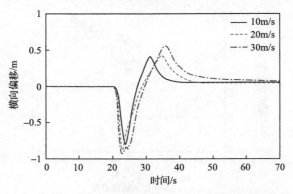

图 5.47　不同速度下的直线路径工况仿真结果

工况 2　曲线路径工况(驾驶员未参与操作)。

车辆从 0m/s 开始加速,在 15s 内加速到 30m/s,路面附着系数为 0.85,期望路径为先直线后曲线最后直线,在整个仿真过程中驾驶员未参与操作。仿真结果如图 5.48 所示。

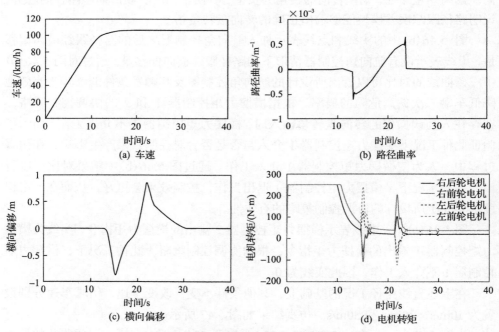

图 5.48　曲线路径工况仿真结果

由图 5.48(b)可以得出,路径曲率在 13~24s 内连续变化,其中,曲率已超过 $0.5×10^{-3}$。由图 5.48(c)可以看出,在 15.1s 时横向偏移量最大,为 0.87m,而通常车道线的宽度为 3.5m 或者 3.75m,所以最大横向偏移 0.87m 在合理范围内。

工况 3　曲线路径工况(驾驶员参与操作)。

工况 3 中的仿真车速、期望路径以及路面附着系数与工况 2 相同,车辆从 14s 左右开始偏离期望路径,并且驾驶员始终未参与操作,直到 30s 左右车辆回到期望路径。在工况 3 仿真过程中,在 21～23s 内人为输入一个 10°的阶跃转向盘转角来模拟驾驶员发现车辆偏离期望路径之后做出的反应。仿真结果如图 5.49 所示。

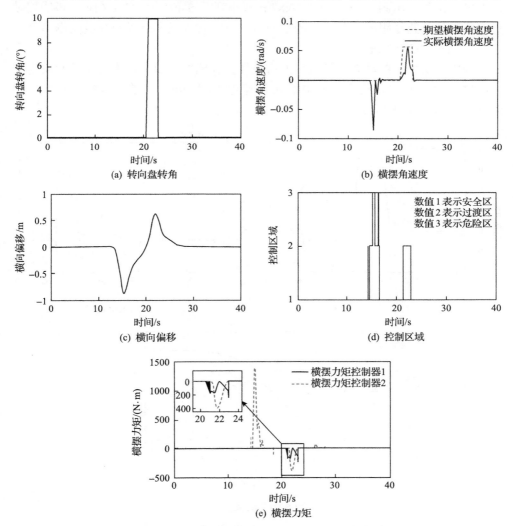

图 5.49　模拟驾驶员参与下的曲线路径工况仿真结果

在 21～23s 仿真时段内,输入一个 10°的阶跃转向盘转角。车辆二自由度参考模型会根据这个人为输入的转向盘转角输出一个期望的横摆角速度,如图 5.49(b)所示,并且还可以得出在 21～23s 时段内期望横摆角速度大于实际横摆角速度。

由图 5.49(d)可知，在 21～23s 时段内车辆在安全区与过渡区之间切换。根据横摆力矩控制器 1 和 2 协调控制策略，此时横摆力矩控制器 1 介入工作，如图 5.49(e)所示。从图 5.49(e)还可以得出此时横摆力矩控制器 1 输出的横摆力矩与横摆力矩控制器 2 输出的横摆力矩方向相同，从而证明了在期望横摆角速度大于实际横摆角速度时，二者是可以叠加的。对比图 5.48(c)和图 5.49(c)可知，在 22.1s 时，最大横向偏移量由图 5.48(c)中的 0.87m 减小到图 5.49(c)中的 0.61m，说明驾驶员在所设计的路径跟踪控制系统的辅助下，可以有效减小路径跟踪横向偏移量。

工况 4　综合工况。

为验证所设计的动态可拓边界的有效性，在曲率以及路面附着系数都发生变化的路面上，0～50s 内车速从 0 缓慢加速到 100km/h，驾驶员未参与操作，如图 5.50 和图 5.51 所示。

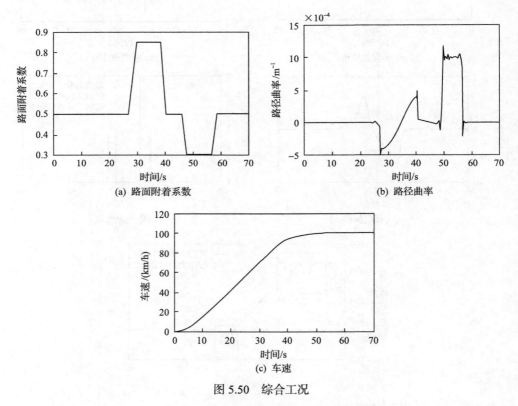

(a) 路面附着系数　　　　　　　　　(b) 路径曲率

(c) 车速

图 5.50　综合工况

如图 5.50 所示，在 30.3s 时车速为 73km/h，路面附着系数为 0.85，道路曲率为 3.9×10^{-4}，此时，车辆处于较为安全的工况。由图 5.51(a)可知，此时的横向偏移量为 0.86m，相对于 3.5m 宽的车道，0.86m 的偏移量处于合理范围，固定 e 边界在 30.9s 时的横向偏移量为 0.67m。由图 5.51(d)可知，路径跟踪控制系统在

固定 e 边界较动态 e 边界提前 0.3s 介入，而在这种相对安全的工况下，为了尽量减小路径跟踪控制系统对驾驶员的干扰,应使路径跟踪控制系统尽可能晚地介入。在 30.3s 时即证明了所设计的动态 e 边界能在保证安全性的前提下尽可能晚地介入，从而减小对驾驶员产生的干扰。在 52.9s 时，车速为 100km/h，路面附着系数为 0.3，路径曲率为 10^{-3}，此时，车辆处于极限工况，需要保证其安全性。由图 5.51(a)可知，此时，动态 e 边界下的最大横向偏移量为 0.81m，而固定 e 边界下的横向偏移为 1.29m，考虑车辆日常所行驶的车道为 3.5m 或者 3.75m，考虑到车辆本身宽度和车道线宽度，在日常行驶过程中，1.29m 的偏移量已经使车辆驶离车道，比较危险。由图 5.51(d)可知，动态 e 边界时路径跟踪控制系统较固定 e 边界时提前 1.6s 介入，从而保证了车辆的行驶安全，进一步说明所设计的动态可拓边界能够在工况发生变化时及时做出较为准确的反应，能够在保证行车安全的前提下尽可能减小对驾驶员的干扰。由图 5.51(a)可知，所设计的动态 e 边界在路径曲率、道路附着系数以及车速变化时，其都能将车辆的最大偏移量控制在 0.8~0.9m。

由图 5.51(b)和(c)可知，在极限工况时，动态 e 边界下的最大侧向加速度为 0.17g，最大质心侧偏角为 0.47°，与固定 e 边界时的 0.21g 和 0.78°相比分别减小了 19%和 39.7%，即说明动态 e 边界能够较为有效地提高车辆在极限工况下的稳定性。

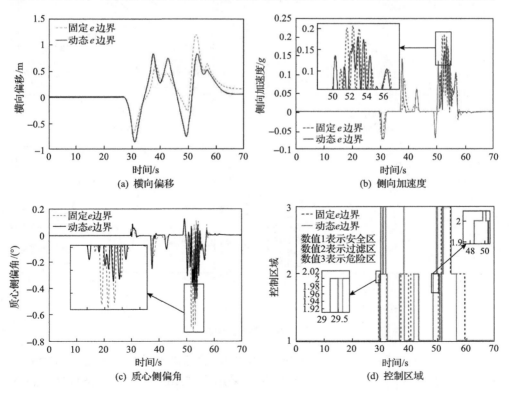

(a) 横向偏移　　(b) 侧向加速度
(c) 质心侧偏角　　(d) 控制区域

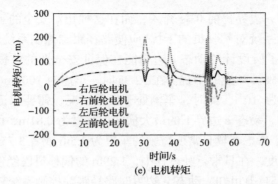

(e) 电机转矩

图 5.51　综合工况仿真结果

工况 5　双移线工况。

为了更好地验证所设计横摆力矩控制器 1 以及转矩分配方法的有效性，单独设计双移线工况进行仿真验证。仿真初始车速为 50km/h，0～10s 内加速到 90km/h，附着系数为 0.5。仿真结果如图 5.52 所示。

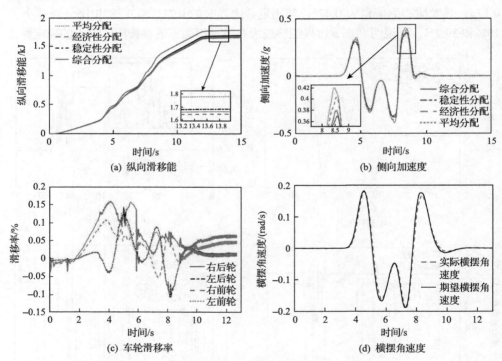

图 5.52　双移线工况仿真结果

图 5.52 中，综合分配即式 (5.166) 所示的综合考虑经济性和稳定性目标的转矩分配方法。图 5.52 中的经济性分配是指采用式 (5.163) 所示的经济性优化目标

进行转矩分配。图 5.52 中的稳定性分配是指采用式 (5.164) 所示的稳定性优化目标进行转矩分配。图 5.52 中的平均分配是指不采用优化目标函数，将总驱动转矩和横摆力矩平均分配给四个轮毂电机。

由图 5.52 (a) 和 (b) 可得，综合分配时其轮胎纵向滑移能虽然比经济性分配时要大，但在 8.5s 时，经济性分配的侧向加速度超过了 0.4g，此时处于较为危险的状态。而采用综合分配或者稳定性分配时，侧向加速度小于 0.4g，即综合分配和稳定性分配能有效提升车辆的稳定性。但稳定性分配时，其轮胎滑移能较大，从而进一步表明所设计综合分配方法能够在保证稳定性的同时有效提升经济性。同时，由图 5.52 (a) 和 (b) 可得，平均分配 (不采用优化函数进行优化分配) 时，轮胎纵向滑移能与侧向加速度都较大，从而验证了对转矩进行优化分配的必要性。由图 5.52 (c) 和 (d) 可得，双移线工况下，横摆力矩控制器 1 能够将各轮滑移率控制在较小范围内，且实际横摆角速度能够较为理想地跟踪期望横摆角速度，即所设计的横摆力矩控制器 1 能够在车辆转向行驶时有效地进行控制，同时能够兼顾车辆一定的操纵稳定性。

综上所述，所设计的路径跟踪控制系统能够在多种工况下较好地实现路径跟踪，所设计的航向角控制器能够在直线路径上有效防止车辆发生二次偏离危险，所设计的横摆力矩控制器 1 能够有效地对车辆进行控制，同时还能够兼顾车辆的操纵稳定性。提出的动态 e 边界能够在极限工况下保证车辆行驶安全的同时有效提升车辆稳定性，所采用的综合经济性与稳定性的转矩优化分配方法能够在保证稳定性的前提下有效提升经济性。所采用的分层控制结构能够有效提升控制系统的综合性能，即能够在保证车辆稳定性的前提下提升车辆经济性，也能够在尽量减少对驾驶员产生干扰的前提下较好地辅助驾驶员进行路径跟踪[30]。

参 考 文 献

[1] Gillespie T D. Fundamentals of Vehicle Dynamics. Warrendale: SAE International, 1992.

[2] 陈禹行. 分布式驱动电动汽车直接横摆力矩控制研究. 长春: 吉林大学, 2013.

[3] 褚文博. 分布式电驱动车辆动力学状态参数观测及驱动力协调控制. 北京: 清华大学, 2013.

[4] Goodarzi A, Alirezaie M. Integrated fuzzy/optimal vehicle dynamic control. International Journal of Automotive Technology, 2009, 10(5): 567-575.

[5] 徐婷. 考虑接地印迹特性的半物理轮胎模型研究. 长春: 吉林大学, 2018.

[6] Chen X, Xu N, Guo K H. Tire wear estimation based on nonlinear lateral dynamic of multi-axle steering vehicle. International Journal of Automotive Technology, 2018, 19(1): 63-75.

[7] 卢荡, 郭孔辉. 轮胎结构不对称性对其力学特性建模的影响. 吉林大学学报 (工学版), 2004, 34(2): 185-188.

[8] Golabi S, Babaei E, Sharifian M B B, et al. Application of speed, rotor flux, electromagnetic, load torque observers and diagnostic system in a vector-controlled high-power traction motor drive. Arabian Journal for Science and Engineering, 2014, 39(4): 2979-2996.

[9] 陈无畏, 王其东, 丁雨康, 等. 基于预期偏移距离的人机权值分配策略研究. 汽车工程, 2020, 42(4): 513-521.

[10] Jaafari S M M, Shirazi K H. Integrated vehicle dynamics control via torque vectoring differential and electronic stability control to improve vehicle handling and stability performance. Journal of Dynamic Systems Measurement and Control-Transactions of the ASME, 2018, 140(7): 1-13.

[11] 梁修天. 分布式驱动电动汽车纵横向运动协调控制关键技术研究与实现. 合肥: 合肥工业大学, 2021.

[12] 李静, 王子涵, 王宣锋. 基于相平面法的制动方向稳定性分析. 汽车工程, 2014, 36(8): 974-979.

[13] 汪洪波, 夏志, 陈无畏. 考虑人机协调的基于转向和制动可拓联合的车道偏离辅助控制. 机械工程学报, 2019, 55(4): 135-147.

[14] 陈无畏, 王晓, 谈东奎, 等. 基于最小能耗的电动汽车横摆稳定性灰色预测可拓控制研究. 机械工程学报, 2019, 55(2): 156-167.

[15] 孙桂华. 基于直接横摆力矩控制的电动汽车操纵稳定性研究. 镇江: 江苏大学, 2013.

[16] 刘红军, 韩璞, 王东风, 等. 灰色预测模糊 PID 控制在汽温控制系统中的应用. 系统仿真学报, 2004, 16(8): 1839-1848.

[17] 肖聚亮, 王国栋, 阎祥安, 等. 变步长灰色预测模糊控制研究与应用. 天津大学学报, 2007, 40(7): 859-863.

[18] 顾保国. 灰色预测控制在雷达伺服系统中的应用研究. 北京: 北京科技大学, 2012.

[19] 钱丹剑. 分布式驱动电动汽车横摆力矩控制与转矩分配研究. 长春: 吉林大学, 2015.

[20] 赵伟. 汽车动力学稳定性横摆力矩和主动转向联合控制策略的仿真研究. 西安: 长安大学, 2008.

[21] 刘翔宇. 基于直接横摆力矩控制的车辆稳定性研究. 合肥: 合肥工业大学, 2010.

[22] Merah A, Hartani K, Draou A. A new shared control for lane keeping and road departure prevention. Vehicle System Dynamics, 2016, 54(1): 86-101.

[23] 陈无畏, 胡振国, 汪洪波, 等. 基于可拓决策和人工势场法的车道偏离辅助系统研究. 机械工程学报, 2018, 54(16): 134-143.

[24] 杨春燕, 蔡文. 可拓学. 北京: 科学出版社, 2014.

[25] 余志生. 汽车理论. 5 版. 北京: 机械工业出版社, 2009.

[26] 傅荟璇, 赵红. Matlab 神经网络应用设计. 北京: 机械工业出版社, 2010.

[27] 孙晓文. 汽车横摆力矩控制与差动助力转向的可拓协调控制. 合肥: 合肥工业大学, 2017.

[28] 葛平淑, 徐国凯. 轮式电动汽车驱动系统关键技术. 北京: 电子工业出版社, 2015.

[29] 卢山峰, 徐兴, 陈龙, 等. 轮毂电机驱动汽车电子差速与差动助力转向的协调控制. 机械工程学报, 2017, 53(16): 78-85.

[30] 崔伟. 轮毂电机驱动汽车路径跟踪及差动转向多目标控制研究. 合肥: 合肥工业大学, 2020.

[31] 中交第一公路勘察设计研究院有限公司. 公路路线设计规范. 北京: 人民交通出版社, 2017.

[32] 戴一凡. 分布式电驱动车辆纵横向运动综合控制. 北京: 清华大学, 2013.

[33] Doumiati M, Victorino A C, Charara A, et al. Observers for vehicle tyre/road forces estimation: Experimental validation. Vehicle System Dynamics, 2010, 48(11): 1345-1378.

附　录

将作者已出版的《智能车辆主动安全与控制技术》[①]和《智能车辆容错控制技术及应用》[②]中涉及可拓控制的相关内容收录在一起，以便读者可以系统、连贯地了解作者在车辆工程领域中对可拓控制的研究与应用。

附录 A　差动助力转向系统稳定性可拓协调控制

在轮毂电机驱动的智能电动车辆中，DDAS 不仅能够代替 EPS 的作用，还能够简化转向系结构，降低整车质量及成本。但是，在 DDAS 工作过程中，车辆的稳定性会受到影响，具体分析见 1.4.4 节。

A.1　动力学模型的建立

如图 A.1 所示，使用 CarSim/Simulink 联合建立四轮轮毂电机驱动智能电动车辆模型。选择车辆模型 A-Class，传动系模块选择四轮驱动，并取消其动力传递部分，以此切断传动系统与车轮的联系。转向系采用纯机械式齿轮齿条转向系。与 Simulink 接口方面，选择轮毂电机转矩加载方案，输入量为 IMP_MYUSM_L1、IMP_MYUSM_R1、IMP_MYUSM_L2 和 IMP_MYUSM_R2，输出量可根据控制器需要的信号来确定。根据以上步骤，即可完成电动车辆模型 CarSim 部分的建立。

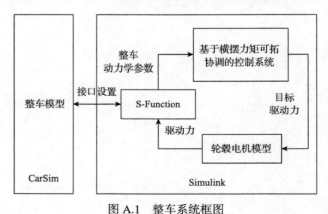

图 A.1　整车系统框图

---

① 陈无畏, 汪洪波, 谈东奎, 等. 智能车辆主动安全与控制技术. 北京: 科学出版社, 2018.
② 陈无畏, 赵林峰, 杨柳青, 等. 智能车辆容错控制技术及应用. 北京: 科学出版社, 2021.

在 Simulink 中建立轮毂电机模型。考虑到这里的重点是可拓协调控制策略的研究，且轮毂电机的扭矩闭环控制响应迅速，故对电机模型进行简化表示为一个二阶系统，即

$$\frac{T_{mi}}{T_{wi}} = \frac{p\Phi R}{(L_m - L_s)s + R} \cdot \frac{1}{T_p s + 1} = \frac{1}{2\xi^2 s^2 + 2\xi s + 1} \tag{A.1}$$

式中，T_{mi} 为轮毂电机输出转矩；T_{wi} 为目标转矩；电机参数 ξ 由电机磁极对数 p、电机电阻 R、转子磁链 Φ、自感 L_s、互感 L_m、驱动电路开关周期 T_p 等参数确定。

由于四轮轮毂电机驱动车辆需要考虑车轮驱动力对整车横摆运动的影响，这里基于包括侧向、横摆和侧倾三个自由度的车辆动力学模型，用于下面的横摆力矩控制器设计和质心侧偏角经典域边界的确定。

A.2　基于横摆力矩可拓协调的控制系统设计

1. 控制系统设计

基于横摆力矩可拓协调的控制系统分为上下两层，如图 A.2 所示。

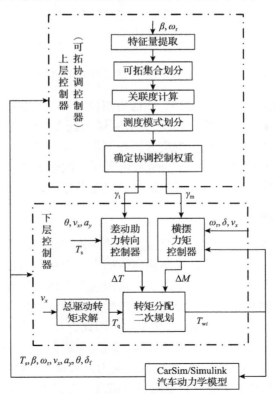

图 A.2　基于横摆力矩可拓协调的控制系统

图 A.2 中，δ 为前轮转角；T_{wi} 为四轮目标转矩；T_s 为转向盘实际转矩；v_x 为车速；ω_r 为实际横摆角速度；a_y 为侧向加速度；θ 为转向盘转角；T_q 为总驱动转矩。

可拓协调控制系统中，上层控制器设计见 1.4.4 节。图 A.3 为其中可拓集合划分的具体情况，在不同的域内对应设计了不同的控制方式。此外，由于关联函数反映了车辆行驶状态所处可拓集合的位置，可据此确定不同域内差动助力矩权重系数 γ_t 和横摆力矩权重系数 γ_m。

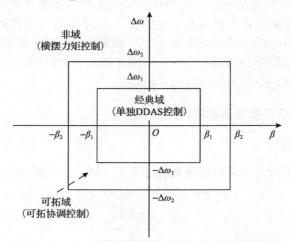

图 A.3　可拓集合区域划分(横摆力矩可拓协调控制)

下层控制器包括 DDAS 控制器、横摆力矩控制器以及总驱动转矩的确定，结合上层控制器求解的权重系数 γ_t 和 γ_m，分别输入到 DDAS 控制器和横摆力矩控制器中，获得 DDAS 控制器和横摆力矩控制器确定的差动转矩 ΔT 和横摆力矩 ΔM，然后结合总驱动转矩，在不同值域内利用二次规划算法对四轮转矩进行优化分配，输入到整车模型中，从而使整车稳定性得到提高。

2. 上层控制器设计

差动助力转向系统在工作时，会使左右转向轮产生差动力矩，该差动力矩在对转向系提供助力的同时，也会对车辆整体产生一个横摆力矩，进而影响整车稳定性。一方面，在车辆安全行驶状态下，该横摆力矩减小了车辆不足转向量，并间接减小了转向盘转矩。另一方面，助力产生过大的正横摆力矩，有可能使车辆迅速变为过度转向，趋于不稳定，发生危险。因此，为了保证车辆行驶的稳定性，在车辆趋于失稳时需要加入横摆力矩控制，同时还要保证一定的助力效果，这样便拓展了 DDAS 的工作范围。但是，当保证助力效果难以维持车辆行驶稳定性时，需要取消 DDAS 的助力效果，对车辆进行横摆力矩控制，最大可能地保证整车稳定性。

综上，实现协调控制需要研究两方面内容：确定车辆转向行驶的稳定性边界，划分车辆行驶状态；确定差动助力矩与横摆力矩之间的关系，共同实现稳定性控制。由此，建立可拓协调控制器。利用系统特征状态的可拓集合对车辆的稳定状态和经典域、可拓域、非域进行划分，不同的区域内对应着不同的行驶状态以及相应的控制策略，实现差动助力矩与横摆力矩的协调控制，即实现了差动助力转向控制器与横摆力矩控制器的协调控制。

可拓协调控制器的建立分为以下几步。

1) 特征量提取

为了使可拓集合中经典域、可拓域的边界与车辆行驶稳定、失稳边界相对应，同时考虑到需采用质心侧偏角 β、实际横摆角速度 ω_r 和期望横摆角速度 ω_{rd} 的偏差 $\Delta\omega_r$ 来确定经典域和可拓域，故选择 β 和 $\Delta\omega_r$ 作为特征量，组成特征状态 $S(\Delta\omega_r, \beta)$。

2) 可拓集合划分

选择 $\Delta\omega_r$ 为纵坐标，β 为横坐标，组成可拓集合，并将其划分为经典域、可拓域和非域。

对纵坐标横摆角速度偏差采用公差带划分法，其中经典域为 $\left|\omega_r - \omega_{rd}\right| \leqslant \left|C_1\omega_{rd}\right|$，即令经典域边界值 $\left|\Delta\omega_1\right| = \left|C_1\omega_{rd}\right|$；可拓域为 $\left|C_1\omega_{rd}\right| \leqslant \left|\omega_r - \omega_{rd}\right| \leqslant \left|C_2\omega_{rd}\right|$，即令可拓域边界值 $\left|\Delta\omega_2\right| = \left|C_2\omega_{rd}\right|$，$C_1$、$C_2$ 为常系数。由此确定了横摆角速度偏差的经典域和可拓域边界。

质心侧偏角的可拓域边界为 $\beta_2 = \arctan(0.02\mu g)$，$\mu$ 为路面附着系数，这样可拓域边界可随路面附着系数动态变化；质心侧偏角的经典域边界通过横摆角速度增益的线性区和非线性区的界限确定，当车辆处于线性状态时，前轮转角和横摆角速度增益呈线性关系，故针对所建立的整车模型，观察不同车速且前轮转角输入为逐渐增大的正弦转角下，前轮转角和横摆角速度增益的关系，据此拟合出线性区前轮转角极限值与车速关系，即

$$\delta_{f\max} = \frac{0.05}{0.00667v_x^2 - 0.575v_x + 13.333} \tag{A.2}$$

3) 关联度计算

选取状态特征量为横摆角速度偏差及质心侧偏角。由于该选择不同于传统可拓控制器中选取偏差及偏差微分为状态特征量，故需重新确定可拓距及关联函数的求解方式。二维可拓集合如图 A.4 所示。

在二维可拓集合中，原点 $(0,0)$ 为特征状态的最优点。假设可拓域中存在一点

P_3，连接原点与 P_3 点，则线段 OP_3 为 P_3 趋近最优点 $(0,0)$ 的最短距离，该线段所在直线交经典域边界于 P_1、P_4 点，交可拓域边界于 P_2、P_5 点，根据这些交点即可确定在保证 P_3 趋近于原点距离最短的前提条件下，P_3 与可拓域、经典域的最近距离。而在一维可拓集合中，点与区间的可拓距实质上是该点到区间最近边界的距离，由此可将二维集合中的可拓距转换到一维可拓集合中，即将该直线转换到一维可拓集合，如图 A.5 所示。此时欲求 P_3 点与经典域或可拓域的可拓距，可根据 P_1 和 P_4、P_2 和 P_5 在直线上所确定的区间进行求解。

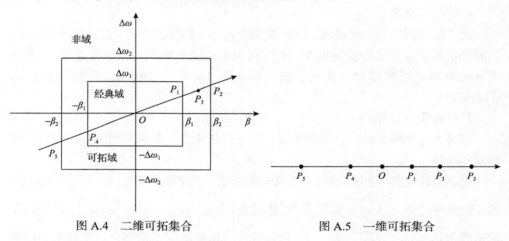

图 A.4　二维可拓集合　　　　　　　图 A.5　一维可拓集合

由此可确定点到经典域的可拓距为 $\rho(P_3,\langle P_4,P_1\rangle)$，到可拓域的可拓距为 $\rho(P_3,\langle P_5,P_2\rangle)$。同理，当 P_3 点在其他位置时，最终可得一维可拓集合中 P_3 点与区间的可拓距为（以区间 $\langle P_4,P_1\rangle$ 为例）

$$\rho(P_3,\langle P_4,P_1\rangle)=\begin{cases}\left|P_3P_4\right|, & P_3\in\langle-\infty,P_4\rangle\\ -\left|P_3P_4\right|, & P_3\in\langle P_4,O\rangle\\ -\left|P_3P_1\right|, & P_3\in\langle O,P_1\rangle\\ \left|P_3P_1\right|, & P_3\in\langle P_1,+\infty\rangle\end{cases} \tag{A.3}$$

由此确定关联函数如下：

$$K(S)=\frac{\rho(P_3,\langle P_5,P_2\rangle)}{D(P_3,\langle P_5,P_2\rangle,\langle P_4,P_1\rangle)} \tag{A.4}$$

式中，$D(P_3,\langle P_5,P_2\rangle,\langle P_4,P_1\rangle)=\rho(P_3,\langle P_5,P_2\rangle)-\rho(P_3,\langle P_4,P_1\rangle)$。

将式 (A.4) 应用到横摆角速度偏差 $\Delta\omega_r$ 和质心侧偏角 β 的可拓集合中，即可确定两者的关联函数。

4)测度模式划分及协调控制权重的确定

根据关联函数值 $K(S)$ 对协调控制权重划分如下：

当 $K(S) \geqslant 1$ 时，特征状态 $S(\Delta\omega_\mathrm{r}, \beta)$ 处在经典域中，此时车辆稳定性较好，只需要对差动助力矩进行控制，无须考虑横摆力矩。在该情况下取差动助力矩权重 $\gamma_\mathrm{t} = 1$，横摆力矩权重 $\gamma_\mathrm{m} = 0$。

当 $0 \leqslant K(S) < 1$ 时，特征状态 $S(\Delta\omega_\mathrm{r}, \beta)$ 处于可拓域中，车辆行驶趋于不稳定状态，此时需减小差动助力矩的权重，增加横摆力矩的权重，对车辆稳定性控制进行加强。随着特征状态 $S(\Delta\omega_\mathrm{r}, \beta)$ 远离经典域，$K(S)$ 会随之减小，恰好反映了差动助力矩权重的变化状态，故取 $\gamma_\mathrm{t} = K(S)$，$\gamma_\mathrm{m} = 1 - K(S)$。

当 $K(S) < 0$ 时，特征状态 $S(\Delta\omega_\mathrm{r}, \beta)$ 处于非域中，此时车辆转向行驶将处于不稳定状态，考虑 DDAS 已无法维持车辆的稳定性，此时需取消 DDAS 控制，在接近可拓域的范围内加强整车横摆力矩控制，最大限度地保证整车稳定性，以取得更好的控制效果，故取 $\gamma_\mathrm{t} = 0$，$\gamma_\mathrm{m} = 1$。

通过以上几步，即可确定差动助力矩与横摆力矩的协调权重。

3. 下层控制器设计

1)DDAS 控制器

与 EPS 可以根据助力特性，由车速及转向盘转矩或转角确定电机的电流大小，进而控制电机来确定助力的控制方法不同，差动助力来源于左右电动转向轮的驱动力差。轮胎驱动力在实际行驶中只能估算，难以准确测量，且转向系的阻尼和刚度、轮胎滚动半径及前轮定位参数等发生变化时其助力特性也会发生改变，所以难以准确确定 DDAS 的助力特性。

基于此，采用转向盘转矩直接控制策略，将转向盘转矩信号作为反馈控制变量，控制真实转向盘转矩和参考转向盘转矩之间的偏差，进而实现差动助力。

当车辆低速行驶时，较大的转向盘转角变化只能引起较小的侧向加速度变化，转向盘转角变化更易于感知；当车辆处于较高车速时，较小转向盘转角即可使侧向加速度明显改变，侧向加速度变化更易于感知。为了获得更好的反馈控制效果，在低速时，采用转向盘转角和车速信号确定参考转向盘转矩；在较高车速时，采用侧向加速度和车速信号确定参考转向盘转矩。确定参考转向盘转矩 T_dsw 与车速、转向盘转角及侧向加速度的公式如下：

$$T_\mathrm{dsw} = \begin{cases} (a_1 v_x + b_1)(c_1 - d_1 \mathrm{e}^{m_1\theta}), & v_x < 40\mathrm{km/h} \\ (a_2 v_x + b_2)(c_2 - d_2 \mathrm{e}^{m_2 a_y}), & v_x \geqslant 40\mathrm{km/h} \end{cases} \tag{A.5}$$

式中，a_i、b_i、c_i、d_i、m_i 为常系数，$i = 1, 2$。

差动助力转向控制系统如图 A.6 所示。

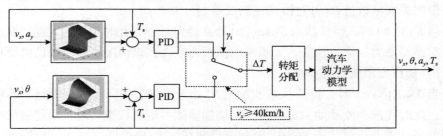

图 A.6　差动助力转向控制系统

求得参考转向盘转矩与实际转向盘转矩的差值，通过 PID 控制确定差动转矩。再结合权重系数 γ_t，最终确定所需的差动助力转矩，如式 (A.6) 所示：

$$\Delta T = \gamma_t \left[k_p (T_{ds} - T_s) + \frac{(T_{ds} - T_s)}{k_t} + \frac{k_d \mathrm{d}(T_{ds} - T_s)}{\mathrm{d}t} \right] \tag{A.6}$$

式中，k_p、k_t、k_d 分别为 PID 控制参数；T_{ds} 为参考转向盘转矩。

2) 横摆力矩控制器

当车辆特征状态处于经典域时，此时车辆能够保证安全行驶，只需要 DDAS 单独工作，故横摆力矩控制器主要用于可拓域和非域，以保证整车稳定性。根据参考的车辆模型即可确定四轮轮毂电机驱动电动车辆的期望横摆角速度 ω_{rd} 和质心侧偏角 β_d，再根据整车动力学模型反馈的实际值，求得横摆角速度偏差 $\Delta \omega_r$ 及其微分 $\Delta \dot{\omega}_r$，用于横摆力矩的横摆角速度控制；另外，质心侧偏角模糊控制器中需要获得质心侧偏角的偏差 $\Delta \beta$ 及其微分 $\Delta \dot{\beta}$，故选择 $\Delta \beta$ 和 $\Delta \dot{\beta}$ 作为控制器输入。

在质心侧偏角很小的情况下，车辆的横摆角速度与转向盘转角增益能够较好地反映车辆稳定性；若质心侧偏角很大，同样的增益无法正确反映车辆稳定性，此时需控制车辆的质心侧偏角以保障整车稳定性。这里可根据可拓协调控制器中车辆的特征状态，对质心侧偏角控制和横摆角速度控制进行选择，实现两者的协调控制，如图 A.7 所示。

分别建立质心侧偏角模糊控制器和横摆角速度模糊控制器。以横摆角速度模糊控制器为例，输入为 $\Delta \omega_r$ 和 $\Delta \dot{\omega}_r$，输出为横摆力矩 ΔM，隶属度函数均为三角形函数，输入输出模糊集均为 {NB,NM,NS,ZO,PS,PM,PB}。当横摆角速度误差 $\Delta \omega_r$ 为正大 (PB)，$\Delta \dot{\omega}_r$ 为正值时，说明误差有增大趋势，需要增加负的附加横摆力矩以减小误差。同理可推导出其他情况下的变化规律，据此建立控制规则。根据横

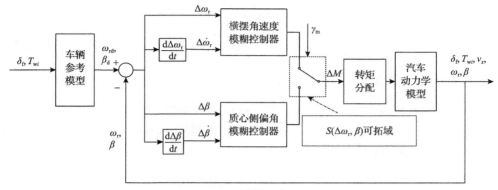

图 A.7　横摆力矩控制器

摆角速度模糊控制器的建立过程，可同样建立质心侧偏角模糊控制器。最后，根据质心侧偏角偏差及其变化率确定该情况下的横摆力矩 ΔM_β。

当特征状态处于可拓域时，采用横摆角速度控制；当特征状态处于非域时，此时质心侧偏角很大，需采用质心侧偏角控制来确定横摆力矩，但是随着特征状态远离可拓域，轮胎附着力饱和，质心侧偏角控制也难以满足要求，所以非域中只能在接近可拓域的范围内最大限度地加强整车稳定性控制。结合可拓协调控制器确定横摆力矩权重 γ_m，最终横摆力矩控制器输出值如下：

$$\Delta M = \begin{cases} \gamma_m \Delta M_\omega, & S(\Delta \omega_r, \beta) \in \text{可拓域} \\ \gamma_m \Delta M_\beta, & S(\Delta \omega_r, \beta) \in \text{非域} \end{cases} \tag{A.7}$$

3）转矩分配

在电机转矩优化分配中，为保证车辆有较好的稳定性，考虑轮胎的负荷率与附着力之间的关系，引入表征车辆整体路面负荷状态的优化目标，同时考虑到差动助力转向控制及横摆力矩控制均为轮毂电机转矩的控制，侧向力为不可控变量，故将目标函数定为

$$\min J = \sum_{i=1}^{4} \frac{T_{wi}^2}{(\mu r_w F_{zi})^2}, \quad i = 1, 2, 3, 4 \tag{A.8}$$

式中，T_{wi} 为各轮毂电机目标转矩；r_w 为车轮半径；F_{zi} 为各轮垂向力。

根据可拓协调控制器，将约束函数划分以下三种情况。

（1）当特征状态处于经典域时，车辆处于稳定状态，此时只需对差动助力矩进行控制，考虑到总驱动转矩 T_q 和差动转矩 ΔT 的需求以及电机峰值转矩 T_{wmax} 的限制，根据摩擦圆定理建立如下约束：

$$
\begin{cases}
(T_{w1} + T_{w2})\cos\delta_f + T_{w3} + T_{w4} = T_q \\
T_{w1} - T_{w2} = \Delta T \\
|T_{wi}| \leqslant \mu r_w F_{zi} \\
|T_{wi}| \leqslant T_{wmax}
\end{cases} \tag{A.9}
$$

（2）当特征状态处于可拓域时，需要在控制差动助力转矩的同时考虑横摆力矩的影响，保证车辆稳定性，故在约束式（A.9）的基础上加入了所需横摆力矩的求解公式，建立如下约束：

$$
\begin{cases}
(T_{w1} + T_{w2})\cos\delta_f + T_{w3} + T_{w4} = T_q \\
\dfrac{l_w}{2}\left(\dfrac{T_{w1} - T_{w2}}{r_w}\right)\cos\delta_f + \dfrac{l_w}{2}\left(\dfrac{T_{w3} - T_{w4}}{r_w}\right) = \Delta M \\
T_{w1} - T_{w2} = \Delta T \\
|T_{wi}| \leqslant \mu r_w F_{zi} \\
|T_{wi}| \leqslant T_{wmax}
\end{cases} \tag{A.10}
$$

（3）当特征状态处于非域时，若继续保持 DDAS 的助力效果，车辆将失稳，此时需取消 DDAS，同时考虑到对整车横摆力矩的需求，最大可能地防止失稳，建立如下约束：

$$
\begin{cases}
(T_{w1} + T_{w2})\cos\delta_f + T_{w3} + T_{w4} = T_q \\
\dfrac{l_w}{2}\left(\dfrac{T_{w1} - T_{w2}}{r_w}\right)\cos\delta_f + \dfrac{l_w}{2}\left(\dfrac{T_{w3} - T_{w4}}{r_w}\right) = \Delta M \\
|T_{wi}| \leqslant \mu r_w F_{zi} \\
|T_{wi}| \leqslant T_{wmax}
\end{cases} \tag{A.11}
$$

在下层控制器中，可将求得实际车速与目标车速的偏差，通过 PID 控制获得 T_q。利用 MATLAB 中 Quadprog 函数即可求解，最终完成四轮转矩分配。

A.3　仿真计算与分析

首先在路面附着系数为 0.8 的双移线工况下仿真，车速为 80km/h。仿真结果如图 A.8 所示。由图 A.8（a）显见，与单独 DDAS 控制相比，可拓协调控制提高了车辆的道路跟踪能力。根据图 A.8（b）和（c）可以看到，可拓协调控制下的横摆角速度和质心侧偏角有着明显减小，其均方根值分别为 0.618°/s 和 0.264°，与单独 DDAS 控制下的 1.369°/s 和 0.336°相比，分别优化了 54.9%和 21.4%，显著提高了车辆的稳定性。由图 A.8（d）和（e）中的车轮转矩变化可知，当单独 DDAS 控制时，前轮转矩变化较大，产生了较大的差动助力矩，而后轮转矩没有产生转矩差；当可拓协调控制时，前轮转矩有着明显的减小，同时后轮转矩发生改变，产生转矩差，抑制了整车稳定性的恶化。

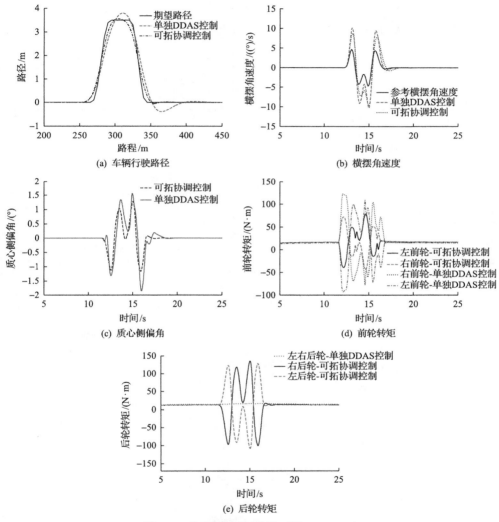

图 A.8　仿真结果(双移线工况，$\mu = 0.8$)

由此分析可得，可拓协调控制系统拓展了差动助力控制系统的工作范围，当车辆运动处在可拓域时，控制系统会相应地减小前轮差动助力转矩，同时通过在后轮产生差动转矩的方式加强横摆力矩控制，进而保证车辆行驶的稳定性。仿真结果证明，该方法能够减小横摆角速度及质心侧偏角，提高道路跟随能力，保证车辆行驶稳定性。

　　为了验证基于横摆力矩可拓协调的控制系统在车辆失稳状态(非域)下的控制效果,在双移线仿真工况中降低路面附着系数($\mu = 0.4$),令车速为80km/h。仿真结果如图 A.9 所示。

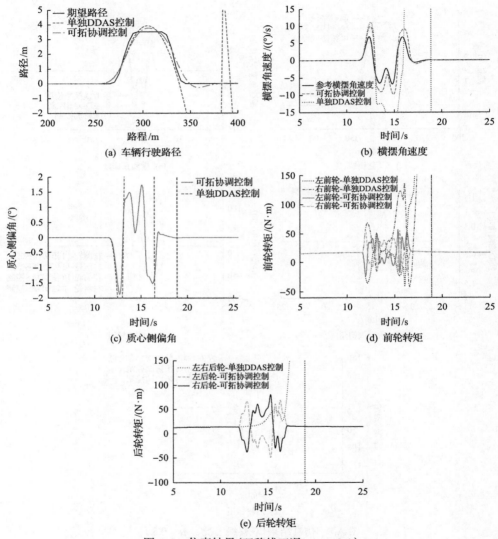

图 A.9　仿真结果(双移线工况,　$\mu = 0.4$)

　　由图 A.9(b)和(c)可知,单独 DDAS 控制时,车辆会在约 13s 时失稳,此时车辆无法维持期望路径,横摆角速度和质心侧偏角均有较大的波动;而可拓协调控制能够提高车辆行驶稳定性,可将横摆角速度、质心侧偏角和侧向加速度维持在一个较小范围,避免出现失稳状态。另外,由图 A.9(d)和(e)可知,在单独 DDAS

作用下，在仿真时间 13s 处，前后轮转矩开始失去控制，从而使车辆无法维持稳定行驶状态；若采用可拓协调控制，当车辆开始出现失稳时，控制系统会取消 DDAS，对车辆采用横摆力矩控制，前后轮转矩均发生改变。从图 A.9(d)还可看到，从 13s 开始，车辆出现失稳状态，且车辆特征状态处在非域中，此时控制系统将取消前轮的差动助力矩输出，并根据转矩分配产生一定阻力转矩差，以加强横摆力矩控制，当车辆重新回到稳定状态时，DDAS 开始工作，提供转向助力。同时由图 A.9(e)可以看出，控制系统也会通过转矩分配改变后轮转矩，进而控制横摆力矩，以达到保证车辆稳定行驶的目的。

　　通过以上分析可得，基于横摆力矩可拓协调的控制系统，能够通过采集车辆行驶信息完成对车辆稳定性状态的划分，在不同的划分区域内采取相应的控制策略，进而保证车辆的安全行驶。

附录 B　基于可拓决策和人工势场法的车道偏离辅助驾驶

B.1　控制系统结构

　　图 B.1 为基于可拓决策和人工势场法的车道偏离辅助系统。图 B.1(a)为结构框图，显见分为上下两层，其中上层为决策控制。决策控制根据传感器所采集的

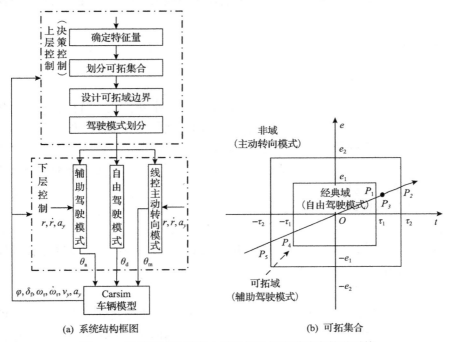

(a) 系统结构框图　　　　　　　　(b) 可拓集合

图 B.1　基于可拓决策和人工势场法的车道偏离辅助系统

特征参数，计算出跨道时间，将车辆行驶中的车道偏离状态划分成不同的域，然后采用可拓控制理论中不同域的对应描述，根据车道偏离危险程度，在不同的域内采用不同的驾驶模式，见图 B.1(b)。下层控制包括辅助驾驶模式的协调控制器和线控主动转向模式的转角控制器。假定车辆转向机构采用线控转向系统，设计转角控制器，采用人工势场法计算出势场力代入参考二自由度车辆模型，得到理想侧向加速度和理想横摆角加速度，计算后得到理想转向盘转角，通过 PID 控制确定转向盘转角输入；辅助驾驶模式则由上述线控主动转向的转向盘转角输入与驾驶员转向盘转角输入协调作用，两者的控制权重由可拓域中的关联函数确定。图中 δ_f 为前轮转角，a_y 为侧向加速度，θ_a 为辅助驾驶模式转向盘转角输入，θ_d 为自由驾驶模式转向盘转角输入，θ_m 为线控主动转向模式转向盘转角输入。

图 B.1(b) 中，e 是车辆距车道中心线的偏差，τ 是跨道时间的倒数。图中的经典域代表无车道偏离危险，驾驶员继续自由驾驶；可拓域代表车辆有车道偏离风险，驾驶员如果继续自由驾驶可能会发生危险，所以此时采取辅助驾驶控制策略，驾驶员继续操控转向盘，保持驾驶员的操控权，线控主动转向系统对其进行转角补偿，这样既可保证驾驶员的操控权，又可减小车道偏离的危险；非域代表若继续保持驾驶员的优先权进行驾驶，车辆将发生车道偏离危险，此时需要改变策略，即采取线控主动转向，线控主动转向比驾驶员操控减少了反应时间和机构响应时间。所以当处于非域时，采取线控转向模式可以及时避免发生车道偏离危险。

B.2 控制器设计

1. 上层决策控制器设计

完善的车道偏离辅助系统，应当不仅能提高行车安全性，而且能减轻驾驶员的负担。为此在车道偏离辅助系统设计中有两个问题至关重要：如何介入和何时介入。介入过早会降低驾驶员接受度，影响驾驶员的正常驾驶。介入过晚可能会导致横向偏差增大、车道偏离隐患增大，降低行车安全性。为实现辅助系统的适时介入，建立可拓决策控制器。

可拓决策控制器建立过程如下。

1) 确定特征量

特征状态的选取与 3.2.2 节相同，并选取车辆距车道中心线的偏差 e 作为辅特征量，组成特征状态 $S(\tau,e)$。

2) 划分可拓集合

选择 e 为纵坐标，τ 为横坐标，做二维可拓集，并将其划分为经典域、可拓域和非域。在极限情况下，为使车辆保持足够的侧向稳定裕度避免车辆失稳，根据不同的路面状况设定允许的侧向加速度上限，当车辆正常行驶时，侧向加速度不超过 0.4g。因此，侧向加速度极限值取 $a_{y\max} = 0.5\mu g$，其中 μ 为路面附着系数。

假设车辆以极限侧向加速度进行运动，则车辆行驶到与车道线平行的位置所用的时间 t_1 为

$$t_1 = \frac{v_{yt}}{a_{y\max}} \tag{B.1}$$

式中，v_{yt} 为 t 时刻的车辆侧向速度。

实际驾驶中，与 3.2.2 节相同，有

$$T_{\min} = t_1 + t' + t'' \tag{B.2}$$

$$T_{\text{th}} = T_{\min} = t_1 + t' + t'' \tag{B.3}$$

取 τ_2 为 $1/T_{\text{th}}$，由此确定了特征量 τ 的经典域边界和可拓域边界；同样地，取 e_1 为 0.3m，e_2 为 0.75m。

3）关联度计算

选取状态特征量为跨道时间的倒数 τ 以及车辆距车道中心线的偏差 e，可得到二维可拓集合如图 B.1(b)所示。

可拓距和关联函数的计算采用式(A.3)、式(A.4)。

4）模式划分

根据 $K(S)$ 值对所设计的车道偏离辅助系统的工作模式进行划分。当 $K(S) \geqslant 1$、$0 \leqslant K(S) < 1$ 和 $K(S) < 0$ 时，车辆分别采用自由驾驶模式、辅助驾驶模式和线控主动转向模式。

2. 下层控制器设计

下层控制包括线控主动转向模式的转角控制器和辅助驾驶模式的协调控制器以及自由驾驶模式控制器。自由驾驶模式的输入由驾驶员模型得到，采用单点预瞄驾驶员模型，驾驶员输入转向盘转角为

$$\theta_{\text{d}} = \frac{2i_{\text{sw}}L}{L_{\text{d}}^2}\big[f(t+T) - y(t) - T y(t) \big] \tag{B.4}$$

式中，i_{sw} 为前轮转角和转向盘转角的角传动比；L 为轴距；L_{d} 为预瞄距离；$f(t)$ 为车道中心线方程；T 为预瞄时间；$y(t)$ 为车辆当前坐标。

1）基于人工势场法的转角控制器设计

转角控制器结构如图 B.2 所示。

（1）跨道时间计算。

首先根据车辆几何模型、实际车辆侧向位移、偏航角来推导车辆前轮距左、右车道边界的距离，如图 B.3 所示。

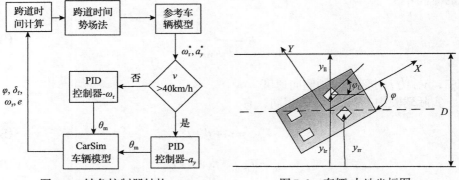

图 B.2　转角控制器结构　　　　　　图 B.3　车辆-大地坐标图

假定车辆行驶在直道上，偏航角为 φ，车辆质心到左车道边界线距离为 y_1，整车质心至前轴的距离为 a，可得到前轮到左车道边界线的距离为

$$\begin{cases} y_{ll} = y_1 - a\sin\varphi - \dfrac{d_f}{2}\cos\varphi_L \\ y_{rl} = y_1 - a\sin\varphi + \dfrac{d_f}{2}\cos\varphi_L \end{cases} \tag{B.5}$$

前轮到右车道边界线的距离为

$$\begin{cases} y_{lr} = y_r + a\sin\varphi + \dfrac{d_f}{2}\cos\varphi_L \\ y_{rr} = y_r + a\sin\varphi - \dfrac{d_f}{2}\cos\varphi_L \end{cases} \tag{B.6}$$

式中，y_{ll}、y_{rl} 分别为左、右前轮到左车道边界线的距离；y_{lr}、y_{rr} 分别为左、右前轮到右车道边界线的距离；$y_r = D - y_1$ 为车辆质心到右车道边界线距离；D 是车道宽度；$\varphi_L = \varphi + \delta_f$。设偏航角和前轮转角逆时针方向为正。当道路半径 R_r 远大于 y_1 时，该式同样适用于弯曲道路。

如图 B.4 所示，转弯半径 $R_V = \dfrac{v}{r} - \dfrac{d_f}{2}$，$d = R_V\cos\varphi_L - y_{ll}$，$\alpha = \arccos\dfrac{d}{R_V}$，$\xi_{ll} = \alpha - \varphi_L = \arccos\left(\cos\varphi_L - \dfrac{y_{ll}}{R_V}\right) - \varphi_L$，可计算出跨车道中心线距离 $\text{DLC} = R_V\xi_{ll}$。

跨道时间为

$$t_{\mathrm{T}} = \frac{\mathrm{DLC}}{v} = \frac{\left(\dfrac{v}{\omega_{\mathrm{r}}} - \dfrac{d_{\mathrm{f}}}{2}\right)\left[\arccos\left(\cos\varphi_{\mathrm{L}} - \dfrac{y_{\mathrm{ll}}}{R_{\mathrm{V}}}\right) - \varphi_{\mathrm{L}}\right]}{v} \qquad (\mathrm{B.7})$$

式中，ω_{r} 为横摆角速度；v 为车速；d_{f} 为前轮距。

弯曲道路跨道模型如图 B.5 所示，由转弯半径 $R_{\mathrm{V}} = \dfrac{v}{\omega_{\mathrm{r}}} - \dfrac{d_{\mathrm{f}}}{2}$ ，$r_2 =$

$\sqrt{\left(R_{\mathrm{r}} + y_{\mathrm{ll}}\right)^2 + R_{\mathrm{V}}^2 - 2\left(R_{\mathrm{r}} + y_{\mathrm{ll}}\right)R_{\mathrm{V}}\cos\varphi}$ ，$\alpha = \arccos\left(\dfrac{R_{\mathrm{V}}^2 - R_{\mathrm{r}}^2 + r_2^2}{2r_2 R_{\mathrm{V}}}\right)$ ，$\xi_{\mathrm{ll}} = -\alpha +$

$\arccos\left(\dfrac{R_{\mathrm{V}}^2 - \left(R_{\mathrm{r}} + y_{\mathrm{ll}}\right)^2 + r_2^2}{2r_2 R_{\mathrm{V}}}\right)$ ，可计算出跨道距离 $\mathrm{DLC} = R_{\mathrm{V}}\xi_{\mathrm{ll}}$ ，则有跨道时间

$$t_{\mathrm{T}} = \frac{\mathrm{DLC}}{v} = \frac{\left(\dfrac{v}{\omega_{\mathrm{r}}} - \dfrac{d_{\mathrm{f}}}{2}\right)\left[-\alpha + \arccos\left(\dfrac{R_{\mathrm{V}}^2 - \left(R_{\mathrm{r}} + y_{\mathrm{ll}}\right)^2 + r_2^2}{2r_2 R_{\mathrm{V}}}\right)\right]}{v} \qquad (\mathrm{B.8})$$

上述跨道时间计算皆按照左跨道模式建立，其建立过程也适用于右跨道模式，右跨道模式只需将公式中前左轮到左车道边界线的距离 y_{ll} 换成前右轮到右车道边界线的距离 y_{rr} 即可。

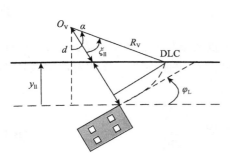
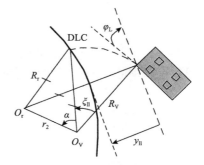

图 B.4　直线道路跨道模型　　　　图 B.5　弯曲道路跨道模型

（2）跨道时间势场模型。

基于人工势场法理论，考虑到在不同跨道时间区域内，车辆具有不同的车道偏离危险程度，利用上述计算的跨道时间建立跨道时间势场。车道偏离危险程度决定着车辆受到车道中心线的引力势能大小，设计跨道时间势场函数来表示。

假设车辆行驶在单车道内，并且忽略换道行为，则车辆在道路上受到的势场力需满足以下条件：①车道中心线上势场力为零；②越靠近车道边界，势场力越大。

考虑到以上两点，势场函数选取为 τ 的函数。势场函数的变化趋势大致如图 B.6 所示，图中横坐标正负代表车辆发生车道偏离的方向。可看出车辆偏航角为零且车辆处于车道中心线时，跨道时间无穷大，其倒数为零，势能也为零；车道偏离越大，跨道时间越小，其倒数越大，势能也越大。

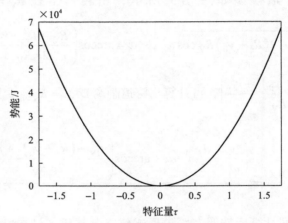

图 B.6　势场函数变化趋势

本节所用势场函数表达式为

$$V_c(\tau) = k\tau^2 \tag{B.9}$$

式中，$\tau = 1/t_T$，k 为势场函数增益。势场函数增益 k 的选取决定着系统沿函数梯度方向回到道路中心线的动能和车辆路径跟踪所需的控制力。k 值可以由式 (B.10) 确定：

$$k = \frac{L_2(q_2(0), \dot{q}_2(0))}{\tau_{\max}^2} + \frac{c_1^2}{4c_2} \tag{B.10}$$

式中，$L_2(q_2(0), \dot{q}_2(0))$ 为李雅普诺夫函数 $L_2(q_2, \dot{q}_2) = \frac{1}{2}\dot{q}_2^T M_2 \dot{q}_2 + \frac{1}{2}q_2^T V_{2m} q_2$ 在 $t = 0$ 时的初始值，$\tau_{\max}$ 为最小跨道时间阈值的倒数，整车质心至后轴的距离为 b，$q_2 = \begin{bmatrix} \tau \\ e \end{bmatrix}$，$V_{2m} = \begin{bmatrix} 2k & c_1 \\ c_1 & 2c_2 \end{bmatrix}$，$c_1 = 2ak$，$c_2 = 2a^2k + \frac{1}{2}(bk_r - ak_f)$，$M_2 = \begin{bmatrix} k & 0 \\ 0 & m \end{bmatrix}$。

假设车辆行驶时偏航角 φ 较小，对式(B.9)求偏导可得跨道时间势场所产生的势场力为

$$F_c = -\frac{\partial V_c}{\partial \tau} = -2k\tau \tag{B.11}$$

由车辆动力学关系和车辆在道路上的运动学关系，并考虑势场力，可得

$$\begin{cases} m(\dot{v}_y + v_x \omega_r) = 2k\tau \\ I_z \dot{\omega}_r = 2ak\tau \end{cases} \tag{B.12}$$

由式(B.12)，可确定车辆的理想横摆角速度 ω_r^* 和理想侧向加速度 a_y^*。

为了使反馈控制效果更好，在低速时，理想转向盘转角采用横摆角速度来计算；在较高车速时，理想转向盘转角采用侧向加速度来计算。可以根据理想侧向加速度和理想横摆角速度与转向盘转角之间的增益关系来确定理想转向盘转角 θ^*，即

$$\theta^* = \begin{cases} \dfrac{a_y^* i_{sw} L (1 + K v_x^2)}{v_x^2}, & v_x \geqslant 40 \text{km} / \text{h} \\[4mm] \dfrac{\omega_r^* i_{sw} L (1 + K v_x^2)}{v_x}, & v_x < 40 \text{km} / \text{h} \end{cases} \tag{B.13}$$

式中，K 为车辆的稳定性因数；i_{sw} 为前轮转角至转向盘转角的角传动比。

最后计算出理想转向盘转角与实际转向盘转角的差值，由 PID 控制可确定线控主动转向控制器的转向盘转角输入 δ_m。

2)辅助驾驶模式控制器设计

特征状态 $S(\tau, e)$ 位于可拓域中，车辆行驶渐渐偏离出车道中心，此时需要减小驾驶员的输入权重，增加线控主动转向系统的控制权重，预防车道偏离的发生。随着特征状态 $S(\tau, e)$ 渐渐远离经典域，关联函数值 $K(S)$ 也会随之减小，此关系恰好反映了驾驶员和线控主动转向系统控制权重的变化关系，故取线控主动转向的控制权重为 $\gamma_m = 1 - K(S)$，驾驶员的控制权重为 $\gamma_d = K(S)$。

此时系统输入的转向盘转角为

$$\theta = \gamma_d \theta_d + \gamma_m \theta_m \tag{B.14}$$

B.3　仿真计算与分析

为了验证所提方法的可行性与有效性，在 CarSim/Simulink 仿真环境中对上

述模型及控制算法进行了仿真计算，跨道时间势场及车辆模型的部分参数如表 B.1 所示。

表 B.1　跨道时间势场及车辆模型的部分参数

参数	数值
整车质量 m	1810kg
整车质心至前轴的距离 a	1.37m
整车质心至后轴的距离 b	1.43m
整车绕 z 轴的转动惯量 I_z	3048kg·m^2
势场函数增益 k	8647
前轮侧偏刚度 k_f	−145850N/rad
后轮侧偏刚度 k_r	−89030N/rad
前轮距 d_f	1.51m
驾驶员反应时间	0.5s
执行机构响应时间	0.3s

1. 误操作转角 5°仿真结果

1）直道工况

纵向车速取 20m/s，直线路径跟踪时目标车道中心线方程为 $y=0$，车道宽度为 3.5m，路面附着系数 $\mu=0.8$，在 4～8s 驾驶员精神不集中，误操作并保持转向盘转角为 5°，8s 后驾驶员恢复正常驾驶操作。仿真结果如图 B.7 所示，其中 TLC 表示跨道时间。

从 4s 开始由于一直存在 5°的转向盘转角输入，车辆逐渐驶离车道中心线，即将发生车道偏离。触发车道偏离系统启动条件时，偏离辅助系统启动进行辅助纠偏，8s 后驾驶员恢复正常驾驶操作，最后车辆稳定行驶在车道中心线附近。

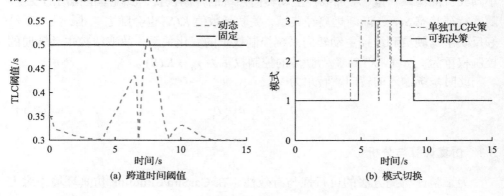

(a) 跨道时间阈值　　　　　　　　(b) 模式切换

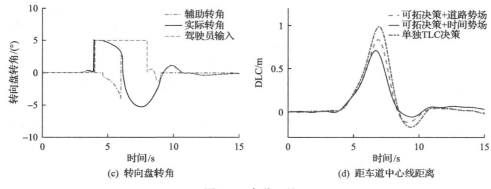

图 B.7　直道工况

由图 B.7(a)可以看出，直道行驶发生车道偏离情况下，偏移量较小，动态跨道时间阈值基本小于固定阈值，动态跨道时间阈值辅助系统比固定阈值辅助系统启动晚，可以减少虚警，减轻驾驶辅助系统对驾驶员的影响。常用的切换评价指标为切换频率，即一段时间内的切换次数。比较图 B.7(b)中的两种切换状态，1表示自由驾驶模式，2表示辅助驾驶模式，3表示线控主动转向模式，采用可拓决策的系统在 4.8s 时进入辅助驾驶模式，在 6.1s 时进入线控主动转向模式，在 8.1s 时进入辅助驾驶模式，在 9.0s 时恢复自由驾驶模式，其中线控主动转向模式启动一次；采用单独 TLC 决策的系统则出现了模式跳动现象，在 6.3s 时和 7.2s 时模式出现了两次反复切换，导致系统稳定性降低。可见采用可拓决策的系统不仅有更好的稳定性，还缩短了线控主动转向模式的时间，降低了系统对驾驶员的影响。由图 B.7(c)可以看出各驾驶模式时转向盘转角的变化情况：自由驾驶模式时驾驶员输入即为实际转角，辅助转角为 0；辅助驾驶模式时实际转角由驾驶员输入和辅助转角加权计算得到；线控主动转向模式时辅助转角即为实际转角。比较图 B.7(d)中三种策略下的 DLC(距车道中心线距离)，基于时间势场与可拓决策的系统，其最大 DLC 幅值为 0.68m，明显优于基于道路势场与可拓决策和单独 TLC 决策。

2) 弯道工况

弯道路径跟踪时目标车道中心线方程为 $y = 15(1 + \sin(x/20))$，其余条件与直道工况相同。仿真结果如图 B.8 所示。

由图 B.8(a)可以看出，弯道工况下的车道偏离中，动态跨道时间阈值大于固定阈值，比固定阈值提前启动系统，提高了驾驶安全性。从图 B.8(b)中可以看出，弯道路况复杂，其车道偏离状态也比较复杂，可拓决策系统 3 次启动线控主动转向模式，且是在辅助驾驶和线控主动转向之间切换，而单独 TLC 决策系统则是 3 种模式下频繁切换多达 5 次。图 B.8(c)为各模式间的转角输入情况。比较图 B.8(d)

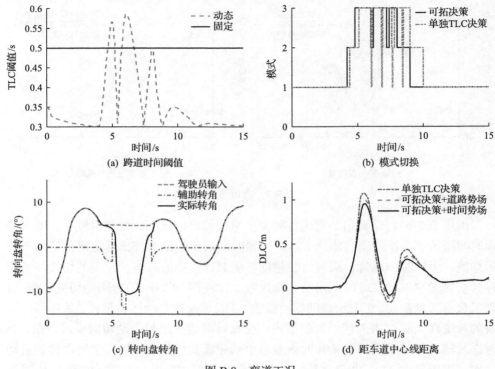

(a) 跨道时间阈值　　　　　　　　(b) 模式切换

(c) 转向盘转角　　　　　　　　(d) 距车道中心线距离

图 B.8　弯道工况

中 3 种策略下的 DLC，基于时间势场与可拓决策的系统最大 DLC 幅值为 0.94m，由于弯道模型较为复杂，系统的优越性没有直道明显，但控制效果还是比基于道路势场与可拓决策和单独 TLC 决策好。

3）速度变化工况

分别以 10m/s、20m/s、30m/s 对直道工况进行仿真，测试该车道偏离辅助系统对速度的响应能力，仿真结果见图 B.9。由图可见，跨道时间势场法在不同速度下均可进行有效的车道偏离辅助，没有发生偏离出车道线的情况。

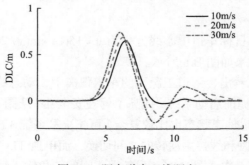

图 B.9　距车道中心线距离

2. 仿真结果分析

将直道工况和弯道工况中的驾驶员误操作转角设为 10°，其他条件不变，再次进行仿真。将其与误操作转角 5°仿真结果进行对比分析，见表 B.2。

表 B.2　不同误操作转角仿真结果对比

参数	直道工况		弯道工况	
	10°	5°	10°	5°
线控主动转向模式启动次数	2	1	4	3
线控主动转向模式初次启动时间/s	4.9	5.1	4.8	5.0
DLC 最大幅值/m	0.81	0.68	1.12	0.94
DLC 标准差/m	0.23	0.21	0.26	0.23

由表 B.2 可以看出，在 10°误操作转角工况下，DLC 最大幅值分别为 0.81m 和 1.12m，车道偏离辅助系统仍可以保证车辆未偏离出车道线。通过与 5°误操作转角工况相比较，可见该工况下虽然误操作转角较大，但系统发现车道偏离危险之后可进入线控主动转向系统，线控主动转向系统的启动时间提前，启动次数增多，此时驾驶员输入不起作用，车辆仍可安全行驶在车道线内。

B.4　硬件在环实验

在基于 CarSim 和 LabVIEW PXI 的硬件在环实验平台上，进行了硬件在环实验研究。分别以 10m/s、20m/s、30m/s 对直道工况和弯道工况设计虚拟环境进行驾驶员硬件在环实验，将实验结果与仿真结果进行对比。由表 B.3 可见，硬件在环实验结果与仿真结果基本相同，进一步验证了以上所述方法的有效性。

表 B.3　硬件在环实验与仿真结果对比

车速	参数	直道工况		弯道工况	
		仿真	实验	仿真	实验
10m/s	DLC 最大幅值/m	0.64	0.66	0.94	0.96
	DLC 标准差/m	0.21	0.27	0.22	0.31
20m/s	DLC 最大幅值/m	0.68	0.69	0.97	0.98
	DLC 标准差/m	0.21	0.31	0.23	0.34
30m/s	DLC 最大幅值/m	0.71	0.74	1.11	1.15
	DLC 标准差/m	0.22	0.35	0.27	0.38

图 B.10 给出了直道工况下硬件在环实验的模式切换、转向盘转角和 DLC 的

一次实验结果，线控主动转向模式在 5.0s 启动，整个过程只启动了一次，DLC 最大幅值为 0.83m，未超出车道线之外，且最后回归了车道线中心。

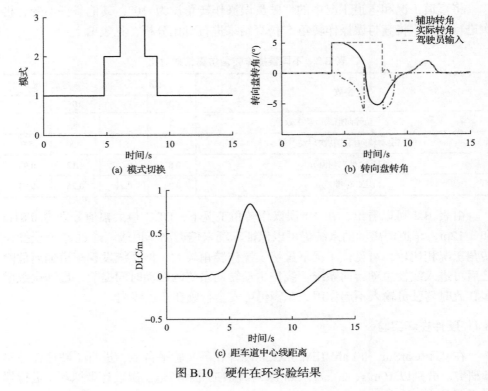

图 B.10　硬件在环实验结果

附录 C　基于转向和差动制动集成的车道偏离辅助驾驶人机协同控制

C.1　可拓联合控制策略

在车道偏离辅助系统(lane departure assistance system, LDAS)的研究中，首先要判断车辆是否有偏离车道的危险。基于 TLC 的车辆偏离判断算法通过建立的车辆运动模型预测车辆行驶轨迹，从而计算出车轮接触到车道边缘所需的最小时间。TLC 的启动阈值主要由路况和车速等因素来共同决定，如果 TLC 启动阈值过小，车辆有偏离车道的危险，甚至可能导致即使辅助系统启动也无法将车辆纠回车道，不能有效地避免车辆偏出车道，从而发生事故；而阈值设定过大则可能造成系统的频繁启动，降低车辆的驾驶舒适性。

基于这种考虑，这里提出一种采用 EPS 和差动制动系统(differential braking

system, DBS）的联合控制策略，将其应用到 LDAS 中。所设计的系统结构如图 C.1 所示，分别为决策层、控制层和执行层。车道偏离判断模块根据输入的状态参数和环境信息计算出 TLC，将 TLC 和设定的阈值进行对比，判断车辆是否发生偏离；如果车辆偏离出车道，将启动 LDAS。控制层采用可拓联合控制策略，在实现车道偏离辅助的同时，最大限度地减少人机之间的相互干扰，以达到最佳的控制效果。执行层执行控制层的转矩和制动力输出，转向助力电机接收到控制信号，进而在转向柱上施加期望转矩进行辅助转向；制动系统通过对各个车轮施加不同的制动力使得车辆跟踪期望横摆力矩。

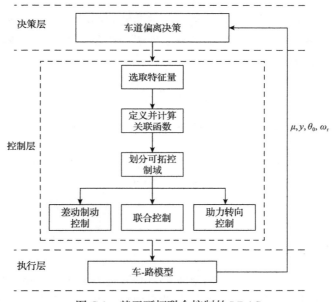

图 C.1　基于可拓联合控制的 LDAS

　　根据可拓控制的基本理论和关联函数定义，划分了对应的经典域、可拓域和非域。为使 LDAS 得到更好的控制性能，在不同域内采用相应的控制算法，以获得 LDAS 的可拓联合控制器。选取路面附着系数 μ 和转向盘初始转角 θ_0 作为特征量，在 μ 较大且 θ_0 较小时，即在经典域内，差动制动控制效果较好且无须考虑人机协调；当 μ 较小或 θ_0 较大时，差动制动控制已经无法实现辅助控制，而采用助力转向控制能达到控制要求，此区域为非域；在非域和经典域之间为可拓域，在这一域内，基于差动制动的辅助控制效果较经典域要差，可联合电动助力转向的协同操作以提升辅助控制性能。

1. 经典域

在经典域范围内，采用差动制动对车道偏离进行控制。此控制方法既能很好地实现车道偏离辅助，又避免了人机干扰，保证了 LDAS 在此范围内的最佳控制性能。控制输出 $u(t)$ 记为 $u(\text{DBS})$。

2. 非域

当控制器的工作范围处于非域内，此时采用差动制动控制已不能实现车辆的偏离辅助，则采用基于电动助力转向的控制方法单独进行车道偏离辅助。控制器输出 $u(t)$ 记为 $u(\text{EPS})$。

3. 可拓域

在可拓域范围内采用基于差动制动和主动转向的联合控制策略进行车道偏离辅助，以尽可能拓展车道偏离辅助系统的性能，避免采用单个系统执行时的性能不足。因此，控制器的输出为

$$u(t) = (1 + K(S))u(\text{DBS}) - K(S)u(\text{EPS}) \tag{C.1}$$

综上所述，可拓联合控制器的输出可用式(C.2)来表示：

$$u(t) = \begin{cases} u(\text{DBS}), & K(S) > 0 \\ (1 + K(S))u(\text{DBS}) - K(S)u(\text{EPS}), & -1 < K(S) \leqslant 0 \\ u(\text{EPS}), & K(S) \leqslant -1 \end{cases} \tag{C.2}$$

C.2　差动制动控制

根据侧向驾驶员模型计算出期望转角，并通过参考车辆模型得出期望的横摆角速度，跟踪期望横摆角速度得到所需横摆力矩，并对各个车轮的制动力进行分配，实现差动制动进行车道偏离辅助的目的。差动制动控制系统结构如图 C.2 所示。图中，θ^* 表示跟踪目标轨迹所需的最优转向盘转角；P_{lf}、P_{lr}、P_{rf}、P_{rr} 分别表示左前轮、左后轮、右前轮、右后轮的制动压力；M_{b} 表示辅助横摆力矩。

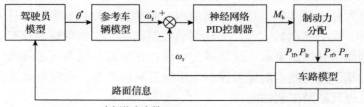

图 C.2　差动制动控制系统结构

1. 神经网络 PID 控制

　　差动制动控制系统采用神经网络 PID 控制方法，如图 C.3 所示。神经网络输出层神经元的输出状态对应 PID 控制器的三个可调参数，通过神经网络的自学习和调整加权系数，神经网络的输出对应于某种最优控制律下的 PID 控制参数。

　　图 C.3 中的神经网络采用 3-5-3 结构的三层前馈网络。输入层神经元的个数为 3，分别为横摆角速度期望值、实际值和偏差；隐含层神经元个数为 5；输出层神经元个数为 3，即 PID 控制参数。

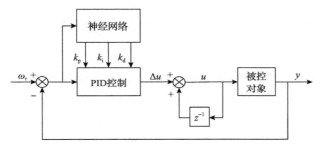

图 C.3　神经网络 PID 控制系统结构

　　令输入矢量 $X = (x_1(n), x_2(n), x_3(n))^{\mathrm{T}}$，$x_1(n)$、$x_2(n)$、$x_3(n)$ 分别表示 $r^*(n)$、$r(n)$ 及其偏差 $e(n)$；第 k 层的输出用 $y^{(k)}(n)(k=1,2,3)$ 表示；隐含层神经元的激活函数取正负对称的 Sigmoid 函数：

$$f(x) = \tanh x = \frac{\exp(x) - \exp(-x)}{\exp(x) + \exp(-x)} \tag{C.3}$$

输出层输出分别为

$$y_1^{(3)}(n) = k_{\mathrm{p}}, \quad y_2^{(3)}(n) = k_{\mathrm{i}}, \quad y_3^{(3)}(n) = k_{\mathrm{d}} \tag{C.4}$$

　　由于这三个参数不能为负，输出层的激活函数为

$$\varphi(x) = \frac{1}{2}(1 + \tanh x) = \frac{\exp(x)}{\exp(x) + \exp(-x)} \tag{C.5}$$

因此，神经网络 PID 控制器的控制律为

$$\begin{aligned} u(n) = u(n-1) &+ y_1^{(3)}(n)(e(n) - e(n-1)) + y_2^{(3)}(n)[e(n) + y_3^{(3)}(n)(e(n) \\ &- 2e(n-1) + e(n-2)] \end{aligned} \tag{C.6}$$

定义性能指标函数为

$$\varepsilon(n) = \frac{1}{2}e^2(n) \tag{C.7}$$

采用 BP 学习算法对网络加权系数进行迭代修正，即按 $\varepsilon(n)$ 对加权系数的负梯度方向搜索调整，并附加一个使搜索快速收敛全局极小的动量项，即

$$\Delta w_{li}(n) = -\eta \frac{\partial \varepsilon(n)}{\partial w_{li}(n)} + \alpha \Delta w_{li}(n-1) \tag{C.8}$$

式中，η 为学习率；α 为动量因子；w_{li} 为隐含层和输出层的加权系数。

2. 制动力分配

为了准确控制差动制动，在决定如何分配期望横摆力矩之前，应该考虑每个轮胎的饱和区间。每个轮胎应该满足如下方程：

$$\sqrt{(F_{xi} + \Delta F_{xi})^2 + (F_{yi} + \Delta F_{yi})^2} \leqslant \mu F_{zi} \tag{C.9}$$

式中，μ 为路面附着系数；F_x、F_y、F_z 分别为轮胎的纵向力、侧向力和垂向力。

假设 LDAS 在速度超过 60km/h 的时候启动，此时轮胎的侧偏角保持在 5° 以下，轮胎侧向力是轮胎侧偏角的线性函数，则最大轮胎侧向力 $F_{y\max}$ 为

$$F_{yi} + \Delta F_{yi} \leqslant F_{yi\max} = k_f \alpha_{f\max} \tag{C.10}$$

式中，k_f 为前轮胎侧偏刚度；α_f 为前轮胎侧偏角。

假设轮胎垂向力 F_{zi} 已知，则可以得到允许的制动力范围：

$$\sqrt{(F_{xi} + \Delta F_{xi})^2 + F_{yi\max}^2} \leqslant \mu F_{zi} \tag{C.11}$$

整理得到

$$|\Delta F_{xi}| \leqslant \sqrt{\mu^2 F_{zi}^2 - F_{yi\max}^2} - |F_{xi}| = |\Delta F_{xi\max}| \tag{C.12}$$

为达到期望的横摆力矩，所需要的额外差动轮胎纵向力 ΔF_x 为

$$\Delta F_x = 2|M_b|/d_f \tag{C.13}$$

式中，d_f 为前轮距。

由于差动制动对车辆纵向速度影响不大，忽略纵向加速度引起的载荷转移，根据前后轴的垂向载荷可以确定前后轮制动力的关系为

$$\Delta F_{xr} = \Delta F_{xf} a / b \tag{C.14a}$$

$$\Delta F_{xf} + \Delta F_{xr} = \Delta F_x \tag{C.14b}$$

式中，ΔF_{xf} 为目标侧前轮制动力；ΔF_{xr} 为目标侧后轮制动力；a、b 为质心至前、后轴中心的距离。

目标侧前后轮的制动压力分别为

$$\Delta P_f = \Delta F_{xf} R_w / K_f \tag{C.15a}$$

$$\Delta P_r = \Delta F_{xr} / K_r \tag{C.15b}$$

式中，R_w 为车轮半径；K_f、K_r 为由制动摩擦面积、摩擦因数和制动器半径等共同确定的前后车轮制动效能因数。

当 $M_b > 0$ 时，左侧车轮进行制动；当 $M_b < 0$ 时，右侧车轮进行制动。

C.3　人机协调控制策略

当 LDAS 启动时，存在驾驶员和辅助系统共同操纵车辆转向的情况。此时，需要进行人机协调控制，以减小驾驶员和辅助系统之间的相互干扰，提升人机协调控制性能。如图 C.4 所示，所采用的模糊神经网络控制器充分考虑了驾驶员的转矩和车辆位置信息，产生一个权重系数 σ，并通过此权重来动态调整辅助转矩的大小，实现驾驶员和辅助系统的协调控制。图中的 EPS 控制采用与差动制动控制相类似的神经网络 PID 控制，此处不再赘述。图中，T_a^* 表示理想辅助转矩；T_a 表示实际辅助转矩；σ 表示辅助权重系数；δ_f 表示前轮转角；y 表示侧向位移；T_d 表示判断驾驶员输入转矩。

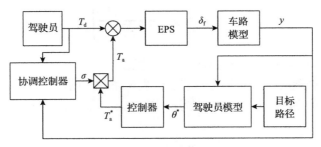

图 C.4　人机协调控制系统

设计的用于人机协调的模糊神经网络控制器需要满足以下原则。

(1) 当 $|T_d| > T_d^{max}$（T_d^{max} 表示所设定的输入转矩最大值），此时处于紧急状态，辅助转矩的权重系数最低，驾驶员完全占据主权。

(2) 当 $|T_d| < T_d^0$（T_d^0 表示所设定的输入转矩最小值），此时驾驶员没有操纵转

向盘，辅助系统占据主权，权重系数 σ 随着侧向偏差 y_L 的增大而增大。

(3) 当 $T_d^0 \leqslant |T_d| \leqslant T_d^{\max}$ 且 $|y_L| < y_L^{\min}$（$y_L^{\min}$ 表示车辆仍然处于车道中央所设定的阈值），此时车辆处于车道中央，没有偏离出车道的危险，所以要降低辅助转矩的权重系数，给驾驶员尽可能多的主权。

(4) 当 $T_d^0 \leqslant |T_d| \leqslant T_d^{\max}$ 且 $|y_L| \geqslant y_L^{\min}$，此时分三种情况讨论：①驾驶员输入转矩 T_d 和辅助转矩 T_a^* 方向相反，说明驾驶员误操作，此时需要给辅助转矩较大的权重以纠正车辆行驶轨迹。②驾驶员输入转矩 T_d 和辅助转矩 T_a^* 方向相同，说明驾驶员转向正确。驾驶员转矩越大，辅助转矩的权重就越小，以减小辅助系统对驾驶员的干预。③侧向偏差 y_L 较大，辅助转矩的权重也较大，反之亦然。

模糊神经网络采用双输入/单输出的五层拓扑结构，即输入层、模糊化层、推理层、归一化层和输出层。以驾驶员输入转矩 T_d 和侧向偏差 y_L 为输入，权重系数 σ 为输出。设驾驶员输入转矩 T_d 的论域为 $[-8,8]$，模糊子集为 {NB,NM,NS,ZO,PS,PM,PB}；侧向偏差 y_L 的论域为 $[-0.6,0.6]$，模糊子集也为 {NB,NM,NS,ZO,PS,PM,PB}；输出的权重系数论域为 $[0,1]$，模糊子集为 {Z,S,M,L,VL}。令输入矢量 $X = (x_1, x_2)^T$（$x_1 = T_d, x_2 = y_L$），第 k 层的输出用 $y^{(k)}(k = 1,2,3,4,5)$ 来表示，各层功能如下。

第 1 层：输入层。输入层的每个神经元节点对应一个输入变量 x_i，这一层的节点直接将输入数据传给第 2 层节点。

$$y_i^{(1)} = x_i, \quad i = 1,2 \tag{C.16}$$

第 2 层：模糊化层。将输入的连续变量 x_i 的值根据定义的模糊子集上的隶属度函数进行模糊化处理，该层每个节点代表着一个语言变量值，总节点数为 14。第 1 层第 i 个输出对应的第 j 级隶属度计算公式可表示为

$$y_{ij}^{(2)} = \exp\left(-\frac{(x_i - c_{ij})^2}{\sigma_{ij}^2}\right) \tag{C.17}$$

式中，c_{ij}、σ_{ij} 分别表示隶属函数的中心和宽度。

第 3 层：推理层。每个神经元节点代表一条对应的模糊规则，通过匹配第 2 层得到的隶属度，计算出每条规则的适用度。总节点数为 $n(n=49)$，则第 m 个节点的输出为

$$y_m^{(3)} = y_{1j}^{(2)} y_{2j}^{(2)}, \quad m = 1,2,\cdots,n \tag{C.18}$$

第 4 层：归一化层。对网络结构进行总体归一化计算，总节点数为 n。

$$y_m^{(4)} = \frac{y_m^{(3)}}{\sum\limits_{m=1}^{n} y_m^{(3)}} \tag{C.19}$$

第 5 层：输出层。将模糊化后的变量清晰化，进行反模糊计算。网络输出等于第 4 层各节点输出与其对应权重的乘积求和。

$$y^{(5)} = \sum_{m=1}^{n} w_m y_m^{(4)} \tag{C.20}$$

式中，w_m 表示第 4 层第 m 个节点与输出节点之间的连接权值。

C.4　仿真计算与分析

根据所设计的可拓联合控制器、人机协调控制器和神经网络 PID 控制器，采用 CarSim/Simulink 进行仿真计算以验证其有效性。

1. 可拓联合控制策略的仿真

选取不同的道路附着系数和转向盘转角，采用 CarSim 和 MATLAB/Simulink 进行联合仿真并分析基于差动制动和电动助力转向的可拓联合控制策略的控制效果，差动制动和电动助力转向控制采用神经网络 PID 控制器。设置设仿真道路为直路，路宽 3.75m，车速为 60km/h，路面附着系数分别设置为低附着 0.3、中附着 0.5 和高附着 0.85，车辆转向盘初始转角分别设置为 10°、20°和 30°。

工况 1　设路面附着系数为 0.85，转向盘初始转角为 10°，分别对不同控制策略进行仿真。

在此工况下，可拓联合控制器的输出是差动制动控制。由图 C.5 可以看出，当车辆处于当前工况时，无论采用哪种控制策略都能够使车辆快速稳定地回到车道中心。在车道偏离辅助的过程中，车辆偏离车道中心的最大值都没有超过 1.2m，说明车辆没有偏离出车道，都达到了控制要求。当采用可拓联合控制时，不仅实现了车辆的偏离辅助，也避免了驾驶员和辅助系统之间的协调不一致以及人机冲突，提高了驾驶舒适性。

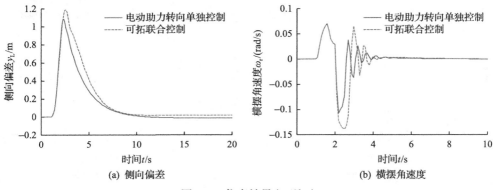

(a) 侧向偏差　　　　　　　　　　(b) 横摆角速度

图 C.5　仿真结果（工况 1）

工况 2　设路面附着系数为 0.5，转向盘初始转角为 20°，分别对不同控制策略进行仿真。

由图 C.6 可见，采用差动制动单独控制虽然也能实现车辆的偏离辅助，但是侧向偏差较大，达到了 1.8m，控制效果不佳；当采用电动助力转向单独控制时，车辆偏离车道中心的最大距离较小，LDAS 启动工作时间较短，辅助效果较好。但是电动助力转向单独控制会存在人机的相互干扰；当采用可拓联合控制时，其侧向偏差最大值较差动制动单独控制大幅降低，降幅达到 25%，横摆角速度较另外两种控制也更为稳定，较大地提升了差动制动在这一工况下的控制性能，同时降低了电动助力控制的人机干扰，系统具有最优的整体控制性能。

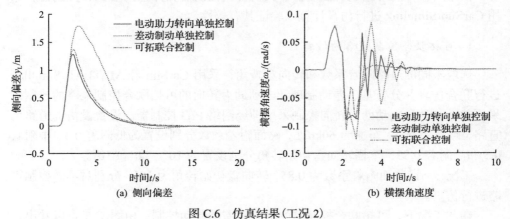

图 C.6　仿真结果（工况 2）

工况 3　设路面附着系数为 0.3，转向盘初始转角为 30°，分别对不同控制策略进行仿真。

由图 C.7 分析可知，采用差动制动单独控制时，侧向偏差最大值大于 2.5m，横摆角速度过大，不能快速达到稳定，此时车辆已经失稳并且完全偏离出车道，

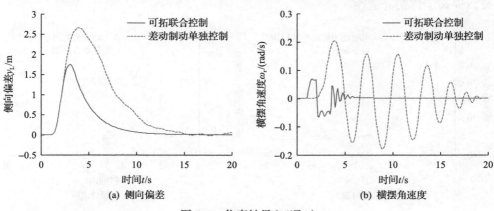

图 C.7　仿真结果（工况 3）

达不到控制要求，无法实现车道偏离辅助控制。在此工况下，可拓联合控制器的输出是电动助力转向控制。可拓联合控制时的侧向偏差较差动制动单独控制降低35.2%，虽然需要对驾驶员和辅助系统进行协调控制，也会存在人机之间的相互影响，但是在差动制动无法控制的情况下能够较好地实现车道偏离辅助。

上述仿真结果表明，可拓联合控制能够满足多种工况下车道偏离辅助的控制要求，具有很强的适应性和较好的控制性能。可拓联合控制最大限度地降低了驾驶员和辅助系统之间的相互影响，对于减少驾驶员操纵负担、提升车辆横向安全性有积极作用。

2. 人机协调控制策略的仿真

前面在驾驶员不叠加操作的情况下验证了可拓联合控制的优越性，这里充分考虑驾驶员的输入，进行人机协调控制策略的仿真分析。设仿真道路为直路，路宽3.75m，车速恒定为80km/h，在 $1\sim1.5\text{s}$ 施加 $10\text{N}\cdot\text{m}$ 的转矩使车辆偏离车道中心，分别在驾驶员未操作、正确操作、误操作和紧急操作四种状态下进行仿真。图 C.8 分别给出了驾驶员输入转矩、权重系数、辅助转矩和侧向偏差的仿真结果。

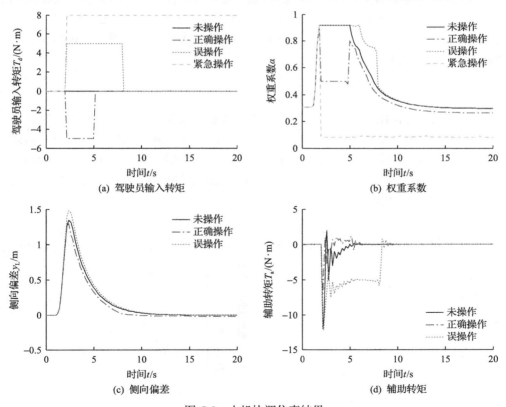

图 C.8　人机协调仿真结果

状态 1 当车辆即将偏离出车道时，驾驶员未作出反应。在整个车道偏离辅助过程中，辅助系统一直占据着控制车辆的主权，在车辆的侧向偏差较大时，权重系数保持在一个较高的水平，当车辆逐渐回到车道中心的时候，辅助权重也逐渐下降。这一过程中，车辆的最大侧向偏差为 1.35m，未偏离出车道。

状态 2 LDAS 启动后，驾驶员转向正确，施加给转向盘 5N·m 的转矩。由于驾驶员的正确介入，人机协调控制器的输出权重显著减小，同时辅助转矩也相对较小，减小了辅助系统对驾驶员的干扰，增大了驾驶员的主权。辅助过程中，最大侧向偏差为 1.3m，车辆快速稳定地回到车道中心。

状态 3 车道偏离辅助系统启动后，驾驶员误操作，以 5N·m 的恒定转矩向车道外侧转向。此时，输出权重较驾驶员未反应时偏大，辅助系统提供了较大的辅助转矩以抵消驾驶员错误的输入转矩。这一情况下，车辆的最大侧向偏差虽然增大到 1.47m，但是并未偏离车道，满足人机协调控制要求。

状态 4 紧急情况下，驾驶员输出 8N·m 的转矩。在紧急情况下，控制器的输出权重降到最低，此刻，驾驶员占据控制主权，完全控制车辆转向。

由多种情形下的仿真结果和分析可知，人机协调控制器可以根据驾驶员的输入和车辆位置信息动态地调整输出权重和辅助转矩，并很好地实现车道偏离辅助。该方法具有较强的适应性，对于人机协调不一致和人机冲突能够有效地解决，有较好的人机协调性能。

3. 神经网络 PID 控制仿真

为比较神经网络训练 PID 参数对车道偏离辅助系统控制性能的影响，选择一种典型工况进行仿真。在设仿真道路为直路，路宽 3.75m，车速为 60km/h，路面附着系数为 0.85，车辆转向盘初始转角设置为 10°。选取神经网络结构为 3-5-3，学习率 $\eta=0.28$，动量因子 $\alpha=0.04$，权系数初值区间为[−0.5, 0.5]上的随机值。仿真结果如图 C.9 所示。

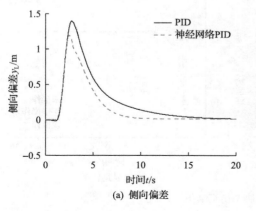
(a) 侧向偏差

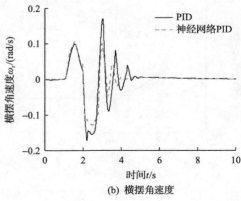
(b) 横摆角速度

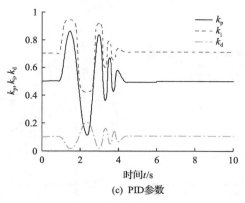

(c) PID参数

图 C.9　神经网络 PID 控制仿真结果

由图 C.9 可以看出，当采用神经网络 PID 控制器进行仿真时，车辆的最大侧向偏差值相比 PID 控制大幅降低，降幅达到 17%；车辆在 8s 时回到车道中央，较 PID 控制提前 9s 完成辅助控制；采用神经网络 PID 控制时，车辆横摆角速度的峰值较 PID 控制也明显下降，降幅约 41%，横摆角速度的值波动较小，能更快地趋于稳定。由以上分析可知，在 LDAS 中采用神经网络 PID 控制，相对于 PID 控制有更好的效果，提升了辅助系统的整体性能。

C.5　硬件在环实验

为了进一步验证所提出的控制策略的有效性，基于 CarSim/LabVIEW 的仿真环境，在硬件在环实验平台上，进行了实验验证。

1. 可拓联合控制策略的实验验证

该实验涉及的仿真道路、车速和车辆参数都与仿真时一样，路面附着系数设置为 0.5，转向盘初始转角设置为 20°。图 C.10 的实验结果反映出采用可拓联合控制策略时，车辆没有偏离出车道且能较快回到车道中央。侧向偏差峰值较差动制动单独控制降低 26%，横摆角速度相对于两种单独控制也更为平稳，可极大地提高差动制动控制的辅助性能，同时相对于采用电动助力转向单独控制，联合控制减小了驾驶员和辅助系统之间的干扰。图 C.11 给出了对应的各车轮轮缸压力值变化曲线，可拓联合控制所需要的轮缸压力相对较小。表 C.1 对比了侧向偏差及横摆角速度的性能指标，验证了可拓联合控制策略的优越性。

2. 人机协调控制策略的实验验证

选取两种具有代表性的驾驶员操作方式进行人机协调控制策略的实验验证，即在车辆偏离车道时，驾驶员作出反应，进行误操作和正确操作。实验工况和仿真时相同。

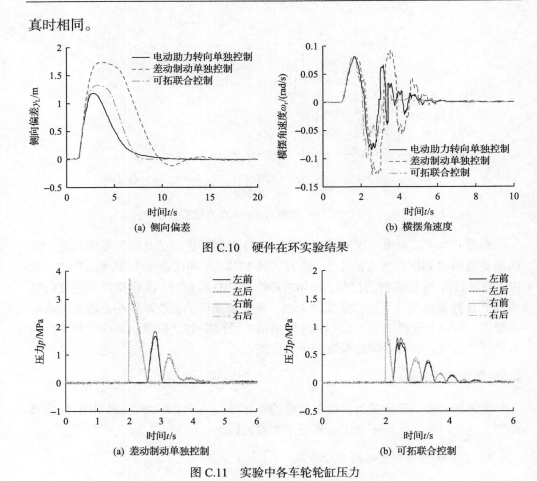

(a) 侧向偏差

(b) 横摆角速度

图 C.10　硬件在环实验结果

(a) 差动制动单独控制

(b) 可拓联合控制

图 C.11　实验中各车轮轮缸压力

表 C.1　可拓联合控制仿真与硬件在环实验结果比较

	侧向偏差 y_L		横摆角速度 ω_r	
	峰值/m	偏离时间/s	峰值/(rad/s)	均方根值
仿真	1.2942	8.3	−0.1054	0.0332
实验	1.3240	7.2	−0.0982	0.0396

图 C.12 为实验结果曲线。当驾驶员转向正确时，人机协调控制器的输出权重明显下降，辅助转矩也相对较小，因而给了驾驶员更多的主权，减小了辅助系统对驾驶员的干扰。当驾驶员误操作转向盘时，输出权重保持在较大值，辅助控制器输出较大的转矩以弥补驾驶员施加的错误转矩。从图 C.12(d) 可以看出，无论驾驶员在车辆偏离时进行何种操作，LDAS 依然能够保证车辆不偏出车道。

表 C.2 给出了驾驶员误操作工况下人机协调控制策略的仿真和实验结果比较，仿真和实验结果具有相同的趋势，进一步验证了所提出的人机协调控制策略的有效性。

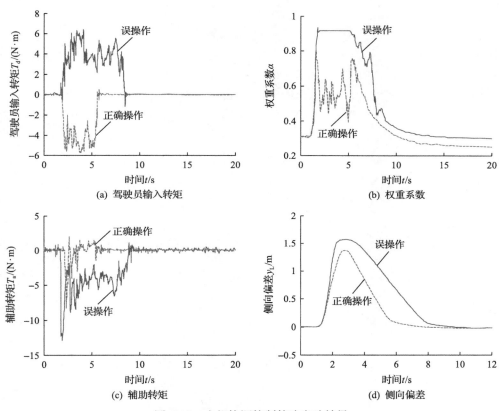

图 C.12 人机协调控制策略实验结果

表 C.2 人机协调控制仿真与硬件在环实验结果比较

	侧向偏差 y_L		辅助转矩 T_d	
	峰值/m	偏离时间/s	峰值/(N·m)	均方根值
仿真	1.3432	7.9	−11.9761	3.2614
实验	1.5724	7.8	−13.0053	4.3282